Nadie es ilegal

Combatiendo el racismo y la violencia de Estado
en la frontera Estados Unidos – México

Nadie es ilegal

Combatiendo el racismo
y la violencia de Estado
en la frontera Estados Unidos – México

Justin Akers Chacón • Mike Davis

Haymarket Books
Chicago, Illinois

La primera edición de este libro fue publicada
por Haymarket Books con el título
No one is illegal. Fighting Racism and State Violence on the U.S. - Mexico Border
© 2006 Justin Akers-Chacón and Mike Davis
© 2008 de la traducción, Carlos M. Martinez

Esta edición fue publicada en 2009 por Haymarket
Books. P.O. Box 180165,
Chicago, IL 60618
773-583-7884
info@haymarketbooks.org
www.haymarketbooks.org
ISBN 978-1931859-63-9

Distribuido al comercio en los EEUU por Consortium Book Sales and Distribution (www.cbsd.com) y internacionalmente por Ingram Publisher Services International (www.ingramcontent.com).

Publicada con el apoyo financiero de Wallace Global Fund.

Impreso en Canadá.

Diseño por Amy Balkin.

Entró en publicación digital en Septiembre 2021.

Numeración de la división de Cataloging-in-Publication de la Biblioteca del Congreso esta desponible.

Índice

Prefacio | 9

Parte I
"¿Qué es un vigilante?"
La violencia blanca en la historia de California
Mike Davis

Introducción | 15

Capítulo 1
Pinkertons, klansmen y vigilantes | 21

Capítulo 2
Salvajes blancos | 29

Capítulo 3
La amenaza amarilla | 37

Capítulo 4
"Aplastar al japonés" | 45

Capítulo 5
Disturbios anti-filipinos | 51

Capítulo 6
IWW *versus* KKK | 57

Capítulo 7
Dudosa batalla | 71

Capítulo 8
Gracias a los vigilantes | 79

Capítulo 9
Las guerras de los "zoot suit" | 95

Capítulo 10
Golpeando a UFW | 103

Capítulo 11
¿Los últimos vigilantes? | 109

Parte II
México: Cautivo en la red del imperio norteamericano
Justin Akers Chacón

Introducción | 115

Capítulo 12
La conquista preparó el escenario | 127

Capítulo 13
El neoliberalismo consume el "milagro mexicano" | 141

Capítulo 14
**De las maquiladoras al NAFTA:
Sacando provecho de las fronteras | 149**

Parte III
**Trabajadores mexicanos:
La "otra" clase trabajadora norteamericana**

Capítulo 15
Trabajadores mexicanos al rescate | 165

Capítulo 16
**Trabajadores segregados:
La lucha de clases en los campos | 171**

Capítulo 17
**El Programa Bracero:
Un sistema de castas en el siglo XX | 181**

Capítulo 18
**La pobreza en el campo:
Un legado del programa bracero | 195**

Capítulo 19
**El trabajador inmigrante continúa
sosteniendo Norteamérica | 203**

Parte IV
La guerra contra los inmigrantes

Capítulo 20
**Las políticas de inmigración
como medio de controlar a los obreros | 233**

Índice

Capítulo 21
La estructura racista y clasista de las restricciones a la inmigración | 243

Capítulo 22
Fabricando un trabajador mexicano "ilegal" : El racismo y los obreros mexicanos | 257

Capítulo 23
Un doble estándar de inmigración | 265

Capítulo 24
Militarización de la frontera: Una garantía de muerte para el trabajador inmigrante | 269

Capítulo 25
Fabricando un enemigo invisible: El 11 de septiembre y la guerra contra los inmigrantes | 289

Capítulo 26
Los segregacionistas obreros de ambos partidos | 305

Capítulo 27
La derecha tiene la última palabra | 321

Capítulo 28
Terrorismo en la frontera: Minutemen al acecho | 339

Parte V
¡Queremos un mundo sin fronteras!

Capítulo 29
Los activistas por los derechos humanos enfrentan a la extrema derecha | 355

Capítulo 30
Los sindicatos y los trabajadores inmigrantes | 363

Capítulo 31
Dejando atrás las fronteras | 377

Capítulo 32
Un nuevo movimiento por los derechos civiles | 393

Prefacio

"El gigante ha despertado". La multitudinaria marcha por los derechos de los inmigrantes el 25 de marzo en Los Ángeles ilustró de forma precisa la sumatoria de los eventos desplegados en todo el país. Como comentó un activista en un mitin: "¡Ellos no estaban durmiendo, estaban trabajando!". En este preciso momento entra en su tercer mes de acción un nuevo movimiento por los derechos de los inmigrantes que involucra a millones de personas en los Estados Unidos.

El debate sobre las políticas de inmigración, que perteneció históricamente al dominio de las grandes empresas y de la extrema derecha, se ha diseminado con la fuerza de un vendaval pasando a formar parte ahora de las discusiones populares. Con una alta organización y capacidad de movilización, el nuevo movimiento ha incorporado a las comunidades más afectadas que estaban apartadas de las organizaciones existentes con liderazgo histórico entre las comunidades de inmigrantes.

El nuevo movimiento, conducido por trabajadores inmigrantes y estudiantes latinoamericanos que arrastran a toda la clase trabajadora, golpea ahora a las puertas del Congreso para demandar igualdad. Los carteles de protesta desde San Diego hasta Brooklyn Bridge donde se puede leer, "No somos criminales" y "Amnistía sí", revelan por un lado la enorme indignación que sienten y por el otro la buena voluntad y el deseo de ser escuchados. Poseyendo un verdadero carácter masivo, todas las generaciones son alcanzadas por la onda expansiva de este movimiento. Un estudiante de sexto año que protestaba junto a otras decenas de miles de personas el 9 de abril en San Diego, expresaba así su estado de ánimo: "En la escuela los ricos nos enseñan su democracia. Aquí les enseñamos la nuestra"[1]. En cuestión de semanas el movimiento avanzó de una posición defensiva a una posición ofensiva, y promete redefinir el panorama de la historia norteamericana con los trabajadores inmigrantes narrando dicha historia.

Este sentimiento emergió a la superficie con la entrada en la Casa Blanca de la draconiana HR 4437 (también conocida como Ley Sensenbrenner), que, de ser aprobada por el Senado, convertiría en criminales tanto a los inmigrantes como a quienes los protegieran. El movimiento puso en posición defensiva a los propulsores del proyecto de ley que marcan la pauta en los debates sobre la llamada reforma de inmigración. Se han cambiado los parámetros del debate que anteriormente estaban restringidos a la penalización y a la legalización parcial combinada a un programa de trabajo temporal. El movimiento sacó a la luz la lucha de los trabajadores y de sus familiares en pos de ser tratados con igualdad y dignidad, como seres humanos.

Al igual que en las pasadas luchas obreras, el movimiento enfrenta muchos retos, giros, derrotas y victorias. Contiene en sí mismo las semillas para hacer que otro mundo sea posible, siendo la clase trabajadora la que ejerza el control de su vida y dando una nueva definición al concepto de democracia.

Este libro intenta trazar la dimensión histórica y contemporánea de la lucha por los derechos de los inmigrantes, centrándose principalmente en la frontera México-EE.UU. y en la experiencia de los trabajadores que cruzan la frontera (o ésta los cruza a ellos). En la sección de Mike Davis, se examina el origen y la evolución del movimiento anti-inmigrantes, esclareciendo sus orígenes políticos, raciales y clasistas. Luego yo expongo una visión panorámica de la formación de las políticas de inmigración en el contexto de la lucha entre el capital y los trabajadores.

Es de gran importancia escuchar la voz de los trabajadores inmigrantes dado que ellos mismos son los protagonistas de esta

---

1. Marjorie Berry, "San Diego Speaks Out: '¡Sí Se Puede!'", *Socialist Worker*, 14 de abril de 2006.

historia. Espero que este libro sirva de recurso y de apoyo a las generaciones de activistas que toman las iniciativas en las calles, los campos y las fábricas de la nueva Norteamérica. Deseo también que ayude a promover la discusión y el debate sobre el mundo que queremos y necesitamos como trabajadores: "un único pueblo, sin fronteras".

Justin Akers Chacón
San Diego, California

Parte I

"¿Qué es un vigilante?" La violencia blanca en la historia de California

Mike Davis

Introducción

Los campos de oro de California han sido irrigados muy frecuentemente con la sangre de sus trabajadores. Un caso notorio fue la gran huelga que se diseminó como fuego incontrolado por todo San Joaquín Valley en el otoño de 1933. Protestando por los bajos salarios que impedían alimentar a sus hijos, cerca de doce mil personas, principalmente mexicanos recolectores de algodón, escaparon de sus trabajos conducidos por el izquierdista Sindicato Industrial de Trabajadores Agrícolas y Conserveros. La manifestación masiva, moviéndose en caravanas de coches y camiones entre las diferentes granjas, rápidamente paró las cosechas en un área de trescientas millas cuadradas. Los agricultores rápidamente trajeron esquiroles provenientes de Los Ángeles, pero la mayoría de ellos desertaron o fueron atemorizados por la ferocidad de los huelguistas.

Los agricultores, los desmontadores de algodón y la cámara de comercio recurrieron a la estrategia clásica: se prepararon a sí mismos en grupos de vigilancia imponiendo el terror en los condados. Estas Alianzas de Protección de Agricultores desintegraron los mítines de los huelguistas, los expulsaron de sus campamentos, quemaron sus tiendas, los apalearon y hostigaron en los caminos y amenazaron a los comerciantes que intentaran suministrarles créditos o emplearlos. Cuando los huelguistas se quejaron a las autoridades, los *sheriffs* locales se subordinaron a los vigilantes. "Protegemos a nuestros agricultores aquí en Kern Country", comentó un *sheriff*. "Ellos son nuestra mejor gente... hacen que el país vaya adelante... y los mexicanos son escoria. No tienen estándares de vida. Los tratamos como manadas de cerdos"[1].

1. Carey McWilliams, *North from Mexico* (Philadelphia: J. B. Lippincott Co., 1948), p. 175. Ver también Devra Weber, *Dark Sweat, White Gold: California Farm Workers, Cotton, and the New Deal* (Berkeley: University of California Press, 1994), pp. 97-98.

A pesar de las palizas, los arrestos y los desalojos, la solidaridad de los huelguistas permaneció inconmovible hasta principios de octubre, mientras los agricultores experimentaban la pérdida de sus cosechas. El *San Francisco Examiner* notificó que todo el valle era un "volcán ardiente" listo para erupcionar. Funcionarios del Estado ofrecieron una comisión de indagación que el sindicato rápidamente aceptó, pero los vigilantes respondieron con asesinatos. En una reunión en Pixley el 10 de octubre, el líder sindical Pat Chambers se dirigía a los huelguistas y sus familiares cuando diez camionetas de vigilantes con escopetas irrumpieron abruptamente en la escena. Chambers, un veterano en este tipo de trifulcas, previendo el peligro inminente, dispersó la reunión y alertó a los huelguistas para que se refugiasen en las oficinas centrales del sindicato, a un lado de la carretera. El historiador Cletus Daniel describió así la masacre:

> Cuando el grupo se dirigía hacia el edificio, uno de los agricultores disparó su rifle. Un huelguista se aproximó a éste bajándole el cañón del fusil y otro agricultor armado corrió hacia él, lo tiró al suelo y lo asesinó de un disparo. Inmediatamente el resto de los agricultores abrieron fuego sobre los huelguistas y sus familiares que trataban de huir. En medio de los gritos de los que permanecían heridos en el suelo, los agricultores continuaron el fuego dentro del vestíbulo del sindicato hasta que se les acabaron las municiones.[2]

Los vigilantes mataron a dos hombres, uno de ellos el representante local del cónsul general mexicano, e hirieron gravemente a otros ocho manifestantes, incluso a una mujer mayor. Un periodista de San Francisco informó de que el salvaje tiroteo destrozó las banderas norteamericanas que colgaban en las oficinas del sindicato. Casi simultáneamente, en Arvin, sesenta millas al sur, otra banda de vigilantes agricultores abrió fuego contra un grupo de manifestantes matando a uno e hiriendo a varios. Aun-

---

2. Cletus Daniel, "Labor Radicalism in Pacific Coast Agriculture" (PhD diss., University of Washington, 1972), p. 224.

Introducción   17

que los trabajadores retornaron desafiantemente a la huelga, los agricultores amenazaron con expulsar a sus familiares del campamento de la huelga cerca de Corcoran. Enfrentando aún más violencia de todo tipo, los huelguistas cedierona regañadientes a las presiones federales y del Estado y aceptaron un aumento de salario en lugar del reconocimiento de su sindicato.

Al año siguiente, mientras la atención pública se encontraba fascinada con la épica huelga general de San Francisco, los agricultores vigilantes y los *sheriffs* locales violaron la constitución en los campos de California e impusieron lo que los "new dealers" y los comunistas denunciarían como "fascismo agrícola". Uno de los sitios más tenebrosos fue Imperial Valley –el más cercano análogo racial y social de Mississippi– donde sucesivas huelgas en los cultivos de lechuga, guisantes y melón durante 1933 y 1934 fueron disueltas con absoluto terror, incluso con arrestos masivos, decretos anti-huelgas, desalojos, palizas, secuestros, deportaciones e intentos de linchamiento contra los abogados de los huelguistas.

Aunque los trabajadores urbanos guiados por los sindicatos del nuevo Congreso de Organizaciones Industriales (CIO) derrocaron exitosamente a las "open shop" (empresas que emplean a trabajadores que no son miembros de un sindicato) en San Francisco y Los Ángeles, los trabajadores agrícolas de California –llámese María Morales o Tom Joad– fueron aterrorizados por diputados fanáticos y pandillas furiosas. Las amargas memorias de esos sucesos brutales están urdidas en las novelas de John Steinbeck *In Dubious Battle* y *Grapes of Wrath*, así como en el evocador "Vigilante Man" de Woody Guthrie:

> ¿Oh, por qué el vigilante,
> por qué el vigilante
> lleva esa escopeta recortada en sus manos?
> ¿Pretende acabar con sus hermanas y hermanos?

Pero dicho vigilante no fue sólo esa figura siniestra de la década de la depresión: como explicaré en esta historia resumida; el vigilante vertió una sombra permanente sobre California desde la década de 1850 en adelante. De hecho, el vigilantismo –la coerción y la violencia de clase, racial y étnica, enmascarada en una apariencia semipopulista para apelar a las altas autoridades– ha jugado un papel mucho más importante en la historia del Estado del que se conoce. Un amplio arco iris de grupos minoritarios, incluso nativos norteamericanos, irlandeses, chinos, punjabíes, japoneses, filipinos, okies, afroamericanos y (persistentemente en cada generación) mexicanos, así como sindicalistas del comercio y radicales de varias denominaciones, fueron víctimas de la represión de los vigilantes.

La violencia privada organizada en conjunto, violando las leyes locales, ha configurado el sistema de castas raciales de la agricultura en California, derrotando a movimientos radicales de trabajadores como IWW, y manteniendo el *New Deal* (Nuevo Acuerdo: política económica aplicada entre 1933 y 1940 por la administración del presidente Roosevelt) fuera de los condados agrícolas del Estado. También ha instado innumerables leyes reaccionarias y ha reforzado la segregación legal y de facto. Por otro lado, el vigilante no es una curiosidad de un pasado maléfico sino un personaje patológico que experimenta en la actualidad un dramático resurgimiento al tener que enfrentar, los anglo-californianos, el declinar demográfico y la evidente erosión de sus privilegios raciales.

En la actualidad, los armados y camuflados "Minutemen", en sus diversas formas, instigando las confrontaciones en la frontera, o (vestidos de civiles) hostigando a los jornaleros frente a los Home Depots (grandes almacenes comerciales) suburbanos, son la última encarnación de esa vieja personalidad. Su infantil forma de pavonearse contrasta quizá de forma jocosa con la autentica amenaza fascista de Granjeros Asociados y otros grupos de la época de la depresión, pero sería tonto ignorar su impacto.

Introducción

Así como los agricultores vigilantes de la década de 1930 lograron militarizar la California rural para enfrentar los movimientos laborales, los "minutemen" ayudan a radicalizar el debate dentro del Partido Republicano respecto a la inmigración y la raza, contribuyendo al completo retroceso nativista contra la propuesta de la administración Bush de un nuevo Programa Bracero. Los candidatos en las elecciones republicanas de California del Sur compiten ahora unos contra otros por los favores de los líderes de Minutemen. Estos neo-vigilantes, armados y conocedores de los medios, que amenazan con reforzar las fronteras, ayudan también a la cada vez más exitosa campaña de transformar las leyes locales en políticas de inmigración. Y como diría un verdadero dialéctico, lo que comienza como una farsa se convierte en algo mucho más desagradable y peligroso.

Capítulo 1
Pinkertons, klansmen y vigilantes

> Los norteamericanos son los responsables de desarrollar el vigilantismo, la expresión consumada de la violencia tradicionalista.
>
> Robert Ingalls[1]

Antes de echar una mirada a la carrera del vigilantismo en California, resulta útil localizar su posición dentro de la larga historia de violencia racial y clasista norteamericana. El eminente historiador Philip Taft una vez opinó que Estados Unidos "tiene la más sangrienta y violenta historia laboral de todas las naciones industrializadas". Si dejamos de lado las guerras civiles y las revoluciones europeas, Taft probablemente esté en lo cierto: los trabajadores norteamericanos han enfrentado por parte del Estado y los empresarios una violencia crónica a la que ellos frecuentemente han respondido. Robert Goldstein, en su estudio enciclopédico de la represión política en los Estados Unidos, estima que alrededor de setecientos huelguistas y manifestantes fueron asesinados por la policía o por tropas entre 1870 y 1937[2].

En contraste con las sociedades de Europa occidental, más hacia el centro desde un punto de vista político, la peor violencia (como las masacres de Ludlow y Republic Steel) ha provenido de la policía y de las milicias locales. Pero lo que en realidad

---

1. Robert Ingalls, *Urban Vigilantes in the New South: Tampa, 1882-1936* (Knoxville: University of Tennessee Press, 1988), p. xv.
2. Robert Goldstein, *Political Repression in Modern America, from 1870 to 1976* (Boston: Two Continents Publishing Group, 1978), p. 3.

demarca a Estados Unidos no es la escala o la frecuencia de la represión de Estado sino la extraordinaria centralización de la violencia privada institucionalizada que reproduce el orden racial y social. Ninguna sociedad europea toleró tan enorme y casi permanente esfera de actividad represiva y justicia sumaria por actores no gubernamentales[3]. Por otro lado, ninguna sociedad europea compartió la reciente experiencia norteamericana de violencia genocida en la frontera –frecuentemente organizada por pandillas y grupos informales– contra los nativos americanos, o la difundida participación de blancos pobres del sur por mantener el régimen de esclavitud.

Figura 1
Modos de represión

I. **Violencia de Estado**
   a. *Federal:* ejército regular.
   b. *Estatal:* tropas militares, guardia nacional y policía estatal.
   c. *Local:* policía, *sheriffs*, pandillas juramentadas.

II. **Violencia Privada o Peri-Estatal**
   a. *Zona central:* policía corporativa y agencias privadas de detectives (*Pinkertons*).
   b. *Sur:* Supremacistas blancos organizados (*Klan*).
   c. *Oeste:* vigilantes (*Orden de los Caucasianos*).

En efecto, existieron tres sistemas distintos y no exclusivos de represión privada. Primero, en la zona central industrializada, donde los gobiernos locales estaban ocasionalmente en manos de socialistas o demócratas simpatizantes con el movimiento obrero, las mayores corporaciones industriales, mineras y ferrocarrileras se negaban a confiar en el Estado local, desplegando ejércitos y guardias armadas, detectives de plantas y poli-

---

3. Algunas excepciones incluyen la violencia de los terratenientes en Mezzogiorno y de los asesinos pagados por los patronos en Barcelona (1917-21).

cía de compañías. Existe en la historia europea poca equivalencia con el formidable papel represivo jugado por los Pinkertons, Sherman Corporation, Bergoff Agency, Baldwin Felts Detective Agency, Pennsylvania Coal, Iron Police o el Ford Service Department. (Se dice que los Pinkertons, solamente, excedieron en número al ejército regular de EE.UU. a principios de la década de 1890[4]). No hay comparación en la experiencia obrera europea con las épicas batallas "privadas", por ejemplo Homestead en 1892, cuando los obreros siderúrgicos derrotaron a un regimiento de Pinkertons, o como Blair Montain en 1921, cuando diez mil mineros de West Virginia combatieron a Baldwin Felts durante más de una semana.

Segundo, después de la reconstrucción de los Estados del Sur, la supremacía blanca fue reforzada por medio del nudo corredizo y la pira, en una continuación de las tradiciones anteriores a la guerra de violencia señorial contra los esclavos y el reclutamiento de blancos pobres como cazadores de esclavos.

Nuevamente, no hay parangón, excepto episódicamente en la Rusia imperial de los Black Hundreds, con el terror sostenido mediante los arrestos, las cadenas, los incendios, los asesinatos, las masacres y los linchamientos públicos (trescientos veinte entre 1882 y 1930)[5]. Cuando las muertes por linchamiento se combinaban con las ejecuciones legales, "moría un afronorteamericano cada cuatro días, como promedio"[6]. A pesar del estereotipo de las bandas de linchamiento, compuestas por blancos descalzos y analfabetos, el violento derrocamiento de la reconstrucción fue llevado a cabo por las élites regionales, y los estratos de colonos y comerciantes continuaron justificando y

---

4. Goldstein, *Political Repression*, p. 12.

5. En el mismo período, siete negros fueron linchados en el noroeste, setenta en el medio oeste y 38 en el lejano oeste. Ver W. Fitzhugh Brundage, *Lynching in the New South: Georgia and Virginia, 1880-1930* (Champaign-Urbana: University of Illinois Press, 1993), p. 8.

6. Stewart Tolnay y E. Beck, *A Festival of Violence: An Analysis of Southern Lynchings, 1882-1930* (Urbana: University of Illinois Press, 1995), p. 100.

orquestando la violencia racial siempre que fuera políticamente conveniente o reforzara su dominio económico. Ellos raras veces cuestionaban y frecuentemente se beneficiaban de esa cultura donde "la justicia comunitaria incluía tanto la ley reglamentaria como los linchamientos"[7]. De hecho, el alquiler en el algodón y el peonaje por endeudamiento, y con ello las ganancias de los terratenientes y comerciantes, se mantuvieron durante la crónica violencia racial y la extinción de los derechos civiles de los negros.

Tercero, el vigilantismo constituyó un sistema distintivo de la violencia localmente aceptada en los primeros Estados fronterizos del oeste, pero especialmente en el sudoeste, donde la ley inglesa fue impuesta por las conquistas militares sobre las poblaciones de nativos norteamericanos, hispanos y mexicanos. En California −el Estado que fue el epicentro del vigilantismo, como Mississippi lo fue para el *Klan* y Pennsylvania para la represión corporativa− la dominación de la conquistada población hispanoparlante se interceptó con el control social de los inmigrantes asiáticos. El vigilantismo −muchas veces encomiado desde el púlpito o desde las páginas editoriales− salvaguardaba las fronteras del sistema blanco norteamericano. Pero los vigilantes, organizados en grupos, fueron también los esquiroles de último recurso y el brazo popular de las cruzadas antirradicales (como las ocurridas de 1917 a 1919 o a principios de los años 1930).

Debe enfatizarse, por supuesto, que aunque esos tres sistemas de violencia peri-legal tuvieron fuertes focos geográficos, existió, obviamente, superposiciones entre ellos. Los negros, por ejemplo, fueron masacrados en las calles de Springfield (1908) y East St. Louis (1917) y linchados en Duluth (1920) y en la antigua Confederción. Asimismo los Pinkertons aterrorizaron al IWW en Montana (el tema de la primera novela de Dashiell Hammet, *Red Harvest*) y el "segundo" Klan de la década de 1920 fue probablemente más poderoso en Oregon, Colorado e Indiana. Los vigilantes de clase media jugaron a menudo roles auxiliares en

---

7. Ingalls, *Urban Vigilantes*, p. xviii.

momentos claves entre los obreros del medio oeste y los capitalistas, como en Akron en 1913 o Minneapolis en 1934. El mejor estudio histórico sobre el vigilantismo anti-obrero es el libro de Robert Ingall sobre Tampa, Florida –ciudad del Nuevo Sur– donde las élites comerciales locales aterrorizaron a "trabajadores, organizadores obreros, inmigrantes, negros, socialistas y comunistas": una sangrienta historia que culminó con la represión de una huelga de tabaqueros cubanos en 1931[8].

No es conveniente, dada la división en castas de la clase trabajadora norteamericana, intentar distinguir rigurosamente la violencia etno-religiosa y racial de la violencia de clase. La masacre de Latimer en 1897, donde comisarios y vigilantes asesinaron a veintiún mineros eslavos que pacíficamente protestaban por el recién aprobado "impuesto a extranjeros", fue una masacre contra los inmigrantes ("¡Les daremos infierno, no agua!" gritaban los comisarios) y también una represión de clase. Asimismo, muchos de los aparceros negros y campesinos independientes que fueron asesinados o linchados en el sur estaban señalados por desafiar al amo, competir con los blancos por la tierra o prosperar inusualmente. Como Stewart Tolnay y E. Beck reflejaron en su conocido estudio, los linchamientos en el sur seguían el ciclo de la economía algodonera; "los negros se libraban de la violencia pandillera cuando aumentaban las ganancias en el algodón"[9]. Ciertamente, es la fusión del odio étnico y racial con el egoísmo económico (real o percibido) lo que explica el extremismo de la violencia privada en la historia norteamericana contra los grupos subordinados.

¿Para qué, entonces, molestarse diferenciando el vigilantismo del oeste con el de la violencia pandillera en el sur, si los vigilantes eran racistas, y los terroristas del sur también golpeaban a radicales blancos, judíos y luchadores por los derechos civiles?

8. Ibíd., p. xvii.
9. E. Beck y Stewart Tolnay, "The Killing Fields of the Deep South: The Market for Cotton and the Lynching of Blacks, 1882-1930". *American Sociological Review* 55 (1990), pp. 526-39; y Tolnay y Beck, *A Festival of Violence*, p. 251.

Asimismo, la agricultura a gran escala en el sudoeste y en el sudeste fue capitalizada por la discriminación de castas, la privación de los derechos ciudadanos y la violencia de los patrones. En *Factories in the Fields* (equivalente testimonial de *Grapes of Wrath*, de Steinbeck), el periodista radical Carey McWilliams fue enfático al respecto, expresando que el vigilantismo en California, aun cuando "actualmente... se haya sofisticado de manera consciente", se construyó sobre la base de "una inclinación anti-extranjeros" y fue insuflado por el "sentimiento racial"[10]. Pero, si bien la distinción entre el oeste y el sur sólo puede ser sostenida dentro de un continuo más fundamental, el vigilantismo al estilo californiano, no obstante, ha tenido una tendencia más episódica y *ad hoc*, menos anclada en la desigualdad estatuaria (como las leyes racistas), más pluralista en los objetos de su intolerancia, pero más dualista en su legitimación moral y legal.

El vigilante del oeste reclama, de manera clásica, su derecho a actuar porque el Estado se encuentra ausente, ya sea en manos de los criminales o incumpliendo con sus obligaciones fundamentales (por ejemplo, reforzar las leyes de inmigración o defender la propiedad privada). Así, el *Brawley News* en 1973 recurrió a la siguiente argucia para justificar un particular ataque brutal de vigilantes sobre unos campesinos mexicanos en huelga: "No fue violencia pandillera, fue un estudiado y organizado movimiento de ciudadanos con el único propósito de garantizar la paz en la comunidad, en un momento en que las manos de la ley están atadas por la propia ley"[11]. Los sureños blancos, por otro lado, siempre han defendido las prerrogativas de supremacía racial que dominen sobre cualquier Estado o estatuto federal y que no requieran una compleja racionalización. Los del oeste defienden sus acciones en nombre de leyes no obligatorias y el principio fronterizo de *posse comitatus*, mientras los sureños

---

10. Carey McWilliams, *Factories in the Field* (Boston: Little, Brown and Co., 1939), p. 137.

11. Citado en Donald Fearis, "The California Farm Worker, 1930-1945" (PhD diss., UC Davis, 1971), p. 117.

apelan a la prioridad de la raza y al "honor blanco". Si bien el frenesí sádico de la violencia contra los negros en la historia del sur ha encontrado pocos defensores fuera de la región, el vigilantismo del oeste –igual de racista y despreciable– fue alabado por personas como Hubert Howe Bancroft, Leland Stanford y Theodore Roosevelt, y de hecho, es aún celebrado como una "sana tradición de justicia comunal espontánea", parte de una herencia romántica de democracia en la frontera[12].

¿Cuáles son las raíces sociales del vigilantismo? En su estudio de Tampa, Ingalls encuentra una continuidad fundamental con el control de la élite: "Los vigilantes toman las leyes por sus propias manos para mantener las relaciones de poder existentes, no para subvertirlas... No importa que el objetivo sea un prisionero negro, un organizador sindical, un político radical, o un criminal común; la violencia extralegal estaba hecha para preservar el statu quo"[13]. Más sopesadamente, Ray Abrahams, que ve a los grupos de vigilantes como un fenómeno internacional, concluye que "el vigilantismo difícilmente es una simple respuesta popular a la falta de debidos procesos legales que se ocupen de salvar las brechas en la ley. El 'pueblo' y la 'comunidad' son conceptos complejos, y el populismo presente en mucha de la retórica del vigilante encubre... un presuntuoso elitismo"[14]. Richard Brown, en un reciente estudio sobre el vigilantismo en la frontera, explica que "una y otra vez, eran los líderes más eminentes de la comunidad los que encabezaban el movimiento de vigilantes... y los típicos líderes vigilantes eran ambiciosos jóvenes de las viejas áreas colonizadas del este. Ellos deseaban establecerse en los más altos niveles de la nueva comunidad: el estatus que ellos tenían o aspiraban tener en su lugar de origen"[15].

12. W. Fitzhugh Brundage, "Introduction", en Brundage, ed., *Under Sentence of Death: Lynching in the South* (Chapel Hill: University of North Carolina Press, 1997), p. 4.
13. Ingalls, *Urban Vigilantes*, p. 206.
14. Ray Abrahams, *Vigilante Citizens: Vigilantism and the State* (Cambridge: Polity Press, 1998), p. 158.
15. Richard Brown, *Strain of Violence: Historical Studies of American Violence and Vigilantism* (Nueva York: Oxford University Press, 1975), pp. 97 y 111.

En la historia de California, sin embargo, hay una notable diferencia entre los perfiles de clase del vigilantismo de los siglos diecinueve y veinte. Los vigilantes victorianos (con la notable excepción de los dos movimientos vigilantes de San Francisco en los años 1850) solían ser trabajadores, pequeños empresarios y pequeños agricultores que luchaban en nombre de valores jacksonianos para preservar el monopolio de los "trabajadores blancos" contra lo que ellos interpretaban como conspiraciones de élites para inundar el Estado de "culíes" y de "aliens"[16].

Hacia finales de siglo, sin embargo, tal nativismo plebeyo, aunque aún existía, derivó hacia un arrebato anti-chino y anti-radical conducido por los agricultores más ricos, los profesionales de clase media y las élites de comerciantes locales, que eran probablemente californianos liberales o de la vieja guardia republicana. Durante la década de 1930, el vigilantismo fue privilegiado sin precedentes, como parte de una contrarrevolución de patronos guiada por la asociación fascista Campesinos Asociados. La cultura del vigilantismo, brevemente revivida por los agricultores durante la épica huelga de Trabajadores Agrarios Unidos a finales de los sesenta y principios de los setenta, migró de los valles agrícolas a los suburbios tradicionales, donde el espectro del inmigrante "ilegal" ayudó a llenar el vacío que dejó el colapso de la conspiración comunista internacional en la imaginación de los derechistas.

---

16. Es importante enfatizar, sin embargo, que una variedad similar fue evidente en partes del sur, donde "los agricultures blancos con ansias de tierra adoptaron métodos terroristas para apuntalar su cada vez más vulnerable estatus económico... desplazando a los negros propietarios de tierras (por medio de los linchamientos y el terror) y obstaculizando a los granjeros blancos que les alquilaban tierras, ellos esperaban crear una escasez de trabajo obligando a los terratenientes a emplear sólo blancos" (Brundage, *Lynching in the South*).

Capítulo 2

Salvajes blancos

> Lo primero que hicieron los vigilantes fue erigir una horca improvisada y colgar a Joaquín Valenzuela ante toda la población de San Luis Obispo. El desafortunado Valenzuela era probablemente inocente de las muertes recién ocurridas.
>
> John Boesseneker[1]

Las pequeñas campañas y cortas batallas en áreas de Los Ángeles y San Diego que constituyeron la guerra de conquista de California entre 1846 y 1847, fueron sólo el preludio de un prolongado y más violento saqueo por parte de pandillas inglesas, filibusteros y vigilantes que expropiaron a los trabajadores nativos durante la década de 1850. La "frontera", en primera instancia, no fue la línea que trazaron los Cuerpos Armados de Ingenieros Topográficos como consecuencia del Tratado de Guadalupe Hidalgo, sino la violencia genocida que la democracia jacksoniana desató en el sudeste. Esta violencia en la frontera, en una época que Marx llamaría "acumulación primitiva" es el tema de la épica narración *Blood Meridian* de Cornac McCarthy, un alucinante y rigurosamente histórico recuento sobre la pandilla Glanton que mató y arrancó cueros cabelludos a su antojo desde Chihuahua hasta San Diego. Para salvajes blancos como Glanton, la doctrina del destino manifiesto fue una divina licencia —"un imperialismo personal"— para matar y saquear los campos y aldeas indias[2].

1. John Boesseneker, *Gold Dust and Gunsmoke* (Nueva York: John Wiley, 1999), p. 113.
2. Cormac McCarthy, *Blood Meridian, or, The Evening Redness in the West* (Nueva York: Random House, 1985). Ver la importante discusión de Neil Campbell, "Liberty beyond Its Proper Bounds; Cormac McCarthy's History of the West en *Blood Meridian*", en Rick Wallach, ed., *Myth, Legend, Dust* (Nueva York: Manchester University Press, 2000).

Los indios californianos fueron las primeras víctimas de la conquista inglesa. Las sociedades improvisadas de hombres blancos formadas en la fiebre del oro tenían un insaciable apetito de objetos sexuales y trabajo doméstico servil.

La primera legislatura acomodaba esta demanda a través de leyes que, en lo esencial, esclavizaban a mujeres y niños indios a sus amos blancos. Las bandas de "squawmen" (cazadores de indias), conducidas por personajes similares a Glanton como Robert "Growling" Smith, se diseminaron por los valles de Napa y Sacramento, raptando a las indias y asesinando a cualquiera que se resistiera. "Usted puede escucharlos hablar del descuartizamiento de una mujer india 'como si rebanaran un viejo queso' en sus correrías en busca de bebés", escribió el *Unión* de Sacramento en 1862. "Los cazadores de bebés preparaban rancherías, mataban a los varones, violaban a las indias más hermosas y se escapaban con los niños"[3].

La abducción y el asesinato de indios eran subsidiados por el gobierno del Estado, que emitió bonos para pagar a compañías de voluntarios —parecidos a los cazadores de Glanton— para exterminar a la población originaria de California. De una población de indios estimada en 150.000 en 1846 (ya reducida a la mitad de la etapa prehispánica) sólo quedaban 30.000 en 1870. Bret Harte, primer cronista junto con Mark Twain de la época de la fiebre del oro, describió una atrocidad ocurrida en una aldea india que fue atacada por vigilantes cerca de Redwood Coast en 1860: "Se podían ver los muertos y heridos por todas partes y en cada aposento los cráneos y los cuerpos de mujeres y niños descuartizados por hachas y perforados por cuchillos. También vimos los sesos de un niño que salían de su cabeza"[4].

En los propios campos de oro, los vigilantes cumplieron su rol estereotípico de administrar la ruda justicia en la frontera,

---

3. Richard Street, *Beasts of the Field* (Stanford, CA: Stanford University Press, 2004), p. 148.
4. Citado en James Rawls y Walton Bean, *California: An Interpretative History* (Boston: McGraw-Hill, 2003), p. 153.

desempeñándose como una milicia étnica para desalojar por la fuerza a los mineros hispanoparlantes que habían sido los primeros en llegar al país. Si los yacimientos de oro fueron en poco tiempo la aproximación más cercana a la utopía jacksoniana de una "república de la fortuna", conformada por productores formalmente iguales e independientes excavando en búsqueda de oro, también fue una cerrada democracia anglosajona que excluía a los "grasosos", entiéndase "latinos u otras razas". El punitivo impuesto de licencia a los mineros extranjeros aprobado por la primera legislatura de 1850 brindó un pretexto a los grupos de vigilantes armados para expulsar a los mineros mexicanos y chilenos. Cuando se resistían, eran linchados, como fue el caso de dieciséis chilenos en el distrito Calaveras, o de "la bella y llena de vida mexicana embarazada de nombre Josefa" en Placer County que le disparó a un minero norteamericano por llamarle "puta"[5].

En la región minera alrededor de Sonora, unos mineros mexicanos y europeos atrevidos, guiados por revolucionarios franceses y alemanes exiliados en 1848, se resistieron a la intimidación inglesa en diversas confrontaciones que estuvieron cerca de desatar una guerra civil. "En las excavaciones", relata el famoso historiador Leonard Pitt,

> marchaban cuatrocientos norteamericanos –una máquina de terror– dirigiéndose al Columbia Camp, el cuartel general de los extranjeros. Colectaron el dinero de los impuestos de unos pocos extranjeros pudientes y asediaron al resto con la amenaza de dejarlos en ruinas. Un soldado recuerda haber visto "hombres, mujeres y niños empaquetando y mudándose, con bolsos y equipajes. Las tiendas eran derribadas, las casas y las chozas destruidas... hasta que el grupo armado arrestó a dos franceses exaltados... de la orden de los republicanos rojos... Los hombres se emborracharon, izaron en la punta de un pino

---

5. Kevin Starr, *California: A History* (Nueva York: Modern Library, 2005), pp. 86-87.

la bandera de las barras y las estrellas, lanzaron un saludo y se marcharon"[6].

Los "republicanos rojos" rápidamente organizaron su propia columna y asaltaron el poblado de Sonora, pero finalmente la mayoría de norteamericanos y la presencia del ejército regular conllevó al éxodo de los extranjeros de las minas de oro. Posteriormente, a muchos habitantes de Sonora les fueron robados sus mulas y caballos por la milicia de California cuando trataban de cruzar el Río Colorado en Yuma de regreso a casa.

Entretanto, en las comarcas "vaqueras" del sur y a lo largo de la costa central, las poblaciones de mexicanos pobres e indios de misión (neófitos) pelearon en encarnizadas batallas contra los usurpadores ingleses. Tipificados como forajidos, Tiburcio Vásquez, Pío Linares, Juan Flores y el casi mítico Joaquín Murieta, fueron, de hecho, bandidos y jefes de guerrillas en un sombrío conflicto que enfrentó a los grupos de vigilantes, compuestos por soldados desmovilizados y asesinos de indios, contra la desposeída "gente de razón". En el sur, terratenientes aristócratas *californios* como los Sepúlveda y los Pico apoyaron a los vigilantes, pero en el norte, algunas de las mayores dinastías como el clan Berreyesa, que tuvo seis muertos entre sus miembros, fueron llevados a la extinción debido a conflictos con los ingleses.[7]

Uno de los mayores movimientos de vigilantes –de hecho, "uno de los más violentos en la época de la fiebre del oro"– fue la campaña organizada en Los Ángeles para derrotar a la llamada "Revolución de Flores", guiada por Juan Flores y Pancho Daniel. Arrestado por los ingleses en 1855, Flores se escapó de San Quintín para unirse a las fuerzas de Daniel, un compañero de Joaquín Murieta, y una docena de trabajadores agrícolas y mineros. En enero de 1857, mientras visitaba a su joven amante

---

6. Leonard Pitt, "'Greasers' in the Diggings", en Roger Daniels y Spencer Olin, eds., *Racism in California: A Reader* in *the History of Oppression* (Nueva York: Macmillan, 1972), pp. 195-97.

7. Boessenecker, *Gold Dust,* pp. 68-69.

india, Chola Martina, en San Juan Capistrano, Flores mató al *sheriff* de Los Ángeles Bartin y a tres miembros de su grupo. Los vigilantes, incluyendo a los texanos conocidos como "los chicos del monte", capturaron a Flores después de varios enfrentamientos y fue linchado ante una gran muchedumbre al pie de Fort Hill, en el actual centro de Los Ángeles. Otros *californios* murieron de forma más anónima. Explica el historiador John Bossenecker que "Juan Flores fue el decimosegundo hombre aniquilado por los vigilantes de Los Ángeles", "Diez sospechosos habían sido ahorcados y dos muertos a tiros. De ésos, sólo cuatro estaban realmente conectados con la banda Flores-Daniel"[8].

Bossenecker ve estos incidentes como una larga carrera de guerras desatada en El Camino Real a mediados de la década de 1850, siendo el área de San Luís Obispo el segundo epicentro. Aquí la banda de Pío Linares, unida a Joaquín Valenzuela y el jinete irlandés Jack Powers, atacaron a viajeros y rancheadores ingleses, y los vigilantes ingleses en represalia aterrorizaron a los *californios* locales. Fue una guerra despiadada ambas partes. Primero los vigilantes habían matado a Linares en un famoso tiroteo y linchado a siete de sus compañeros, incluyendo a Valenzuela (por un asesinato que probablemente no cometieron). Al mismo tiempo, doscientos vigilantes forzaron la cárcel de Los Ángeles, se llevaron a Pancho Daniel, el líder sobreviviente de la banda de Flores, y lo colgaron en el portón más cercano. El *Bulletin* de San Francisco comparó la diferencia de actitudes entre "la clase baja de California, o los sonorenses" que juraron vengar al heroico Daniel, y "la clase respetable" que apoyó a sus ejecutores ingleses[9].

Aunque el eje central de la violencia social en la fiebre del oro en California fue el conflicto entre los plebeyos *californios* y los indios, por un lado, contra los hijos de Destino Manifiesto,

---

8. Ibíd., p. 130. Boessenecker, un defensor de la versión inglesa de esos eventos, es dogmático en relación a Flores, Daniels y el resto, caracterizándolos de "ladrones y no patriotas" (p. 133).

9. Ibíd., p. 131.

por el otro, los vigilantes más afamados fueron los negociantes y políticos de San Francisco que conformaron los dos Comités de Vigilancia de 1851 y 1855. El primer comité emergió a la vista pública en junio de 1851 cuando, bajo la histriónica incitación de Sam Brannan −el notorio mormón filibustero y especulador de tierras que había sido el publicista original de los descubrimientos de oro en 1849− un ladrón australiano llamado John Jenkins fue linchado en la vieja casa de encargo en Portsmouth Square.

Cuando el intendente trató de persuadir a los vigilantes de que dejaran la justicia en manos de la corte, Brannan vociferó: "¡Al diablo vuestra corte! ¡Nosotros somos la corte y los verdugos!"[10]. Otros, conocidos como "Sydney Ducks" (individuos de Sidney) −principalmente australianos e irlandeses culpados de incendios y crímenes en San Francisco− siguieron rápidamente el mismo camino que Jenkins, y un par de ellos fueron asesinados a patadas en las calles. "Como extranjeros en California", escribe Robert Senkewicz en el relato del incidente, "los australianos eran considerados intrusos en el Jardín del Edén". Los vigilantes −históricamente comerciantes, importadores, banqueros y abogados− cerraron el negocio después que la mayoría de los australianos dejaron la ciudad[11].

Luego reabrieron en mayor escala en 1856 ante el reto del Tammany Hall −especie de maquinaria política que el carismático David Broderick (antiguo "Locofoco" de New York City) y su gran cantidad de seguidores católicos irlandeses construyeron en San Francisco. La muerte de dos prominentes líderes anti-Broderick −William Richardson (un mariscal de EE.UU.) y James King (editor de un periódico)− en dos confrontaciones distintas con los antiguos seguidores de Broderick, Charles Cora (apostador italiano) y James Casey (demócrata supervisor del condado) facilitó el pretexto inmediato para el reagrupamiento

---

10. Arthur Quinn, *Rivals: William Gwin, David Broderick, and the Birth of California* (Nueva York: Crown Publishers, 1994), p. 108.

11. Robert Senkewicz, *Vigilantes in Gold Rush San Francisco* (Stanford, CA: Stanford University Press, 1985), p. 80.

del comité. Pero el linchamiento de Cora y Casey en mayo de 1856 por el segundo Comité de Vigilancia, guiado por William Tell Coleman, un demócrata proesclavista de Kentucky, tuvo menos que ver con la justicia criminal que con la determinación de los comerciantes protestantes, ignorantes y anticatólicos, de contener el crecimiento de la maquinaria de Broderick.

Los vigilantes, en efecto, eran isurreccionistas empeñados en barrer con el poder político irlandés.

> "Con Casey y Cora fuera de combate" escribe el padre Senkewica, "el comité volvió velozmente a su importante tarea. Rápidamente, varios operativos políticos de Broderick se hallaron rodeados en las calles por escuadras de vigilantes armados y conducidos al comité ejecutivo. Allí fueron juzgados por diversas ofensas, la mayoría relacionadas con fraude político y falsificación de papeletas. Después de condenarlos, lo que fue prácticamente automático, fueron enviados a los barcos que ya estaban esperando en el puerto, para su deportación[12]."

Los funcionarios demócratas electos que sobrevivieron a la deportación fueron obligados a dimitir y reemplazados en la siguiente elección por candidatos avalados por Coleman, el dictador temporal de la ciudad, y por los vigilantes. El llamado "Partido del Pueblo" del segundo Comité de Vigilancia, pronto se unió al nuevo Partido Republicano y gobernó en San Francisco hasta 1867. La destrucción de su maquinaria política urbana, sin embargo, tuvo el irónico resultado de reconcentrar las ambiciones de Broderick en la política, y fue rápidamente elegido para la legislatura en el Senado de EE.UU. (El senador Broderick, demócrata de Tierra Libre, fue asesinado en un famoso duelo en 1859 con David Ferry, jefe de la Corte Suprema de Justicia de California, un rabioso partidario de la esclavitud.)

Uno de los oponentes contemporáneos de los vigilantes, William Tecumseh Sherman (entonces banquero de San Francisco), señaló que "como ellos controlaban la prensa, escribían

---

12. Ibíd., pp. 172-73.

sus propias historias". De hecho, El Comité de Vigilancia de San Francisco fue exaltado por el filósofo Josiah Royce (en su libro *California*, de 1886) y el historiador Humbert Howe Bancroft (en su libro *Popular Tribunals*, de 1887) como parangón de libertad y virtud cívica. La imagen del heroico vigilante burgués que episódicamente sostiene su revolver para restaurar la ley y el orden en una sociedad invadida de inmigrantes criminales y políticos corruptos se convertiría en un mito permanente en California, inspirando a liberales anti-asiáticos entre los años 1910 y 1920 y a nativistas suburbanos de comienzos del siglo veintiuno.

Capítulo 3

La amenaza amarilla

> Para un norteamericano, la muerte es preferible a vivir junto a un chino.
>
> Dennos Kearney (1877)[1]

El *Times* de Londres fue, por supuesto, el periódico de más ventas en el siglo diecinueve, y el primer artículo indexado en "Los Ángeles" es "La Masacre China, 24 de octubre de 1871". Como consecuencia de la muerte de un *sheriff* (como en el caso de Juan Flores) una pandilla de vigilantes compuesta de quinientos ingleses se abalanzaron sobre "la calle de los negros" (actualmente cerca de Union Station) masacrando a todo tipo de hombres chinos. El número oficial de víctimas fue diecinueve (casi el 10% de la población china local), pero observadores del incidente piensan que fue un número mucho mayor. En una reflexión moderna del acontecimiento, el historiador William Locklear comenta que las dos décadas de vigilantismo inglés y de odio racial en Los Ángeles propició "la tierra fértil" para la peor de las matanzas (sin considerar las masacres de indios) ocurrida en la historia de California[2].

Los chinos (que en 1860 eran la quinta parte de la fuerza laboral del Estado) fueron frecuentemente víctimas en la época de la fiebre del oro —trabajando en condiciones degradantes— pero la persecución de forma sistemática comenzó con la depre-

---

1. Royce Delmatier, et ál., *The Rumble of California Politics, 1848-1970* (Nueva York: John Wiley, 1970), p. 77.
2. William Locklear, "The Celestials and the Angels: A Study of the Anti-Chinese Movement in Los Angeles to 1882", *Southern California Quarterly* 42 (Septiembre de 1960), pp. 239-54.

sión económica regional, entre 1869 y 1870. En la dilatada depresión de la década de 1870, los chinos fueron los chivos expiatorios del desintegrado sueño californiano, cuando las esperanzas utópicas de los primeros años fracasaron contra las realidades del poder económico concentrado, la escasez de tierras de cultivo, los bajos salarios y el desempleo incontrolado. Si durante los primeros años de 1850 los yacimientos de oro constituían una democracia de productores, donde los hombres blancos de diferentes clases sociales trabajaban codo con codo, ya a finales de la década el monopolio se afincó firmemente en la tierra, los comercios y la minería.

El surgimiento del Ferrocarril Pacífico Central (anteriormente Pacífico Sur) y el equipo de capitalistas que lo dirigían, "Los cuatro grandes", durante los años 1860, establecieron señoríos semifeudales sobre las ruinas de la igualdad jacksoniana; mientras tanto, la larga crisis económica arruinaba a miles de pequeños agricultores, cocheros autónomos, jóvenes profesionales ambiciosos y empresarios diversos. Su histeria pequeñoburguesa se convirtió en alucinante furia contra la "amenaza amarilla", que demagogos como Dennis Kearney (antiguo marinero convertido en próspero hombre de negocios) esparcieron a través de los movimientos obreros de San Francisco y California, convirtiéndose en una obsesión incurable durante los siguientes cincuenta años.

En *Indispensable Enemy,* un crudo y revolucionario análisis de la "falsa conciencia" que padece la clase obrera, Alexander Saxton explica cómo el populismo excluyente anti-asiático, enraizado en las contradicciones de la ideología productora jacksoniana, se atribuía el universo moral de la fuerza laboral californiana. En lugar de hacer causa común con los trabajadores chinos, el Sindicato de Trabajadores de Kearney en San Francisco, y su rama, el Partido de los Trabajadores de California, gritaban "¡Los chinos tienen que irse!" y demandaban la abrogación del Tratado de Burlingame de 1868 que había normalizado la migración china hacia los Estados Unidos. Las enormes procesiones con fogatas terminaban en alborotos y en la destrucción de los negocios chinos. Kearney y otros líderes trabajadores atribuyeron la crisis económica a una conspiración de "culíes" y monopolistas, cuyo objetivo final no era otro que destruir la república blanca norteamericana[3].

De hecho, en su novela *The Last Days of the Republic* (1880), el partidario de Kearney, Pierton Dooner, describe cómo los desesperados intentos de los trabajadores blancos de San Francisco para masacrar a los chinos fueron frustrados por la milicia capitalista, conduciendo a la liberación de los chinos y en un final a su conquista de Norteamérica. "El Templo de la Libertad se ha derrumbado; y encima de sus ruinas se levantó la colosal estructura de esplendor barbárico conocida como el imperio occidental de su augusta majestad, el Emperador de China... El propio nombre de los Estados Unidos fue así borrado de la lista de naciones"[4].

La novela de Dooner fue la progenitora de las disertaciones sobre la amenaza amarilla y el peligro que acecha a la civilización blanca. (Sus descendientes actuales incluyen la apocalipsis de la inmigración y "la amenaza parda" que se comercializan en libros recientes de Victor Davis Hanson, Daniel Sheehy, Tom Tancredo y otros xenófobos)[5]. Su defensa de las masacres de Los Ángeles también convirtió a *The Last Days of the Republic* en una especie de *Turner Diaries* para los miembros del movimiento de los *workingman* y sus aliados rurales. Si bien los ataques a los chinos en San Francisco fueron disipados por vigilantes burgueses (un Comité de Seguridad Pública entrenado por el venerable William Tell Coleman) y el oportuno arribo de buques de guerra norteamericanos, la violencia anti-culí se volvió crónica en los

---

3. Alexander Saxton, *Indispensable Enemy: Labor and the Rise of the Anti-Chinese Movement in California* (Berkeley: University of California Press, 1971).

4. Pierton Dooner, *The Last Days of the Republic* (San Francisco: Amo Press, 1880), p. 257.

5. Cf. Victor Davis Hanson, *Mexifornia* (San Francisco: Encounter Books, 2003); Daniel Sheehy, *Fighting Immigration Anarchy* (Bloomington, IN: RoofTop Publishing, 2006); y Tom Tancredo y Jon Dougherty, *In Mortal Danger* (Nashville: WND Books, 2006).

campos de California donde muchos chinos, antiguos trabajadores de los ferrocarriles, encontraban trabajo en la agricultura.

La Orden de los Caucasianos fue el equivalente rural de los clubes anti-chinos en San Francisco, creciendo rápidamente su membresía en Sacramento Valley. En 1877, en el apogeo del malestar anti-chino, miembros desempleados de la Orden atacaron los campos chinos en toda la cuenca: quemando barracas, apaleando a los campesinos, y en marzo, cerca de Chico, murieron cuatro trabajadores chinos. Ese verano la violencia se diseminó en Great Gospel Swamp cerca de Anaheim en el sur de California, donde los vigilantes pertenecientes a la Orden atacaron a los chinos recolectores de lúpulo. Al año siguiente la poderosa Grange apoyó el llamamiento de Kearney a una cruzada general contra los "leprosos asiáticos con trenzas", declarando que los chinos son una "plaga siniestra que socava los fundamentos de nuestra prosperidad, la dignidad de los trabajadores y la gloria del Estado"[6].

El vigilantismo fue también, por supuesto, un escenario político, siendo su objetivo primario presionar a los políticos para que aprobaran legislaciones anti-chinas. En 1879, mientras los bribones continuaban arremetiendo contra los inmigrantes chinos en los campos, se negoció en Sacramento una nueva constitución del Estado bajo la influencia de los delegados del Partido de los Trabajadores y de Grange. Anticipándose a las últimas constituciones racistas en el sureste, ésta dictaminaba escuelas segregadas para los "mongoles", barrerlos de los empleos públicos y permitir comunidades insertadas para segregarlos en barrios chinos (instrumentos prejuiciados más que una decisión colectiva). Inmediatamente después, el 94% de los votantes californianos respaldaron un referéndum para excluir aún más a los inmigrantes chinos. El reformador agrario Henry George, conocido como el "Karl Marx de California", se lamentaba de que esa histeria blanca sobre los chinos desperdiciaba una oportunidad histórica para la reforma radical del sistema económico del Esta-

---

6. Street, *Beasts of the Field*, pp. 311 y 319.

do. (George, originalmente un fanático anti-chino, se apartó de la demagogia racista de Kearney)[7].

Ni siquiera los "monopolistas", presuntamente patrocinadores de la "amenaza culí", defendieron a los chinos con total ardor. Richard Street explica en su historia del trabajo agrícola californiano en el siglo XIX que, cuando los campesinos chinos, en la década del setenta y principios de los ochenta, comenzaron a organizarse e inclusive a protestar, muchos de sus empleadores perdieron rápidamente su entusiasmo por el Tratado de Burlingame. Al estar ahora la población blanca de California poderosamente unida contra la inmigración china, el presidente Chester Arthur ignoró la protesta de Beijing y firmó el Acta de Exclusión China en mayo de 1882[8].

Pero el fin de la inmigración hizo que aumentaran las presiones para expulsar a los chinos del campo. Las ligas y organizaciones anti-chinas locales organizaron boicots a los rancheros que empleaban a trabajadores chinos, e incluso amenazaron de muerte e incendiaron el gran Rancho Bidwell. En febrero de 1882, los vigilantes sacaron a los trabajadores chinos fuera de los campos de lúpulo al norte de Sacramento y quemaron sus barracas cerca de Wheatland. Un mes después, en una enorme convención anti-china en Sacramento, el abogado Grover Johnson, padre del futuro gobernador liberal y senador Hiram Johnson, estableció la política que sirviera para dar el puntapié final a los chinos del Estado[9].

La masacre de veintiocho mineros chinos en septiembre de 1885 por miembros blancos de los Caballeros del Trabajo en Rock Springs, Wyoming (que obligó al presidente Cleveland a enviar tropas federales para proteger a los supervivientes), detonó la violencia en el lejano oeste. Alexander Saxton lo describe así: "El presupuesto de furia y descontento acumulado por los trabajadores (en la crisis económica de 1884-86), como por ejemplo la ley

---

7. Saxton, *Indispensable Enemy*, p. 264.
8. Ibíd.
9. Ibíd., pp. 348-51.

de Gresham, se convirtió en la moneda más barata del movimiento anti-culí". En la primera mitad de 1886, emergieron comités de vigilantes para abatir y eliminar a los chinos en treinta y cinco ciudades de California, incluyendo Pasadera, Arroyo Grande, Stockton, Merced y Truckee. Fue una limpieza étnica sin precedentes y miles de chinos fueron expulsados de esos pequeños poblados y ciudades. La mayoría de ellos huyó a fortificados barrios chinos en San Francisco, donde se vieron reducidos a "luchar en los callejones de basura y pescado podrido", mientras los agricultores –acostumbrados a captar suplentes para el trabajo– se quejaban por la escasez de mano de obra barata[10].

En los años siguientes, la agitación anti-china hirvió lentamente, hasta que la depresión de 1893 puso en marcha otra ola de chovinismo y violencia pandillera. En Napa Valley, la Unión Obrera Blanca se organizó para sacar a los chinos de los viñedos, mientras otros vigilantes atacaron a inmigrantes chinos en Selma y mataron a dos campesinos cerca de Kingsburg. El vigilantismo también se diseminó por los naranjales del sur de California y cientos de hombres blancos expulsaron, "a punta de fusil", a los inmigrantes chinos de la opulenta ciudad de Redlands. Gracias al representante Geary, del condado de Sonoma, el Congreso legisló que los chinos requirieran certificados de residencia, creando, como señaló Street, "el primer sistema de pasaporte interno norteamericano". El "Plan Redlands", popularizado por un *sheriff* local, usó la Ley Geary para legalizar la expulsión de los chinos locales no registrados. Pero en muchas ciudades citrícolas –Anaheim, Compton y Rivera– los blancos desempleados no se limitaron a los asuntos legales; simplemente formaron pandillas y fueron a atacar a los chinos en sus campos[11].

Cuando la depresión se profundizó, el vigilantismo continuó activo durante todo el invierno, la primavera y el verano de 1894. Los agricultores gradualmente fueron cediendo al terror,

---

10. Saxton, *Indispensable Enemy*, p. 205. Sobre las formidables defensas de Chinatown ver p. 149.

11. Ibíd., pp. 377-86.

contratando vagabundos y desempleados blancos que reemplazaran a la fuerza de trabajo china, vieja y soltera, cuyas filas fueron disminuyendo rápidamente debido a la ley de exclusión y a sus enmiendas. Durante medio siglo los chinos brindaron su sangre y su sudor en la construcción del Estado: ahora eran brutalmente segregados. Las nuevas generaciones tendrían pocos indicios del irreemplazable rol que jugaron los trabajadores chinos en la construcción de la principal infraestructura (calles, ferrocarriles, acueductos, huertos y campos) de la vida moderna de California[12].

---

12. Como observó un agricultor de Hayward, durante el debate sobre la exclusión: "Nuestros huertos y viñedos son obras de los trabajadores chinos. De no estar ellos bajo nuestras órdenes, no habría en el Estado árboles frutales o viñedos... no existieran frutas, ni fábricas de conservas ni los inmensos almacenes de vino". Citado en Fearis, "The California Farm Worker", pp. 51-52.

Capítulo 4

"Aplastar al japonés"

> Subyacente a este problema con los japoneses está la proposición fundamental de que éste es un país de hombres blancos y así debe permanecer.
>
> Liga de Exclusión de Asiáticos (1909)[1]

Los primeros grandes flujos de japoneses inmigrantes hacia California vinieron de Hawai: plantadores que escapaban de los bajos salarios y las condiciones infrahumanas en los campos de caña. Después de la anexión de las islas en 1898, la migración hacia el continente, así como la inmigración directa desde Japón, era fácil. Los trabajadores japoneses rápidamente reemplazaron a los chinos en los cultivos de remolacha e inmediatamente adquirieron el estatus de parias. Ya en 1892, cuando aún la población japonesa era insignificante, el fanático incansable Denis Kearney, vociferaba: "¡Los japoneses deben irse!", aunque, como enfatiza el historiador Roger Daniel, el prejuicio hacia los japoneses "era sólo la estela dejada por el cometa anti-chino".

Sin embargo, poco antes del terremoto de San Francisco, los japoneses ya eran una porción significativa de la fuerza laboral agrícola, con una creciente reputación de mantenerse firmes en sus principios. De hecho, fueron los pioneros del sindicalismo agrícola en el siglo XX y organizaron una impresionante huelga junto a los mexicanos en los cultivos de remolacha de Oxnard en 1903. Pero los poderosos sindicatos de San Francisco despre-

---

[1]. Citado en Thomas Walls, "A Theoretical View of Race, Class and the Rise of Anti-Japanese Agitation in California" (PhD diss., University of Texas, 1989), p. 215.

ciaban a los nuevos inmigrantes y organizaron en mayo de 1905 la Liga de Exclusión de Japoneses y Coreanos (en parte, según Saxton, para distraer la atención de los escándalos dentro del Partido Sindicato-Trabajadores)[2]. Puesto que la envejecida población china estaba declinando, los japoneses, más jóvenes y económicamente dinámicos, pasaron a ser la nueva encarnación de la amenaza amarilla.

En San Francisco, la violencia hacia los residentes japoneses se convirtió en un problema, con incidentes particularmente significativos durante y después del terremoto de abril de 1906. "Se informaron diecinueve casos de asaltos contra los residentes japoneses... a pesar de que el gobierno japonés había enviado fondos hacia la ciudad abatida". Cuando el renombrado sismólogo de Tokio, el profesor Fusakichi Omori, se presentó con la donación de un nuevo sismógrafo para la Universidad de California, él y sus colegas fueron golpeados y apedreados por una pandilla en la Mission Street. Los gamberros fueron luego alabados por la prensa local, considerándolos héroes populares[3].

Pero en 1908 el sustrato social de la agitación anti-japonesa fue transfiriéndose de los movimientos obreros urbanos hacia la clase media urbana y rural. Con extraordinario trabajo y solidaridad comunitaria, los "isei" (primera generación de inmigrantes) y sus hijos fueron ahorrando dinero y comprando o arrendando tierras. Crearon nichos dinámicos de horticultura, cultivo de fresas y flores, viveros y jardines. Los agricultores californianos y los horticultores acaudalados, como antiguamente los magnates hawaianos del azúcar, estaban consternados con la valiente determinación de los japoneses de convertirse en amos, "competidores más que empleados". Carey McWilliams nos comenta que los grandes productores agrícolas se oponían a la

2. Saxton, *Indispensable Enemy*, pp. 251-52.
3. Kevin Starr, *Embattled Dreams: California in War and Peace: 1940-1950* (Nueva York: Oxford University Press, 2002), p. 43; y Philip Fradkin, *The Great Earthquake and Firestorms of 1906* (Berkeley: University of California Press, 2006), pp. 297-98.

"Aplastar al japonés" 47

posesión de la tierra de los japoneses ya que "amenazaba la existencia de las grandes unidades de producción y disminuía el suministro de obreros agrícolas"[4].

Asimismo, los inmigrantes japoneses se topaban con la cólera de los pequeños agricultores, resentidos por los diestros e intensivos métodos de cultivo que aplicaban los japoneses, que conducían al aumento del valor de la tierra y de los arriendos[5]. Los liberales de clase media, obsesionados con los conceptos darwinianos de competencia racial, defendieron la "agricultura anglosajona" y jugaron su rol de "conservar la California blanca". Mientras los demócratas y la prensa de Hearst continuaban fulminando sobre el mestizaje y la necesidad de escuelas segregadas, los liberales veían a los japoneses como competidores agrícolas implacables y subrayaban la necesidad de legislaciones para evitar que adquirieran más tierras. Ya inelegible para la ciudadanía de EE.UU. gracias a las anteriores leyes de exclusión, ahora se les prohibiría a los *iseis* la posesión de tierras.

Sin embargo, la propuesta Ley de Extranjería fue inmediata y drásticamente objetada por los rentistas europeos, especialmente los holandeses y británicos, viejos propietarios de grandes parcelas de tierra en California. La legislación controlada por los liberales rápidamente cambió, con una nueva fraseología que eximía a esos grandes intereses y que otorgaba menos margen a los *iseis*[6]. La aprobación de la ley en 1913, después de algunos cambios superficiales para apaciguar al secretario de Estado William Jennings Bryan, dio inicio a protestas masivas en Japón, que demandaban el envío de la Flota Imperial a California. Como explica Kevin Starr, los liberales californianos envenenaron irreparablemente la opinión pública del Japón haciendo virtualmente inevitable la guerra del Pacífico:

---

4. McWilliams, *Factories in the Field*, p. 112.
5. Ibíd., pp. 113-14.
6. George Mowry, *The California Progressives* (Berkeley: University of California Press, 1951), p. 155.

"¿Qué es un vigilante?"

Durante la agitación por la Ley de Extranjería de 1913, apareció un partido de guerra en el gobierno japonés, estimulado por la ofensa producida en California, y sus representantes comenzaron a explorar la posibilidad de financiar la guerra contra Estados Unidos. En otras palabras, dieciocho años antes de Pearl Harbor y mucho antes del afianzamiento del círculo fascista en el gabinete japonés, la campaña "conservemos a California blanca" logró provocar a muchas personas en las altas esferas del gobierno japonés que veían la guerra contra Estados Unidos como la única respuesta adecuada al insulto racial recibido. Incluso se sugirió con el tiempo que Japón declarara la guerra sólo a California y no al resto de los Estados Unidos[7].

La legislación pudo inflamar a Tokio pero no impidió a los *iseis* obtener las tierras en nombre de sus hijos nacidos en EE.UU. o arrendarlas a los propietarios blancos avariciosos. Sin embargo, las confrontaciones con los blancos fueron temporalmente pospuestas por la demanda de productos agrícolas en tiempo de guerra, que brindó elevadas ganancias a todos los productores agrícolas y menguó temporalmente la agitación racial. Pero el nativismo demagógico regresó en represalia durante la recesión de posguerra en 1919 y persistió en la década de 1920 disfrazada de varias formas violentas y malignas.

Esta nueva ola de activismo anti-japonés luchaba contra el éxito de los japoneses en la agricultura y contra los intentos de sus hijos, ciudadanos angloparlantes, de integrarse en la vida californiana. Bajo el generalato de dos venerables liberales —el senador (y antiguo gobernador) Hiram Johnson y el retirado editor del *Sacramento Bee*, V. S. McClatchy— una amplia coalición nativista, que incluía a Hijos Autóctonos del Oeste Dorado, Legión Americana, Federación de Trabajadores del Estado, Grange, Federación de Clubes de Mujeres y Orden Real del Alce, dieron un empujón a una nueva ley sobre el arriendo de tierras a extranjeros a través de la legislatura de California en 1920, y luego se

---

7. Starr, *Embattled Dreams*, p. 49.

mudaron a Washington D.C. para cabildear a favor de la prohibición total de la inmigración japonesa.

Mientras el Congreso debatía la aprobación de la ley Johnson-Reed (o Cuota de Inmigración), los xenófobos Hijos Autóctonos, presionaron a las academias para que despidieran a los profesores "pro-japoneses" y advirtieron a los familiares de las peligrosas predilecciones sexuales de los *Nisei* (americano de origen japonés, "¿Acaso quieres casar a tu hija con un japonés?"). Una demanda nativista frecuente (resurgida en el 2005 por republicanos anti-inmigrantes) fue la enmienda para negar la ciudadanía a los niños de padres extranjeros nacidos en EE.UU. Entretanto, los grupos anti-japoneses en el área de Los Ángeles, inclusive los Hijos Autóctonos y el Ku Klux Klan, así como asociaciones de propietarios, organizaron un movimiento de vigilantes "destinado a hacer imposible la vida de los japoneses residentes". En esta campaña "Aplastar al japonés" de 1922-23 se utilizaron desde carteles, boicots, escupitajos a transeúntes japoneses hasta asaltos y agresiones, siendo mayor la violencia si el norteamericano de origen japonés persistía en mudarse a un barrio de blancos y actuase como un ciudadano estadounidense común.

"Aplasta al japonés", que promovía los rituales de humillación pública, fue una espeluznante prefiguración del tratamiento a los judíos en la Alemania nazi, pero –como lo ejemplifica un folleto reimpreso por Daniels– tuvo una considerable resonancia en las disertaciones contemporáneas contra los inmigrantes latinoamericanos.

> Vienen a cuidar el césped,
>> Lo aceptamos.
> Vienen a cuidar la huerta,
>> Lo aceptamos.
> Mudan a sus hijos a nuestras escuelas públicas,
>> Lo aceptamos.
> ....

Proponen construir una iglesia en nuestra vecindad
NO LO ACEPTAMOS NI LO ACEPTAREMOS
....
NO LOS QUEREMOS, ASÍ QUE,
PONGAN MANOS A LA OBRA, JAPONESES,
Y LÁRGUENSE DE HOLLYWOOD[8]

El Congreso, bajo la intensa gestión de Johnson y otros representantes y senadores del oeste, aprobó la ley Johnson-Reed y eliminó las futuras inmigraciones de Japón. Pero la ley sobre el arrendamiento de tierras a los extranjeros y la supresión de la inmigración fracasaron en su intento de expulsar a los japoneses de sus granjas y negocios. Finalmente, Johnson y sus seguidores verían coronado el trabajo de su vida con la Orden Ejecutiva 9102, del 18 de marzo de 1942, que internaba a los japoneses-norteamericanos de California en campos de concentración. Como señaló Daniels, "Mazanar, Gila River, Tule Lake, White Mountain y los demás campos de reubicación fueron los últimos monumentos a su fervor patriótico"[9].

8. Ibíd., p. 97.
9. Ibíd., p. 105.

Capítulo 5

Disturbios anti-filipinos

> Nunca olvidaré lo que sufrí en este país a causa del prejuicio racial.
>
> Carlos Bulosan (1937)[1]

La victoria de los exclusionistas anti-japoneses entre 1920 y 1924 agudizó la escasez de mano de obra en la agricultura que los grandes agricultores intentaron remediar importando trabajadores mexicanos y filipinos. Si la historia de California parece a veces como una implacable cinta transportadora que envía grupos de inmigrantes unos tras otros al mismo caldero de explotación y prejuicio, la experiencia filipina fue quizá la más paradójica. Como ciudadanos de una colonia norteamericana hasta 1934, los filipinos no eran técnicamente unos "aliens" y por lo tanto no estaban excluidos por el sistema de cuotas de 1924; pero al contrario de los mexicanos y japoneses, ellos adolecían de la protección de un país de origen soberano y estaban más a merced de los gobiernos locales y de los racistas californianos. La migración de obreros filipinos en la década de 1920, consistiría casi en su totalidad de hombres jóvenes y solteros cuya gravitación natural hacia los salones de baile y las zonas rojas provocó una histeria sexual-racial entre los blancos, de tal magnitud, que invita a la comparación con el sur faulkneriano[2].

---

1. Citado en H. Brett Melendy, "California's Discrimination against Filipinos, 1927-1935", en Daniels y Olin, *Racism in California*, p. 141.
2. Virtualmente todos los grupos laborales subalternos en California han sido víctimas de calumnias sexuales de una manera u otra. Carey McWilliams, por ejemplo, cita el caso de los trabajadores agrícolas punjabíes en Live Oak en 1908, que fueron golpeados y expulsados de los campos por vigilantes locales, por supuestas ofensas de "exhibi-

Nadie se implicó más en el honor de las muchachas blancas y el peligro del "mestizaje" que el influyente liberal V. S. McClatchy, que fue otra vez secundado en su fobia racial por el senador Hiram Johnson y Samuel Shortridge, el ex senador James Pheland y el gobernador Friend Richardson, así como el eje reaccionario "Chandler-Cameron-Knowland", publicistas en Los Ángeles, San Francisco y Oakland. Esta poderosa alianza, cuyos prejuicios continuaron siendo avalados por los sindicatos derechistas de AFL, retrató a los filipinos como representantes (en palabras de un funcionario de la Cámara de Comercio de Los Ángeles) "de lo más despreciable, inescrupuloso, vago, enfermizo y semi-bárbaro que jamás haya arribado a nuestras costas"[3]. Los filipinos, que tenían intereses recreativos iguales a los de decenas de miles de solteros, marinos blancos, jornaleros y vagabundos que atestaban la Main Street de Los Ángeles o el Tenderloin de San Francisco, eran caricaturizados (nuevamente, en imágenes que prefiguran las calumnias nazis) como obsesionados mestizadores.

Sin embargo, las agitaciones contra los filipinos también tuvieron una dimensión económica funcional: la feroz apelación al temor sexual blanco se ajustaba generalmente a las condiciones del mercado de trabajo y a la militancia de los filipinos en la defensa de sus derechos. A finales de la década de 1920, aseveraba Carey McWilliams, "el miedo hacia los filipinos se intensificó por el deseo de la mayoría de los agricultores de apartarlos como trabajadores". Como explicó un líder contemporáneo de la agroindustria: "Cuesta 100$ per cápita traer a un filipino. Y no podemos tratarlo como a un mexicano: los mexicanos pueden ser deportados". Además, continúa McWilliams, "los filipinos ya no crean roña entre sus compañeros y no son depreciados en

---

cionismo indecente". Los chinos, japoneses, armenios, okies, miembros de IWW, afro-norteamericanos, árabes y mexicanos, han sido retratados por sus enemigos como "depravados sexuales". Ver McWilliams, *Factories in the Field*, pp. 139-40.

3. Melendy, "California's Discrimination against Filipinos", en Daniels y Olin, *Racism in Califomia*, pp. 144-45.

el trabajo... El filipino es un fuerte luchador y sus huelgas son peligrosas"[4]. Fue precisamente este "peligro" económico el que los enemigos de los filipinos transmutaron en una leyenda de amenaza sexual.

Fue así como la asociación con mujeres blancas brindó el pretexto para un pequeño disturbio en Stockton en 1926 la víspera de Año Nuevo, y luego un vigilantismo de envergadura organizado por la Legión Americana contra los campesinos filipinos en Dinuba, condado de Tulare, en agosto de 1926, cuando "los cosechadores de frutas insistieron en su derecho de asistir a los bailes y acompañar a muchachas blancas"[5]. El comienzo de la depresión inflamó aún más el resentimiento blanco ya enardecido por la incesante reticencia de grupos nativistas como Hijos Autóctonos y Legión Americana. "El 24 de octubre de 1929, el día de la caída de Wall Street", escribe Richard Meynell en *Little Brown Brothers, Little White Girls*, "algunos filipinos fueron apedreados cuando acompañaban a muchachas blancas en unos festejos en Exeter, al sur de Fresno. La pelea comenzó y un hombre blanco fue apuñalado, luego le sucedió un disturbio en el que los vigilantes blancos, guiados por el jefe de la policía Joyner, golpearon y apedrearon a los filipinos en los campos". Trescientos vigilantes incendiaron los campos de trabajo de los filipinos en las cercanías de Firebaugh Ranch[6].

Seis semanas después, la policía de Watsonville encontró a dos muchachas blancas menores de edad en la habitación de un trabajador filipino de 25 años; se conoció rápidamente que los padres de las muchachas prostituían a la hija mayor. La furia blanca cristalizó inmediatamente alrededor del suceso en el periódico local, incluyendo una foto provocativa de la muchacha mayor abrazada al joven filipino. Judge D. Rohrback, la voz

---

4. McWilliams, *Factories in the Field*, pp. 133 y 138.
5. Richard Meynell, "Little Brown Brothers, Little White Girls: The Anti-Filipino Hysteria of 1930 and the Watsonville Riots", *Passports* 22 (1998). Extractos disponibles en http://www.modelminority.com/article232.htlml, n. p.
6. Ibíd.

estridente del odio racial en Pajaro Valley, advirtió "si esta situación continúa... en diez años habrá más de 40.000 mestizos en el Estado de California". Pero, como señaló Howard DeWitt en un importante estudio, las actitudes violentas hacia los filipinos también estaban matizadas por el hecho de que ellos trabajaban en cultivos de lechugas que controlaban corporaciones foráneas, que habían marginado a trabajadores blancos y campesinos locales[7]. En su constante incitación al vigilantismo, Judge Rohrback trazó una extraña ecuación relacionando el mestizaje con el desplazamiento económico. "Ellos (los filipinos) les dan ropa interior de seda y las preñan y por si fuera poco desplazan a los blancos de sus trabajos"[8].

El periódico local, el *Pajaronian*, que imprimía las acusaciones de Rohrback así como artículos viciosos y distorsionados sobre relaciones entre filipinos y muchachas blancas, publicó, el 11 de enero de 1930, la apertura de un negocio de *catering* y baile para filipinos en Palm Beach, veinte minutos al sur de Watsonville. Este lugar muy pronto se convirtió en el foco de la furia de jóvenes y desempleados blancos, atizados por la llamada al vigilantismo del *Pajaronian* ("Las organizaciones estatales combatirán el influjo filipino dentro del país"). Entre el 18 y el 19 de enero, los blancos provocaron repetidos y fallidos intentos de causar estragos en el baile de Palm Beach y fueron seguidos de apedreamientos en el centro de Watsonville. "Los blancos", escribe Meynell, "formaron partidas de cacería... después de una 'indigna reunión' en el salón de baile local". Mientras cientos de espectadores observaban desde la carretera, la pandilla trató de saquear el salón de baile pero fue detenida con perdigones y gases. Al día siguiente, los vigilantes tomaron venganza:

> El miércoles 22 de enero, el disturbio alcanzó su clímax cuando pandillas de cientos de personas sacaron a los filipinos de sus hogares,

---

7. Howard DeWitt, *Anti-Filipino Movements in California* (San Francisco: R and E Research Associates, 1976), p. 48.
8. Meynell, "Little Brown Brothers".

azotándolos, golpeándolos y arrojándolos del puente de Pájaro River. Las pandillas se alinearon en la carretera de San Juan, atacando a los filipinos en los ranchos de Storm y Detlefsen... En el campo de trabajo de Riberal, 22 filipinos fueron arrastrados y golpeados. Esta vez, la pandilla tenía líderes y estaba organizada; se movían como militares y respondían a la orden de ataque o retirada...

En la mañana siguiente, dispararon contra una barraca en el rancho de Murphy en la carretera de San Juan. Once filipinos se refugiaron en un armario para escapar del tiroteo. Al amanecer descubrieron que otro, Fermin Tobera, había sido alcanzado en su corazón por una bala[9].

Explica DeWitt que los vigilantes que asesinaron al joven Tobera de 22 años eran también jóvenes "provenientes de familias acomodadas", y no vagabundos sin trabajo como después trataron de pintarlos[10]. Aunque las autoridades de Watsonville designaron a los Legionarios Americanos (algunos de ellos probablemente vigilantes) para restaurar el orden, la masacre de Pájaro Valley tuvo una repercusión inmediata en Stockton, donde fue dinamitado un club filipino; en Gilroy, donde los filipinos fueron sacados de la ciudad; y en San José y San Francisco, donde los ingleses atacaron a los filipinos en las calles. Barracones filipinos fueron dinamitados cerca de Reedley en agosto y en El Centro en diciembre. En 1933 la legislatura cedió a las presiones de los nativistas y reformó la ley sobre el mestizaje de 1901, que ya prohibía los matrimonios de blancas con "negros, mongoles y mulatos", incluyendo ahora a los "miembros de la raza malaya".

Entretanto, mientras decenas de miles de mexicanos residentes eran coercitivamente repatriados en la frontera en 1933-34, las presiones aumentaron para deportar también a los filipinos. Cuando el flujo de refugiados provenientes de terrenos semidesérticos comenzó a llegar a los valles de California, los

---

9. Ibíd.
10. DeWitt, *Anti-Filipino Movements*, pp. 49-51.

agricultores tuvieron menos necesidad de ambos grupos que habían demostrado tanta destreza y fuerza en las últimas huelgas agrícolas.

En agosto de 1934, por ejemplo, tres mil huelguistas filipinos se las agenciaron para lograr un aumento de salario a los cultivadores de lechuga de Salinas, una victoria casi sin precedentes en los violentos años de la depresión. Pero al siguiente mes, vigilantes campesinos armados atacaron los campos filipinos, golpeando a uno casi hasta la muerte y obligando a ochocientos de los huelguistas a abandonar el país. Cuando los trabajadores expulsados trataron de encontrar trabajo en el área de Modesto-Turlock, fueron enfrentados por otros vigilantes. Aunque transformados en parias desempleados, cazados por los vigilantes y vilipendiados por la prensa, los jóvenes filipinos de California rechazaron abrumadoramente el "barco gratis a casa" que ofrecía la legislación de repatriación de los exclusionistas[11]. De hecho, algunos permanecieron en los campos, donde, treinta años más tarde emergieron nuevamente en la lucha como los primeros y más fervientes defensores del la Asociación Nacional de Trabajadores Agrícolas.

---

11. Melendy, "California's Discrimination against Filipinos", en Daniels y Olin, *Racism in California*, pp. 148-51.

Capítulo 6

IWW *versus* KKK

> Durante la visita de Trabajadores Industriales del Mundo se les concederá una guardia de honor día y noche, compuesta por ciudadanos armados con rifles. El juez de instrucción atenderá en su oficina todos los días.
>
> Harrison Gray Otis (1912)[1]

Como en otros estados del Oeste, Trabajadores Industriales del Mundo (IWW) en California fueron el blanco favorito de los vigilantes. El pecado original de los *wobblies* (escandalosos), más que su objetivo declarado de derrocar el sistema salarial, fue su voluntad de organizar a todos los parias obreros –vagabundos blancos, mexicanos, japoneses y filipinos– que eran despreciados por los sindicatos conservadores de AFL. Entre 1906 y 1921, el igualitarismo radical y el espíritu rebelde de IWW se diseminaron con velocidad evangélica por campos, barracas, colonias de vagabundos y barrios marginales. Los *wobblies* defendieron la causa de los trabajadores oprimidos sin tener en cuenta diferencias de etnias y rechazaron los salarios ventajosos en favor de la "solidaridad por siempre".

En contraposición a los sindicatos de AFL que subrepticiamente aprobaban los sabotajes con explosivos, el IWW era inquebrantable en su compromiso con la resistencia no violenta. Ningún otro grupo como el IWW en su pleno apogeo, ni siquiera el Partido Comunista en los años 1930 o 1950, se las agenció para enfurecer tanto a los empleadores o causar más histeria entre los propietarios de clase media; y, al mismo tiempo, nin-

---

1. Citado en Philip Foner, *The Industrial Workers of the World, 1905-1917* (Nueva York: International Publishers, 1965), p. 191.

gún otro grupo fomentó jamás tan corajuda y amplia rebelión en las profundidades más bajas de la sociedad californiana.

La primera prueba de fuerza a gran escala entre el IWW (organizado en 1905) y los vigilantes ocurrió en Fresno en 1910 y en San Diego en 1912. El Local 66 en Fresno, al igual que otras ramas de IWW, usaban los mítines en las calles del centro para dramatizar su presencia y predicaban el credo por un gran sindicato a los trabajadores locales ("guardianes del hogar" en la forma de hablar de los *wobblies*) y a los trabajadores de la construcción o agrícolas emigrantes que constantemente afluían a la ciudad de San Joaquín Valley. En un año organizaron a los trabajadores mexicanos en un embalse cercano y dirigieron en una huelga a un grupo de trabajadores de los ferrocarriles de San José. Los empleadores, alarmados, presionaron al jefe de la policía para que impidiera los discursos de Local 66 y encarcelara a sus organizadores. Frank Little, el tuerto, héroe medio indio de una anterior batalla de IWW en Spokane, Washington, llegó a Fresno para encabezar la lucha. Little y los *wobblies* desafiaron la prohibición y atiborraron la cárcel de la localidad con montones de trabajadores. Cuando los terratenientes los expulsaron de sus centros de reunión en los barrios marginales, ellos erigieron una gran carpa en un terreno alquilado a un simpatizante y llamaron a todos los miembros de IWW en el Oeste a tomar el próximo tren de carga a Fresno. Padeciendo la inundación de su cárcel por radicales de otras ciudades, el jefe de la policía, como explica Philip Foner en su historia del IWW, delegó en los vigilantes:

> El 9 de diciembre, una pandilla de 1.000 vigilantes atacó y golpeó severamente a hombres de IWW que pretendían pronunciarse en las calles, luego avanzaron a la carpa principal de esta organización y quemaron el campamento y todos los suministros, marcharon a la cárcel del condado y amenazaron con entrar en la cárcel y linchar a los *wobblies* prisioneros. La turba estaba alentada por una declaración del jefe de la policía Shaw de que "si los ciudadanos deseaban actuar, ellos no

se lo impedirían". La declaración de Shaw surgió al descubrir que la ciudad de Fresno no tenía un decreto que prohibiera pronunciarse en las calles y que las acciones de la policía no tenían ninguna autoridad².

Ante el asombro de los vigilantes y la policía, los *wobblies*, endurecidos por el coraje calmado de Frank Little, se negaron a abandonar la lucha. Los 150 prisioneros en la cárcel de Fresno se mantuvieron durante semanas enfrentando el régimen sádico de golpes, chorros de agua con mangueras y dietas de agua y pan. Con nuevos "ejércitos" de cientos de voluntarios de IWW que se unían a la lucha, provenientes de todos los confines de California y el noroeste, las autoridades de Fresno de mala gana anularon la prohibición y permitieron que se hablara libremente en las calles.

Si bien Fresno fue una victoria inspiradora para IWW, la amarga experiencia en San Diego en 1912 anunció con antelación la despiadada represión que los *wobblies* y otros radicales californianos enfrentarían de 1917 en adelante. En San Diego, el coraje de los luchadores de IWW por la libre expresión colisionó con una pared de granito erigida por dos de los mayores saqueadores de California: el General Harrison Gray Otis, propietario de *Los Ángeles Times* y arquitecto de la *open shop*, y John D. Spreckels, editor del *San Diego Union* y el *Tribune* y dueño de casi todas las cosas de valor en la ciudad de San Diego.

Desde el bombardeo del *Times* por sindicalistas de AFL en 1910, Otis influyó sobre los capitalistas asociados en la costa del Pacífico para militarizar la relaciones industriales locales en todas las líneas de la Asociación de Fabricantes y Comerciantes de Los Ángeles (M&M), de la cual era fundador. Otis, uno de los más rabiosos aborrecedores de los sindicatos en la historia de Norteamérica, defendía una "libertad industrial" (eslogan que encabezaba el *Times*) que no dejaba espacio para tribunas, protestas o sindicatos. En diciembre de 1911, se reunió confidencialmente con los líderes de negocios en San Diego en el U.S. Grant

2. Ibíd., p. 186.

Hotel, exhortándolos a aplastar el IWW por medio de la adopción de la draconiana prohibición a la libre expresión en las calles y a las huelgas. El principal capitalista de la ciudad, John D. Spreckels, necesitó poco convencimiento. Sus periódicos habían estado asediando insistentemente a los *wobblies* desde que éstos participaron en una breve invasión revolucionaria de Baja California en 1911 (apoyando al anarquista Partido Liberal de Ricardo Flores Magon), y más recientemente había sido ultrajado al descubrir que el Local 13 del IWW de San Diego trató de organizar a los empleados de su tranvía. Aunque había poco amor entre los editores rivales, Spreckels apoyó el exterminio de IWW y rápidamente indujo al concejo de la ciudad y al resto de los negociantes hacia el mismo punto de vista.

Como en Fresno, la lucha por la libre expresión comenzó de forma desigual en febrero de 1912, con represiones, arrestos masivos, chorros de agua y condiciones brutales de encarcelamiento, mientras el periódico de Spreckels diseminaba la hiel mortífera:

> La horca es muy buena para ellos (editorializa el *San Diego Tribune*) y se merecen algo peor; porque son absolutamente inútiles para la economía humana; son escorias de la creación y deben ser echados en la alcantarilla para que se pudran al igual que los excrementos[3].

El *Tribune* recomendaba encarcelar a los miembros de IWW, mientras el más moderado *Union* se contentaba con apoyar las palizas y deportaciones. Entretanto, cientos de *wobblies*, con una temeridad y valentía que enfurecía a sus perseguidores, continuaron llegando a "Spreckelstown" en carros de carga o a pie. Esta vez, sin embargo, descubrieron que los vigilantes harían un *show* prolongado. Con un reportero del *Union* entre los cabecillas identificados, una fuerza armada de varios cientos de vigilantes, algunos de ellos obviamente secundados por sus empleadores, mantuvieron un régimen de terror sin precedentes

---

3. McWilliams, p. 157.

durante más de tres meses. Un contingente actuaba como patrulla fronteriza temporal, acampando en la frontera del condado San Onofre para interceptar a *wobblies* del sur; otra banda trabajaba con el brutal jefe de policía Wilson aterrorizando a los prisioneros, llevándolos en ocasiones al Desierto Imperial donde eran golpeados y abandonados a los cactus y las serpientes de cascabel[4].

Un miembro de IWW, pateado despiadadamente en los testículos por los carceleros, murió debido a las lesiones, y los dolientes en la procesión del funeral fueron apaleados también. Muchos otros luchadores por la libertad de expresión fueron mutilados y otros salvajemente golpeados. Al Tucker, un mordaz miembro proveniente de Victorville, envió al secretario del tesoro de IWW, Vincent St. John, una narración del tratamiento de rutina aplicado por el comité de recepción de los vigilantes:

> Eran cerca de la 1 a. m. El tren disminuyó la velocidad y nos vimos entre dos filas de casi 400 hombres armados hasta los dientes con rifles, pistolas y garrotes de todo tipo. La luna brillaba débilmente a través de las nubes y pude ver picos, hachas, rallos de ruedas de vagón y todo tipo de artefactos balanceándose en las muñecas de todos ellos mientras nos apuntaban con los rifles... nos ordenaron descender y nos negamos. Entonces rodearon el carro donde estábamos y comenzaron a aporrearnos y a arrastrarnos por los calcañales, de modo que en menos de media hora nos bajaron del tren y magullados y ensangrentados fuimos puestos en fila y marchamos hacia el corral de ganado... entonces seleccionaron a un hombre que ellos suponían que era el líder y le dieron una paliza extra. Varios hombres fueron llevados inconscientes y pensé que había algunos muertos; luego hubo algunos de ellos de los cuales no oí hablar más. Todos los vigilantes llevaban puestas insignias y pañuelos blancos en el brazo derecho. Todos estaban bebi-

---

4. El mejor recuento sobre las batallas por la libre expresión en San Diego está en Jim Miller, "Just Another Day in Paradise?" en Mike Davis, Kelly Mayhew, y Jim Miller, *Under the Perfect Sun: The San Diego Tourists Never See* (Nueva York: New Press, 2003).

dos y estuvieron gritando y maldiciendo toda la noche. En la mañana nos tomaron en grupos de cuatro o cinco y nos llevaron hasta el límite del condado... donde fuimos obligados a besar la bandera y luego un grupo de 106 hombres nos golpearon tan fuerte como pudieron. Le quebraron la pierna a uno y todos quedamos apaleados y sangrando por las heridas[5].

Kevin Starr escribió que "las batallas de San Diego por la libertad de expresión suscitaron la peor reacción posible en la amenazada clase media y baja de California". Él explica que los vigilantes fueron reclutados por una burguesía ansiosa y mezquina, "insegura de lo que había obtenido o soñaba con obtener al venir a California". Como en la Alemania de Weimar, "la oligarquía, es decir, las clases medias y altas, abominaban y temían al IWW; pero los oligarcas no tomaban las calles como los vigilantes. Ellos, más bien, alentaban a las clases medias y bajas para que hicieran ese trabajo"[6].

Pero según testigos que presenciaron los hechos, Starr está equivocado: la "oligarquía" instigó y participó físicamente en el festival de violencia vigilante de San Diego. Abram Sauer fue el editor de un pequeño semanario llamado el *Herald* que apoyaba el movimiento por la libertad de expresión. Fue secuestrado, amenazado con ser linchado y luego se le dijo que abandonara la ciudad (posteriormente fue dañada su prensa). Sauer, sin embargo, valientemente se negó a huir y publicó un artículo sobre su secuestro que identificaba a los vigilantes como prominentes banqueros y comerciantes así como "miembros de la Iglesia y cantineros, de la cámara de comercio y del cuerpo real del Esta-

---

5. Philip Foner, ed., *Fellow Workers and Friends: IWW Free-Speech Fights as Told by Participants* (Westport, Conn: Greenwood Press, 1981), pp. 140-41.

6. Kevin Starr, *Endangered Dreams: The Great Depression in California* (Nueva York: Oxford University Press, 1996), p. 38. A pesar de ser criticado, constituye un magnífico ejemplar de las guerras agrícolas y portuarias en California, escrito desde una perspectiva pro-obrera que puede sorprender a algunos lectores de sus primeras series "Americans and the California Dream".

7. Foner, *The Industrial Workers of the World*, p. 198.

do... así como miembros del jurado de acusación"[7]. Aunque la teoría de Starr sobre el vigilantismo puede aplicarse a otra situación histórica, los antirradicales de San Diego (además de los taberneros) parecen haber tenido mayor categoría que "los tenderos, los corredores de bienes de menor escala, los dependientes de alto nivel y los capataces de primer nivel" a los cuales identifica como el centro del estrato social[8]. La clase media común, sin embargo, se vio sujeta a considerables presiones para escoger de qué lado iba a estar.

Anticipándose a la cacería de brujas que vendría luego, la prensa de Spreckels engatusó a los habitantes de San Diego para velar por la "lealtad" entre ellos mismos. Así, "los vecinos sabrán dónde están parados en esta cuestión de vital importancia para San Diego"; el *Union* recomendaba a los ciudadanos leales a llevar puestas banderas norteamericanas en las solapas, con la siniestra sugerencia de que aquellos que se negaban a exhibir su patriotismo o hacer consideraciones indebidas sobre la ley de derechos debían ir pensando en un reacomodo[9].

Un famoso linchamiento fue publicado a mediados de mayo cuando la anarquista más notoria de Norteamérica, Emma Goldman, llegó a San Diego al parecer para dar una conferencia sobre Ibsen, aunque era evidente que quería mostrar su desafío a las leyes de los vigilantes. Los nervios de acero de Emma eran notorios y no tuvo miedo a enfrentar la plebe sedienta de sangre que se congregó afuera del hotel que gritaba: "Dennos a esa anarquista; la desnudaremos; le sacaremos las tripas". Pero su amante y gerente, Ben Reitman (pionero de la educación sexual y autor de *Boxcar Bertha*), fue secuestrado y luego torturado de tal manera que dejó traslucir el considerable disfrute por la perversión sexual de sus raptores. Los secuestradores (¿"miembros de la Iglesia y taberneros"?) lo llevaron a una remota altiplanicie donde orinaron sobre él, lo desnudaron y lo patearon. Entonces

---

8. Starr, *Endangered Dreams*.

9. John Townsend, *Running the Gauntlet: Cultural Sources of Violence against the IWW* (Nueva York: Garland, 1986), pp. 50-51.

"con un cigarro encendido", contó posteriormente Reitman a los reporteros en Los Ángeles, "quemaron mis glúteos grabando las letras IWW... vertieron una lata de brea sobre mi cabeza y, a falta de plumas, restregaron artemisa sobre mi cuerpo. Uno de ellos intentó meterme un bastón en mi recto. Otro torció mis testículos. Me obligaron a besar la bandera y a cantar el himno norteamericano"[10].

A pesar de tal sadismo, los *wobblies*, increíblemente, continuaron su lucha, apoyados por socialistas y eventualmente por indignados sindicalistas de AFL y algunos liberales. Pero la cantidad de víctimas del terror era aplastante. Incluso los abogados que trataron de representar a IWW fueron encarcelados, y cuando los juristas protestaron al gobernador Hiram Johnson, el campeón de los liberales, éste replicó que "la anarquía y la brutalidad del IWW es peor que la de los vigilantes". Cuando Goldman y Reitman trataron de volver un año después, otra vez fueron casi linchados y tuvieron que escapar a Los Ángeles. Aunque el ayuntamiento, con el tiempo, revocó el estatuto contra las manifestaciones públicas y la libre expresión retornó a las calles del centro de San Diego, fue sólo una victoria pírrica para IWW. Como señala Philip Foner, algunas de los principales miembros IWW comenzaron a objetar el enorme costo humano y organizativo de tales experiencias, aunque muchos miembros de las filas apoyaron de corazón al maltratado Al Tucker quien juró que si volvía a tomar parte en otra batalla por la libertad de expresión "sería con ametralladoras y bombas"[11].

Al final, sin embargo, IWW continuó su desafío pero mediante campañas no violentas organizando a vagabundos de las cosechas, trabajadores textiles, personal de la construcción, marineros y desempleados. Los *wobblies* probablemente sufrieron la mayor amenaza en Central Valley, donde cada intento de destruir su liderazgo –como la trampa tendida a "Blackie" Ford y Herman Suhr después del llamado Disturbio de Wheatland en

---

10. Foner, *The Industrial Workers of the World*, p. 202.
11. Ibíd., p. 211; y Foner, ed., *Fellow Workers*, p. 141.

1914, cuando delegados vigilantes dispararon contra una manifestación– fueron contrariados por la emergencia de un nuevo cuadro de "delegados" y organizadores itinerantes. Aunque IWW fracasó en el intento de construir locales duraderos, su núcleo agrícola permaneció intacto, amenazando con aprovechar cualquier chispa de descontento para convertirla en huelga. Los agricultores estuvieron de acuerdo con el General Otis y otros líderes de la *open-shop* en que la represión selectiva de los líderes de IWW era inefectiva y que la organización sólo podía ser derrotada aplicando, a nivel estatal, los métodos de San Diego.

La Primera Guerra Mundial fue el pretexto para esa cruzada. Nacionalmente, la Liga Protectora Americana (APL), que con el tiempo llegó a tener 350.000 miembros, se convirtió en "una agencia casi vigilante y casi gubernamental fuera de control que estableció una red de espionaje masivo en todo el país", con la aprobación del Departamento de Justicia. En California y en todas partes, APL se focalizó en los *wobblies* y socialistas "desleales", mientras redactaba las páginas editoriales de todos los periódicos de California. Las pandillas saquearon las oficinas de IWW en Oakland y Los Ángeles en agosto de 1917, y en septiembre, la Guardia Nacional fue enviada para aplastar una huelga de los fabricantes de conservas dirigida por IWW en San José. Los funcionarios federales y locales asaltaron las oficinas de los *wobblies* en California central y arrestaron a grupos de activistas. Cuarenta y seis fueron encarcelados en Sacramento, donde "los editoriales del *Sacramento Bee* apoyaban el linchamiento de los prisioneros, y los rumores de amenazas flotaban en el aire al por mayor"[12]. El IWW fue efectivamente convertido en una organización ilegal y los asaltos a sus miembros e instalaciones fueron aplaudidos como formas de patriotismo.

El fin de la guerra no supuso un respiro. 1919 fue el año de las grandes huelgas así como de las "Palmer Raids" (ofensiva

---

12. Melvyn Dubofsky, We *Shall Be All: A History of the IWW* (Chicago: Quadrangle Books, 1969), p. 439.

ordenada por el fiscal general Michell Palmer para perseguir y deportar a supuestos socialistas) y la deportación masiva de "extranjeros radicales". Contra la amenaza de una huelga general en Seattle, que por primera vez aliaba a los sindicalistas de AFL con el IWW, la legislatura de California aprobó una ley de "sindicalismo criminal". Fabricada a mano por la M&M de Los Ángeles y la Cámara de Comercio de San Francisco, ésta permitía a las autoridades enviar docenas de *wobblies* a San Quentin simplemente por su testaruda creencia, para citar el preámbulo de la constitución de IWW, de que "la clase trabajadora no tiene nada en común con la clase empleadora"[13].

Unos pocos meses después, *Los Ángeles Times* –los *wobblies* lo llamaban "*Los Ángeles Crimes*" (Los Crímenes de Los Ángeles)– publicó una serie de artículos urgiendo a renovar el vigilantismo contra el IWW. Los agricultores citrícolas en los valles de San Gabriel y Pomona ya estaban complacidos por los ataques y deportaciones a los huelguistas del IWW en los huertos. Luego, en noviembre, una turba de soldados y civiles atacó una reunión del IWW en Los Ángeles, destrozando el vestíbulo y dañando seriamente a cuatro personas mientras la policía arrestaba al resto de las víctimas por "incitación a los disturbios"[14]. Según Philip Foner, la Legión Americana en Los Ángeles, organizó un ala paramilitar "especializada en atacar librerías radicales, apalear a *wobblies* y acosar a los dueños de los salones de reunión"[15]. Las reuniones del IWW en Los Ángeles fueron entonces prohibidas por la razón, inmejorablemente kafkiana, de que el sentimiento público consideraba "inseguro que los enemigos de la paz y del gobierno se reunieran en público"[16].

Sin embargo, en las propias fauces de ese terror, los *wobblies* comenzaron a crecer nuevamente. Los trabajadores habían per-

---

13. Ver la discusión sobre el origen de ley en Hyman Weintraub, "The IWW in California: 1905-1931" (master's thesis, UCLA, 1947), pp. 162-64.

14. Ibíd., p. 168.

15. Philip Foner, *The T.U.E.L. to the End of the Gompers Era* (Nueva York, International Publishing, 1991), p. 32.

16. Goldstein, *Political Repression*, p. 156.

dido todas las grandes batallas de 1919, quedando fragmentados muchos de los sindicatos del AFL y santificado el *open shop* en toda la costa del Pacífico, inclusive San Francisco. La mayoría de los militantes de los movimientos obreros echaron la culpa de esta épica derrota al sindicalismo estrecho y derechista que lideraba la AFL. Los *wobblies,* con su tenaz devoción por la lucha de clases y su defensa religiosa del sindicalismo industrial, de momento se convirtieron en una alternativa atractiva, y el IWW ganó un impresionante número de adeptos, especialmente en el problemático litoral de California, donde el Sindicato Industrial de Trabajadores del Transporte Marino (MTWIU), miembro del IWW, hacía resistencia al *open shop*. A pesar del mito de que los *wobblies* habían muerto en 1918 cuando el gobierno federal encarceló su liderazgo nacional, el "último conflicto" –al menos en la costa oeste– fue la atrevida y quijotesca "huelga general para liberar a prisioneros de guerra" que el IWW lanzó en abril de 1923.

Aunque la huelga afectó ambas costas, y de hecho tuvo ecos de solidaridad mundial desde Montevideo hasta Yokohama, su área principal fue San Pedro. Aquí los marinos y estibadores del MTWIU, apoyados por algunos trabajadores del petróleo que eran simpatizantes, pararon el puerto de Los Ángeles para completa sorpresa de los patrones y de los sindicatos de AFL. Mientras noventa barcos permanecían parados, "una aeronave rosada volaba sobre el muelle y los campos de petróleo, lanzando panfletos, y un automóvil de color rosa también, conocido como 'Spark Plug' ("la bujía"), conducía por la ciudad llevando oradores para hablar a miles de trabajadores en mítines al aire libre"[17]. Al menos en Los Ángeles, el IWW estaba vivito y coleando.

De hecho, la huelga se convirtió en una extraordinaria y prolongada prueba de fuerza entre las clases contendientes. De un lado la clase trabajadora del puerto, apoyada por los sindicalistas del comercio de Los Ángeles y los socialistas. Por el otro lado estaban los patrones (especialmente la reaccionaria Hammond Lumber Company), respaldados por *Los Ángeles Times*

---

17. Weintraub, "The IWW in California", p. 228.

(ahora capitaneado por el yerno de Otis, Harry Chandler), el M&M y su "ala militar", el Departamento de Policía de Los Ángeles (LAPD). El LPAD, declaró que las huelgas y mítines eran "incompatibles con la seguridad pública", arrestando a tantos miembros y defensores del IWW que la ciudad se vio forzada a construir una empalizada especial en Griffith Park para manejar tal desbordamiento. Una simpatizante local, la señora Minnie Davis, permitió a los *wobblies* reunirse en un espectacular promontorio de su propiedad, que pronto fue bautizado por los huelguistas como "La Colina de la Libertad".

Con doscientos pies sobre el nivel de la Tercera Avenida, la Colina de la Libertad tenía varios senderos con peldaños de piedra que conducían hacia ella. Arriba tenía bancos de madera para cerca de ochocientas personas, una pequeña plataforma de seis por nueve pies y una zona para algunos miles. Allí en la colina, el IWW llevaba a cabo seis mítines por semana, a los que concurrían entre 1.000 y 3.000 personas cuando eran en inglés y entre 500 y 800 cuando eran en español[18].

El jefe del LAPD, Louis Oakes, arremetió contra la Colina de la Libertad con arrestos masivos, advirtiendo que "un hombre parado en el muelle tenía que explicar por qué estaba allí y mostrar que no era miembro de IWW; de lo contrario, iría a la cárcel". El residente más famoso de Pasadena, el periodista y novelista Upton Sinclair, rápidamente retó al jefe, al que describió de secuaz de M&M, a un duelo constitucional, y fue arrestado cuando leía la Constitución de EE.UU. El arresto de Sinclair sólo logró enfurecer a la opinión liberal y atrajo a 5.000 personas adicionales a la Colina de la Libertad en los siguientes días. Así las cosas, y siendo incapaz la policía de parar la huelga solamente con sus arrestos, aparecieron repentinamente los vigilantes con capuchas blancas, el *deus ex machina* de la *open shop*[19].

18. Foner, *The T.U.E.L. to the End of the Gompers Era*, p. 38.
19. Ibíd., pp. 39-50.

En anteriores confrontaciones de posguerra, la Legión Americana tenía una fuente segura de pandillas antirradicales, pero en 1924 el Ku Klux Klan había crecido astronómicamente en toda California y se rumoreaba que controlaba el balance del poder electoral en Los Ángeles. El cómo y el por qué el Klan fue reclutado para enfrentar a los trabajadores del puerto no está claro, pero el motivo fue presumiblemente su nativismo y su antirradicalismo, ya que el IWW tenía una afiliación mexicana bastante grande en el área del puerto y muchos estibadores hablaban con acento serbio-croata, italiano y escandinavo.

El KKK hizo su debut en el área en marzo de 1924, cuando miles de visitantes encapuchados rodearon el pabellón del IWW en San Pedro; dos semanas después, la policía irrumpió en un mitin del Sindicato de Trabajadores Industriales del Petróleo, arrestó a varios líderes y luego desalojó al resto de los sindicalistas, mientras algunas docenas de miembros del KKK destruyeron completamente el local[20]. Fue evidente la cooperación de la policía con los encapuchados terroristas. El 14 de junio, después de los rumores falsos de que miembros del IWW se alegraban con la noticia de la mortífera explosión a bordo del *USS Mississippi*, 150 vigilantes, miembros del KKK, y probablemente también policías fuera de servicio, atacaron el pabellón de IWW en las avenidas central y duodécima.

Trescientos hombres, mujeres y niños participaban en un acto de beneficencia por algunos miembros que habían muerto recientemente en un accidente de ferrocarril. Los vigilantes sacaron violentamente a las mujeres y hombres sorprendidos y luego volcaron su furia sobre los aterrorizados niños, algunos de ellos en edad de comenzar a caminar.

> Parecían disfrutar de un especial deleite al zambullir a los niños en el recipiente de café hirviendo. Esto se lo hicieron a Lena Milos, de

---

20. Ibíd., p. 236.

10 años, conocida como "el pájaro cantor *wobbly"*, Lillian Sunsted, de 8 años, May Sunsted, de 13 años, John Rodin, de 5 años, Andrew Kulgis, de 12 años, y Joyce Romilda, de 4 años. Andrew Kulgis recibió una carga adicional de grasa caliente por uno de los sádicos de la pandilla. Todos los niños recibieron también palizas[21].

El joven Andrew Kulgis fue hervido casi hasta morir, mientras los otros niños sufrieron severas quemaduras. Entretanto, fueron secuestrados siete hombres y llevados a un remoto lugar en Santa Ana Canyon, donde fueron salvajemente golpeados y luego embetunados y emplumados. Los vigilantes nunca fueron procesados (de hecho, fueron ensalzados por el *Times*), y cuando abogados del ACLU intentaron protestar por la atrocidad en un mitin en el centro de San Pedro, fueron selectivamente encarcelados. A finales de 1924, los afiliados del MTWIU en San Pedro estaban agonizando, los organizadores más dedicados del IWW, ahora condenados por "sindicalismo criminal", dirigían huelgas en San Quentin, y *Los Ángeles Times* de Harry Chandler proclamaba la victoria después de "treinta años" de guerra entre los obreros y el capital[22].

---

21. Louis Perry y Richard Perry, A *History of the Los Angeles Labor Movement, 1911-1941* (Berkeley, California: University of California Press, 1963), pp. 190-91.
22. Ibíd.

Capítulo 7

Dudosa batalla

> "Tú, rojo, hijo de puta", gritó Livingston, "quieres ley constitucional. ¡Pues te daremos a probar nuestra ley constitucional!"
>
> Vigilante en El Centro (1934)[1]

En la víspera de la Gran Depresión, California era el "paraíso para vivir o para mirar" de la clase media, como apunta Woody Guthrie, pero para aquellos sin el "do re mi" –campesinos y especialmente trabajadores radicales– era una sociedad semifascista, cerrada, donde la clase empleadora, especialmente en Central Valley y al sur de California, estaba acostumbrada a la violencia vigilante como una forma normal de establecer las relaciones de trabajo industriales. La cruzada contra IWW reforzó la ya generalizada creencia de que los subversivos no tenían libertades civiles y que la burguesía estaba perfectamente facultada para blandir las escopetas, desfilar en capuchas y despedazar los centros de reunión de los sindicatos.

Por otra parte, las grandes batallas de la década de 1930 dejarían un ambiguo legado: el movimiento obrero urbano, guiado por los nuevos sindicatos de CIO, como ILWU y UAW, derrocarían el *open shop* y pondrían el rótulo sindicalista en la producción masiva de tiempo de guerra; sin embargo, en los valles, la militarizada organización Campesinos Asociados, junto a Sunkist (los citrícolas), golpearían todo intento de establecer sindicatos agrícolas duraderos. En la defensa del sistema californiano de agricultura corporativa y los grandes latifundios familiares, el

---

1. Starr, *Endangered Dreams*, p. 159.

vigilantismo se remontaría a niveles nunca vistos desde la sangrienta década de 1850.

Después de la derrota final de los locales de IWW en Central Valley en 1917-19, los agricultores empezaron a reemplazar los "vagabundos de las cosechas" (en la forma de decir del IWW) por familias obreras mexicanas. Como los grupos étnicos chinos y japoneses que habían ocupado previamente el nicho de los esclavos agrícolas, los mexicanos fueron primeramente ensalzados como modelos de docilidad y amor al trabajo rudo y luego desechados como gentuza y amenaza racial cuando comenzaron a organizarse y a luchar. A pesar de los esfuerzos de cónsules locales mexicanos para promover sindicatos étnicos exclusivos (que frecuentemente, enfatiza Gilbert González, eran poco más que sindicatos de compañías), los campesinos se unieron a otros grupos, incluyendo blancos, afroamericanos y especialmente militantes filipinos, para llevar a cabo alrededor de cuarenta y nueve huelgas entre 1933 y 1934, que involucraron a casi 70.000 trabajadores del campo y de las fábricas de conserva[2].

La más importante de esas batallas –incluyendo la huelga épica de 1933 en el algodón y las luchas entre 1933 y 1934 en Imperial Valley– fue llevada a cabo bajo el estandarte del Sindicato Industrial de Trabajadores Agrícolas y Conserveros (CAWIU), uno de los sindicatos comunistas del "Tercer Período" establecido después de 1928. Para los agricultores, el CAWIU era un tentáculo de una vasta conspiración "roja": una amenaza que debía ser borrada a cualquier precio. Ciertamente, el sindicato era una larga operación, financiada no por el dinero de Moscú sino por cuotas de cincuenta centavos que depositaban sus miembros y la extraordinaria dedicación de un puñado de organizadores. En contraposición al mito de la derecha de un plan de subversión cuidadosamente preparado, remachado por William Z. Foster y sus subordinados en las oficinas del Union Square en New York, el CAWIU fue una pequeña brigada que

---

2. Fearis, "The California Farm Worker", p. 85; y Gilbert Gonzalez, *Mexican Consuls and Labor Organizing* (Austin: University of Texas Press, 1999).

respondía a las rebeliones espontáneas en los campos, ayudando a darles forma y transformarlas en campañas continuas y huelgas organizadas. Poseía pocos recursos –unos pocos automóviles, máquinas duplicadoras y abogados izquierdistas *pro bono*– pero se las agenció para galvanizar la lucha de los trabajadores del campo que no poseían prácticamente nada excepto sus andrajosas ropas y el hambre de sus hijos.

La amenaza real de CAWIU, como sabían algunos agricultores, era que representaba una versión aumentada de IWW, con una base de apoyo urbano de la que carecían los *wobblies*. De hecho, el organizador principal, Pat Chambers, fue un duro ex *wobbly*, y el CAWIU mantuvo el modelo de organización participativa de IWW: "cada miembro al unirse se convierte en un organizador... con líderes huelguistas y presidentes de comité electos por los trabajadores y sometiendo a votación las principales decisiones. El sindicato limitó cuidadosamente las demandas huelguistas a aquellas que deseaban sólo los trabajadores". Por otro lado, el CAWIU, a diferencia de los sindicatos blancos de AFL, predicaba un evangelio de solidaridad interétnica y de rechazo a la discriminación, que respaldaba con el consistente coraje y sacrificio de sus organizadores[3]. ("Sólo un fanático", observaba cínicamente un líder de AFL, "desearía vivir en tugurios o carpas y dejar que le rompan la cabeza para defender los intereses de trabajadores inmigrantes"[4]).

Denominada originalmente Liga Industrial de Trabajadores Agrícolas (AFIL), el bautismo de fuego del CAWIU fue la huelga en los campos de lechuga de Imperial Valley en 1930. La Liga del Sindicato del Comercio, progenitora de AFIL/CAWIU, envió algunos de sus más experimentados organizadores para ayudar a esta huelga de jornaleros mexicanos y filipinos, pero los comunistas se convirtieron en blanco de las persecuciones al sindicalismo criminal que finalmente envió a seis de ellos a San

---

3. Fearis, "The California Farm Worker", pp. 95-97.
4. Paul Scharrenberg citado en Camille Guerin-Gonzales, *Mexican Workers and American Dreams* (New Brunswick, N.J.): Rutgers University Press, 1996), p. 124.

Quentin. Un año después, los comunistas ayudaron en una huelga de conserveros en Santa Clara Valley que fue rápidamente aplastada por la policía y miembros de la Legión Americana ("vigilantes con insignias"), a pesar de apoyar las protestas de los desempleados en San José. La primera mitad de 1932 fue igualmente sombría. En mayo, una desesperada sublevación de los recolectores de guisantes dirigida por CAWIU cerca de Half Moon Bay fue eficientemente desbaratada por un destacamento de policías y campesinos enviados. En junio, uno de los veteranos de CAWIU, Pat Callahan, fue golpeado por terroristas casi hasta morir durante una desesperada huelga de recolectores de cerezas en Santa Clara Valley[5].

El CAWIU se reagrupó en septiembre alrededor de una serie de huelgas que siguieron a la cosecha de uva al norte de San Joaquín Valley. Aunque una huelga en el área de Fresno fue desbaratada rápidamente, cerca de 4.000 recolectores de uvas en los viñedos de Lodi mostraron unas agallas impresionantes enfrentando las palizas y los arrestos. Los agricultores, a su vez, movilizaron su propio ejército. "Grupos de agricultores, negociantes y legionarios americanos", escribe Cletus Daniel, "fueron comisionados tan pronto se hizo el llamaminto a la huelga y colocados bajo las órdenes del coronel Walter E. Garrison, un patrón agrícola y militar retirado. Una vez formada esta fuerza rompehuelgas, los oficiales constituidos por la ley en la región se desvanecieron en el trasfondo". Los vigilantes de Garrison fueron tras el liderazgo de la huelga, encarcelando a treinta organizadores de CAWIU y capitanes de piquetes. También forzaron a las agencias de auxilio a cortar la ayuda a las familias de los huelguistas y bloquearon todo intento de asistir a los mítines huelguistas. Pero CAWIU respondió con tácticas de guerrilla, usando grupos que "fustigaban y luego huían" forzando así a los agricultores a acceder a las demandas de los huelguistas. Los agricultores, a su vez, apelaban a la violencia pandillera.

5. Daniel, "Labor Radicalism", pp. 135-36.

En la tarde del 2 de octubre, aproximadamente 1.500 vinicultores, negociantes, legionarios americanos y otros residentes de Lodi se reunieron en un teatro local para perfeccionar el plan de acabar con la huelga sin más dilaciones. Después de muchos debates, se estableció un "comité de 1.500" para sacar a los huelguistas del área a la mañana siguiente...

A las seis en punto de la mañana siguiente varios cientos de vigilantes armados con palos y armas de fuego entraron en el centro de Lodi para llevar a cabo sus planes. Cuando un grupo de alrededor de 100 huelguistas se situaron frente al campamento central del CAWIU para realizar sus actividades diarias, irrumpió la tormenta. Dejando a un lado su compromiso de no violencia, los vigilantes, guiados por un pequeño grupo de *cowboys*, cargaron en medio de los huelguistas con palos y puños. Los huelguistas no ofrecieron resistencia cuando, asustados y maltratados, fueron llevados a las afueras de la ciudad. Sin embargo, cuando unos pocos trataron de defenderse de los ataques, la policía intervino arrestándolos por "resistencia a la policía" o por "armar disturbios". Los asaltos continuaron durante toda la mañana, mientras los vigilantes cruzaban el área en automóviles sacando a los huelguistas de sus campamentos. Más tarde, cuando los huelguistas trataron de reagruparse, fueron atacados por los vigilantes con chorros de agua y bombas de gases[6].

La derrota de la huelga de la uva alimentó un ya intenso debate que existía entre los comunistas sobre la necesidad de priorizar blancos de ataques organizados en vez de seguir a las huelgas espontáneas que se producían en el Estado. En noviembre, después de una cuidadosa preparación, CAWIU volvió a la carga en Vacaville donde cuatrocientos frutícolas –mexicanos, filipinos, japoneses e ingleses– marcharon en una manifestación preparada en demanda de mejores salarios. La respuesta fue previsiblemente brutal y siguiendo las mismas tácticas usadas por los vigilantes de San Diego y las generaciones anteriores. "En la

---

6. Ibíd., p. 210.

primera semana de diciembre", escribió Orrick Johns, "cuando la huelga llevaba varias semanas, una pandilla enmascarada de cuarenta hombres en coches, sacaron a seis líderes huelguistas de la cárcel de Vacaville, los llevaron veinte millas fuera de la ciudad, los azotaron con látigos, podaron sus cabezas con podadoras de ovejas, y los pintaron de rojo". No obstante la huelga continuó durante dos meses a pesar de la abrumadora desigualdad, desafiando incluso a los funcionarios de AFL que vinieron a Vacaville para denunciarlos. Al final, el hambre y las amenazas de muerte, en particular contra los filipinos, les obligó a retornar al trabajo, pero los organizadores de CAWIU fueron alentados por la solidaridad de los huelguistas y su resistencia heroica. Muchos estaban animados por la posibilidad de que el fascismo agrícola fuera derrotado, si combinaban esa temeridad con una eficiente organización y –todavía más importante– si lograban una favorable publicidad sobre las condiciones y las demandas de los huelguistas.

Después de todo, la gran huelga agrícola de 1933, en el mismo nadir de la Depresión, tomó por sorpresa a los agricultores y a los sindicalistas comerciales. La agroindustria, según Donald Fearis, creía que los trabajadores hispanohablantes del campo estaban muy asustados por las deportaciones de mexicanos (y sus hijos ya ciudadanos) que estaban ocurriendo en Los Ángeles y otras áreas para exponer su pellejo en las huelgas[7]. Pero en los sucesos, "la raza", lejos de intimidarse, se embraveció. La huelga del algodón fue la mayor en la historia de Norteamérica y fue, como vimos, un éxito parcial: falló el reconocimiento del sindicato pero derrotaron la promesa de los agricultores de no atender las demandas de aumento de salario.

El espíritu de lucha de los trabajadores del campo de todas las razas fue magnífico, pero era virtualmente imposible derrotar a los agricultores mientras las cortes locales y los *sheriffs* permanecían firmemente alineados con los vigilantes, y mientras los gobiernos federales y el Estado permanecían al margen. A

---

7. Fearis, "The California Farm Worker", p. 105.

pesar de las innumerables protestas al gobernador Rolph sobre el terror en los condados del algodón, éste se negó a dar órdenes a la policía de California y a las patrullas de carretera, de proteger la vida y las libertades civiles de los huelguistas. Tanto Sacramento como Washington, para estar seguros, enviaron inspectores y emisarios oficiales a los campos de batalla, y la mayoría de ellos corroboraron las querellas de los trabajadores tratando de sobrevivir a los crueles recortes salariales mientras los agricultores disfrutaban de los nuevos subsidios agrícolas federales. Pero los emisarios no podían, por sí solos, apartar la bota de hierro que aplastaba las cabezas de los trabajadores.

Por otro lado, los agricultores no se amedrentaron ante el inesperado vendaval en los campos. En Imperial Valley, donde el CAWIU se reconcentró en el otoño de 1933 para apoyar una nueva lucha de los sembradores de lechuga, el fascismo agrícola tomó su forma definitiva. Si bien en anteriores contiendas, los vigilantes se agrupaban en fuerzas de 40 a 150 hombres –campesinos, mayorales y negociantes locales con intereses particulares– los grandes agro-exportadores en El Centro pretendían militarizar completamente a los sectores de clase media y trabajadores cualificados de Valley. La Asociación Anticomunista de Imperial Valley, formada en marzo de 1934, se negaba a tolerar cualquier tipo de neutralidad en la lucha de clases: "Operando bajo el principio coercitivo de que el que no deseaba unirse a la asociación era un comunista o simpatizante de éstos, los líderes del grupo informan de que, en poco más de una semana tras su fundación, la asociación tenía entre 7.000 y 10.000 miembros en Imperial Valley"[8]. Los periódicos muy pronto llamaron a Valley el "Condado Harlan de California" haciendo referencia al notorio condado minero de Kentucky donde había sido extinguida la libertad de expresión por los pistoleros de las compañías[9].

De hecho, el CAWIU perdió rápidamente todo vestigio de espacio público o legal en el cual operar. "Los oficiales declara-

---

8. Daniel, "Labor Radicalism", p. 272.
9. González, *Mexican Consuls*, p. 174.

ron que no se permitiría ningún tipo de mitin en Valley", dijo a sus miembros A. L. Wirin, el consultor jefe de ACLU al sur de California. "Los mítines en salones o terrenos privados se prohibirán. Media docena de mexicanos charlando en una calle constituyen un 'mitin público' y serán dispersados por la policía"[10].

Cuando el abogado Grover Johnson llegó a El Centro para archivar un mandato de hábeas corpus en beneficio de líderes huelguistas encarcelados, él y su esposa fueron atacados y golpeados en las calles por brigadas anticomunistas y luego casi linchados cuando buscaban refugio en la cárcel. También les fueron suministradas palizas públicas a otros dos abogados de las afueras de la ciudad, y Wirin, uno de los más prominentes defensores de los derechos civiles en el Estado, fue secuestrado por vigilantes ("uno de ellos era un patrullero de carretera en uniforme"), pintado de rojo, robado, amenazado de muerte y abandonado sin zapatos en el desierto. Incluso Peham Glassford, un general retirado anticomunista que fue el representante personal del secretario de trabajo Frances Perkins, fue recibido con hostilidad y amenazado de muerte anónimamente. Un capitán de patrullas de carretera le dijo a dos agentes del comisionado obrero del Estado, después de haber sido detenidos por vigilantes, "Ustedes lárguense de aquí. Ustedes perjudican nuestro trabajo. No queremos conciliación. Sabemos cómo manejar a esta gente y a los problemáticos los sacamos si tenemos que hacerlo"[11].

10. Ibíd., p. 178.
11. Ibíd., p. 263.

Capítulo 8

Gracias a los vigilantes

> Los trabajadores agrícolas de California emergieron de la década de 1930 como "hombres olvidados" desde el punto de vista político. No contaban con la protección que disfrutaban sus colegas industriales, ni con la mínima seguridad económica ni con la garantía para ayudarse a sí mismos en la acción colectiva.
>
> Donald Fearis[1]

En el verano de 1934, el embarcadero de San Francisco fue la escena de la batalla obrera más importante en la historia de California. Esta batalla tomó la forma de un drama en tres actos, comenzando con una revuelta de estibadores que rápidamente llegó a ser una huelga marítima que cerró todos los puertos de la costa del Pacífico y se convirtió más tarde en una huelga general en San Francisco que duró tres días. Un cuarto acto, el Armagedón, fue evitado con escaso margen. A los gritos de los patrones de que se había formado una "insurrección roja", el gobernador Frank Merriam envió cuatrocientos cincuenta soldados armados de la guardia nacional hacia San Francisco bajo las órdenes del "francamente anticomunista" mayor general David Barrows, cuyo currículo militar, como señala Kevin Starr, incluía "la fuerza expedicionaria norteamericana enviada para ayudar a los rusos blancos en su contrarrevolución contra los bolcheviques"[2].

El país entero observaba en suspenso si el general Barrows, como esperaban muchos conservadores, ordenaría a sus pistoleros masacrar a los "bolcheviques" locales en la costa. Llegado el

---

[1]. Fearis, "The California Farm Worker", p. 238.
[2]. Starr, *Endangered Dreams*, p. 109.

momento, los huelguistas marítimos, respaldados por la huelga general que representaba a toda la familia obrera de San Francisco, calmadamente unieron sus brazos y se negaron a echar para atrás, incluso después del asalto a los campamentos del Sindicato Industrial de Trabajadores Marítimos. Pero si bien fue evitada una sangrienta confrontación entre las tropas y los huelguistas, la Asociación Industrial, que representaba a los principales patrones de la ciudad, usó la ocupación militar para lanzar una brigada de pistoleros con apariencia de "ciudadanos vigilantes irritados" sobre el Partido Comunista local y otros grupos progresistas, inclusive al movimiento de Upton Sinclair (Acabar con la Pobreza en California), a quienes culpaban de instigar y apoyar la huelga. En *The Big Strike*, el periodista radical Mike Quinn rememora la notoria ofensiva "anti-roja", de una semana de duración, que comenzó el 17 de julio:

> El plan de ataque fue el mismo en todos los casos. Una caravana de automóviles que cargaba pandillas de hombres con chaquetas de cuero, identificados por los periódicos como "vigilantes ciudadanos", se detenía frente al edificio. Lanzaban pedazos de ladrillos que rompían todas las ventanas y luego se proyectaron contra el lugar golpeando a todos los que veían, destrozando todos los muebles, desbaratando pianos a golpe de hachas, lanzando las máquinas de escribir por las ventanas y dejando el lugar hecho un desastre.

Luego regresaban a sus coches y se marchaban. La policía llegaba inmediatamente, arrestaba a los hombres que habían sido golpeados y tomaba el control de la situación[3].

Con la participación o complicidad de la policía de San Francisco, los vigilantes desbarataron las oficinas del *Western Worker*, golpearon a tres hombres sin ton ni son en el Foro Abierto de los Trabajadores, destruyeron el Hogar de Misión del Barrio de Trabajadores y estaban en proceso de demoler el inte-

---

3. Mike Quinn, *The Big Strike* (Olema, CA: Olema Publishing Company, 1949), p. 160.

rior de la Escuela de Trabajadores cuando inesperadamente encontraron una resistencia homérica:

> Aquí (en la Escuela de Trabajadores) los vigilantes formaron el caos en el primer piso, pero cuando intentaron ascender a los pisos superiores chocaron con la mole de David Merihew, un ex soldado que trabajaba como portero en el edificio. Merihew portaba un viejo sable de caballería en una mano y una bayoneta en la otra. Blandiendo sus armas les hacía señas para que avanzaran. Ellos avanzaba unos pocos pasos y él daba un sablazo cortando un trozo del pasamanos. Los atacantes se retiraron discretamente y le dejaron el campo a la policía, a la que Merihew se rindió después de establecer un pacto con ellos de no ser entregado a los vigilantes si deponía sus armas[4].

Aunque el capitán Joseph O'Meara de la Brigada Roja de San Francisco fanfarroneaba que "el Partido Comunista está de paso en San Francisco; la organización no puede afrontar tan adverso sentimiento público", otras comunidades estaban aterrorizadas ante el espectro de futuras huelgas e "invasiones comunistas" como sensacionalmente predecía la prensa[5]. Grupos de patrones en East Bay y otras áreas patrocinaron "ligas anticomunistas" y debatían cómo combatir la "amenaza roja":

> Se hicieron vehementes demandas para que las librerías quedaran "purgadas" de libros rojos. Otros patriotas querían establecer rígidas censuras en el sistema de escuelas públicas para garantizar que las ideas rojas no impregnaran los manuales. Algunos pedían la institución de campos de concentración, en Alaska o en la península de Baja California, donde poder exiliar a los comunistas[6].

4. Ibíd., p. 161.
5. Los vigilantes urbanos fueron también parte integral de la respuesta violenta contra la lucha de los camioneros en Minneapolis en 1934. Para un recuento magnífico, ver a Charles Rumford Walker, *American City: A Rank-and-File History* (Nueva York: Farrar & Rinehart, 1937).
6. Quinn, *The Big Strike*, p. 169.

Para los veteranos activistas obreros, el retorno del vigilantismo fue un *déja vu*, que recordaba las luchas por la libertad de expresión de 1910-12, las masacres patrióticas en el otoño de 1917 y los ataques al IWW en 1919 y 1924. Pero el resultado, esta vez, fue radicalmente diferente: a pesar de las intimidaciones y amenazas, las ametralladoras y los vigilantes, el núcleo de la insurrección marítima permaneció impenetrable durante la represión. Para sorpresa y consternación de los patrones en todo el país, la tropa de estibadores guiados por el inmigrante australiano Harry Bridges obtuvo una victoria espectacular sobre los magnates de la navegación que abrió las puertas a la creación de nuevos sindicatos industriales. En los cinco años siguientes, esta insurgencia obrera urbana barrería con gran parte del aparato represivo de la *open shop*, incluyendo a los tenebrosos vigilantes, las leyes antimotines no constitucionales e incluso las brigadas "rojas" y los espías obreros.

Pero en la California rural fue diferente la historia. Aquí, para utilizar una expresión de Regis Debray en el contexto de Latinoamérica de la década de 1960, la "revolución revolucionó la contrarrevolución". Lo que fue universalmente reconocido por las élites agrícolas como una "victoria comunista" en San Francisco reforzó masivamente su determinación de no ceder una pulgada al sindicalismo moderado. La violencia privada, siempre en conjunción con la represión de los *sheriffs* locales, surgió mejor organizada y más centralizada que nunca en la historia de California.

Camuflada por la histeria alrededor de la huelga general, la policía de Sacramento –asesorada por William Hynes, antiguo jefe de la infame Brigada Roja del LAPD– atacó la comandancia en el Estado de CAWIU, arrestando al líder veterano Pat Chambers, a la veinteañera Carolina Decquer ("la pasionaria de la huelga del algodón" según Kevin Starr), y a más de una docena de personas. Con el tiempo, dieciocho organizadores fueron acusados por la Ley de Sindicalismo Criminal y ocho condenados y encarcelados después del juicio más prolongado en la historia del Estado. CAWIU fue obligado a desviar los recursos empleados para la organización en los campos hacia la defensa de su personal clave. Luego las sentencias quedarían revertidas por apelación, pero este "carnaval anti-rojo", como lo llamó McWilliams, "lesionó y destruyó al Sindicato Industrial de Trabajadores y Conserveros. Con sus líderes en prisión, los trabajadores quedaron momentáneamente desmoralizados y apaciguada la gran ola de huelgas"[7].

Entretanto, una nueva siniestra organización emergió regionalmente para coordinar la lucha contra los huelguistas agrarios y sus sindicatos embrionarios. Después de derrotar el último puesto de CAWIU en los campos de melón el verano de 1933, los agricultores de Imperial Valley decidieron ceder sus métodos rompehuelgas y el antirradicalismo militante a los campesinos del resto del Estado. Los Campesinos Asociados de California –inspirados también por la Asociación de Comerciantes y Fabricantes de Los Ángeles y su progenitor a nivel estatal, la Asociación Industrial– se "comprometieron a ayudarse unos a otros en caso de emergencia. Ellos estuvieron de acuerdo en cooperar realizando las cosechas en caso de huelgas y ofrecer sus servicios al *sheriff* local inmediatamente en caso de disturbios o sabotajes"[8].

Aunque las raíces de la organización estaban en la Legión Americana de El Centro y Brawley, Campesinos Asociados – como enfatizó Carey McWilliams– llegó a ser un poder a nivel del Estado porque las mayores corporaciones de California (y los periódicos reaccionarios como *Los Ángeles Times*) favorecieron la institucionalización del movimiento vigilante:

> Los primeros fondos fueron puestos por Earl Fisher, de la Compañía Eléctrica y de Gas del Pacífico, y Leonard Word, de la Compañía Empaquetadora de California. En esta reunión (la fundación de Campesinos Asociados de mayo 1934), se decidió que los campesinos debían

---

7. McWilliams, *Factories in the Field*, p. 228.
8. Ibíd., p. 231.

"liderar" la organización, aunque las compañías financieras y los bancos ejercerían el control final... Cuando uno ve que aproximadamente el 50% de las tierras de California central y septentrional están controladas por una institución –el Banco de América– se vuelve palpable la ironía de esos "irritados" campesinos defendiendo sus "hogares" contra los huelguistas[9].

Campesinos Asociados tenía una infraestructura parecida a los pinkertons y brindaba espionaje industrial y listas negras de empleados a los patrones locales, y actuaba como un poderoso *lobby* legislativo en todos los asuntos laborales. La organización se oponía no sólo al sindicalismo radical, sino a las negociaciones colectivas y a la mediación industrial per se. También actuaba contra los trabajadores urbanos y sus nuevos sindicatos. En pocas palabras, Campesinos Asociados estaba allí para instrumentar el despotismo ilimitado de la agroindustria contra la fuerza de trabajo. Con el Banco de América, Calpack y el Ferrocarril del Pacífico fungiendo como ventrílocuos, la organización aseguraba la hegemonía de los grandes agricultores sobre los pequeños campesinos, granjeros y negociantes que intentaban hacer acuerdos con los sindicatos. Philip Bancroft, el popular agricultor hijo del historiador del siglo XIX que había hecho un mito de los comités de vigilantes originales, personificaba la "voz de los pequeños campesinos" cuando las circunstancias demandaban apelaciones nostálgicas a la mitología agraria, pero las decisiones reales se tomaban en las cámaras bancarias y en las juntas corporativas.

Uno de los primeros proyectos de Campesinos Asociados fue contratar al veterano de Brigadas Rojas del LAPD, William Hynes, y al abogado del Imperial County District, Elmer Heald, para ayudar a las autoridades de Sacramento en su agresiva persecución a los seguidores de CAWIU. De hecho, la extensiva aplicación de la Ley de Sindicalismo Criminal para destruir el

9. Ibíd., pp. 232-33.

ala izquierda del movimiento obrero fue uno de sus principales objetivos, comprometiendo a sus miembros en la represión de huelgas y campañas[10]. Más ambiciosamente, urgía a la movilización de la "milicia ciudadana" en las filas de la Liga Anticomunista de Imperial Valley. A lo largo del Estado, los llamados caballeros o cruzados de California (reclutados por Legión Americana) comenzaron a pertrecharse. Entretanto, ante la alerta de "los rojos volverán" de Campesinos Asociados, los supervisores del condado aprobaron ordenanzas antimotines; los espías se infiltraron entre los cosechadores; los rancheros enristraron las alambradas de púas e incluso cavaron trampas; y los *sheriffs* locales se abastecieron de gases lacrimógenos y construyeron vallas para el esperado desbordamiento de prisioneros.

Pero la militarizada Campesinos Asociados no esperó a las huelgas para ir hacia ellos; propusieron adelantarse aplicando "el terror sistemático a los trabajadores en las áreas rurales" como forma de mantener la lucha de clases. "No permitiremos a esos organizadores de ahora en adelante", fanfarroneaba un agricultor. "Cualquiera que hable de aumentos de salarios deseará no haberlo hecho". Otro líder de Campesinos Asociados regresó de Alemania totalmente subyugado por Adolf Hitler (que "había hecho más por la democracia que ningún otro hombre") y de la admirable definición nazi de ciudadano: "Cualquiera que coincida con nosotros es un ciudadano de primera clase y cualquiera que no coincida con nosotros es un ciudadano sin voto"[11]. El fascismo se convirtió en el modelo explícito de las relaciones de trabajo agrícolas en California, y cuando comenzó la cosecha de verano de 1935, las cruces ardieron en las laderas de todo el Estado, advirtiendo a los trabajadores de que los vigilantes estaban cerca y al acecho.

En el condado de Orange, varios cientos de huelguistas mexicanos fueron rodeados por un pequeño ejército que McWi-

---

10. David Selvin, *Sky Pull of Storm: A Brief History of California Labor* (Berkeley: University of California Press, 1966), pp. 62-63.
11. McWilliams, *Factories in the Field*, p. 234.

lliams describe como "guardias armados bajo las órdenes de antiguos 'héroes futbolistas' de la Universidad de California del Sur camuflados de soldados de caballería". A los hijos de los agricultores se les dio la orden, por el del condado, de "tirar a matar" si era necesario, y los mítines y campamentos de los huelguistas fueron bombardeados con gases lacrimógenos. Unos pocos meses después, una pandilla de jinetes de Santa Rosa agarraron a cinco "radicales" defensores de los obreros, les hicieron desfilar por las calles y luego les obligaron a besar la bandera norteamericana en las escaleras del palacio de justicia. Cuando dos de ellos se negaron a abandonar la ciudad, fueron golpeados, cubiertos de alquitrán y emplumados, todo para deleite editorial de los periódicos de Hearst en San Francisco y Los Ángeles[12].

En 1936, Campesinos Asociados ejerció una fuerte vigilancia sobre cada aspecto de la vida rural en California. "No hay nada en otro Estado", escribió McWilliams, "parecido a esta red de organizaciones de patronos agrícolas, que representan una cohesionada combinación de poder político, social y económico"[13]. Por otro lado, la organización era insuflada con dinero de "los principales empresarios de California", mientras la llegada de un enorme excedente obrero de refugiados provenientes de las zonas áridas, hacía más fácil que nunca encontrar reemplazo para los trabajadores huelguistas de los campos y de las fábricas de conservas[14].

En 1936, ocurrió una batalla mucho más dramática y desigual en el valle de Salinas, la tierra de Steinbeck, en los cultivos de lechuga. Aquí, la Asociación de Empaquetadores de Verduras −que seguía un trabajo esforzado de temporada desde Imperial Valley hasta Salinas y luego de regreso− era el único sindicato activo en el Estado. Afiliado al AFL, con afiliación sólo blanca,

---

12. Ibíd., pp. 240-42 y 249-53.

13. Carey McWilliams, *California: the Great Exception* (Nueva York: Current Books, Inc., 1949), p. 163.

14. Fearis, "The California Farm Worker", p. 133.

representaba la enorme fuerza laboral de Oklahoma y Texas en los establos de empaquetado. (La mano de obra no apropiada para unirse a la asociación era fundamentalmente mexicana y filipina). Los Campesinos Asociados del condado de Monterrey, operando a través de una muy organizada vanguardia, la Asociación de Ciudadanos de Salinas Valley, decidieron cerrar y destruir el sindicato, reemplazando su afiliación central y a los "problemáticos" por trabajadores más dóciles.

La muerte de la Asociación de Empaquetadores de Verduras fue planeada con meticulosa precisión, y utilizando tan abrumadora superioridad en potencia de fuego y recursos legales, que nos recuerda la monstruosa masacre de inmigrantes pobres por rancheros millonarios relatada en el filme épico de Michael Cimino, *Heaven's Gate*, de 1980 (una versión libre de la lucha por la tierra en el condado Johnson, Wyoming). Para garantizar la completa coordinación entre los agricultores, la policía y los vigilantes ciudadanos, Campesinos Asociados persuadió a los funcionarios del Estado para que permitieran al coronel Henry Sanborn, un notorio anticomunista que había entrenado a vigilantes (llamados "los nacionales") durante la huelga general de San Francisco en 1934, ir a Salinas como generalísimo de todas las fuerzas antisindicales. En este rol, él se pertrechó de gases lacrimógenos, instaló ametralladoras en las plantas de embalaje y coordinó un "ejército regular" de *sheriffs* locales y patrullas de carretera puestos a su disposición por los oficiales de Sacramento.

Sanborn también reclutó una milicia de vigilantes, al estilo de Imperial Valley. "El 19 de septiembre de 1936", escribe Carey McWilliams, "el *sheriff* emergió de su temporal retiro y ordenó una movilización de todos los residentes hombres de Salinas de edades entre 18 y 45, y amenazó con arrestar a cualquier residente que se resistiera a obedecer. De esta manera se hizo el reclutamiento del "ejército ciudadano" de Salinas"[15]. Desde el punto de vista de Sanborn, nadie era demasiado joven para no defen-

---

15. McWilliams, *Factories in the Field*, pp. 256-58.

der la civilización blanca de Salinas: los Boy Scouts fueron reclutados como auxiliares, mientras los estudiantes de Salinas High School fabricaron bates pesados para aporrear a los huelguistas. En un momento, la ciudad fue parapetada y los movimientos en la carretera fueron controlados estrictamente: les arrancaban de la solapa los distintivos de la campaña de Roosevelt (fue un año de elecciones) a los peatones y automovilistas[16].

Como consecuencia, el paro de la lechuga evolucionó como un *show* de fuerza hiperbólico hasta llegar a la atrocidad. El armamento químico estuvo a la orden del día y no hubo privilegios para los de piel blanca. La policía usó copiosas cantidades de gas lacrimógeno y vomitivo para dispersar las líneas de manifestantes. Luego persiguieron a los sindicalistas y los golpearon. Cuando cerca de ochocientas personas horrorizadas fueron a refugiarse al Templo Obrero de Salinas, "la policía, los comisionados y los patrulleros bombardearon el templo con gases lacrimógenos y luego, protegidos por los gases, se movieron hacia el cuartel central del sindicato y tiraron gases vomitivos y azufre. Cientos de huelguistas huyeron de la instalación sólo para encontrarse con la policía que les lanzaba más gases y con los vigilantes blandiendo sus hachas y bates"[17].

El editor del *San Francisco Chronicle*, Paul Smith, visitó Salinas después que dos de sus reporteros fueron seriamente lesionados y amenazados con ser linchados por los vigilantes. Se mostró escéptico al aseverar que el gobernador y abogado general de California, junto a los oficiales locales, concedieron de buena gana el monopolio estatal de legítima violencia al fanático coronel Sanborn y a Campesinos Asociados. "Durante toda una quincena", escribió, "las 'autoridades constituidas' de Salinas han sido los peones indefensos de siniestras fuerzas fascistas que operaron desde el piso de un hotel parapetado en el centro de la ciudad"[18].

---

16. Starr, *Endangered Dreams*, p. 183.
17. Starr, *Endangered Dreams*, pp. 187-88.
18. Citado en Ibíd.

Para los trabajadores de Oklahoma, el paro fue un brutal espejo que no reflejó su tradicional imagen del compañero blanco emprendedor y fuerte, sino el desprecio que les profesaban los agricultores, considerándolos una casta de "basura blanca". Ellos se percataron de que no había excepciones para los estereotipos raciales estructuralmente asociados a los trabajadores agrarios en California, ni siquiera antiguos anglosajones. "Puedo recordar", rememora un organizador, "la gran impresión que recibí al ver a esas personas blancas que venían de Oklahoma, Arkansas y Texas, con sus prejuicios y odios enraizados, y cómo en el curso de la huelga aprendieron que tenían más en común con los negros y mestizos que con los vigilantes blancos que golpeaban a todo el mundo"[19].

El paro de Salinas, si bien fue un golpe preventivo contra la participación de AFL en el sindicalismo agrícola o un serio ensayo del fascismo norteamericano, fue también una victoria decisiva para Campesinos Asociados. Inspiró la táctica de guerra relámpago empleada al año siguiente cuando otro afiliado de AFL, el Sindicato de Trabajadores de Enlatados, intentó asestar un golpe a la compañía Stockton de productos alimenticios. "El llamamiento fue instantáneo para el ejército ciudadano", escribe McWilliams, y 1.500 leales burgueses, armados con escopetas y hachas, respondieron puntualmente. El coronel Garrison, el héroe de los vigilantes de El Centro, era ahora presidente de Campesinos Asociados, y él personalmente dirigió el ataque contra las líneas de manifestantes el 24 de abril de 1937. "Durante casi una hora, 300 manifestantes se mantuvieron en la lucha, tosiendo y ahogándose, mientras los vigilantes y los comprometidos lanzaban rondas y más rondas de gases lacrimógenos sobre ellos". Cuando estas bombas se volvieron inefectivas, las tropas de Garrison usaron perdigones, lesionando gravemente a cincuenta trabajadores[20].

---

19. Dorothy Ray (Healy) citado en Susan Ferris and Ricardo Sandoval, *The Fight in the Fields: Cesar Chavez and the Farmworkers Movement* (San Diego: Harvest/HBJ Books, 1997), p. 31.

20. McWilliams, *Factories in the Field*, pp. 259-60.

Kevin Starr nos cuenta que cuando algunos negociantes de Stockton, apoyados por el abogado del distrito local, se dieron cuenta de que vivían en una ciudad ocupada sujeta a los caprichos de Campesinos Asociados, protestaron a Sacramento, pidiendo que enviaran la Guardia Nacional para restaurar el orden. "Como en el caso de Salinas, el gobernador Merriam se negó; y el coronel Garrison y su ejército dejaron a su fuerza preeminente en el área". El gobernador, en otras palabras, ratificó a los vigilantes como autoridad legítima: una fórmula peligrosa que cedía todo el poder a los agricultores y propietarios de las fábricas de conservas[21].

Pero esto fue difícil de sostener con éxito: en las ciudades de California, como en el resto del país, 1938 fue un año legendario para los paros, las manifestaciones y la fiebre de CIO (alianza de sindicatos industriales obreros). No obstante, los campos y naves de empaquetamiento permanecieron misteriosamente tranquilas, con no más de una docena de pequeñas huelgas que involucraron a menos de 5.000 trabajadores, una escueta fracción de la participación en 1933-34. Las victorias del Nuevo Acuerdo en Washington y Sacramento no se tradujeron en progresos significativos para los trabajadores agrícolas, que fueron excluidos de la cobertura de leyes como la Wagner (NLRA) y la de Seguridad Social. La elección del demócrata Cullbert Olson como gobernador en 1938 pudo haber sido una victoria para los sindicatos de la ciudad (su primera ley fue perdonar al sindicalista radical Tom Money, quien había estado prisionero injustamente durante 22 años). Pero las iniciativas legislativas para ayudar a los obreros del campo –incluso medidas no tan controvertidos como prohibir a la Patrulla de Carretera, tomar partido en las disputas obreras o asegurarse de que el socorro no se produjera "sólo en caso de necesidad"– fueron barrenadas por la coalición de demócratas y republicanos rurales[22].

---

21. Starr, *Endangered Dreams*, p. 190.

22. Fearis, "The California Farm Worker", p. 111. También ver en Fearis, el capítulo VI ("The Farm Workers and the Government"), un exelente análisis de cómo los trabajadores agrícolas fueron políticamente marginados en la década de 1930.

Aunque permanecían activos dos movimientos sindicales agrícolas en California —los federales locales de AFL y el establecido por CIO, Envasadores, Agricultores, Empaquetadores y Trabajadores Aliados de América Unidos (UCAPAWA)— estos huyeron tras las apocalípticas confrontaciones en el campo. En su lugar, enfilaron sus esfuerzos hacia la organización (exitosa en el norte de California) de los procesadores de alimentos en los pueblos, cuyos derechos alcanzados fueron protegidos por NLRA y su poder huelguístico apalancado por grupos aliados de camioneros y estibadores.

Si hubo alguna duda sobre el importante papel jugado por la represión privada y estatal en convertir a los trabajadores rurales en parias del Nuevo Acuerdo —sin un lugar en los programas sociales o dentro de los movimientos obreros organizados— ésta quedó despejada por el destino que corrieron las huelgas en el área de Marysville, al norte de Sacramento. Las primeras huelgas tuvieron lugar durante la primavera y el verano de 1939, seguidas por una huelga algodonera en el otoño en San Joaquín Valley. Las últimas grandes huelgas de 1930 fueron las victorias que coronaron a Campesinos Asociados.

En Marysville, los frutícolas que vivían en "Okieville" enfrentaron a Earl Fruit, una subsidiaria del imperio DiGiorgio, equivalente a la General Motors en la agricultura californiana. Sólo una minoría de los miembros de Campesinos Asociados del área eran verdaderos campesinos; el resto eran relatores, editores, alcaldes y policías, incluso el jefe de policía de Marysville y el comandante local de Patrullas de Carretera. El amedrentado dueño de Earl Fruit, Joseph DiGiorgio, pudo contar con la clase gobernante, vigilante y totalmente movilizada para proteger a sus capataces y guardias.

La primera disputa se produjo en la primavera cuando, según el historiador Donald Fearis, un popular capataz renunció en protesta por los espías de la compañía (una de las principales iniciativas de Campesinos Asociados) que infestaban todos los niveles de la producción agrícola. Earl tentó a los huelguistas a volver al trabajo con la promesa de aumentar los salarios y no sancionar a los líderes; al producirse los despidos en represalia, los trabajadores furiosos se quejaron a CIO, y para el comienzo de la recogida de la pera en julio, el Local 197 de UCAPAWA rodeó los huertos con filas de manifestantes. Campesinos Asociados de los condados Sutter y Yuba respondió inmediatamente con los usuales arrestos, palizas y amenazas de muerte; los agricultores habían pensado en la idea de un "ejército ciudadano", pero prefirieron la selectiva depuración de rancheros y capataces. Sin embargo, fracasaron temporalmente, cuando las mujeres comenzaron a reemplazar en las filas a sus padres y esposos arrestados. "La tenacidad de la mujeres y el suministro de alimentos por campesinos amigos y agencias del Estado", escribe Fearis, "mantuvo viva la huelga momentáneamente". Pero una batida contra el campamento del sindicato cortó la cabeza de la huelga y obligó a los trabajadores a retornar al trabajo o a abandonar el área[23].

La huelga de UCAPAWA, detonada, al igual que en 1934, por recortes de salario, se diseminó de una manifestación inicial en Madera hacia toda la faja algodonera de San Joaquín. A pesar de la apasionada respuesta de la fuerza de trabajo okie, el sindicato fue incapaz de resistir a Campesinos Asociados y sus métodos de arrestos, desalojos y terrorismo vigilante. El golpe fatal fue asestado en un furioso ataque sobre la manifestación de Madera, a finales de octubre, donde participaron trescientos agricultores armados "con palos, cadenas y piquetas, mientras el *sheriff* permanecía a su lado"[24].

La huelga algodonera de 1939 fue un último intento: UCAPAWA pronto abdicó de la organización en el campo para concentrarse en los obreros procesadores y envasadores protegidos por NLRA, mientras los okies con el tiempo encontraron su camino en trabajos de supervisión o se mudaron a las ciuda-

---

23. Fearis, "The California Farm Worker", pp. 271-74.

24. Patrick Mooney y Theo Majka, *Farmers' and Farm Workers' Movements: Social Protest in American Agriculture* (Nueva York: Twayne, 1995), pp. 143-44.

des para trabajar en las plantas de guerra[25]. Su lugar fue ocupado desde 1942 en adelante por jornaleros mexicanos cuando el sistema de castas raciales en California fue restaurado bajo el amparo de un tratado internacional para lidiar con la escasez de mano de obra en tiempos de guerra.

El vigilantismo, hecho casi una ciencia por Campesinos Asociados, infligió una histórica derrota no sólo a la super explotada fuerza laboral del campo sino también sobre el proyecto del trabajo progresista y la reforma del Nuevo Acuerdo en California. Un Comité del Senado presidido por Robert LaFollette de Wisconsin, que investigó las relaciones de trabajo en la agricultura de California entre 1939 y 1940, concluyó posteriormente que Campesinos Asociados organizó una conspiración "destinada a prevenir el ejercicio de las libertades civiles de los trabajadores agrícolas mal pagados, ejecutada cruelmente con todas las formas de represión que los antisindicalistas pudieron unir". Por otro lado, cuando se combinó "el monopolio de los patrones para controlar las relaciones de trabajo" —un eufemismo del monopolio de la violencia— con la completa ausencia de autoridad política y estatus legal de los trabajadores, "el resultado fue el fascismo local"[26].

---

25. Sin embargo, quedaron suficientes okies en los campos de San Joaquín, que fueron protagonistas de la fallida huelga contra DiGiorgio en 1949, comentada en la sección anterior.

26. Citado en Goldstein, *Political Repression*, pp. 223-24.

Capítulo 9

Las guerras de los "zoot suit"

> ¡Atrápenlos! ¡Atrapemos a esos bastardos comedores de chile!
> Pandilla inglesa (Santa Mónica, 1943)

Pearl Harbor dio a las fuerzas anti-japonesas de California la licencia para ejecutar la limpieza étnica que había sido su principal objetivo durante más de una generación. Nadie defendió con más fiereza la eliminación de los norteamericanos de origen japonés y de sus padres que el abogado general de California, Earl Warren, un viejo miembro de Hijos Autóctonos del Oeste Dorado y protegido político del jefe "anti-japoneses" V. S. McClatchy. Warren, que definía a los japoneses californianos como una "quinta columna" y un "talón de Aquiles", convocó a una reunión con funcionarios de la ley del Estado a principios de febrero de 1942, para demandar un reacomodo e internamiento de los japoneses. Cuando se señaló que a esos grupos no se les atribuía ningún caso de traición o sabotaje, Warren respondió que era simplemente una prueba "ominosa" de la negación de los japoneses a denunciar su deslealtad[1].

Entretanto, los autoproclamados vigilantes lanzaban piedras contra las ventanas de las tiendas propiedad de los japoneses y atacaban a japoneses norteamericanos adolescentes en las calles, amenazándolos con más violencia en el futuro. La campaña de intimidación fue más seria en las zonas rurales, como se puede apreciar en un memorando enviado a Sacramento en enero de 1942 por el personal de campo del Departamento de Agricultu-

---

[1]. G. Edward White, *Earl Warren: A Public Life* (Nueva York: Oxford University Press, 1982), pp. 69-74.

ra del Estado: "Ellos (los japoneses norteamericanos) no salen de sus casas en la noche... Las autoridades policiales probablemente no simpatizan con los japoneses y les dan la mínima protección. Las investigaciones sobre asaltos a japoneses han sido muy superficiales y no ha habido enjuiciamientos"[2].

En testimonio ante el Congreso, Earl Warren hizo mención a esos asaltos como pretexto para que fueran internados, alertando que el generalizado e incontrolado vigilantismo sería inevitable a menos que el presidente Roosevelt firmara una orden ejecutiva para deportar a los japoneses de la zona costera. El jefe de la policía de California dejó claro que él simpatizaba completamente con los instintos de los vigilantes: "Mi opinión sobre el vigilantismo es que las personas no se involucrarían en este tipo de actividades si su propio gobierno a través de sus agencias prestara más atención a sus importantes problemas"[3].

Por supuesto, los norteamericanos alemanes e italianos no fueron internados en la costa oeste, ni se encontró nada inusual en el espectáculo, frecuente en 1943, de prisioneros de guerra italianos y alemanes recogiendo frutas y trabajando en granjas locales. La verdadera amenaza de los japoneses era su éxito económico y su internamiento obligaba a una liquidación por incendio de sus bienes, incluidas granjas situadas en áreas, como el oeste de California, ya marcadas por el desarrollo residencial de posguerra. En nombre del patriotismo, sus enemigos recolectaron los frutos de dos generaciones de trabajadores diligentes. Aunque algunos japoneses volvieron a la agricultura después de la guerra, nunca pudieron rescatar la influyente posición que tuvieron en 1941 en la agricultura de California[4].

2. Citado en Roger Daniels, *Prisoners Without Trial: Japanese Americans in World War II* (Nueva York: Hill and Wang, 1993), p. 36.
3. House Select Committee Investigating National Defense Migration, *Hearings before the Select Committee*, 77th Congr., 2nd sess., 1942, pp. 11017-18.
4. "Nadie sabe la importancia de las propiedades perdidas por los japoneses-norteamericanos. Como han señalado los economistas, las pérdidas deben tenerse en cuenta no sólo por su valor en 1942, sino también por las oportunidades económicas que representaban en un momento en que la mayoría de los norteamericanos disfrutaban de la

Las guerras de los "zoot suit"

A pesar del internamiento de los japoneses, la intolerancia no cesó. Pero los vilipendiados ahora fueron nuevamente los ciudadanos blancos, que realizaban el trabajo duro en las plantas de aviones o peleaban con los marines en Guadalcanal, y los "heroicos" chinos y filipinos, que fueron temporalmente exceptuados como "amenaza amarilla" mientras favorecieran a la propaganda en tiempos de guerra. Sin embargo, el embate más fuerte del prejuicio racial y la violencia vigilante, especialmente en el área de Los Ángeles, fue dirigido contra los jóvenes chicanos y afroamericanos. El movimiento vigilante –instigado deliberadamente por la prensa de Los Ángeles– que suele recordarse como los "disturbios de los zoot suit", fue por supuesto, sólo la franquicia al arrebato nacional de violencia blanca durante el "verano de odio" de 1943. En este contexto, dos especies distintas de querellas –una enraizada en el privilegio blanco en el área de trabajo, la otra en la imaginación social– se combinaron en proporciones diferentes y en diferentes ciudades.

Primero fue la reacción violenta de los trabajadores blancos que participaban en la guerra contra la Comisión para la Práctica de un Empleo Justo que Roosevelt estableció ante la amenaza, en 1941, de una manifestación de líderes negros en Washington. En 1943, se lograron algunos progresos en la integración de los astilleros, las fábricas de aviones y el tránsito urbano a pesar de las protestas de locales segregados de AFL y demagogos. Oleadas de trabajadores emigrantes blancos y negros provenientes de los Estados de Mason y Dixon competían por viviendas y trabajo así como veteranía y capacitación. Como advirtió un artículo del magazín *Life* en 1942, "Detroit es dinamita. Lo mismo puede hacer volar a Hitler que a EE.UU"[5]. Oakland y Los Ánge-

---

prosperidad de tiempo de guerra y el enorme precio que adquirió la tierra en la costa del Pacífico". Daniels, *Prisoners Without Trial*, pp. 89-90.

5. Citado en Thomas Sugrue, *The Origins of the Urban Crisis* (Princeton: Princeton University Press, 1996), p. 29.

les (con diez mil inmigrantes negros de Oklahoma y Texas arribando todos los meses en 1943) eran igual de volátiles[6].

El espacio público urbano fue otra de las arenas donde la agitación racista regó las semillas de la violencia en diferentes ciudades de Norteamérica. Gracias en gran parte a las campañas reaccionarias de los periódicos, la subcultura del "swing" de principios de la década de 1940, con sus chorradas y sus trajes extravagantes, se combinaron con la amenaza racista y casi enteramente imaginaria de gángsteres y prófugos adolescentes. Contraria a la reacción anti-negros en las fábricas de guerra, la histeria hacia los "extravagantes" señalaba a diferentes grupos étnicos. En Nueva York, a pesar de las hordas de jóvenes blancos con similar atuendo, los problemáticos extravagantes fueron identificados como delincuentes negros, y en Los Ángeles, los negros y especialmente los chicanos, fueron singularizados. En Montreal, que en junio de 1944 tuvo sus propios "disturbios de zoot-suit", la prensa en lengua inglesa incitaba a los soldados a la violencia contra los jóvenes francófonos "antipatrióticos" que visitaban los mismos clubes y salones de bailes visitados por los militares[7].

Las raíces de la obsesión "zoot suit" (indumentaria extravagante de moda en los años cuarenta) se remontan a la recuperación económica en 1940-41, cuando periódicos, jefes de policía y ministros de todo el país empezaron a quejarse del auge de la extravagante y autoritaria cultura joven sustentada en las orquestas de música "swing", que mostraba sus más peligrosas inclinaciones en una minoría joven. La queja de los jefes era que el nuevo orgullo racial y la insolencia generacional ya no reconocían las divisiones de color tradicionales en los espacios públi-

---

6. David Kennedy, *Freedom from Fear: The American People in Depression and War*, 1929-1945, vol. 9, *Oxford History of the United States* series (Nueva York: Oxford University Press, 2005), p. 768.

7. Ver Serge Durflinger, "The Montreal and Verdun Zoot-Suit Disturbances of June 1944", en Serge Bernier, ed., *L' impact de la Deuxieme Guerre Mondiale sur les Societes Canadienne et Quebecoise* (Montreal: McGill University Press, 1997).

cos como parques de diversión, teatros y vehículos de transporte. (Ya habíamos visto esto en el caso de los orgullosos e insumisos jóvenes filipinos que chocaron con la supremacía blanca en los salones de baile y clubes de la California rural a finales de la década de 1920). Como lo refleja Spike Lee en las primeras escenas de su filme *Malcolm X*, la exuberancia desinhibida de estos jóvenes extravagantes ("zooters"), representó un nacionalismo cultural embrionario y el apasionamiento de una cultura joven interracial. Como respuesta, se lanzó una enorme cantidad de artículos periodísticos lamentándose del declinante control social y denunciando la "nueva delincuencia". En opinión de las autoridades locales, los jóvenes de color estaban fuera de control[8].

La muerte de un adolescente chicano en agosto de 1942, en circunstancias inciertas, cerca de un estanque llamado Sleepy Lagoon, fue el pretexto para una ininterrumpida campaña de la prensa en Los Ángeles –especialmente *Los Ángeles Times* de Hearst– contra los gángsteres, "pachucos" y "zooters" chicanos. Aunque la ola de crímenes fue en gran parte una fabricación editorial, ésta dio el núcleo sensacionalista para la coalescencia de todo tipo de alegaciones salvajes, incluyendo la de que los jóvenes de la parte Este estaban siendo cohesionados en una quinta columna por un tenebroso movimiento sinarquista (grupo fascista mexicano con sólo un puñado de miembros en el sur de California) y que "los japoneses, que están siendo evacuados, incitan a la violencia a la población mexicana de Los Ángeles". Tales calumnias eran, por supuesto, tonterías –inclusive obscenas– frente a las medallas de honor del Congreso y cruces de la marina ganadas por jóvenes chicanos en el Pacífico. Pero como enfatizó Carey McWiiliams, presidente del Comité de Defensa de Sleepy Lagoon, la contribución de los mexicanos-norteamericanos a la

---

8. Generalizo aquí las lecturas de los periódicos de la época en Nueva York, Chicago y Los Ángeles en mi investigación sobre las bandas callejeras. La percepción de las autoridades de un nuevo tipo de problema relacionado con una minoría joven en 1939-41, merece una exploración más seria.

guerra se vio oscurecida por la incesante presencia en las páginas principales de mexicanos relacionados con el crimen. "Cada joven mexicano arrestado, sin importar cuán trivial fuera la ofensa o si era inocente o culpable, era fotografiado con un encabezado que decía 'El Gángster Pachuco' o 'El Rufián con zoot-suit'"[9].

En la primavera de 1943, la opinión pública de Los Ángeles fue persuadida de que la violencia de las pandillas era casi incontrolada en los barrios "desleales" alrededor del centro de la ciudad y al este del río. Al mismo tiempo, las tensiones entre negros y blancos en los centros de trabajo alcanzaron su punto máximo con la integración federal del transporte público de Los Ángeles: un conflicto que con el tiempo requirió de intervención armada para prevenir la violencia pandillera. Además de esta mezcla estaban las crónicas e inevitables fricciones entre los diferentes grupos de jóvenes –marineros, trabajadores de apoyo a la guerra, jóvenes de los barrios– que competían por las chicas en el abarrotado centro de la ciudad, en Hollywood y en las playas. Las que pudieron ser pequeñas riñas entre marines blancos y chicanos o negros fueron magnificadas por la histeria periodística y convertidas con la complicidad policial en una gran campaña vigilante contra los jóvenes de color de Los Ángeles.

La primera sacudida fue un disturbio en el muelle de Venice a mediados de mayo. Según el historiador Eduardo Pagan, un falso rumor de que unos chicanos habían apuñalado a un marino incitó a una vengativa cacería en el salón de baile de Aragón:

> Como dijo luego un testigo presencial: "A ellos no les importó si los chicos mexicanos vestían trajes extravagantes o no; ellos sólo buscaban mexicanos". Cuando el baile finalizó y los jóvenes mexicanos comenzaron a salir, una turba de casi quinientos marines y civiles empezaron a perseguirlos por todo el paseo marítimo. "Atrápenlos", decía la turba. "¡Atrapemos a esos bastardos comedores de chile!"[10].

---

9. McWilliams, *North from Mexico*, p. 215.

10. Eduardo Pagan, *Murder at the Sleepy Lagoon* (Chapel Hill: University of North Carolina Press, 2003), p. 163.

Varias semanas después, después de otras confrontaciones entres marines y jóvenes chicanos, un grupo de marines regresó a la armería naval en Elysian Park alegando que fueron atacados por "zooters" cerca de un barrio marginal. Cuando el asalto fue notificado al LAPD, los policías formaron una "brigada de venganza", como le llamaron, pero no pudieron encontrar a los supuestos asaltantes. Como señala McWilliams, "la ofensiva no cumplió ningún objetivo excepto la aparición de los oficiales en los periódicos e incitar la furia de la comunidad contra la población mexicana, que fue, quizá, la razón de la ofensiva". La noche siguiente, varios cientos de marines, en una escuadra de veinte coches de alquiler, cruzaron el centro de la ciudad y la zona del este, golpeando a cualquier joven mexicano que vistiera extravagantemente; el ritual se repitió las dos noches siguientes sin interferencia de la policía, que, por el contrario, hizo una "limpieza" después de los vigilantes militares arrestando a todos los "zooters" y chicos de barrio que allí se encontraban[11].

Incitados por periódicos como *Los Ángeles Daily News*, que avisaban de "la preparación de cabecillas extravagantes para una guerra contra la marina", cientos de soldados blancos y jóvenes civiles, sin uniforme de la policía, se reunieron en el centro de la ciudad el lunes 7 de junio, para una última noche de infamia. Cualquier joven chicano era un blanco legítimo.

> Entraban en los principales cines, la turba ordenaba encender las luces y levantaba de su silla a cualquier mexicano. Los coches de transporte público eran detenidos y levantaban de sus sillas a mexicanos y algunos filipinos y negros, les ponían en la calle y les golpeaban con frenesí sádico. Si éstos llevaban indumentaria "zoot-suit", les quitaban la ropa dejándoles semidesnudos en las calles, sangrando y amoratados. Bajando por Main Street, la turba paró al final del distrito negro. Viendo que los negros les estaban esperando, los pandilleros se retiraron y marcharon a la parte este mexicana diseminando allí el terror[12].

11. McWilliams, *North From Mexico*, p. 221.
12. Ibid., p. 224.

Aunque los militares decidieron sabiamente no atacar el gueto de Central Avenue, un trabajador negro fue sacado de un transporte público y le fue arrancado un ojo. Carey McWilliams, un abogado, activista por los derechos civiles y también periodista, tomó declaración jurada a muchas de las víctimas, de las cuales no más de la mitad vestían con indumentaria "zoot-suit". Como el comienzo de una enfermedad que se convierte en epidemia nacional, la violencia en Los Ángeles fue inmediatamente seguida por otros disturbios raciales y ataques a personas de color en todo el país, culminando finalmente en los terribles sucesos de Detroit entre el 20 y el 21 de junio, en los cuales murieron veintinueve personas. McWilliams, cuyos artículos son insuperables en cuanto a pasión y honestidad, declaró que los disturbios expusieron "los fundamentos podridos sobre los que la ciudad de Los Ángeles construyó una fachada de papel maché de 'buena voluntad norteamericana'"[13].

---

13. Ibíd., p. 231.

Capítulo 10

Golpeando a UFW

> Era como estar en una guerra. Arrestaron a trabajadores agrícolas y los golpearon con palos. Había camioneros por todos lados. Si los camioneros veían que tú tenías un águila en tu coche, te detenían y rompían tu parabrisa.
>
> Defensor de UFW (1973)[1]

Cuando terminó la guerra, los ataques racistas esporádicos continuaron −terrorismo contra los japoneses que regresaban, incendios contra los negros que intentaban comprar casas en barrios de blancos, etc.− pero el vigilantismo parecía estar neutralizado. En los principales distritos, los agricultores corporativos ya no tenían que movilizar al "ejército ciudadano" cuando podían manipular el Programa Bracero para importar obreros esquiroles, y si luego estos se organizaban, llamar a Patrulla Fronteriza para deportarlos. De hecho, Patrulla Fronteriza se convirtió en parte integral de las relaciones de producción represivas en la agricultura californiana: la violencia vigilante parecía menos necesaria cuando la deportación era fácilmente asequible contra los imprudentes huelguistas.

Los intentos de posguerra de organizar a los trabajadores agrícolas, como la huelga de octubre de 1947 contra el gigante DiGiorgio en el condado de Kern, fueron eficientemente repelidos con el uso de esquiroles importados, arrestos masivos, deportación selectiva, desalojo de las familias de los huelguistas, acusaciones de comunismo por el Comité del Hogar y terrorismo patronal (a un huelguista le dispararon en la cabeza). Cam-

---

[1]. Clementina Olloqui, citado en Ferris y Sandoval, *The Fight in the Fields*, p. 182.

pesinos Asociados también organizó un Comité Ciudadano en apoyo a DiGiorgio, pero no creyó necesario armar a sus miembros con hachas ni enviarlos a invadir los campamentos de trabajadores. Después de la derrota de los huelguistas y la purga masiva de la fuerza de trabajo pro-sindicalista en Imperial Valley, los intentos posteriores de negociar en la agricultura californiana fueron infructuosos.

Pero el final del Programa Bracero en 1964 y el resurgir de una fuerza de trabajo establecida firmemente, hizo posible una nueva revuelta en los campos, guiada por Asociación Nacional de Trabajadores Agrícolas (NFWA). La gran huelga de la uva en Delano que comenzó en 1965, fue inesperada, al igual que la del algodón en 1933, y movilizó con igual pasión y compromiso a la fuerza de trabajo explotada. El extraordinario estoicismo de los huelguistas y el carisma del nuevo sindicato, que se identificaba con el orgullo clasista y étnico, hizo dudar a los agricultores sobre su propia omnipotencia. Los huelguistas enfrentaron el clásico repertorio de intimidaciones por parte de los capataces y guardias de seguridad, que les echaban los perros, los perseguían en sus camionetas y les golpeaban con las culatas de las escopetas con total impunidad; no obstante, tales tácticas parecían impregnar a la huelga mayor energía. Con el tiempo, las mayores corporaciones, como United Fruit y DiGiorgio, decidieron resucitar a los "ejércitos de la noche" de la etapa de la depresión. Los vigilantes ahora no eran los hijos de los agricultores o los legionarios americanos, sino miembros pagados del Sindicato de los Camioneros, importados por centenares para intimidar, golpear y expulsar a los huelguistas de NFWA.

En 1967, los principales patronos decidieron firmar el contrato de maridaje con los Camioneros con el objetivo de prevenir y sabotear la organización de trabajadores agrarios. Al no estar estos protegidos por la Ley de Relaciones Laborales Nacionales, "no hubo alternativas para los sindicatos ni intentos de averiguar las preferencias de los trabajadores del campo, que sí estaban cubiertas en los contratos de los camioneros. No tuvieron oportunidades de confirmar los contratos, aunque se les exigió unirse a los camioneros y cumplir con sus deberes semanales deducidos de sus salarios"[2]. Por otro lado, los camioneros hicieron poco por ocultar su desprecio hacia los nuevos miembros reclutados inconsultamente. "No estoy seguro", dijo Einar Mohn, jefe de la poderosa Junta Occidental de Camioneros, "de cuán efectivo puede ser un sindicato cuando se compone de mexico-norteamericanos y mexicanos con visas temporales"[3].

Los camioneros inmediatamente implementaron las tácticas de penetración e intimidación que fueron contraatacadas por los indignados miembros sin que el líder de los trabajadores del campo, César Chávez, pudiera prácticamente evitarlo. Las confrontaciones de 1970 entre la Asociación de Exportadores Agrícolas y los camioneros por un lado y por el otro el Comité de Trabajadores Agrarios Unidos (UFWOC, formado por la unión entre NFWA y el Comité de Trabajadores Agrarios), evocaron los peores recuerdos de los paros de 1936.

> Los agricultores reclutaron guardias armados con escopetas para patrullar sus propiedades, y los camioneros enviaron a secuaces con bates de béisbol para amedrentar a los chavistas. Uno de los pistoleros más infames... fue Ted "el rápido" Gonsalves, que vestía un traje de rayas blancas y negras y conducía una limusina blindada... El secuaz importado amenazaba a los huelguistas en todas partes, golpeaba las paredes de los salones donde se reunían los negociadores de UFWOC, y rompía las tazas de café y maldecía a los miembros cuando se los topaba en los restaurantes[4].

El terror tenía la intención de recordar a los trabajadores del campo que los agricultores y sus vigilantes eran aún los reyes del valle. El abogado de UFWOC fue hospitalizado tras ser golpeado por un secuaz de los camioneros, un capataz enfiló su tractor

---

2. Mooney y Majka, *Farmers' and Farm Workers' Movements*, p. 166.
3. Ibíd., p. 186.
4. Ibíd., p.170.

hacia un grupo de huelguistas y la oficina de UFWOC en Hollister (próxima a la de Trabajadores Agrícolas Unidos, UFW) fue dinamitada. César Chávez fue encarcelado por no acceder a las órdenes del Tribunal de la Corte de detener el boicot. Cuando Ethel Kennedy (la viuda de Robert F. Kennedy) fue a visitar a Chávez en la cárcel de Salinas, fue rodeada y amenazada físicamente por cientos de opositores a la huelga, inclusive un gran contingente de la Sociedad John Birch local.

El despliegue de camioneros, vigilantes y secuaces llegó a su clímax en la primavera y el verano de 1973, cuando huelguistas de UFW intentaron boicotear la cosecha de la uva moviéndose de Coachella Valley cerca de Palm Springs hasta San Joaquín Valley. Bajo el liderazgo de Frank Fitzsimmons, los camioneros se convirtieron en el principal apoyo de Richard Nixon, suministrando donaciones masivas y músculo para su notable campaña de reelección de 1972. La Casa Blanca entonces, vía Charles Colson, el Asesor Principal (reclutado anteriormente por los camioneros), ordenó al Departamento de Justicia y al Cuerpo Nacional para las Relaciones de Trabajo unirse a Fitzsimmons y a los agricultores contra los huelguistas de César Chávez.

El Pentágono trató primero de romper el boicot de UFW obligando a las tropas norteamericanas a consumir grandes cantidades de uva: "las cantidades de uva enviadas al ejército norteamericano en Vietnam ascendieron de 555.000 a 2.167.000 libras en 1968-69"[5]. Luego el Departamento de Justicia hizo la vista gorda cuando cientos de camioneros secuaces, cobrando setenta dólares diarios y blandiendo hierros, aterrorizaron a los huelguistas, golpeando a sus simpatizantes, incluso a un sacerdote católico. Cuando el FBI supo por sus agentes que los camioneros ordenaron a sus secuaces ebrios "escalar la violencia", singularizando a los principales líderes de la huelga con ataques repentinos, el Departamento de Justicia no hizo nada para alertar o proteger a las víctimas.

5. Ibíd., p. 163.

Al menos en Coachella, los *sheriffs* del condado de Riverside mantuvieron neutralidad y en ocasiones ayudaron a UFW, pero cuando los huelguistas se movieron al norte de San Joaquín, encontraron la resistencia de los *sheriffs* locales –al igual que en 1933, 1939 y 1947– que se aliaron deshonrosamente a los pistoleros de los agricultores y camioneros. Fueron arrestados alrededor de 350 huelguistas y dos fueron asesinados. Nagi Daifullah, un yemení de veinticuatro años de edad y el capitán de los huelguistas fueron aporreados hasta asesinarlos por los enviados del condado de Fresno, y luego murió de un disparo Juan de la Cruz en una huelga cerca de Arvin, no lejos de donde murieron los huelguistas del algodón en 1933.

Pero 1973 no fue como 1933, y las tropas de UFW llevaron a cabo una autodefensa más activa. A diferencia de la situación de cuarenta años atrás, ahora existía un poderoso movimiento de chicanos en las ciudades, dispuesto a ayudar y a armar un buen lío por la causa de los huelguistas. César Chávez, temiendo tal radicalización y contra-violencia, tomó la desafortunada decisión de transferir los escasos recursos que tenían de la principal huelga hacia el boicot de la uva. Los simpatizantes del sindicato en el mundo, y no precisamente sus propias tropas en los campos, fueron los principales actores en una lucha centralizada alrededor de un pequeño círculo liderado por Chávez. Aunque esta estrategia evitaba la violencia y generaba una enorme simpatía pública –posteriormente, en 1976, se aprobó la Ley sobre las Relaciones de Trabajo Agrícolas que finalmente suministró algunos derechos a los trabajadores del campo– el auge del boicot por un lado mermaba el activismo en la base. A pesar del tratado de paz con los camioneros (quienes pronto perdieron interés en los trabajadores agrícolas), el sindicato fue incapaz de consolidar sus logros y conservar el terreno que había ganado con tan heroica lucha.

Chávez, al morir en 1993, se convirtió en un santo norteamericano, y UFW una muy querida causa liberal. No obstante, y paradójicamente, la generalidad de los trabajadores del campo permaneció desorganizada, pobre e invisible. En ese corazón del fascismo agrícola –Salinas, San Joaquín y Coachella– los inmigrantes indígenas de México, mixtecas especialmente, continúan trabajando en pleno siglo XXI bajo condiciones no muy diferentes de aquellas por las que IWW protestó en 1914 y CAWIU se rebeló en 1933. Ciertamente, volviendo la vista a la década de 1970, no es difícil concluir que una vez más, el vigilantismo y la violencia privada, aliados a las leyes locales y a los gobiernos federales, derrotó la épica sublevación del campesinado.

Capítulo 11

¿Los últimos vigilantes?

> Somos norteamericanos que hacemos el trabajo que el gobierno no hace.
>
> Slogan de Proyecto Minuteman

Ha habido una extraordinaria consistencia en el prejuicio racial blanco durante los últimos 150 años de historia californiana. La furia de nativistas y vigilantes siempre ha recaído sobre los sectores de la población más pobre e indefensa que realizan los trabajos más rudos: provenientes de Donegal, Guangdong, Hokkaido, Luzon, Oklahoma y ahora Oaxaca. Y el discurso transmitido diariamente por decenas de programas radiofónicos en California permanece virtualmente inalterable al descrito por Steinbeck en 1939: "Hombres que nunca han pasado hambre miran a los hambrientos... Ellos dicen, 'esos malditos okies son sucios e ignorantes. Son degenerados y maníacos sexuales. Son ladrones. Roban cualquier cosa. No tienen sentido del derecho de propiedad'".

La cara pública de los neovigilantes actuales son los llamados Minutemen (realmente una miscelánea de grupúsculos y líderes), que comenzaron a patrullar la frontera México-Arizona, justamente en abril de 2005. El movimiento de Tombstone, Arizona, de carácter mediático, es la última encarnación de las patrullas anti-emigrantes que han plagado las zonas fronterizas durante más de una década. Alegando proteger la soberanía nacional de la "amenaza parda", una serie de grupos paramilitares, guiados por rancheros racistas y autodeclarados "guerreros

1. John Steinbeck, *The Grapes of Wrath* (Nueva York: Viking Critical Library, 1972), pp. 385-86.

arios" —incitados por influyentes personajes de la radio de derecha— han acosado, detenido y probablemente asesinado a inmigrantes que cruzan el tépido desierto de Arizona y California.

El Proyecto Minuteman fue un teatro del absurdo y un sagaz intento de hacer retornar el vigilantismo a las políticas conservadoras. Los organizadores de Tombstone —un contador retirado y un antiguo profesor de *kindergarten*, ambos del sur de California— encantaron a la prensa con la promesa de brindar mil superpatriotas fuertemente armados que enfrentarían a las hordas mexicanas a los largo de la frontera en el condado de Cochise. Llegado el momento, reunieron a 150 drogadictos y sociópatas que permanecieron varios días en reposeras, limpiando sus fusiles, farfullando con la prensa y tumbonas con binóculos militares hacia las montañas de Saguaro donde cada año varios cientos de inmigrantes perecen por insolación y sed. El "Armagedón fronterizo" no hubiera ocurrido ese mes de abril si los indocumentados hubieran leído la prensa. Enfrentando a los Minutemen y a los cientos de agentes fronterizos adicionales enviados para protegerlos, los campesinos sólo esperaban pacientemente del lado de Sonora que los vigilantes se quemaran al sol, se aburrieran y luego se fueran a casa.

Sin embargo, sería un error desestimar el impacto de los fanáticos en trajes de camuflaje: sus sucesivas farsas en el desierto (diferentes fracciones de Minutemen repetidamente patrullaron las fronteras cerca de San Diego en el 2005 y el 2006) habían tenido un electrizante impacto en la población rural conservadora. Por primera vez, la administración de Bush se sintió seriamente asediada —no por demócratas (estos nunca serían tan mal educados)— sino por una rebelión anti-emigrantes en su propio flanco. En el ardiente mundo de los políticos suburbanos conservadores, los Minutemen se convirtieron en superhéroes en el combate contra la conspiración criminal (similar a cuando la "amenaza amarilla") que inunda al país de truhanes de piel morena y futuros pandilleros de las calles. Por supuesto, la contradicción entre los demagogos zarrapastrosos que pasaban por guerreros vigilantes y su impresionante imagen dentro de la retórica derechista, no es mayor que la contradicción entre la abominación racista republicana por los inmigrantes ilegales y la dependencia personal de esclavos hispanoparlantes para que laven sus ropas y limpien la caca de sus niños.

Las raíces de este neovigilantismo se remontan a 1996 y el polarizado debate en California en torno a la Propuesta 187, que planeaba negar la educación pública y los servicios de salud a los indocumentados. La violenta reacción contra los latinos, que el malévolo brujo, antiguo gobernador de California, Pete Wilson, había resucitado, fracasó hasta desvanecerse como quizá desearon Kart Grove y otros estrategas electorales de la Casa Blanca. En la última década, en cambio, las campañas que se habían originado en California –contra los derechos de los inmigrantes y el uso del español en las escuelas– fueron exportadas hacia Arizona, Colorado y otros Estados del sur con una creciente población latinoamericana. Como las primeras protestas contra el aborto (que culminaron en terrorismo derechista), el movimiento vigilante ofrecía una dramática táctica para captar la atención de la prensa, galvanizar la oposición hacia la inmigración y cambiar el equilibrio de poder dentro del Partido Republicano.

Por otro lado, para malestar de la Casa Blanca, los Minutemen encontraron un efusivo (aunque inarticulado) admirador en el gobernador de California Arnold Schwarzenegger: "Pienso que ellos han hecho un estupendo trabajo. Han reducido considerablemente el porcentaje de inmigrantes que cruzan la frontera. De modo que esto demuestra que las cosas funcionan bien cuando uno se empeña y trabaja duro. Es algo que puede lograrse". Luego, cuando los líderes latinos furiosos lo acusaron de "maltratar e incriminar a los emigrantes", e incluso después que el presidente Bush caracterizara al grupo como "vigilantes", Schwarzenegger, de forma desafiante, reiteró que estaba complacido en ayudar a Minutemen en la frontera de California. (Como él suele hacer, el "governator" sostuvo esto con la tranquilidad incongruente de quien fue un "campeón de los inmigrantes")[2].

Veteranos observadores políticos que consideraban que se trataba de una tormenta en un vaso de agua quedaron anonadados en noviembre de 2005 cuando uno de los fundadores del Proyecto Minuteman, Jim Gilchrist, al postularse como candidato con el respaldo del sindicato de Patrulla Fronteriza, ganó casi tantos votos como el candidato demócrata en el condado de Orange en su carrera por el Congreso. En subsiguientes contiendas electorales en el sur de California, como las elecciones especiales del 2006 para sustituir al bandido caído en desgracia, el "Duque" Cunningham, los republicanos compitieron por el respaldo de prominentes vigilantes y demagogos promotores del "peligro pardo". Entretanto, Gilchrist y sus defensores hicieron de Costa Mesa, una ciudad del condado de Orange con una significativa población latina, una obra maestra de sus políticas —especialmente el despliegue de la policía local para chequear los estatus de inmigración—. En su visión maniqueísta, no existe la neutralidad: estás de parte de Patrulla Fronteriza o eres un delincuente extranjero.

Tal fanatismo, en un Estado donde cada vez hay más latinos, puede parecer como el último suspiro de una cultura en decadencia, y de hecho, probablemente es así. Pero por el momento, los vigilantes permanecen en el trono, con sus ojos puestos firmemente en el glorioso pasado californiano: la pandilla de Glanton, la Orden de los Caucasianos, los Hijos Autóctonos del Oeste Dorado, la Liga Protectora Americana, el Ku Klux Klan y Campesinos Asociados.

---

2. Associated Press, "After Praising Border Patrols, Schwarzenegger Calls Self 'Champion of Immigrants'; 29 de abril de 2005

Parte II

México: Cautivo en la red del imperio norteamericano

Justin Akers Chacón

Introducción

Los humanos han estado siempre en constante movimiento, y las migraciones masivas subrayan la gran epopeya de la historia humana. Los primeros antropólogos creían que "Lucy", la primer humanoide arqueológica, murió mientras migraba[1]. Muchas personas escapan del ambiente familiar sólo cuando su subsistencia y bienestar están en peligro. A partir de 2004, una de cada treinta y cinco personas ha sido un emigrante internacional[2]. Si todos ellos vivieran en un mismo lugar, constituirían el quinto país más poblado del mundo. La inmigración moderna está motivada por los mismos deseos de subsistencia, aumentados por el efecto desestabilizador del capitalismo global, aunque el debate, con frecuencia, es "nacionalizado" por los que se oponen a la inmigración, apartándolo de su contexto real. El capitalismo empresarial, llamado también neoliberalismo por sus detractores, dicta las decisiones políticas de los Estados favoreciendo la rentabilidad a expensas de la sostenibilidad, los intereses de las corporaciones y de los inversionistas sobre los intereses de los trabajadores, los indígenas, los pobres del mundo y el medio ambiente.

El capitalismo empresarial también dicta una simple estrategia de desarrollo para las naciones pobres. Una estrategia orientada hacia el mercado, conducida por el sector privado y basada en las exportaciones que lo abre hacia el capital y la inversión extranjera[3]. Lo que es más, la aplicación práctica del neoliberalismo ha redefinido, por un lado, el rol del Estado en

---

1. Roger Daniels, *Coming to America: A History of Immigration and Ethnicity in American Life* (Nueva York: Harper Collins, 1990), p. 3.

2. "Migration and Globalization", a fact sheet from *The Globalist* online magazine, 13 de julio de 2005, http://www.theglobalist.com/DBWeb/StoryId.aspx?StoryId=4174.

3. James D. Cockroft, *Outlaws in the Promised Land: Mexican Immigrant Workers and America's Future* (Nueva York: Grove Press, 1986), p. 143.

relación a su pueblo, y por el otro, los imperativos del sistema capitalista global[4]. Como consecuencia, las naciones ricas pueden reafirmar su control sobre las naciones en desarrollo, creando una situación que recuerda al período colonial que, en primer lugar, dividía a las naciones en ricas y pobres. Los procesos de redistribución del gobierno que financian el bienestar social, las inversiones en la infraestructura, la vivienda, la salud, el empleo y la educación, han sido dramáticamente reducidos o desmantelados. En su lugar, el gobierno invierte en la creación de un clima favorable a los negocios. Las regulaciones y restricciones a los movimientos de las corporaciones y a la concentración de capital han sido desmanteladas, permitiéndoles ejercer una influencia casi omnipotente sobre todos los aspectos de la vida diaria[5].

Exportada por las naciones más poderosas del planeta (particularmente Estados Unidos), y reforzada por las políticas de instituciones financieras globales como el Fondo Monetario Internacional (IMF), el Banco Mundial y la Organización Mundial del Comercio (WTO), la política neoliberal ha absorbido a los gobiernos y a la clase capitalista en todo el globo. En las pasadas décadas, las reorganizaciones económicas internas y radicales han desplazado a millones de trabajadores, principalmente en países en desarrollo, llevándolos a una odisea desesperada en busca de trabajo en cualquier parte y produciendo migraciones masivas desde los países pobres hacia los países ricos.

---

4. Para una discusión más completa sobre el neoliberalismo ver Eric Toussaint, *Your Money or Your Life*, 3.ª ed. (Chicago: Haymarket Books, 2005).

5. Desde la Segunda Guerra Mundial, muchas naciones subdesarrolladas (que algunos llaman naciones del Tercer Mundo) han intentando construir sus economías a través de iniciativas estatales para industrializar y modernizar los medios de producción en sectores claves. La lógica de esas iniciativas dictan que a través de los impuestos, el proteccionismo y la reinversión masiva en las industrias nacionales, y promoviendo su propia "ventaja comparativa", los países pobres pueden alcanzar el estatus alcanzado por el "primer mundo". Persiguiendo una porción mayor del mercado mundial ellos pretenden salir de ese estatus de subdesarrollo, explotado por las potencias mundiales. Para una completa descripción de cómo esas políticas no han sido exitosas, ver Toussaint, *Your Money or Your Life*.

Introducción

La mayoría de los inmigrantes escogen su destino en base a la cercanía, la disponibilidad de empleo y la esperanza de obtener algún grado de seguridad social; o en algunos casos se facilita el movimiento debido a interrelaciones económicas establecidas[6]. Por ejemplo, se estima que 180 millones de personas en el mundo viven actualmente lejos de sus países de origen, el 40% desplazados hacia países más desarrollados, que tienden a tener economías más estables y necesitan de la mano de obra de inmigrantes para bajar los salarios[7]. Los inmigrantes son también reclutados para resolver la escasez de mano de obra en determinadas industrias, lo que explica por qué los inmigrantes en España, Italia y Francia realizan frecuentemente los mismos trabajos que los mexicanos en Estados Unidos.

La "inmigración neoliberal" –en otras palabras, el desplazamiento que acompaña a la privación de los derechos de ciudadanía y a la segregación interna en el país anfitrión– se ha implementado a escala internacional con la estipulación Modelo 4 del GATS (Acuerdo General sobre Comercio y Servicios) dentro de la Organización Mundial del Comercio, que versa sobre la migración de "personas naturales". Esta estipulación codifica la legalidad de programas para el trabajador invitado, o el reacomodo del desplazado como trabajador temporal en un país extranjero. El GATS 4 legitima la negativa de los derechos ciudadanos para el trabajador temporal, y lo ata a empleadores específicos. Esto es así dado que el inmigrante es un "proveedor de servicios" más que propiamente un trabajador, y su movimiento a través de las fronteras es "comercio" más que emigración. De esta forma, ellos no están protegidos por los estándares mínimos establecidos por la Organización Internacional del Trabajo o por las leyes del país donde trabajan. El lenguaje del GATS 4 sólo garantiza a los trabajadores inmigrantes las protecciones que tienen en sus países de origen.

---

6. Por ejemplo, mucha de la migración hacia países ricos viene de sus antiguas colonias o países dominados por el capital del "país anfitrión".

7. Estadísticas de "Migration and Globalization".

Según Basav Sen, periodista y activista por los derechos del inmigrante,

> En la práctica (el GATS 4) es un absurdo; al estar en un país extranjero, ellos pierden el acceso físico a los sindicatos de trabajadores, los servicios legales, las organizaciones por los derechos humanos y los juzgados en sus propios países. Incluso en el caso extremo de que fueran a superar esas barreras e intentar presentar procesos legales en sus países de origen contra sus empleadores, las jurisdicciones de esos tribunales no proceden en la mayoría de los casos dado que el abuso ha ocurrido fuera del territorio de su país de origen. (Con las corporaciones multinacionales) es también muy probable que el patrón radique en un tercer país[8].

El reacomodo global de personas ocurre sin tener en cuenta dónde están situadas las fronteras políticas, puesto que la migración de personas –mucho más que la migración de corporaciones– es un resultado de las transacciones económicas globales. Como explica Néstor Rodríguez, "La crisis en la frontera no es la de esos extranjeros ilegales abarrotados en la frontera México-EE.UU. es la del crecimiento del capitalismo global que aplasta a las naciones-Estados como unidades de desarrollo económico"[9]. En otras palabras, mientras la inmigración global es instigada por una creciente economía internacionalizada, la reacción hacia ella es el atrincheramiento de las fronteras nacionales y el resurgir de las políticas de exclusión. La extrema derecha culpa a los trabajadores inmigrantes de los problemas económicos y sociales, un discurso que ha proliferado en un ambiente donde la guerra, la pobreza y los conflictos de clase prevalecen.

En Estados Unidos, el ataque hacia los inmigrantes surge a la rueda de una de las mayores transferencias de riquezas de pobres hacia ricos en la historia de la nación. Según el Centro para Presu-

---

8. Basan Sev, "Legalized Human Trafficking", *Z Magazine*, abril de 2006, pp. 11-14.
9. Citado en Juan F. Perea, *Immigrants Out! The New Nativism and the Anti-Immigrant Impulse in the United States* (Nueva York: New York University Press, 1997), p. 226.

Introducción

puestos y Prioridades Políticas, el coste total de los recortes de impuestos en la administración Bush igualará los 3,9 trillones de dólares, reduciendo los ingresos en 297 mil millones de dolares en el 2004 y alcanzando la enormidad de 600 mil millones de dolares en el 2014, beneficiando principalmente a los superricos.

> Las rebajas de impuestos conferirán los principales beneficios, con mucho, a las familias de altos ingresos –los menos necesitados de recursos adicionales– en un momento en que los ingresos están excepcionalmente concentrados en la cima del espectro... El 1% de las familias recibirá recortes de impuestos que promedian los 35.000$: 54 veces el recibido por los que están en medio del espectro... Los recortes de impuestos conferirán más de 30 mil millones de dolares a los 257.000 millonarios de la nación solamente en el 2004[10].

Otra forma de lucha de clases económica está ocurriendo por medio de la supresión coordinada del salario mínimo. Según un estudio realizado por el Instituto de Política Económica,

> El valor del aumento del salario mínimo debido a la inflación es 26% menor en el 2004 que en 1979. Además, comparando los salarios de trabajadores con salarios mínimos para promediar el salario por hora, encontramos que estos se mantuvieron a la par con los de otros trabajadores. El salario mínimo es el 33% del salario promedio por hora de los trabajadores norteamericanos, el menor nivel alcanzado desde 1949.
> El Congreso no ha incrementado el salario mínimo en siete años, el segundo período más largo de congelación del gobierno desde que el salario mínimo fue implementado en 1938. Mientras el Congreso no incremente el salario mínimo, éste continuará perdiendo valor[11].

---

10. Isaac Shapiro y Joel Friedman, "Tax Returns: A Comprehensive Assessment of the Bush Administration's Record on Cutting Taxes", Center on Budget and Policy Priorities Web site, 23 de abril de 2004, http://www.cbpp.org/4-14-04tax-sum.htm.

11. "Minimum Wage: Frequently Asked Questions", hechos recogidos en el sitio web del Economic Policy Institute, enero de 2006, http://www.epinet.org/content.cfm/issueguides_minwage_minwagefaq.

Otro estudio revelador del Instituto de Política Económica muestra que la recuperación después de la depresión económica del 2001 no ha sido equitativa:

> Las ganancias empresariales subieron un 62% comparadas con el crecimiento promedio de 13,9% en el mismo momento de las ocho últimas recuperaciones hasta la actual. Es la más rápida tasa de crecimiento de las ganancias en una recuperación desde la Segunda Guerra Mundial. La compensación laboral total también ha tenido un comportamiento histórico: creciendo sólo el 2,8%, el menor crecimiento de cualquier recuperación desde la Segunda Guerra Mundial y muy por debajo del promedio histórico de 9,9%. El grueso de esta compensación se debe al aumento de los pagos no salariales, como las prestaciones en materia de pensiones y cuidados de salud. El rápido incremento de los costes de estas prestaciones implica que esos altos pagos por prestaciones no se traduzcan en *incremento del estándar de vida* para los trabajadores, sino que sólo cubren los altos costes por cuidados de salud y pensiones. El crecimiento en el sueldo total y los ingresos salariales, la primera fuente de salario neto para los trabajadores, en realidad es negativo para los trabajadores del sector privado: −0,6% versus 7.2% que es el incremento promedio en el sueldo privado y los ingresos salariales en este momento de la recuperación[12].

Los expertos en inmigración están muy deseosos de eliminar a la Norteamérica corporativa del escenario de culpabilidad. Al ignorar conscientemente el rol de los grandes negocios y el gobierno en la disminución de los salarios obreros, ponen el énfasis en los inmigrantes, cuya culpabilidad se convierte en "sentido común", repetido hasta la saciedad por los medios corporativos. Los intereses ricos de Estados Unidos se han mezclado en el trasfondo de la política nacional, un astuto logro teniendo en cuenta que son ellos, y no los inmigrantes, los cul-

---

12. "Economic Snapshots: When Do Workers Get Their Share?" documento de la web de Economic Policy Institute, 27 de mayo de 2004, http://www.epinet.org/content.cfm/ webfeatures_snapshots_05272004.

Introducción

pables del declive en las condiciones de trabajo y los estándares de vida.

Finalmente, el debate nacional sobre inmigración se llevó a cabo con el telón de fondo de los gastos masivos en la guerra de Irak. Según un estudio realizado en enero de 2006 por el economista Joseph E. Stiglitz, de la Universidad de Columbia y la conferencista de Harvard Linda Bilmes, el coste total de la guerra puede llegar a los 2 trillones de dólares si EE.UU. permanece en Irak hasta el 2010. A partir de enero de 2006, según un portavoz del Cuerpo de la Marina, la guerra saldría en 4,5 mil millones de dólares mensuales solamente en costes de operaciones militares (sin mencionar el coste por la adquisición de nuevas armas y equipamientos).[13]

Los gastos militares totales en el 2005 fueron de 419.3 mil millones de dólares, 41% más que en el 2001. Entretanto, la administración de Bush declaró una ronda masiva de recortes de gastos en 150 áreas del presupuesto federal en el 2005, "eliminando decenas de programas domésticos políticamente sensibles, incluyendo financiamientos para la educación, la protección del medio ambiente y el desarrollo comercial, mientras proponía aumentos significativos para gastos militares e internacionales"[14]. En medio de esta monumental transferencia de riquezas desde la clase trabajadora hacia la maquinaria de guerra de EE.UU. y sus corporaciones, los inmigrantes aparecen en la lente del Congreso estadounidense, un complaciente anfitrión del bien financiado y excelentemente ubicado burocratismo anti-inmigrantes.

Aunque este libro se enfoca principalmente en el fenómeno de la inmigración en la frontera entre México y EE.UU, es necesario un conocimiento del contexto internacional para apreciar completamente su significación. Los movimientos racistas de extrema derecha como Minutemen tienen sus precursores en

---

13. Tom Regan, "Report: Iraq War Costs Could Top $2 Trillion", *Christian Science Monitor*, 10 de enero de 2006.

14. Mike Allen y Peter Baker, "$2.5 Trillion Budget Plan Cuts Many Programs", *Washington Post*, 7 de febrero 2005.

EE.UU. y en otros países. Por ejemplo, los países de Europa occidental han presenciado el auge de movimientos políticos sustancialmente anti-inmigrantes, coincidiendo con programas de reestructuración económica destinados a reducir los gastos en el sector público. En Francia, el Frente Nacional, una organización abiertamente fascista que promueve la oposición a los inmigrantes como su principal cruzada, tuvo un alarmante éxito en las elecciones por la presidencia en el 2002. El crecimiento de la extrema derecha ha sido impulsado por el gobierno de Jacques Chirac, ansioso por culpar a los inmigrantes de los infortunios sociales.

A finales de 2005, la absurda muerte de dos jóvenes inmigrantes −fichados por la policía y perseguidos hasta morir electrocutados cuando se escondían detrás de un transformador eléctrico− dio inicio a protestas masivas en los suburbios de trabajadores africanos en las afueras de París. Las protestas se diseminaron a través de los abandonados distritos de inmigrantes hasta alcanzar nueve ciudades, reflejando la creciente insatisfacción de las comunidades musulmanas primordialmente. Un tercio de los seis millones de descendientes de africanos del norte de Francia viven en guetos suburbanos. El desempleo entre los argelinos y marroquíes, los principales grupos de inmigrantes, ronda el 30%, en comparación a la media nacional de 9,6%. Christophe Bertossi, un especialista en inmigración del Instituto Francés de Relaciones Internacionales, señala la verdadera causa del conflicto. "Detrás del velo de igualdad florece la discriminación, alimentando las viejas divisiones raciales y se priva a los inmigrantes de riquezas y oportunidades"[15].

La respuesta del ministro del interior Nicolas Sarkozy fue tildar de "escoria" a los protestantes, prometiendo "limpiar" los suburbios de esa "gentuza" y lanzar una guerra "sin piedad". A principios de 2006, introdujo nuevas legislaciones excluyentes que prometían restringir la entrada de inmigrantes árabes y musulmanes (e introducir un programa para el trabajador tem-

---

15. Citado en Katrin Bennhold, "Chirac Urges Calm as Suburban Riots Spread", *International Herald Tribune*, 3 de noviembre de 2005.

Introducción

poral), declarando: "no queremos más una inmigración impuesta; queremos una inmigración selectiva"[16].

También es importante reconocer que la incriminación de la migración se da también dentro de los países "exportadores de trabajadores". Por ejemplo, para los 500.000 emigrantes guatemaltecos en México, el racismo y la violencia a manos de agentes de la ley corruptos son rasgos comunes de la vida diaria. Según José Luís Soberanes, presidente de la Comisión Mexicana para los Derechos Humanos, "uno de los problemas más tristes en asuntos de inmigración es la contradicción de demandar que el Norte respete los derechos de los inmigrantes cuando nosotros, los del Sur, no somos capaces de garantizarlos"[17].

Los intereses comerciales en México, al igual que en Estados Unidos, se aprovechan de los indefensos guatemaltecos para disminuir los gastos en salarios. Puesto que las leyes de México consideran una felonía la migración indocumentada y parte del sur de México sufre de escasez de mano de obra debido a la migración hacia el norte, los trabajadores guatemaltecos son una contribución a la clase trabajadora desposeída a nivel internacional. Su migración, segregación, empobrecimiento y persecución es un "buen negocio".

El mismo patrón de explotación, violencia y agresiones a los inmigrantes se da en todos los países. Las campañas orquestadas contra las comunidades de inmigrantes (particularmente los que son de color) se dan en España contra los marroquíes, en Inglaterra contra los de Europa del Este, en Alemania contra los turcos y en Japón contra los coreanos. En Estados Unidos, ha estado ocurriendo un proceso similar desde el 11 de septiembre, deteniendo, deportando y persiguiendo a árabes y musulmanes, y esto supone un precedente para los ataques contra los trabajadores inmigrantes mexicanos. Los ataques sobre ellos están

---

16. "Sarkozy to Introduce Immigration Bill", United Press International, 6 de febrero de 2006, www.upi.com/InternationalIntelligence/view. php? StoryID=20060206-072907-3174 r.

17. Mark Stevenson, "Few Protections for Migrants to Mexico", Associated Press, 19 de abril de 2006.

también ligados a una larga y horrible historia de incriminación basada en la segregación dentro de los Estados Unidos.

La segunda y tercera parte de este libro resalta la interrelación histórica entre Estados Unidos y México, especialmente el expansionismo de Estados Unidos y los nexos entre los obreros mexicanos y la economía de EE.UU. Mi premisa es que los obreros mexicanos son una parte integral e inseparable de la clase obrera estadounidense, a pesar de las barreras levantadas en la frontera. Los obreros mexicanos, desde principios del siglo XX, han suministrado la mano de obra necesaria para las empresas capitalistas estadounidenses, tanto en los Estados Unidos (como obreros subyugados o "temporales") como en México propiamente (trabajando en las maquiladoras y en las corporaciones multinacionales).

Aunque algunos rinden pleitesía al mundo sin fronteras del "libre mercado" (la hegemonía corporativa y la absoluta libertad de movimiento del capital), también se quejan de la migración transnacional de los obreros desplazados. El incremento de la inmigración se ha convertido en un pretexto para los políticos que buscan hacer carrera profesional y aumentar el poder del capital sobre el trabajo, incriminando el trasiego a través de las fronteras. En otras palabras, simultáneamente a la "desnacionalización" de la economía global se produce la "renacionalización" de las políticas en forma de orientaciones intensivas y dirigidas por el Estado para el reforzamiento de las restricciones a la inmigración[18]. Aunque las redes de transporte global han facilitado la transferencia de artículos en todo el mundo de forma rápida, las nuevas restricciones en las fronteras están diseñadas para obstruir, controlar y regular el movimiento de trabajadores.

La cuarta parte del libro explica la razón por la que el contorno del sistema capitalista necesita de esos obstáculos para fomentar la división en la clase trabajadora. En el contexto del sistema de clases, el poder de los trabajadores para negociar una buena

---

18. Ver Saskia Sassen, *Globalization and its Discontents: Essays on the New Mobility of People and Money* (Nueva York: New Press, 1999), xxviii.

Introducción

parte de las riquezas que ellos producen —mejores salarios, bienestar social y derechos democráticos— está en proporción directa a su capacidad de participar en la lucha colectiva: sindicatos, huelgas, protestas sociales y otras formas de resistencia organizada. Mientras menos organizados están los trabajadores (a causa de las fronteras, restricciones a la participación en la política y compresión de las diferencias culturales), más poder tendrá el capital para imponer sus condiciones sobre cada trabajador.

Al ejercer un monopolio sobre los ciudadanos, la clase capitalista (por medio de sus representantes políticos en el Estado) genera niveles de integración/segregación en la clase obrera, y así refuerza el aislamiento político, cultural y físico en sus diversos sectores. Estos capítulos narran la génesis y evolución de las políticas de inmigración como forma de debilitar al movimiento obrero y evitar su cohesión, institucionalizar la discriminación racial, nacional y política y fragmentar la conciencia de la clase trabajadora.

Adicionalmente, mostraré cómo la inmigración se politiza en épocas de estancamiento o depresión económicas o en períodos de polarización social. La percepción de la inmigración es proyectada frecuentemente a través del lente de los objetivos políticos foráneos, como un medio de reunir apoyo interno de la mayoría trabajadora para los objetivos externos del Estado, que representan, a su vez, los objetivos de los sectores más preponderantes del capital.

Por ejemplo, el capítulo 25 examina la dimensión cambiante del discurso sobre inmigración desde el 11 de septiembre, y cómo la frontera México-EE.UU. ha sido manipulada en la conciencia pública como el mayor campo de batalla en la "guerra contra el terrorismo". Todos los inmigrantes y los que cruzan la frontera actualmente, portan el estigma de "terroristas potenciales" y cargan el peso de la persecución racial, el hostigamiento y la violencia.

Los últimos capítulos ilustran cómo la ausencia de una oposición política cohesiva y la complicidad del Partido Demócrata en el llamamiento a "tomar medidas enérgicas con la inmigración", han permitido a la extrema derecha dominar en el terreno político y adelantar su agenda extremista.

Los políticos y los movimientos contra los inmigrantes han exagerado el tema dándole connotación de "crisis nacional". Apelan al racismo y a la xenofobia cuando perfilan el debate nacional y son la fuente principal de muchas teorías ambiguas (casi universalmente aceptadas) sobre las consecuencias negativas de la inmigración.

Esos grupos buscan seguidores entre los trabajadores autóctonos, especialmente en tiempos de incertidumbre económica. Mediante un lenguaje populista, se disfrazan de "defensores" de los intereses ciudadanos, promoviendo la idea de que los trabajadores inmigrantes compiten por los limitados recursos y son fuente de "degeneración" social y política. Los opositores a la inmigración también intentan impulsar el activismo contra las corporaciones, pues los grandes negocios necesitan a toda costa la mano de obra barata y desprovista de derechos para aumentar sus ganancias.

Cuando la animosidad racial se inserta en el debate reinante, como explican los capítulos 27 y 28, las formaciones de extrema derecha son legitimadas y reactivadas y sus conclusiones acerca de la necesidad de la violencia racial ganan una amplia audiencia. Cualquiera que sea la escisión entre los intereses de los grandes negocios y la extrema derecha, el debate se lleva a cabo desde un punto de vista común: los trabajadores inmigrantes no deben tener acceso a los derechos humanos y democráticos básicos de que disfrutan las personas autóctonas.

Por todo ello, *la quinta parte del libro* se centra en la necesidad de repensar nuestra visión de la inmigración en el contexto de una lucha general por la justicia social, que permita crear un movimiento por los derechos de los inmigrantes que fomente la oposición colectiva a las restricciones en las fronteras y contra la inmigración y que apoye la igualdad fundamental y absoluta de toda la clase trabajadora.

Capítulo 12

La conquista preparó el escenario

Es común entre muchos anti-inmigrantes preguntarse por qué los mexicanos simplemente no se "largan a su propio país". Lo que muchos no ven, o no quieren ver, es que muchos de los Estados que conforman Estados Unidos fueron antiguamente la parte norte de México. Este territorio pasó a formar parte de Estados Unidos después de la guerra entre ambos países en 1846-48. La guerra demostró ser un punto de viraje decisivo en las relaciones entre Estados Unidos y México y selló un período de expansión y conquista anglo-norteamericana en toda la tierra del norte de América.

Avalados por los intereses esclavistas del sur e industriales del norte, los expansionistas hallaron apropiado el norte de México para ser ocupado. México era especialmente vulnerable pues se encontraba en medio de una contienda civil y sus gobiernos eran incapaces de reunir los recursos suficientes para poner en orden al lejano norte. La expropiación y anexión del norte de México fue llevada a cabo por medio de la ocupación militar directa de las fuerzas estadounidenses. Ésta fue legalizada mediante la imposición del Tratado de Guadalupe Hidalgo en 1848, cuya ratificación por el gobierno mexicano fue la precondición para la retirada de las fuerzas. El tratado cedía a California, Arizona, Nuevo México, Nevada, Utah, Colorado y partes de Wyoming y Oklahoma. También obligaba a México a abandonar cualquier derecho sobre Texas. A manera de lavado de conciencia, el gobierno de EE.UU. dio a México la simbólica cifra de 15 millones de dólares por lo que era casi la mitad del territorio mexicano y las tres cuartas partes de sus recursos naturales.

La conquista de México por Estados Unidos demostraba el procedimiento histórico global por medio del cual las naciones ricas e industrializadas doblegan forzosamente a las naciones menos desarrolladas para explotarlas económicamente. Uno de los frutos de tales conquistas es la ideología racista, generada y perpetuada por intelectuales y políticos en favor de los intereses económicos dominantes. La conquista del norte de México dejó de un lado de la frontera a 125.000 mexicanos, convertidos en extranjeros en su propia tierra. La doctrina del destino manifiesto definía las relaciones entre los emigrantes ingleses que llegaban y la población mexicana en los términos desiguales de conquistadores y conquistados[1]. Según el historiador Reginald Horsman, la noción del Destino Manifiesto encapsulaba muchas de las teorías fabricadas que buscaban justificar la anulación de la soberanía y la integridad territorial de indios y mexicanos en conjunción con su expansión hacia el oeste.

En 1850, se difundía la versión de los "anglosajones" norteamericanos como personas diferentes y superiores, destinadas a brindar una buena gobernanza, prosperidad comercial y cristianismo al Continente americano y al mundo entero. Era una raza superior, y las razas inferiores estaban destinadas a un estado de subordinación o a la extinción[2].

El Destino Manifiesto, proclamado en el nacimiento de la dominación imperial norteamericana, era una filosofía materialista que proclamaba la superioridad política y económica de las instituciones norteamericanas y declaraba que el capitalismo y el sistema de plantaciones tenían el derecho a traspasar las fronteras y expropiar a otros de sus territorios si éstos no eran bien

1. Aunque destino manifiesto fue simplemente un término acuñado por un editorial periodístico para reflejar el sentimiento de que el expansionismo norteamericano era un proceso natural, que encierra la justificación ideológica promovida por la clase dominante de que la integridad territorial de los méxico-norteamericanos y mexicano no sería reconocida por la "comunidad de naciones" debido a su supuesta "inferioridad".

2. Reginald Horseman, *Race and Manifest Destiny: The Origins of Anglo-Saxonism* (Cambridge: Harvard University Press, 1981), pp. 1-2.

La conquista preparó el escenario

defendidos. En fecha tan temprana como 1801, Thomas Jefferson declaraba:

> Aunque nuestros actuales intereses nos restringen a determinados límites, es imposible no mirar hacia el futuro, cuando nuestra rápida multiplicación nos lleve más allá de esos límites, cubriendo todo el norte y de ser posible el continente sur[3].

Para condicionar a la clase trabajadora norteamericana en apoyo al proyecto de expansión, la doctrina promovía la superioridad de los europeos norteamericanos mientras prometía las nuevas tierras adquiridas a los obreros y campesinos pobres que habían peleado[4].

Entretanto, los mexicanos que residían en la porción adquirida por Estados Unidos eran reducidos a ciudadanos de segunda clase. Aunque el Tratado de Guadalupe Hidalgo establecía un conjunto de garantías que protegían las tierras y el derecho al voto de los mexicanos, "posteriormente, los tribunales norteamericanos locales, estatales y nacionales legislaron que las medidas del tratado podían ser reemplazadas por leyes locales"[5]. Los intereses económicos ingleses usaron al gobierno federal, por medio de la Ley Federal de la Tierra de 1851, para privar a los mexicanos de sus tierras, y usaron al Estado y a los gobiernos locales para implementar una estructura social racista en toda la parte sur[6]. La

---

3. Merrill D. Peterson, *Thomas Jefferson and the New Nation* (Nueva York: Oxford University Press, 1970), p. 746.

4. La disponibilidad de tierras demostró ser ilusoria después de la apertura de sudoeste. Para una discusión profunda de cómo la tierra quedó concentrada en manos de los intereses agrícolas e industriales, ver Carey McWilliams, *Factories in the Fields* (Berkeley: University of California Press, 2000).

5. Richard Griswold del Castillo, *The Treaty of Guadalupe Hidalgo: A Legacy of Conflict* (Norman, OK: University of Oklahoma Press, 1990), p. 51.

6. Por ejemplo, la primera constitución de California revocó el derecho de la mayoría de los mexicanos al voto, argumentando que sólo los "mexicanos blancos" tenían la franquicia. La Ley de la Tierra en California, en 1851, obligaba a los propietarios de tierras mexicanos a "probar" sus títulos en las Cortes. Muchos no tenían títulos o les era imposible costear la litigación del proceso, y tenían que vender sus tierras como resultado.

mayoría de los mexicanos que poseían tierras fueron silenciados en las décadas posteriores a la guerra y reducidos a la categoría de clase trabajadora.

En los años que precedieron a la conquista de México, tuvo lugar el fermento ideológico que condicionó el proceso de expansión. La idea de una raza anglosajona, de composición superior al resto de los habitantes de Norteamérica, penetró el debate nacional, conduciendo luego al conflicto. Según esta idea, los mexicanos eran inherentemente inferiores a los ingleses, dado que eran el resultado de una fusión entre indios, africanos y españoles. Los intelectuales y líderes políticos norteamericanos con nexos a los intereses expansionistas apoyaron con escritos y discursos la idea de que los mexicanos eran una "subespecie", algo que anulaba cualquier intento de soberanía. Richard Henry Dana, un famoso congresista del siglo XIX, defensor de la expansión comercial del norte hacia los territorios mexicanos, definió a los mexicanos como "vagos y perezosos" y proclamaba que "en manos de gente emprendedora, ¡cuánto avanzaría este país!"[7]. Waddy Thompson, un político y diplomático de Carolina del sur que se convirtió en una figura nacional por su defensa de la expansión territorial de EE.UU. en Texas, compartía estas ideas. En su famosa autobiografía, *Recollections*, publicada en vísperas de la guerra entre México y EE.UU., concluía:

> Que la raza india de México retrocederá ante nosotros... es tan cierto como lo fue el destino de nuestros propios indios... (y que los negros de México serán) igual de vagos, inmundos y viciosos si no son sometidos a la esclavitud. (En general, los mexicanos son) vagos, ignorantes y por supuesto, viciosos y deshonestos[8].

El desenfrenado asco racial dio cobertura al expansionismo territorial de EE.UU., un proceso bien encaminado a medida que los ideólogos de la raza promovían sus teorías. La expansión hacia

---

7. Horseman, *Race and Manifest Destiny: The Origins of Anglo-Saxonism*, p. 211.
8. Ibíd., p. 212.

La conquista preparó el escenario

el oeste comenzó como una salida de escape a las presiones de la desigualdad de clases, cuando los campesinos pobres migraban hacia los territorios del oeste (las tierras de los indios y mexicanos), buscando oportunidades que les estaban negadas en los Estados ya establecidos, donde las tierras pertenecían a una minoría privilegiada. La migración era promovida por las élites como medio de difundir la conciencia de clase y poner a los trabajadores europeos en contra de los nativos mexicanos, con quienes competían ahora por los territorios. Finalmente, esos "pioneros" prepararon el camino para la posterior consolidación de la tierra a manos de los intereses ferroviarios, agrícolas y mineros.

Entre los años 1820 y 1924, entraron a Estados Unidos 36 millones de trabajadores de todo el mundo, y entre 1820 y 1850, casi 4 millones se desplazaron hacia el oeste[9]. Muchos de los primeros inmigrantes alemanes e irlandeses, perseguidos como "hordas invasoras", fueron hacia la frontera con la esperanza de adquirir tierras. Los inmigrantes eran ridiculizados por las capas más altas de la sociedad. Por ejemplo, Ben Franklin, se preguntaba abiertamente:

> ¿Por qué sufrir a los rústicos palatinos que inundan nuestras colonias, y se juntan para establecer su lenguaje y maneras excluyendo las nuestras? ¿Por qué Pennsylvania, fundada por los ingleses, se ha convertido en una colonia de *aliens,* que de repente son tan numerosos como para germanizarnos en lugar de nosotros anglicanizarlos a ellos? Ellos nunca adoptarán nuestro lenguaje y costumbres mientras no adquieran nuestro carácter[10].

Así, víctimas del fanatismo, esos emigrantes adoptaron la ideología racista dirigida hacia ellos por el expansionismo, convirtiéndose en los bastiones de la conquista territorial. Como explica el historiador Sharon Smith, la clase trabajadora euro-

---

9. Daniels, *Coming to America*, p. 124.
10. Roger Daniels, *Guarding the Golden Door: American Immigration Policy and Immigrants* (Nueva York: Hill and Wang, 2004), p. 8.

pea-norteamericana apoyó el proyecto de expansión hacia el oeste dada la forma en que la conciencia de clase se desarrolló entre los trabajadores norteamericanos:

Primero, la ausencia de tradición feudal en Estados Unidos significaba que los trabajadores preindustriales no tenían la experiencia de lucha por los derechos democráticos que los trabajadores de Inglaterra y Francia sí tenían. La conciencia de clase fue por lo tanto asimilada por los partidos burgueses que configuraron plataformas populistas.

Segundo, la rápida industrialización de Estados Unidos permitió a gran número de trabajadores convertirse en directivos de alto nivel y/o explorar sus habilidades empresariales.

Tercero, la fuerza de trabajo de Estados Unidos estaba estratificada, segregada y legalmente subdividida por una constelación de leyes caracterizadas por la estrategia de "divide y vence" que practicaba la clase dominante. Las mujeres, los afronorteamericanos y varios grupos de trabajadores inmigrantes y autóctonos estaban enfrentados entre sí por inescrupulosos empleadores respaldados por sus aliados en el Congreso y la Casa Blanca. Estos factores impidieron la formación de una clase trabajadora independiente y consciente −facilitando las divisiones nacionales y raciales dentro de la clase− y permitió la penetración de las ideas de la clase dominante: el racismo, la expansión y la conquista[11].

Soñando con ser propietarios de tierras, los inmigrantes europeos-norteamericanos fueron moviéndose hacia el oeste en número creciente, esperando que su estancia fuera aprobada y finalmente protegida por el gobierno de EE.UU. Las "guerras indias" que minaron el siglo XIX a la par de las correrías expansionistas, reflejaron la voluntad del gobierno federal de proteger las demandas de tierras de los emigrantes[12].

11. Sharon Smith, *Subterranean Fire: A History of Working Class Radicalism in the United States* (Chicago: Haymarket Books, 2006), pp. 6-7.

12. Para una profunda discusión de este proceso, ver Angie Debo, *A History of the Indians of the United States* (Norman, OK: University of Oklahoma Press, 1983) y Dee Brown, *Bury My Heart at Wounded Knee* (Nueva York: Bantam, 1970).

La conquista preparó el escenario 133

Así, desde el principio, el racismo definió las relaciones entre los recién asentados ingleses y la población mexicana, así como entre las dos naciones. El proceso de expansión, finalmente, abrió los territorios indios (posteriormente mexicanos) a la proliferación del sistema de plantación y a industrias como los ferrocarriles[13]. La adquisición del norte mexicano significó un logro para la economía estadounidense pues esta región contenía el 75% de los recursos naturales de México. La nueva frontera, abierta para cualquier propósito hasta que se produjo la necesidad de una inmigración "selectiva" en el siglo XX, sirvió de medio mediante el cual Estados Unidos mantuvo su derecho sobre los recién adquiridos territorios. No obstante, los intereses económicos de EE.UU. "continuaron considerando la tierra por debajo de la frontera como un depósito de riquezas y oportunidades"[14]. En otras palabras, en las mentes de los expansionistas, la frontera servía primeramente como el próximo salto en la penetración hacia el territorio mexicano.

Aunque algunos en Washington clamaban por la adquisición de todo el territorio mexicano, los intereses empresariales se volvieron hacia las inversiones extranjeras como medio para obtener ganancias sin tener que costear el mantenimiento del régimen colonial. Facilitado por la dictadura cómplice de Porfirio Díaz (1876-1911), el capital estadounidense penetró en la venas de la economía mexicana.

El desarrollo económico mexicano había sido deformado y paralizado en siglos anteriores por el sofocante legado del colonialismo español: un sistema agrícola decrépito y semifeudal mantenido por una oligarquía atrincherada y una iglesia autoritaria. Las sucesivas guerras civiles y el incesante asedio de invasores extranjeros (México sufrió como promedio una invasión

---

13. También ayudó a generar el enfrentamiento por la supremacía económica entre el norte y el sur, es decir, entre el sistema de plantación y el capitalismo industrial.

14. Thomas Torrans, *Forging the Tortilla Curtain: Cultural Drift and Change Along the United States-Mexico Border from the Spanish Era to the Present* (Fort Worth: Texas Christian University Press, 2000), p. 4.

por cada 10 años durante el período de 1821-1920[15]) animaron a la administración estadounidense a intervenir periódicamente en los asuntos de México para asegurar sus negocios. Esas intervenciones fueron volviéndose imperiosas a medida que México se convertía en un importante depósito para la inversión del capital estadounidense en el período posterior a la guerra. Cuando la diplomacia no funcionaba, Estados Unidos empleaba el ejército. Durante la revolución mexicana, por ejemplo, las tropas estadounidenses invadieron el suelo mexicano en dos ocasiones para inclinar el poder en contra de los que constituían una amenaza para los negocios yanquis[16].

México no fue la única víctima de la intromisión de Estados Unidos. A finales del siglo XIX, el capital financiero norteamericano comenzó a imponerse en todo el mundo. Lenin describió este "imperialismo" de la siguiente forma:

> El capitalismo monopolista –coaliciones de empresas y consorcios– divide, primero que todo, el mercado interno de un país e impone su control casi completamente sobre la industria. Pero bajo el capitalismo el mercado casero está inevitablemente ligado al mercado extranjero. El capitalismo creó hace mucho tiempo un mercado global. A medida que aumentan las exportaciones de capital y a medida que se expanden las relaciones extranjeras y coloniales y las "esferas de influencia" de los grandes monopolios, las cosas gravitan "naturalmente" hacia acuerdos internacionales entre esos consorcios y hacia la formación de coaliciones de empresas internacionales[17].

Con el siglo XX, el capital estadounidense se extendió más allá de la frontera con México, controlando sectores importantes de la economía mexicana como el petróleo, los ferrocarriles,

---

15. Cockroft, *Outlaws in the Promised Land*, p. 43.
16. Ver Adolfo Gilly, *A People's History of the Mexican Revolution* (Nueva York: New Press, 2005).
17. V. I. Lenin, *Imperialism: The Highest Stage of Capitalism* (Nueva York: International Publishers, 1990), p. 68.

la minería y otras industrias intensivas de capital. El periodista e historiador John Ross explica:

> Grandes fortunas norteamericanas se fraguaron en el México de Porfirio. La Standard Oil de Rockefeller compró allí desde el mismo inicio de su desarrollo. El refinado y amante del arte Guggenheims contaminó durante un siglo el aire de El Paso-Juárez con su refinería ASARCO. J. P. Morgan estableció bancos y anexó grandes porciones del campo mexicano con sus dólares. El magnate de los ferrocarriles Jay Gould se enganchó con Ulysses Grant, pero fueron divididos en el ferrocarril del sur de México que se dirigía a la casa de Díaz en Oaxaca. Hearst reclamó enormes porciones de la selva mexicana en Chimilapas, en el istmo de Oaxacao y en la sierra de Tarahumara en Chihuahua. Los negocios estadounidenses... aumentaron 14 veces durante la ocupación de Díaz... Los Estados Unidos dominaron el comercio con el 51% del mercado... y tenían invertidos 646 millones de dólares en la economía mexicana[18].

En la década de 1920, los intereses estadounidenses controlaban el 80% de los ferrocarriles mexicanos, 81% del capital total en la industria minera y el 61% de las inversiones totales en los campos de petróleo[19]. Los ferrocarriles, que conectaban a las "ciudades de las compañías" estadounidenses en México con los mercados a través de la frontera, también permitían el tránsito hacia el norte de los trabajadores mexicanos. Una de las más importantes líneas férreas conectaba la segunda mayor ciudad, Guadalajara, con Nogales, Arizona, garantizando que los trabajadores mexicanos siguieran el flujo de las riquezas mexicanas mientras éstas eran extraídas y exportadas hacia los bancos y mercados de Estados Unidos.

---

18. John Ross, *The Annexation of Mexico: From the Aztecs to the IMF* (Monroe, ME: Common Courage Press, 1998), p. 53.

19. David Lorey, *The U.S.-Mexican Border in the Twentieth Century* (Wilmington, DE: SR Books, 1999), pp. 40-42.

Los cambios económicos generados por este flujo masivo de capital extranjero dieron como resultado la dislocación masiva de los trabajadores mexicanos. Los capitalistas mexicanos, particularmente los que estaban vinculados al capital extranjero, alentaban la desintegración de las propiedades comunitarias (ejidos) para favorecer la producción en gran escala beneficiando a los terratenientes e inversores. En las regiones urbanas, los mercados se abrieron a las compañías extranjeras, solapando a los pequeños productores y exprimiendo a los sectores más débiles del capital mexicano.

Con ayuda de las tropas federales y la guardia rural, las grandes haciendas y los negocios extranjeros desplazaron a millones de pequeños agricultores, convirtiéndolos en proletariado agrícola o en trabajadores emigrantes. En 1910, el 96% de las familias mexicanas no poseían tierras y el flujo de artículos de bajo coste provenientes del extranjero desplazó a la clase tradicional de artesanos en las ciudades[20].

La revolución mexicana fue una respuesta popular a la candente turbación económica de las masas y a la sociedad radicalmente desigual que estaba emergiendo. Las masas se vieron atraídas por capitalistas mexicanos que estuvieron subordinados al capital extranjero y fueron abandonados por el régimen de Díaz. La revolución costó la vida a uno de cada diez mexicanos y expulsó a 1,5 millones fuera de las fronteras, tratando de escapar de la violencia.

Aunque la revolución tuvo éxito en destronar el régimen de Díaz y destruir los últimos vestigios del poder feudal, no consiguió una reestructuración radical y a largo plazo de la economía en favor de una población mexicana compuesta de trabajadores empobrecidos y campesinos supervivientes. No obstante, el carácter social de la revolución produjo una constitución que evitaba cualquier forma de neocolonialismo por los poderes eco-

---

20. Devra Miller, *Dark Sweat, White Gold: California Farmworkers, Cotton and the New Deal* (Berkeley: University of California Press, 1994), p. 50.

La conquista preparó el escenario

nómicos extranjeros y el retorno de regímenes condescendientes que cumplieran las órdenes de gobiernos extranjeros. Por ejemplo, designaba al "pueblo" como el dueño de la tierra y prohibía la propiedad mayoritaria de compañías extranjeras sobre las empresas mexicanas.

Por otro lado, contenía cláusulas que designaban al gobierno mexicano como protector de los derechos de los trabajadores y de los pobres, e introdujo progresivamente un código de trabajo y el famoso Artículo 27, que obligaba al gobierno a distribuir la tierra entre los campesinos y apoyar a los pequeños agricultores. A pesar del carácter radical de la Constitución, tal gobierno visionario requería de la revolución de obreros y campesinos, una etapa que la revolución no pudo alcanzar[21]. Al final, la revolución significó el ascenso de la clase capitalista mexicana a pesar de que ésta tuvo que negociar durante décadas con las poderosas organizaciones de trabajadores y campesinos, un hecho que contribuyó al ascenso del popular presidente Lázaro Cárdenas[22].

Durante su presidencia (1934-40), Cárdenas nacionalizó la mayor parte de la economía, incluyendo la lucrativa industria del petróleo. Redistribuyó la tierra entre los pobres y ayudó a institucionalizar una medida popular que permitía a los líderes de movimientos populares participar en el gobierno. Concediendo permisos e incluso favores personales a los líderes de sindicatos del comercio y organizaciones campesinas, Cárdenas aplastó la actividad de la clase trabajadora independiente. Incorporando a movimientos y sobornando a sus líderes desmovilizó eficazmente a los trabajadores y campesinos, y los dejó sin preparación para el cambio pro-capitalista y de derecha que sucedería al Presidente después de la Segunda Guerra Mundial.

La clase trabajadora soportaría el embate de este cambio, especialmente en el campo, donde la concentración de la tierra

---

21. Ver Gilly, *A people's History*.
22. Para una discusión sobre el legado de la Revolución mexicana, ver Dan La Botz, *Democracy in Mexico: Peasant Rebellion and Political Reform* (Boston: South End Press, 1995).

en manos de unos pocos desplazó a millones de pequeños agricultores en las décadas posteriores a la revolución. A pesar del uso continuo de la retórica revolucionaria que sostenía las promesas de reformas, después de 1940 el gobierno mexicano instituyó un cambio cualitativo hacia la agricultura capitalista a gran escala. Por ejemplo, se estima que el 90% de la inversión en el sector social se dirigió a la producción agrícola a gran escala y fueron olvidadas las propiedades comunitarias de producción a pequeña escala[23]. Adicionalmente, muchos campesinos desplazados durante la revolución nunca adquirieron tierras y entraron al flujo creciente de trabajadores sin tierras. Tom Barry lo explica así:

> La distribución de tierras que ocurrió en este período no estuvo dirigida al progreso de la economía ni hacia los campesinos pobres, sino que más bien se utilizó como instrumento de pacificación de los campesinos rebeldes y para crear comunidades de mano de obra barata cerca de las operaciones agrícolas comerciales[24].

Aunque las luchas de la década de 1930 llevaron al popular presidente Lázaro Cárdenas a instituir algunas reformas significativas[25], el comienzo de la Segunda Guerra Mundial cambió la trayectoria de la economía mexicana. La guerra produjo una nueva apertura de las exportaciones mexicanas hacia el mercado mundial cuando Estados Unidos y sus aliados adaptaron las producciones para la guerra y alentaron una rápida aceleración de la inversión mexicana en el sector de la agricultura orientado a las exportaciones. Al mismo tiempo, el gobierno anexó exitosamente las principales organizaciones populares a través de una combinación de fuerza, corrupción y patronazgo. Este doble proce-

---

23. Tom Barry, *Zapata's Revenge: Free Trade and the Farm Crisis in Mexico* (Cambridge: South End Press, 1995), p. 12.
24. Ibíd., p. 20.
25. La nacionalización del petróleo en 1938 fue una de estas reformas, ocurriendo durante un masivo movimiento huelguístico en esa época. Ver Dan La Botz, *The Crisis of Mexican Labor* (Nueva York: Praeger Publishers, 1988).

so —dirigir los recursos hacia la producción masiva orientada a la exportación y la organización de obreros y campesinos— continuó durante las próximas décadas y alcanzó su clímax con el advenimiento del neoliberalismo. Como observa la historiadora Judith Hellman,

> cada nueva administración mexicana continuó repitiendo la retórica del pasado... al mismo tiempo cada una de estas administraciones persiguió políticas específicas que... reflejaban los intereses de la burguesía dominante. En conjunto, estas políticas menoscabaron las ventajas de los campesinos obtenidas en el pasado y disminuyeron el proceso de reforma agraria hasta los años 1980, bajo el presidente José López Portillo, que virtualmente abandonó los compromisos agrarios de la revolución[26].

---

26. Judith Adler Hellman, *Mexico in Crisis* (Nueva York: Holmes and Meier, 1988), p. 93.

Capítulo 13

El neoliberalismo consume el "milagro mexicano"

El cambio hacia las exportaciones reflejó el deseo de la clase capitalista mexicana de instituir un programa de desarrollo del Estado como medio de participar en el mercado agrícola mundial (y luego el petrolero) y financiar la modernización de México. Esto, unido al proteccionismo, fomentó el desarrollo de los centros urbanos. Entre 1940 y 1970, los esfuerzos del gobierno se concentraron en aumentar la productividad agrícola y la inversión en operaciones agrícolas a gran escala y orientadas a la exportación, un proceso que se conoció como la "revolución verde". Como resultado, la economía se expandió a una velocidad del 6% anual (de modo tal que México fue presagiado como un "milagro"), pero los intereses y el bienestar de la clase mayoritaria mexicana de campesinos se situaron fuera de la ecuación.

Esos pequeños campesinos eran incapaces de competir con los grandes productores capitalistas. La mayoría, produciendo maíz y fríjoles para el consumo doméstico, perdía terreno frente a una minoría capitalista que produce café, tomate y fresa para el mercado estadounidense. Cuando la producción mexicana se incrementaba, la distribución de ganancias de la modernización fluía desde las clases trabajadoras hacia los capitalistas en ambos lados de la frontera. A pesar del proyecto mimado de tratar de sostener la agricultura campesina, el deterioro gradual de las condiciones en el campo para los pobres empujaba a éstos hacia

1. En la etapa de la desindustrialización, comenzando en la década de 1970, la migración hacia las ciudades amplió el creciente sector informal, generando poblaciones de cualquier tipo: vendedores ambulantes, artistas, "lava coches", limpiadores de ventanas, etc.

las ciudades[1], donde ocupaban las filas de la fuerza de trabajo industrial en expansión y la burocracia estatal, o los obligaba a mirar hacia el norte, una hemorragia que continúa en la actualidad.

Aunque la población agrícola declinaba sostenidamente con respecto a la población total, el número absoluto de personas en todo México se incrementó de 14 millones en 1940 a un estimado de 28 millones en 1980[2]. En ese mismo período, la propiedad de la tierra permaneció virtualmente constante, con el 20% de la tierra cultivable concentrada en manos del 2% de los mayores productores capitalistas y el resto distribuida entre el campesinado medio, pequeño y de subsistencia[3]. Desde entonces, el balance ha continuado cambiando hacia una mayor concentración de la tierra por un lado y por el otro hacia un aumento de la proletarización. Los censos muestran que, en 1970, 1,2 millones de mexicanos del campo eran trabajadores sin tierras[4]. Al igual que el porcentaje del total de la población rural, el número de proletarios agrícolas se disparó, alcanzando 46,2% en 1990, e incrementándose a un masivo 55,6% en 1995 siguiendo el camino del NAFTA así como el desmantelamiento final del apoyo estatal a la agricultura de los pequeños campesinos[5].

Uno de los principales factores que ayudó a sostener el "milagro mexicano" de la expansión agrícola fue la dependencia creciente de los préstamos estadounidenses para asegurar el proyecto. Por ejemplo, entre 1952 y 1958, la deuda externa se incrementó en 500%, casi quinientos millones de dólares, principalmente en deudas a Estados Unidos. Los préstamos contenían caballos de Troya en sus cláusulas que daban a EE.UU. medios para imponer su influencia sobre la economía mexicana. Según John Ross, "Uno de los préstamos que vinculaba a México con Washington era posterior a la devaluación del peso en febrero

2. Hellman, *Mexico in Crisis*, p. 108.
3. Barry, *Zapata's Revenge*, p. 27.
4. Cockroft, *Outlaws in the Promised Land*, pp. 172-73.
5. Cockroft, *Mexico's Hope: An Encounter with Politics and History* (Nueva York: Monthly Review Press, 1998), p. 210.

de 1982 y los 75 millones de dólares supuestamente perdidos por la Reserva Federal de EE.UU. anexaban una lista de sugerencias antiproteccionistas, según revelan los documentos del Departamento de Estado"[6].

En este contexto del despiadado desarrollo capitalista en la agricultura mexicana y su integración en el mercado mundial —principalmente orientado hacia Estados Unidos— debemos estudiar los rasgos de la migración a través de la frontera. La subordinación del capitalismo mexicano al imperialismo norteamericano y a las instituciones globales del neoliberalismo preparó el escenario de las posteriores convulsiones sociales. La migración hacia el norte sirvió de mecanismo de escape para la dislocación social[7]. Este subproducto fue bien recibido por el mercado norteamericano ansioso de absorber no sólo los artículos mexicanos, sino también su reserva de mano de obra, pues los inmigrantes podían ser mal pagados y utilizados como esquiroles.

Para aprovechar las oportunidades que ofrecía el suministro casi ilimitado de trabajadores vulnerables, el gobierno, a petición de los grandes negocios, patrocinaba periódicamente programas para "el trabajador temporal", mediante los que el trabajador inmigrante podía ser importado o exportado como una mercancía de acuerdo a determinados contratos. Estos programas instituyeron un sistema de castas en los trabajadores, privándolos de la condición de "clientes" de los derechos fundamentales que tienen los trabajadores en una sociedad democrática y creando una clase segregada cuya participación en la sociedad —más allá de contribuir con sus manos y con su sudor— estaba proscrita por la ley.

6. Ross, *The Annexation of Mexico*, p. 168.

7. Al igual que los norteamericanos sin tierras que migraban a través de la frontera hacia las tierras indias para escapar al monopolio de la tierra por las élites coloniales, la migración mexicana se ha convertido en parte integral de la economía mexicana, la que es reconocida y alentada para prevenir las rebeliones sociales. De lo contrario, la mayoría de las riquezas producidas por la clase obrera mexicana (y concentrada en manos de los ricos) tendrían que ser reinvertidas en el bienestar social y otras formas de redistribución.

El esquema para el trabajador temporal más significativo hasta la fecha, el Programa Bracero (1942-64), daba autorización oficial al uso de la migración para satisfacer las necesidades de Estados Unidos y México (este programa lo discutiremos detalladamente en el capítulo 17). Establecía, además, canales para la migración no oficial, respaldando el movimiento masivo de mexicanos hacia el norte y estableciendo patrones de migración que continuarían aunque la ley cambiara eventualmente. De esta forma, la migración mexicana se convirtió en una institución "oficialmente no oficial" que ha continuado hasta nuestros días.

En la década de 1970, los esfuerzos de México para mantener un desarrollo patrocinado por el Estado comenzaron a flaquear, y sus trabajadores una vez más enfrentaron la crisis económica que los empujaba hacia la migración[8]. La apertura gradual del mercado mexicano a la inversión extranjera de las corporaciones transnacionales, presumiblemente para acelerar el proceso de industrialización, condujo a la dominación del sector industrial por el capital extranjero, con la complicidad del gobierno mexicano[9]. En 1970, por ejemplo, 70% de los ingresos de las entradas de capital fueron a parar a las corporaciones extranjeras (principalmente norteamericanas) con sólo 20% para el Estado y 10% para las firmas privadas mexicanas[10].

La exportación masiva de riquezas desde México hacia Estados Unidos fue exacerbada por préstamos masivos hechos a

---

8. Para una discusión completa sobre el fracaso de la industrialización de México basada en la sustitución de importaciones, ver Cockroft, *Mexico's Hope,* Capítulo 5, y La Botz, *Crisis of Mexican Labor.*

9. El auge del neoliberalismo en México fue reflejado por el surgimiento de un nuevo grupo de profesionales, educados en EE.UU., y ligados a las teorías neoliberales de libre mercado de Milton Friedman y la Escuela de Chicago, que entraron en vigor a través del Partido Revolucionario Institucional (PRI) y ganaron prominencia en la administración de Carlos Salinas de Gortari (1988-94) y con la aprobación del Tratado de Libre Comercio con Norteamérica.

10. A pesar de las regulaciones mexicanas que prohibían la propiedad extranjera mayoritaria en sectores claves de la industria mexicana, existieron diversas formas de hacer esto. Para algunos ejemplos de las estadísticas citadas aquí, ver Cockroft, *Outlaws in the Promised Land,* p. 186.

El neoliberalismo consume el "milagro mexicano"

los diferentes gobiernos mexicanos. Comenzando con la presidencia de Adolfo Ruiz Cortines (1952-1958), los préstamos de Estados Unidos fluyeron hacia el tesoro mexicano, inflando la deuda nacional en 500 millones de dólares. Con el descubrimiento de nuevas reservas de petróleo en México y el aumento de los precios del petróleo tras el embargo de la OPEP (Asociación de Países Productores de Petróleo) en 1973, los presidentes mexicanos comenzaron a solicitar más préstamos para financiar el desarrollo y mantenimiento de la economía doméstica[11]. El flujo del "petro-dólar", como lo llamaron, daba la impresión de una economía en auge. Entretanto, México fue incrementando su dependencia hacia tales préstamos, con pocos medios, salvo vender petróleo, para financiar la deuda creciente. Durante la presidencia de Luís Echeverría, se contrajeron nuevas deudas para comprar y nacionalizar numerosas industrias. La intención fue usar el petróleo para desarrollar la economía. Pero a finales de la década de 1970, el auge del petróleo había transformado a México en exportador de una sola mercancía, minando el desarrollo de otros sectores de la economía.

Durante la presidencia de José López Portillo (1976-1982), la deuda de México alcanzó los 80 mil millones de dólares, contraída principalmente con los bancos norteamericanos y negociada a través del Fondo Monetario Internacional, que invertía gran cantidad de efectivo en la reestructuración neoliberal[12]. En 1994, la deuda mexicana alcanzó los 130 mil millones de dólares. En 1982, los intereses de la deuda alcanzaban la mitad del valor de las exportaciones (predominantemente petroleras) hacia los Estados Unidos. En pago a estos préstamos, el gobierno mexicano firmó ocho "cartas de intención", acordando abrir en adelante la economía mexicana a las corporaciones extranjeras, recortar los gastos públicos del Estado y reorientar la pro-

---

11. Los principales descubrimientos de petróleo en la década de 1970 estimularon la economía e incrementaron las exportaciones de petróleo dramáticamente, lo que llevó a pensar que el "oro negro" resolvería las penurias financieras mexicanas.

12. Ross, *The Annexation of Mexico*, pp. 171-72.

ducción hacia las exportaciones. Por ejemplo, una carta de intención de 1984 se comprometía a deshacerse de 1.200 empresas del Estado y reducir los gastos públicos del 18 al 8% del producto nacional bruto[13].

México entró en crisis cuando el precio del petróleo cayó en picada a mediados de la década de 1980, viéndose necesitada de más préstamos y como pago mayores "reajustes estructurales". Y México no era el único caso; entre 1968 y 1980 la deuda del Tercer Mundo se incrementó de 47 mil millones a 560 mil millones de dólares. En el 2003, la deuda total acumulada por los países en desarrollo alcanzó 2.3 trillones de dólares[14]. El monto de los intereses y la reestructuración de las reglas de producción y comercio en favor de las corporaciones extranjeras constituyen una de las mayores transferencias de riquezas en la historia desde los países pobres hacia los países ricos.

Aunque algunos capitalistas mexicanos se enriquecieron, los trabajadores pagaron con creces el coste económico. Por ejemplo, en 1996, 24 familias mexicanas se unieron a las filas de las 100 familias más ricas del mundo, comprando acciones de industrias privatizadas responsables del 14% del producto interno bruto[15]. Al mismo tiempo, el estándar de vida de los trabajadores mexicanos y los pobres alcanzó niveles catastróficos.

Según un estudio realizado por la Organización Internacional del Trabajo (OIT), el salario de la clase trabajadora mexicana cayó más rápido que en cualquier otra nación latinoamericana en las últimas décadas. La devaluación del peso, implementada para contrarrestar la inflación, hacía recaer sobre los trabajadores el coste social de la reestructuración neoliberal y el fracaso económico. Hubo cuatro devaluaciones del peso (1976, 1982, 1986, 1994), que hicieron declinar el salario y los ahorros de los trabajadores, así como las propiedades de tierra de los pequeños

---

13. Ibíd., p. 175.
14. Toussaint, *Your Money or Your Life*, p. 119.
15. Ibíd., p. 135.

campesinos, convirtiéndolos de la noche a la mañana en emigrantes potenciales[16].

Antes de la era neoliberal, el salario promedio del trabajador mexicano era aproximadamente un tercio del salario promedio del trabajador norteamericano. El promedio actual es aproximadamente un octavo y un quinceavo en algunas industrias[17]. En conjunto, la tasa de pobreza en México abarca a más del 50% de la población[18]. Un estudio realizado por el Colegio de México estima que el 80% de los mexicanos viven en la pobreza[19]. Como consecuencia, miles de mexicanos dependen de las remesas que envían sus familiares desde el extranjero.

No es sorprendente que la reestructuración capitalista nacional e internacional de la economía mexicana haya diezmado a los sindicatos de México. Si bien, hace tres décadas, las tres cuartas partes de la fuerza de trabajo en México se afiliaba a los sindicatos, hoy es menos del 30%[20]. Esto ha ocurrido principalmente por las privatizaciones, los despidos masivos, la migración y la intervención abierta del Estado contra los sindicatos para garantizar un clima "favorable a los negocios".

La problemática historia de México comenzó con la gran lucha por despojarse de los remanentes feudales españoles, seguida de una era marcada por el dominio imperial norteamericano, la pérdida de la mitad de su territorio y la subordinación económica a los Estados Unidos. A pesar de las heroicas luchas de obreros y campesinos mexicanos, la consolidación del capita-

---

16. Las devaluaciones del peso llegaron a ser del 40%, arruinando a las familias trabajadoras y a los pequeños campesinos casi instantáneamente.

17. David Bacon, *Children of NAFTA: Labor Wars on the U.S.-Mexico Border* (Berkeley: University of California Press, 2004), p. 53.

18. World Bank, "Mexico Country Brief", abril de 2006, http://web.worldbank.org/WBSITE/EXTERNAL1COUNTRIES/LACEXT/MEXICOEXTN/O,,menuPK:338407page-PK:141132-piPK: 141107 -theSitePK:338397,OO.html.

19. Manuel Gonzales, *Mexicanos: A History of Mexicans in the United States* (Bloomington: Indiana University Press, 2000), p. 225.

20. David Bacon, "Showdown Coming in Mexico over Privatization", ZNet, 23 de febrero de 2003, http://www.zmag.org/content/showarticle.cfm?ItemID=3108.

lismo y su integración al sistema mundial, a la par de la creciente dependencia de préstamos norteamericanos y la reestructuración neoliberal, llevó al derrocamiento del legado nacionalista que aportó la revolución mexicana. Esto propulsó hacia el poder a una nueva junta de líderes "tecnócratas", que reestructuraron la economía mexicana según las órdenes de Washington, en beneficio de un pequeño círculo de capitalistas mexicanos e inversionistas extranjeros y a expensas de la gran mayoría de los mexicanos.

Capítulo 14

De las maquiladoras al NAFTA: sacando provecho de las fronteras

En línea con el énfasis neoliberal para el desarrollo por medio de las exportaciones y animado por el rápido crecimiento de las corporaciones transnacionales, el Programa de Industrialización de la Frontera (BIP), iniciado en 1965, redirigió los esfuerzos nacionales por la industrialización hacia el capital extranjero. El BIP significó la primera incursión del Estado mexicano alejándose de la "industrialización por sustitución de importaciones" y hacia la emergente ortodoxia neoliberal de industrializar por medio de la inversión extranjera directa (FDI). Esto contribuyó a la creación de las maquiladoras, plantas ensambladas de propiedad extranjera situadas en "zonas de libre comercio" a lo largo de la frontera norte de México.

Los fabricantes norteamericanos fueron invitados a trasladar sus fábricas hacia el sur, a lo largo de la frontera entre EE.UU. y México, para sacar provecho de la mano de obra barata. Los subsidios federales mexicanos alentaron el rápido crecimiento de parques industriales y las nuevas regulaciones permitieron a los fabricantes importar maquinarias, piezas y materia prima libres de impuestos. El programa fue una muy exitosa estrategia de acumulación; en su corta vida de treinta años ha sido remodelada y expandida varias veces[1].

El Programa de Industrialización de la Frontera fue justificado inicialmente como un medio de absorber a trabajadores de

---

1. Altha J. Cravey, *Women and Work in Mexico's Maquiladoras* (Lanham, MD: Rowman and Littlefield, 1998), p. 15.

la agricultura desplazados al final del Programa Bracero ese mismo año, pero se convirtió en una muy lucrativa institución a lo largo de la frontera entre México y EE.UU. El programa de las maquiladoras buscaba primeramente sacar provecho de la enorme y concentrada población de trabajadores mexicanos que viven en ciudades limítrofes, muchas de las cuales son ahora "hermanas" de las principales ciudades limítrofes estadounidenses. Catorce grandes centros metropolitanos, como Tijuana-San Diego y Ciudad Juárez-El Paso, concentran el 90% de los 12 millones de personas que viven en la región fronteriza[2]. Aunque topográficamente contiguas, estas mega-ciudades están divididas artificialmente por muros, separando igualmente a los trabajadores y degradando sus derechos.

Aparte de los beneficios por las rebajas de impuestos, el BIP permite la superexplotación del trabajador mexicano, al que se le paga una fracción de lo que devenga un trabajador al norte de la frontera. Según los Servicios para el Control de las Maquiladoras, una firma de marquetin radicada en San Diego que promueve la industria y se anuncia a sí misma como "vuestra conexión con la mano de obra barata de México", a las compañías que se trasladan al otro lado de la frontera se les garantiza que el coste de la mano de obra disminuye en un 75%[3].

Según *Twin Plant News*, una revista de comercio que promueve la industria de maquiladoras, es precisamente el control casi total sobre los trabajadores mexicanos lo que un eventual dueño ve tan atractivo en este negocio:

> La primera ventaja para una compañía estadounidense de operar una maquiladora es el bajo coste de la mano de obra. El trabajo en los Estados Unidos se paga 21 dólares la hora y en México aproximadamente a 5 dólares la hora. Otras ventajas incluyen regulaciones laborales

---

2. "U.S.-Mexico Border 2012 Framework", United States Environmental Protection Agency Web site, 6 de marzo de 2006, http://www.epa.gov/usmexicoborder/ intro.htrn.

3. "Frequently Asked Questions", Made in Mexico, Inc. Web site, http://www.madeinmexieoinc.com/FAQs.htm.

más favorables y poco controladas por los sindicatos. En otras instancias, las maquiladoras cubren el trabajo que los norteamericanos no quieren hacer. El trabajo de operar en una línea de ensamblaje, que requiere de trabajo manual durante ocho horas diarias, frecuentemente está vacante en EE.UU.[4]

Pero hay más; los dueños de las maquiladoras pueden contar con la permanencia de los bajos salarios, pues los trabajadores en las zonas de libre comercio no tienen recursos para organizarse en sindicatos de comercio reales. En cambio, la afiliación a los llamados "sindicatos blancos" es obligatoria en muchos lugares. Estos "sindicatos" cooperan con las compañías y el gobierno local, estatal y federal para evitar cualquier organización sindical entre los trabajadores comunes[5]. Además de quebrantar a los sindicatos, el gobierno mexicano subsidia a las maquiladoras con dinero "redistribuido" del contribuyente mexicano, todo en aras de mantener a México atractivo para la inversión extranjera. Por ejemplo, a Electrolux con base en EE.UU. se le hizo un recorte de impuestos de 500.000 dólares por el gobierno de Chihuahua para abrir una planta en Ciudad Juárez[6]. En otras palabras, además de no existir el más mínimo obstáculo para explotar la mano de obra barata mexicana, los mexicanos mismos pagan (con sus impuestos) esos negocios extranjeros.

Los beneficios de trasladar plantas ensambladas hacia México hace este negocio irresistible para las compañías estadounidenses. "En 1972, cerca de un tercio del valor de todas las piezas norteamericanas enviadas al exterior fueron hacia México, y en 1977 más de mil millones de dólares en concepto de productos

---

4. "What is a Maquila?" Twin Plant News Web site, http://www.twinplantnews.eom/whatIs.htm.

5. Avery Wear, "Class and Poverty in the Maquila Zone", *International Socialist Review* 23 (mayo-junio de 2002).

6. Alfredo Mena, "More Tax Breaks for Maquiladoras", *El Diario de Juárez*, 21 de enero de 2006.

ensamblados en las maquiladoras retornó a Estados Unidos". El programa alcanzó su cénit en el año 2000, con cuatro mil maquiladoras operando en todo el país, y empleando a 1,6 millones de trabajadores[7], eclipsando así los esfuerzos de la industrialización a través del Estado. El sector se ha convertido en una fuente enorme de ganancias para las corporaciones norteamericanas, que poseen cerca del 90% de todas las maquiladoras[8]. En el año 2005, las maquiladoras produjeron 113 mil millones de dólares en bienes −90% de ellos fueron a parar al mercado norteamericano[9]− y una ganancia para las corporaciones sólo comparada con las de GM, Dupont y Dow Chemical.

El cambio hacia las producciones de libre comercio ha causado una erosión del núcleo industrial tradicional patrocinado por el Estado a través del escaso financiamiento, la privatización y el abandono gradual de las industrias poco rentables. Por ejemplo, después de la crisis de 1982 y la implementación de los "programas de ajuste estructural" del FMI, los seis años de presidencia de Miguel de la Madrid fueron testigos de la venta de novecientas firmas al sector privado[10]. A pesar de las ráfagas huelguísticas de los trabajadores que buscaban proteger sus logros históricos, este proceso redujo los centros sindicales y una vez más los obreros desempleados tuvieron que marcharse a otros lugares para encontrar trabajo. En otras palabras, una de las principales razones de la migración hacia el norte, especialmente de las regiones al interior de México, es el proceso de desindustrialización fomentado por la "maquiladorización" de la economía.

El cambio hacia las políticas orientadas al mercado ha tenido también un efecto deletéreo a largo plazo sobre los salarios. Los salarios reales, que ya habían declinado un 20% entre los

---

7. Cockroft, *Outlaws in the Promised Land*, pp. 168-69.
8. "What is a Maquila?" Twin Plant News Web site.
9. Mexico Solidarity Network, "Maquiladora Employment Reaches New High", *MSN News*, 23-29 de enero de 2006.
10. Cravey, *Women and Work*, p. 57.

años 1977 y 1982, cayeron en picado un 66% más entre 1980 y 1990[11]. Actualmente, las fábricas norteamericanas en el sector de las maquiladoras emplean aproximadamente 1,2 millones de personas. Los trabajadores de las maquiladoras —a diferencia de los cuadros intermedios nacidos en Norteamérica que van al sur para obtener posiciones lucrativas en las plantas maquiladoras— viven en la mugre y se les paga una miseria. Los salarios rondan el mínimo de 4 dólares diarios, con lo que nadie puede sobrevivir prácticamente. La pobreza que encaran los trabajadores de las maquiladoras es asombrosa. En Baja California, durante la temporada de fresas, las familias completas trabajan juntas —niños al lado de sus padres— en las maquiladoras agrícolas, ya que el pago a los adultos es de sólo 6 dólares diarios y 3 dólares diarios por niño. Comentaba un trabajador: "No podemos vivir si no trabajamos todos".[12] El veterano activista por los derechos en la frontera Enrique Dávalos explica:

> Las maquiladoras combinan las formas tradicionales de explotación (mano de obra barata, bajos salarios, escasa salubridad y regulaciones seguras) con nuevas e intensivas formas basadas en la producción a altas velocidades. Trabajar en una maquiladora significa vivir en la pobreza sin esperanza de mejorar el salario, obtener alguna promoción, veteranía o seguridad laboral. El salario promedio en las maquiladoras de Tijuana es alrededor de seis o siete dólares por diez horas de trabajo. Esto alcanza sólo para pagar el 25% de los gastos básicos, sin incluir la renta y la educación. La temperatura en Tijuana oscila entre 30 y 110 grados Fahrenheit, y el 66% de las casas no tienen servicio de agua.
> Las maquiladoras son lugares de trabajo peligrosos e insalubres. La mayoría de las compañías obligan a los trabajadores a trabajar con reactivos químicos dañinos sin entrenamiento y sin protección adecuada. Por esta causa, los accidentes laborales y las enfermedades son comunes en Tijuana. Los trabajadores arruinan sus ojos, pulmones,

---

11. Ibíd., p. 49.
12. David Bacon, "Stories from the Borderlands", *NACLA* 39, n.º 1 (Julio-Agosto de 2005).

manos, espaldas y sistemas nerviosos después de estar unos pocos años trabajando en las maquiladoras. Además, no es raro ver a trabajadores sin dedos y mancos, y se apela a la negligencia de los trabajadores para explicar los "accidentes" recurrentes. De hecho, las maquiladoras no sólo deterioran la vida de los trabajadores; también contaminan la de las familias y la comunidad. El ejido Chilpacingo es un barrio localizado cerca de Otay, uno de los parques industriales de Tijuana más caros. Debido a la polución de las maquiladoras, los habitantes de Chilpacingo están expuestos a niveles de plomo trescientas veces más altos que los estándares norteamericanos[13].

Ya que las comunidades a lo largo de la frontera se han integrado económicamente, el coste diario de vida en cualquier lado ha alcanzado la paridad en muchos servicios y mercancías. Las condiciones de explotación en las maquiladoras se pueden apreciar más claramente cuando uno considera que un galón de leche cuesta cerca de tres dólares, la mitad del salario diario de un trabajador común[14]. Las condiciones en el sector de las maquiladoras son tan ventajosas para el capital (y atroces para los trabajadores) que la mayoría de los fabricantes norteamericanos se están favoreciendo de uno de los lugares que tienen el récord de mano de obra barata, después de China, donde existen condiciones de trabajo semi-esclavas. Sin embargo, en los últimos años, los inversionistas chinos han expresado su interés en la región fronteriza de México, como una forma de evadir las restricciones comerciales de EE.UU. y sacar provecho del Acuerdo de Libre Comercio con Norteamérica[15].

A pesar del interés en el proyecto de las maquiladoras, la carrera global corporativa está poniendo aún mayores obstáculos a los mexicanos y a los trabajadores emigrantes centroameri-

---

13. Entrevista personal el 10 de mayo de 2006 en San Diego, CA.

14. David Bacon, Presentación en San Diego City College, San Diego, CA, 8 de marzo de 2006.

15. Myriam Garcia and editorial staff, "While West Looks East, East Looks to the Border", Frontera NorteSur News, 14 de junio de 2005.

canos. La competencia por los trabajadores superexplotados en Asia y otras partes de América Latina se está usando como justificación para hacer reducciones de salarios y tomar medidas enérgicas contra los sindicatos.

Los bajos salarios han contribuido a divisiones de género en los trabajadores que estimula la migración masculina del interior que evita el área de las maquiladoras en busca de mejores salarios al otro lado de la frontera. Esto ha dado como resultado una concentración de mujeres en las maquiladoras, un hecho que favorece a los operadores, pues las mujeres tienen por lo general menos derechos políticos y sociales y por ende menos poder de negociación. No obstante, las trabajadoras se resisten y los dueños buscan formas para disciplinarlas. Por ejemplo, según un estudio del Human Rights Watch, a las trabajadoras "se les hace un examen de embarazo rutinario para que puedan conservar el empleo". Estos exámenes se hacen mensualmente y las que están embarazadas son despedidas, logrando así altos rendimientos y manteniendo una presión constante sobre los salarios[16].

El comercio a través de la frontera es un mega-negocio. Aunque la frontera restringe el movimiento de los obreros, esos obstáculos no existen para el capital. Hay alrededor de 250 millones de transacciones por año de los cuales sólo el 1% está autorizado[17]. La frontera está abierta para los negocios. Cerca de 733 millones de dólares son canjeados *diariamente* en la frontera México-EE.UU.[18]. Setenta mil personas cruzan la frontera diariamente para trabajar o comprar, bombeando 3,3 billones de dólares cada año solamente a la economía de San Diego.[19] Y no es inusual para los negociantes crear o reubicar "sucursales" justo

16. Wear, "Class and Poverty in the Maquila Zone".
17. Lorey, *The U.S.-Mexican Border*, pp. 2-3.
18. Migration Policy Institute staff, "A New Century: Immigration and the U.S"., *Migration Information Source* Web site, febrero de 2005, http://www.migrationinformation.org/Profiles/display.cfm?ID=283.
19. Shannon McMahon, "Mexican Consumers Pour Billions Annually into San Diego's Economy", *San Diego Union-Tribune*, 7 de agosto de 2005.

al sur de la frontera para disminuir los costes de producción, mientras los trabajadores mexicanos –el 1% que pasa esa humillación– arriesgan su vida y sus miembros cruzando hacia el norte.

La industria de las maquiladoras sirve de monumento al poder del imperialismo norteamericano que impone leyes que sólo favorecen a las corporaciones. La frontera es usada para llevar los salarios al mínimo en ambos lados, mientras divide artificialmente a los obreros para evitar una respuesta colectiva. No obstante, su impacto es cada vez más apreciable para aquellos que ven evaporarse sus salarios y sus trabajos. Dave Johnson, representante internacional de Trabajadores Eléctricos Unidos (UE), explica:

> Debido a la integración económica y a desarrollos como el NAFTA... los salarios y las condiciones de los trabajadores mexicanos son el nuevo piso de nuestra economía. Para decirlo de forma más simple: o nuestros salarios y condiciones bajan al nivel de los mexicanos, o tendremos que ver la forma de ayudar a los mexicanos a que alcancen el nivel de nuestros salarios y condiciones[20].

La aprobación de los Acuerdos sobre Libre Comercio con Norteamérica en 1994 formalizó oficialmente las políticas neoliberales que se han implementado en estos años, especialmente con respecto a la agricultura. El Artículo 27 de la Constitución mexicana (que protege al pequeño campesino mexicano de la competencia desigual con la agroindustria norteamericana) fue abolido en 1992. NAFTA abrió el mercado mexicano de los granos a las importaciones de EE.UU. a cambio de abrir el mercado norteamericano a las frutas y vegetales de México.

NAFTA también se aseguró de que el gobierno mexicano no interfiriera en las operaciones de las corporaciones extranjeras, favoreciera al capital doméstico en lugar del extranjero o requiriera de "transferencias de tecnología" que obligaran a las

---

20. Citado en La Botz, *Crisis of Mexican Labor*, p. 146.

corporaciones a compartir tecnología con el país anfitrión. En otras palabras, creó un Estado virtual donde las corporaciones pueden funcionar independientemente de la vigilancia o las regulaciones del Estado. Como consecuencia, se ha invertido poco en las industrias que producen para el mercado local. En cambio, las compañías se enfocan hacia la utilización de mano de obra barata para así lograr mayores exportaciones.

NAFTA no contiene obligatoriedades con los sindicatos, los salarios o los trabajadores desplazados. Por tanto, en las tres naciones miembros (EE.UU., México y Canadá) se aprecia un declinar de los salarios en la mayoría de su fuerza de trabajo mientras las ganancias de las corporaciones suben vertiginosamente. Pero México fue golpeado más duramente. Entre 1993 y 1994, el 40% de los fabricantes de ropa mexicanos salieron del negocio cuando las tiendas minoristas estadounidenses se trasladaron a México y comenzaron a importar textiles baratos de Asia. Este fenómeno también afectó a otras muchas industrias como las de juguetes, calzado y cuero[21]. El gobierno mexicano estimó que en el año siguiente a la ratificación del NAFTA la economía mexicana perdió alrededor de un millón de empleos[22].

La agricultura también sufrió un golpe mortal. En 1993, México, una civilización que creció y se desarrolló a partir del maíz, comenzó a importar más mazorcas de maíz de Estados Unidos que las que producía localmente, unido esto a la devastación ocurrida a los campesinos pequeños y de subsistencia que dependían de los subsidios y el control de precios del gobierno. Con la aprobación del NAFTA, estas protecciones fueron abandonadas, completándose así el "dominio neoliberal":

> En el sector de la agricultura, la internacionalización del capital fue gradualmente reorganizando el sistema de producción y comercio local, regional y nacional... En México, esto se vio en la expansión de la industria de granos, la gran integración entre la agricultura y el proce-

---

21. Cockroft, *Mexico's Hope*, p. 314.
22. Citado en Bacon, *Children of NAFTA*, p. 45.

samiento de alimentos, el rol expansionista de las TNC (corporaciones transnacionales) y la creciente orientación del gobierno hacia los sectores agrícolas más rentables y avanzados tecnológicamente[23].

Con el NAFTA, México se convirtió casi completamente dependiente del comercio con Estados Unidos. La reorientación hacia la economía dirijida a las exportaciones unió a México con el mercado estadounidense. Por ejemplo, Estados Unidos absorbió el 88% de las exportaciones mexicanas, que constituyen el 25% de producto interno bruto del país[24]. Como contraprestación, México abrió las fronteras a las corporaciones estadounidenses. Según la Oficina del Representante de Comercio de Estados Unidos, la inversión directa de EE.UU. en México alcanzó los 61.5 mil millones de dólares en el 2003, la mayoría en confecciones (las maquiladoras) y en la banca (véase más tarde el tema de las remesas de fondos)[25]. México también abrió sus mercados a la agricultura estadounidense.

Abrir el mercado mexicano al maíz estadounidense, por ejemplo, ha devastado a los productores locales. Según el Departamento de Agricultura de EE.UU. las exportaciones hacia México se han duplicado desde la aprobación del NAFTA, alcanzando los 7,9 mil millones de dólares en el 2003. En maíz solamente fueron 653 millones de dólares en el 2002. Esto ha convertido a México en el tercer país receptor de las exportaciones agrícolas norteamericanas[26]. El gobierno de Estados Unidos, que ahora se queja de los emigrantes mexicanos, facilitó

23. Barry, *Zapata's Revenge*, pp. 54-55.
24. Bureau of Western Hemisphere Affairs, "Background Note: Mexico", U.S. Department of State Web site, diciembre de 2005, http://www.state.gov/r/pa/ei/bgn/35749.htm.
25. "Mexico: Trade Summary", Office of the U.S. Trade Representative, http://www.us tr.gov /assets/Documen_Library /Reports_Publications/2005/2005_NTE_Report/asset_upload_file467_7483.pdf.
26. A. Ellen Terpstra, "The Benefits of NAFTA for U.S. Agriculture", U.S. Departrnent of Agriculture presentation, 20 de abril de 2004, http://www.fas.usda.gov/itp/Policy/NAFTA%20Presentation.ppt.

De las maquiladoras al NAFTA

este desplazamiento, tanto a través del NAFTA como a través del incentivo directo a las corporaciones estadounidenses en México. Según el Departamento de Estado de EE.UU.,

> En el 2005, el USDA suministró 10 millones de dólares a 71 proyectos agrícolas estadounidenses en México, Brasil, Venezuela, Centroamérica y otras partes en lo que se llamó "Programa de Mercados Emergentes". El programa apoya la promoción y distribución de los productos agrícolas estadounidenses, las misiones de comercio, el estudio de nuevos mercados y las actividades que alientan las políticas de libre mercado.[27]

Alrededor de 1,3 millones de pequeños campesinos en México se vieron abocados a la ruina debido a los granos norteamericanos importados entre 1994 y 2004[28]. Luís Téllez, antiguo subsecretario de planificación en el Ministerio de Agricultura y Recursos Hidráulicos Mexicano, estimaba que alrededor de 15 millones de campesinos abandonarían la agricultura en las próximas décadas, migrando hacia el norte como única opción[29]. Esta dinámica fue invocada por los rebeldes zapatistas al sur de México como una de las principales razones de su alzamiento.

Entretanto, la desindustrialización de México continúa incólume. México perdió la cifra sin precedentes de 515.000 empleos solamente en los tres primeros meses del 2005.[30] México se ha mantenido en este proceso desde la aprobación del NAFTA, de modo que la manufactura constituye sólo el 16% del producto interno bruto, decreciendo cada año entre el 2000 y

---

27. Eric Green, "Mexico Leads Latin America in Attracting Foreign Investment", U.S. Department of State Web site, 13 de abril de 2006, http://usinfo.state.gov/wh/Archive/2006/Apr/13-262517.html.

28. Richard Boudreaux, "NAFTA 10 Years Later: New Opportunities, New Struggles", *Los Angeles Times*, 7 de enero de 2004.

29. Peter Andreas, *Border Games: Policing the U.S.-Mexico Divide* (Ithaca, NY: Cornell University, 2000), p. 105.

30. "Youth Migration on the Rise", Frontera NorteSur News, 10 de enero de 2006, http://www.immigrantsolidarity.org/cgibin/datacgi/database.cgi?file=Issues&report=SingleArticle&ArticleID=0399.

el 2005[31]. Esto ayuda a explicar el por qué un número creciente de los emigrantes que cruzan la frontera –cerca del 50%– vienen de las áreas urbanas de México[32].

Al absorber e incluso incrementar el número de exportaciones estadounidenses, México se ha convertido en el segundo socio comercial de Estados Unidos, devastando así sus bases agrícolas e industriales. La hemorragia de trabajadores desplazados continúa no sólo en México sino también en Estados Unidos. El NAFTA, el consorcio de corporaciones industriales que cabildearon por la aprobación de los acuerdos, alegaron que la aprobación del tratado crearía cien mil nuevos empleos en el sector de la economía de exportación de EE.UU. Mientras este objetivo se cumplía en un período de cuatro años, 151.256 empleos se perdieron en el sector manufacturero[33]. Según David Bacon, el monto de las pérdidas de empleos en EE.UU. alcanzó los tres cuartos de millón, mientras Canadá ha perdido el 18% de los empleos en la manufactura desde 1995[34]. De esta forma, los trabajadores han perdido con el NAFTA; las corporaciones que cabildearon por su aprobación actuaron como bandidos. La mitad de los consorcios cabilderos que presionaron por la introducción del NAFTA enviaron empleos a México e incrementaron sus ganancias en un 300% en 1997[35].

A pesar de la correlación entre las políticas de "libre mercado" y el desplazamiento de trabajadores, los políticos neoliberales siguen adelante, condenando la "inmigración ilegal". Sin una pizca de vergüenza, el congresista de Arizona, Jim Kolbe, celebró la aprobación en el 2005 del CAFTA (Acuerdos de Libre

---

31. Bureau of Western Hemisphere Affairs, "Background Note: Mexico", U.S. Department of State Web site, diciembre de 2005, http://www.state.gov/r/pa/ei/bgn/35749.htm.

32. Gonzáles, *Mexicanos*, p. 226.

32. Cockroft, *Mexico's Hope*, p. 315.

33. Bacon, *Children of NAFTA*.

34. Cockroft, *Mexico's Hope*, p. 315.

35. Mary Dalrymple, "House Hands Bush Narrow Victory on CAFTA", Associated Press, 28 de julio de 2005.

Comercio Centroamericanos) por el Congreso de EE.UU. proclamando que "la integración sólo puede aumentar los empleos y aliviar la pobreza, reducir el flujo de la migración hacia el norte y hacer que la región sea más competitiva en el mercado mundial".

Parte III

Trabajadores mexicanos: La "otra" clase trabajadora norteamericana

Capítulo 15

Trabajadores mexicanos al rescate

En el siglo XIX, los trabajadores mexicanos comenzaron a trasladarse a Estados Unidos para trabajar en la agricultura y la industria. Seducidos por la promesa de empleos y reclutados por intereses económicos privados y por el gobierno estadounidense, los trabajadores mexicanos ayudaron a forjar el actual Estados Unidos con su trabajo, su cultura y su participación política. De esta forma, ellos se unieron a los primeros *norteamericanos* en el sudoeste: población mexicana e indígena que veían cómo se evaporaban o migraban hacia el sur las fronteras tradicionales con la conquista de sus tierras por EE.UU. Al ser insuficientes como fuerza de trabajo para la industria en expansión hacia el oeste, los primeros capitalistas y sus aliados miraban hacia otras naciones para superar el déficit laboral.

La ausencia de un proletariado numeroso y permanente en el sudoeste obligó a los capitalistas agrícolas e industriales a confiar en la enorme población de inmigrantes. Por esta razón, EE.UU. *abrió sus fronteras* casi en toda la mitad de su historia, permitiendo la formación de un proletariado internacional dentro de los límites territoriales de Estados Unidos como una etapa necesaria en la consolidación del capitalismo. Una vez en el país, los inmigrantes integraron las filas de la nueva "clase trabajadora norteamericana", que fue, y continúa siendo, una amalgama multiétnica de autóctonos y foráneos.

La proximidad, la interrelación económica y la historia compartida hicieron de la migración hacia Estados Unidos una elección natural para los trabajadores desplazados mexicanos. En las primeras etapas, los trabajadores mexicanos entraron en las fábricas y campos norteamericanos como cualquier otro trabajador de otra parte del mundo. Después de que las restricciones a la inmigración cerraron las puertas a la mayoría de los inmigrantes en los años 1920, los trabajadores mexicanos continuaron integrando las filas de la clase obrera norteamericana. De hecho, los trabajadores mexicanos llegaron a ser los preferidos de algunos políticos. El presidente demócrata Woodrow Wilson declaró en 1916: "Personalmente, creo que los trabajadores mexicanos son la solución a nuestros problemas laborales actuales; ellos una vez formaron parte de nuestro país, pueden hacer el trabajo y lo harán".[1]

Cuando el gobierno federal introdujo las primeras restricciones a la inmigración en 1917, los mexicanos no fueron incluidos ya que muchos legisladores del oeste y del sudoeste "insistieron en que la región necesitaba de obreros agrícolas mexicanos"[2]. Inicialmente, los trabajadores mexicanos se vieron favorecidos por la naturaleza temporal de su emigración. Muchos de ellos seguían las cosechas de temporada y luego retornaban a México. Esto aliviaba a los agricultores de la necesidad de pagarles un sustento durante todo el año. Al finalizar la cosecha, la mayoría de los trabajadores simplemente se trasladaban a otras fincas o retornaban a su país.

Como esta rutina cíclica de la migración se estableció antes de las restricciones a la inmigración, continuó así durante y después de la erosión gradual del estatus del trabajador mexicano. Desde Central Valley en California hasta el delta del Mississippi, los agricultores comenzaron a apreciar el valor de usar trabajadores "no ciudadanos". Los inmigrantes tenían pocos derechos políticos, no podían votar y estaban aislados del resto de los trabajadores, lo que les hacía difícil organizarse en sindicatos.

Agentes del gobierno, contratistas privados y toda una suerte de intermediarios en los servicios de la gran agricultura saturaban las aldeas de los mexicanos anunciando empleos en el norte. Los productores de azúcar de remolacha publicaban

1. Lorey, *The U.S.-Mexican Border*, p. 71.
2. Daniels, *Guarding the Golden Door*, p. 52.

anuncios atractivos y distribuían carteles y volantes en ambos lenguajes invitando a los mexicanos a la "tierra de la abundancia". Un periódico de Texas revela por qué los patronos miraban hacia el sur:

> En varios años no había existido tal necesidad de recolectores de algodón en el sudoeste de Texas. Casi todos los vecindarios están pidiendo ayuda en las cosechas. Para satisfacer la demanda, hemos enviado agentes a cruzar la frontera con México... Muchos de éstos (los trabajadores mexicanos reclutados) van a los campos de algodón de Texas acompañados de sus familiares. Esto gusta a los colonos ya que los niños recogen tanto algodón como los adultos[3].

La industria pesada, como los ferrocarriles, también apeló a los trabajadores mexicanos. A menudo, la preferencia de trabajadores inmigrantes se basó en el estereotipo de que los mexicanos protestaban menos por las condiciones de trabajo y eran más tolerantes con el trabajo agotador. En 1909, los ferrocarriles del oeste emplearon cerca de 6.000 trabajadores y el 98% de estos eran mexicanos inmigrantes. Al explicar la creciente confianza en los obreros emigrantes, el comisionado general de inmigración casualmente comentaba que los mexicanos

> reúnen las condiciones económicas para este sector en particular que demanda de trabajadores que soporten el calor y las incomodidades del trabajo. El peón produce vías férreas con calidad, ya que es dócil, ignorante y no es exclusivista hasta el punto de que uno o más trabajadores pueden darse de baja y otros se mantienen haciendo el trabajo; además, está deseoso de trabajar por un salario bajo[4].

Aunque no hay dudas de que los trabajadores mexicanos estaban deseosos de trabajar por bajos salarios (salarios que eran,

---

3. Mark Reisler, *By the Sweat of Their Brow: Mexican Immigrant Labor in the United States, 1900-1940* (Westport, CT: Greenwood Press, 1976), p. 11.
4. Reisler, *Sweat of Their Brow,* p. 6.

no obstante, sustancialmente altos, en comparación a los salarios más altos de México en aquellos tiempos), el estereotipo del "peón dócil" se desvaneció cuando los mexicanos comenzaron a participar en las primeras huelgas por el reconocimiento sindical a principios del siglo XX. Después de atraer premeditadamente la mano de obra mexicana hacia la región para inundar los mercados locales, los productores de patatas en Colorado encontraron que, "primero ellos (los mexicanos) trabajaban por el saco. Luego querían ser contratados por acres... (Luego) los muy canallas establecían sus propias tarifas...". Los agricultores se quejaron: "Todos ellos se sentarán en el campo y no trabajarán hasta saber que alguien va a pagar un par de centavos más"[5].

El desafío de los trabajadores mexicanos demolió el mito de su alegada pasividad y precipitó la combinación y el contubernio entre los agricultores ansiosos por apaciguarlos. Cuando los trabajadores comenzaron a luchar para formar el sindicato, su "buena disposición" a trabajar por bajos salarios tuvo que ser forzada por varias capas de represión, desde los *sheriffs* locales hasta la patrulla fronteriza. Por ejemplo, la Asociación de Algodoneros obtuvo grandes beneficios de trabajo de los inmigrantes actuando en colusión para mantener los salarios al mínimo y acordando no romper filas cuando se produjeran las acciones obreras. Un representante de Arizona se jactaba diciendo, "si la Asociación no hubiera protegido el valle (Salt River) en materia de precios... cada agricultor hubiera hecho ofrecimientos contrarios a su vecino y los precios hubieran subido ilimitadamente"[6]. El impulso a la migración mexicana continuó, pero ocurría ahora en tándem, realizando esfuerzos para restringir los derechos de los inmigrantes —incluyendo el derecho a formar sindicatos— por medios legales o de otro tipo.

En los años 1920, los trabajadores inmigrantes eran algo corriente en muchas industrias. Un oficial del Departamento de

---

5. Mae M. Ngai, *Impossible Subjects: Illegal Aliens and the Making of Modern America* (Princeton: Princeton University Press, 2004), p. 133.

6. Reisler, *Sweat of Their Brow*, p. 39.

Trabajo informó en 1925 de que "todas las principales corporaciones de California y Nevada que empleaban a trabajadores inexpertos mantenían un reclutador en Los Ángeles que les aseguraba trabajadores a través de las numerosas agencias especializadas en mano de obra mexicana"[7]. Los dueños también impulsaban los reclutamientos a través de redes de familias o de consaguinidad, que demostraron ser efectivas y económicas. La migración y los asentamientos crearon redes familiares binacionales, con familias establecidas que traían a otros miembros de la familia, que luego se trasladaban a otras industrias. En 1928, el comisionado de Texas para asuntos laborales estimó que el 75% de los trabajos de la construcción en el Estado fueron realizados por mexicanos. En ese mismo año, una encuesta industrial de 695 fábricas en California reveló que los trabajadores mexicanos constituían el 10,8% de la fuerza de trabajo[8].

Los empleadores del norte y del medio oeste también se beneficiaron del flujo de trabajadores del sudoeste. Cuando, en 1924, las restricciones a la migración frenaron el flujo de trabajadores proveniente del otro lado del Atlántico, los trabajadores mexicanos se vieron animados a peregrinar más hacia el norte, ansiosos de escapar de la segregación racial que existía en el sudoeste. Los trabajadores se trasladaron a fincas productoras de azúcar de remolacha en Michigan, trabajaron en las líneas férreas al este de Chicago y finalmente llegaron a las fábricas de acero, las plantas de carne y las fábricas de automóviles que caracterizaban a la Norteamérica industrial. En 1927, la población mexicana en el medio oeste alcanzó las 80.000 personas, abriendo los caminos a sucesivas oleadas de inmigrantes que fueron definiendo la clase trabajadora y que cargaban sobre sus hombros el peso de la economía norteamericana[9].

7. Ibíd., p. 96.
8. Ibíd., pp. 96-7.
9. Zaragosa Vargas, *Proletarians of the North: A History of Mexican Industrial Workers in Detroit and the Midwest, 1917-1933* (Berkeley: University of California Press, 1993), p. 21.

En 1912, los mexicanos eran mayoría entre los ferrocarrileros que trabajaban al oeste de Kansas City y ayudaron a construir vías férreas desde Tijuana hasta Chicago. Para explotar la diversidad racial de los trabajadores, los oficiales de los ferrocarriles establecieron escalas de pago basadas en características étnicas, siendo los mexicanos frecuentemente los menos pagados[10]. A pesar de esto, en 1929, el 59% de los trabajadores de ferrocarriles en el Pacífico noroeste provenían de México[11].

Las mujeres también integraron la fuerza de trabajo en gran medida. Según la historiadora chicana Vicki Ruiz, la proporción de mexicanas y mexicanas-estadounidenses en posiciones relacionadas con ventas u oficinas se incrementó de 10,1% en 1930 hasta 23,9% en 1950. En 1930, aproximadamente el 25% de las mexicanas o mexico-norteamericanas que cobraban salarios eran trabajadoras industriales, muchas de ellas en fábricas de conservas de California[12]. Cuando los 250.000 hombres entre mexicanos y mexico-norteamericanos, alcanzando hasta 500.000, entraron al ejército para pelear en la Segunda Guerra Mundial, un número considerable de latinas trabajaron en la industria pesada, desde los ferrocarriles hasta la fabricación de aviones. Un trabajador de Douglas Aircraft en Burbank, California, recuerda que sus colegas mujeres eran "norteamericanas nativas, mexicanas, negras e inglesas". En los años de la guerra, las mujeres fueron el 42% de la fuerza de trabajo en las mayores plantas relacionadas con la defensa, y en áreas como Los Ángeles, las latinas constituyeron una considerable porción de este porcentaje[13].

---

10. Lorey, *The U.S.-Mexican Border*, p. 59.

11. Maggie Rivas-Rodriguez, *Mexican-Americans and World War II* (Austin, TX: University of Texas Press, 2005), p. 273.

12. Vickie L. Ruiz, *Cannery Women, Cannery Lives: Mexican Women, Unionization, and the California Food Processing Industry, 1930-1950* (Albuquerque: University of New Mexico Press, 1999), p. 14.

13. Rivas-Rodriguez, *Mexican-Americans*, pp. 250-55.

Capítulo 16

Trabajadores segregados: La lucha de clases en los campos

Los mexicanos no fueron los únicos incentivados a buscar trabajo en Estados Unidos. La consolidación de la tierra y la naturaleza intensiva del trabajo en el campo produjo escasez de mano de obra. En la década de 1920, la agricultura cambió de las producciones locales de pequeñas fincas hacia la producción a gran escala para el mercado mundial. Las mega-fincas comenzaron a aparecer en el paisaje rural del sudoeste. En 1929, "California, Arizona y Texas contaban con el 47% de las mayores fincas de la nación, y California solamente contaba con el 37% de éstas"[1]. Para enfrentar la consecuente escasez de mano de obra, los agricultores del oeste diseñaron sistemas para importar trabajadores de los estados del este y del extranjero. Subsidiaron descuentos de tarifas para las travesías en tren desde los estados del este, y alquilaron contratistas y contrabandistas para transportar obreros de China y Japón.

El rápido desarrollo del sudoeste y la consolidación de poder en los negocios agrícolas y ferroviarios fueron asombrosos. Un observador profético del ascenso del capitalismo, Karl Marx, insistía en que "California es muy importante para mí porque nadie más tuvo una convulsión tan vergonzante causada por la centralización capitalista y ocurrida con tanta rapidez"[2]. Los capitalistas de California afianzaron sus garras sobre el Estado. La tierra fue distribuida en masa a los magnates de los ferrocarriles y a los empresarios agrícolas. En 1871, los dueños de los ferrocarriles

---

1. Ngai, *Impossible Subjects*, p. 129.
2. McWilliams, *Factories in the Field*, p. 56.

controlaban 20 millones de acres, mientras 516 capitalistas de la agricultura controlaban otros 8 millones de acres de tierras de primera[3]. Aunque California estableció la norma, un proceso similar de concentración de tierra ocurrió del otro lado del sudoeste.

En la década de 1930, los mayores intereses agrícolas se combinaron en *Associated Growers*, una agrupación que llegó a dominar la agricultura en California. La asociación mezcló sus grandes posesiones con las de la Cámara de Comercio, el Bank of America, Gas y Electricidad del Pacífico y la Compañía Empaquetadora de California, creando una fuerza destructora que llegó a dominar al gobierno de California y ejerció también gran influencia sobre el gobierno federal[4]. Combinaciones similares llegaron a dominar otros sistemas agrícolas del Estado, todos listos para crear imperios agroindustriales.

Teniendo de su lado el aparato del Estado, los agricultores construyeron conscientemente una fuerza de trabajo agrícola que completamente subordinada a la dictadura del capital agrario. Ávidos de obtener grandes ganancias, los agricultores se excedían reclutando trabajadores, creando una vasta "reserva" de trabajadores desempleados. Esta grande, transitoria y empobrecida población era abandonada a su propia suerte en la temporada muerta, una estrategia que favorecía a los agricultores como forma de bajar los coste[5].

Las condiciones de sobreexplotación de los trabajadores redujeron la fuerza de trabajo agrícola a un estado de impotencia que hacía recordar las primeras formas de servilismo medieval. Un informe de la Asociación de Frutícolas del Estado de 1902 comenta: "Nosotros (los agricultores) hemos degradado tanto ciertas formas de trabajo, que no hay hombre de ninguna localidad agrícola que quiera hacer este trabajo"[6]. En los tiem-

---

3. Justin Akers, "Farmworkers in the U.S"., *International Socialist Review* 34 (Marzo-Abril, 2004).
4. Ibíd.
5. McWilliams, *Factories in the Field,* p. 98.
6. Ibíd., p. 97.

pos en que se formaba la clase trabajadora agrícola-industrial, los capitalistas con conciencia de clase establecían y controlaban los parámetros del trabajo, dejando pocas opciones a los trabajadores. Esto produjo el aislamiento de los trabajadores agrícolas de sus colegas en la ciudad, dificultó la organización en sindicatos e incrementó la posibilidad de los patrones de emplear la fuerza de trabajo inmigrante con la finalidad de separar la chispa del combustible.

A medida que los trabajadores blancos y autóctonos se trasladaban hacia otras industrias escapando a las penurias del trabajo en el campo, se importaban trabajadores inmigrantes para llenar el vacío. Esta fuerza de trabajo diversa, cultural y étnicamente, permitía a los agricultores separarlos en grupos en los diferentes estadios de la producción, manteniéndolos aislados unos de otros, a la mayor distancia posible. Esto funcionaba contra las demandas por mejorar las condiciones de trabajo y permitía aislar y aplastar los movimientos huelguísticos en una sección sin que se parara la producción de conjunto. Un agricultor en Hawai recomendaba a otros: "Tengan una variedad de obreros, de diferentes nacionalidades, previniendo acciones concertadas en caso de huelga, porque es raro ver a japoneses, chinos o portugueses juntos en una huelga"[7].

A finales del siglo XX, evitar las huelgas era una preocupación fundamental cuando las agitaciones sindicales comenzaron a diseminarse por todo el sudoeste. Los agricultores transformaron la fuerza de trabajo para debilitar el poder de unión. No sólo se usaron grupos de inmigrantes para desplazar o reemplazar a los trabajadores autóctonos, sino que los diferentes grupos étnicos fueron enfrentados entre sí, una estrategia apoyada por las agencias de inmigración estatales y federales, que trabajaron muy unidamente con los agricultores para asegurar la mano de obra barata. Una variedad de políticas de inmigración favorecie-

---

[7]. Ronald Takaki, *A Different Mirror: A History of Multicultural America* (Nueva York-Boston: Little, Brown and Company, 1993), p. 252.

ron a chinos, japoneses, filipinos, indios y mexicanos en diferentes períodos. Así lo reseña el historiador Carey McWilliams:

> Desde el punto de vista del agricultor, el hindú se ajustaba bien a las características del trabajo rural en California. No sólo era buen trabajador, sino que podía usarse como un grupo racial adicional en competencia con otros grupos raciales, y así poder disminuir los salarios. Un aspecto notable del trabajo rural en California era la práctica de los patrones de aplicar escalas de pagos según las razas, es decir, establecer diferentes tasas de salarios para cada grupo racial, fomentando así el antagonismo racial y de paso mantener los salarios al nivel más bajo posible[8].

A pesar de las barreras creadas para frenar los sindicatos, los obreros lucharon durante todo el siglo XX. Desde 1903, los intentos de crear sindicatos tuvieron un impacto más allá de la industria que llevó a la revista de los agricultores a hacer un llamamiento por "una ley general que prescribiera la veda a los huelguistas durante la producción"[9]. Puesto que la mayoría de los trabajadores autóctonos (con excepción de los negros) podían escapar de la superexplotación en los campos y tenían acceso a los derechos básicos de los ciudadanos, sostener una población de trabajadores accesible que realizara el trabajo duro en las infames condiciones de la agricultura resultaba difícil sin el apoyo de los trabajadores extranjeros inmigrantes[10].

El astuto moldeado de la ley de inmigración permitió importar fuerza de trabajo de las naciones pobres bajo condiciones que favorecían a los agricultores. Por ejemplo, la primera

---

8. McWilliams, *Factories in the Field*, p. 118.
9. Ibíd., p. 100.
10. Los trabajadores agrícolas negros a menudo enfrentaron condiciones de trabajo anclado, que no les permitía moverse a otros lugares. Ver Robin Kelley, *Hammer and Hoe: Alabama Communists During the Great Depression* (Chapel Hill: University of North Carolina Press, 1990) y Daniel Rothenberg, *With These Hands* (Berkeley: University of California Press, 1998).

política de inmigración comprensiva, la ley de inmigración de 1917, excluía a los "radicales políticos" (la organización en sindicatos era considerada una idea radical en aquellos tiempos) y creó los primeros programas para trabajadores temporales que les negaban la ciudadanía y el derecho a formar sindicatos. Los trabajadores tenían que retornar a casa después de la cosechas, socavando así sus intentos de organizarse y reduciendo los costes para el agricultor. Las políticas legislativas que regulaban la inmigración, contenían muchas veces un lenguaje propuesto y escrito por los agricultores, dándoles a los patrones una poderosa herramienta para someter a sus trabajadores[11].

Los agricultores también contaban con la ventaja de deportar a los inmigrantes no deseados. Comenzando con la ley para la exclusión de chinos en 1882 y la ley Geary que le siguió en 1892, los trabajadores inmigrantes (en este caso los chinos) fueron blanco de la eliminación forzosa[12]. Esto beneficiaba a los agricultores de muchas formas.

Primero, permitía a los intereses agrícolas colgar la zanahoria de la ciudadanía delante del trabajador inmigrante para que

11. Las corporaciones poderosas usan a menudo grupos de vanguardia, o "tanques pensantes" financiados privadamente, para dar un matiz de "credibilidad científica" a las demandas de sus patrocinadores. Por ejemplo, el Instituto Norteamericano de la Carne (AMI), mientras se promueve a sí mismo como la máxima autoridad en cuanto a políticas de salubridad de la carne, está compuesto actualmente de los mayores productores de carne y aves en el país, y se ocupa fundamentalmente de patrocinar y cabildear legislaciones favorables a los productores de carne. A través del AMI, por ejemplo, las mayores corporaciones de carne están promoviendo un nuevo programa para el trabajador temporal. Ver http://www.meatami.com.

12. La Ley de Exclusión de Chinos de 1882 fue aprobada por el Congreso 47 y "suspendió la emigración proveniente de China durante diez años; permitía a los chinos en Estados Unidos desde el 17 de noviembre de 1880, estar, viajar fuera y regresar; prohibía la naturalización de chinos; y creó una 'Sección 6' que eximía a profesores, estudiantes, comerciantes y viajeros. Esas clases eximidas serían admitidas después de presentar un certificado del gobierno chino". Tomado de "Chinese Exclusion Laws: Background", U.S. National Archives online, http://www.archives.gov/pacific/education/4th-grade/chinese-exclusion.html. La Ley Geary fue la primera instancia del Estado que regulaba la población inmigrante existente en Estados Unidos. Permitía la deportación de chinos indocumentados y creó la maquinaria para futuras deportaciones.

trabajara en condiciones inferiores. Cuando había recortes de empleos o la economía se tambaleaba, esta distinción alentaba a los "ciudadanos" a dirigir su desafecto hacia los que no eran ciudadanos.

Segundo, la amenaza de deportación se podía usar para desalentar las revueltas. La deportación se usó para romper huelgas y desviar del sistema las periódicas crisis capitalistas y dirigirlas hacia determinados grupos étnicos. La consolidación de los Servicios de Inmigración y Naturalización (INS) y la creación de la Patrulla Fronteriza en 1924 se convirtieron en beneficios para los agricultores. Más que para la eliminación de los trabajadores indocumentados, el INS sirvió de muro entre éstos y los nativos. Como puntualizaba un delegado en Salinas, California, ellos no estaban diseñados para su eliminación a gran escala sino para "mantener la presencia" en los campos[13].

La segregación política de trabajadores basada en la ciudadanía aisló gradualmente a todos los trabajadores inmigrantes del resto de la clase trabajadora. Muchos trabajadores autóctonos y sus sindicatos se convencieron de que ellos ganaban con la exclusión de los inmigrantes, aunque en la práctica esto conducía a un deterioro de las condiciones de trabajo para todos los trabajadores, como lo demostraba la degeneración general del trabajo en el campo y el éxodo masivo de los trabajadores autóctonos. No obstante, la principal federación sindical del comercio, la Federación Norteamericana del Trabajo, y su sucesor, AFL-CIO, se opusieron a la inmigración durante la mayor parte del siglo XX.

Finalmente, la creciente segregación entre "legales" e "ilegales" produjo el empobrecimiento de los trabajadores y una rígida dicotomía del trabajo. Los inmigrantes "legales", frecuentemente más acomodados, blancos y cualificados, fueron disminuyendo en proporción a todos los inmigrantes a medida que era prácticamente imposible para los nuevos inmigrantes convertirse en

---

13. Miriam J. Wells, *Strawberry Fields: Politics, Class and Work in California Agriculture* (Ithaca, NY: Cornell University Press, 1996), p. 66.

trabajadores documentados. El proceso de aplicar por la ciudadanía, como se definía en la década de 1920, requería pagar a abogados, impuestos y tarifas de aplicación, además de tomar clases de educación cívica y llenar documentos legales.

Entretanto, las corporaciones y los agricultores preferían a los trabajadores sin privilegios e indocumentados para el trabajo manual. Al negarles la ciudadanía y las protecciones sindicales, estos trabajadores fueron convirtiéndose en una gran parte de la fuerza de trabajo y usados por los patrones para disminuir los salarios y las condiciones de trabajo en diversos sectores hasta nuestros días.

Aunque la fuerza de trabajo multiétnica dio muchas oportunidades para sembrar la división entre los trabajadores, y era así preferida por los agricultores, las dos mil millas de frontera entre México y EE.UU. garantizaron que los trabajadores mexicanos fueran la mayor parte de los indocumentados, dado que estas barreras físicas y geográficas al movimiento no existieron durante largo tiempo en la historia de ambos países. En 1917, los agricultores empezaron a favorecer a los trabajadores mexicanos. La proximidad de la frontera creó una ruta natural para la migración de temporada. La deportación dio una solución fácil y relativamente poco costosa al problema de las agitaciones sindicales y las huelgas. Los *sheriffs* y los vigilantes simplemente rodeaban a los mexicanos y los enviaban al otro lado de la frontera, rompiendo así huelgas completas[14].

A pesar de su aislamiento del resto de la clase trabajadora, los inmigrantes se beneficiaron del auge de la militancia obrera que se produjo en la era de la gran depresión. El peso de la creación del sistema capitalista fue cargado a los hombros de la clase trabajadora mediante el desempleo masivo, los recortes salariales y la violenta resistencia a la formación de sindicatos. A pesar del tumulto y la inestabilidad, los trabajadores se las agenciaron para organizarse y resistir de forma sin precedentes en la histo-

---

14. Rodolfo Acuña, *Occupied America: A History of Chicanos*, 4.ª ed. (Nueva York: Longman, 2000), p. 182.

ria de EE.UU. Entre los años 1936 y 1945, hubo un enorme número de huelgas –35.519 en total– que involucró a 15.856.000 trabajadores[15].

El movimiento huelguístico galvanizó y dio coherencia a la clase trabajadora industrial emergente, que no sólo arremetió contra las condiciones laborales sino que cambió el equilibrio de fuerzas entre las clases en Estados Unidos. La crisis general y la clase trabajadora movilizada y vigilante, permitieron que Franklin Delano Roosevelt dividiera a la miope clase capitalista e implementara reformas comprensivas que no sólo llevaron a la democratización sino que presentaron a la clase trabajadora como una fuerza decisiva en la política estadounidense[16].

En los campos también se produjo la crisis económica y la lucha de clases. Como dijo un trabajador de la agricultura durante la huelga de Vacaville en 1932: "Si vamos a morirnos trabajando, mejor nos morimos luchando"[17]. Entre 1930 y 1932, hubo diez huelgas agrícolas en California que involucraron a miles de trabajadores. El pico de las huelgas agrícolas se produjo en 1933, cuando hubo casi sesenta huelgas en diecisiete estados que involucraron a sesenta mil trabajadores[18].

Desafortunadamente, el poder de los agricultores también alcanzó su cénit en los años 1930. A pesar de de la radicalización masiva de los trabajadores y el remolino de los sindicatos industriales, los agricultores fueron capaces de aislar a la fuerza de trabajo agrícola, tanto emigrante como autóctona, e impedir los logros de la clase trabajadora industrial urbana.

15. Art Preis, *Labor's Giant Step: The First Twenty Years of the CIO: 1936-1955* (Nueva York: Pathfinder Press, 1994), p. xv.

16. Según el historiador Barton J. Bernstein, "Las reformas liberales del Nuevo Acuerdo no transformaron el sistema norteamericano; ellas preservaron y protegieron el capitalismo corporativo norteamericano, ocasionalmente a través de programas amenazadores". Ver Elizabeth Cobbs Hoffman and Jon Gjerde, *Major Problems in American History*, vol. 2, *Since 1865: Documents and Essays* (Boston: Houghton Mifflin, 2002), p. 237.

17. McWilliams, *Factories in the Field*, p. 215.

18. Rothenberg, *With These Hands*, p. 246.

Los sindicatos dominantes les dieron una mano negándose a apoyar las luchas de los inmigrantes, como hicieron en el Congreso los segregacionistas "dixiecrats" del sur, que se opusieron a la expansión de los sindicatos y otros derechos democráticos en el sur racista. Como si esto fuera poco, la derrota de las huelgas agrícolas fue afianzada por un grupo de medidas extralegales empleadas por el Estado y los gobiernos locales. Cuando éstas fallaban, empleaban a gamberros para aterrorizar a los trabajadores de forma tal que algunos historiadores consideran sus acciones de corte fascista, algo nunca visto con anterioridad en la historia de EE.UU. Al describir el auge prolífico de las brigadas de vigilantes, el historiador Jim Miller señala:

> Las organizaciones fueron formadas con oficiales del gobierno de diversos condados e integradas a los más altos niveles de los comisionados del condado, Patrullas de Carretera, la policía y los tribunales. Los trabajos más sucios los realizaban los vigilantes sacados de Legión Americana, Ku Klux Klan y Silver Shirts, un grupo fascista modelado por las SS alemanas[19].

Las fuerzas alineadas contra los trabajadores agrícolas mantuvieron al sector agrícola de la economía estadounidense en un Estado atrasado y semifeudal. Incluso la Ley de las Relaciones de Trabajo de 1935 —un leve giro hacia el movimiento obrero que garantizaba a los obreros unirse en sindicatos sin temor a represalias— excluyó a los trabajadores del campo de sus estipulaciones. Según Grez Schell,

> casi todas las normas aprobadas a nivel federal y estatal antes de 1960 excluyeron a los trabajadores agrícolas. Mientras gran número de trabajadores industriales mejoraron consistentemente, los beneficios de los trabajadores del campo decrecieron más y más. Al final de la Segunda Guerra Mundial, existía una brecha marcada entre las protec-

---

19. Mike Davis, Kelly Mayhew y Jim Miller, *Under the Perfect Sun: The San Diego Tourists Never See* (Nueva York: New Press, 2003), p. 199.

ciones a los obreros industriales y las condiciones del siglo pasado en que vivían los trabajadores del campo.[20]

En el período siguiente a la Segunda Guerra Mundial, las características de la inmigración fueron cambiando por el Programa Bracero, que inició la participación formal del gobierno estadounidense en el reclutamiento de trabajadores mexicanos y la institucionalización del modo "legal vs. ilegal" de cruzar la frontera. Desde 1942, el Programa Bracero trajo al país cerca de 5 millones de trabajadores, en un período de veinte años. Por cada trabajador bracero reclutado, se negaba la entrada a varios otros. Muchos cruzaban la frontera de cualquier modo, alentados por la necesidad de los agricultores de incrementar la reserva de trabajadores indocumentados.

---

20. Charles D. Thompson Jr. y Melinda F. Wiggins, eds., *The Human Cost of Food: Farmworkers' Lives, Labor and Advocacy* (Austin: University of Texas Press, 2002), p. 141.

Capítulo 17

El Programa Bracero:
Un sistema de castas en el siglo XX

Aunque los trabajadores norteamericanos tuvieron sus mayores logros en las décadas de 1930 y 1940, hubo muchos segmentos de la economía donde prevaleció un ambiente libre de sindicatos. La derrota de los movimientos en el campo preservó los bastiones anti-huelguísticos del sur y el sudoeste –especialmente en la agricultura– durante muchos años más. La creación de una fuerza de trabajo diferenciada entre urbanos y rurales representó un gran obstáculo para los trabajadores norteamericanos, pues constituía una zona virtualmente libre de sindicatos en uno de los principales sectores de la economía de EE.UU. Esto permitía a los agricultores trazar políticas legislativas que sacaban provecho de la docilidad de los trabajadores agrícolas, consolidando e institucionalizando sus anteriores victorias. Crearon una fuerza de trabajo desechable que negaba al trabajador extranjero el derecho a moverse libremente para cambiar de trabajo, crear sindicatos, y permanecer en el país cuando finalizaba su contrato. Constituyeron un retroceso hacia un afianzado sistema laboral que, según la Comisión Presidencial para el Trabajo Migratorio, amparaba a los agricultores

> con una reserva laboral que, por un lado, está lista y deseos de cumplir los requerimientos de trabajo a corto plazo, y por el otro, no representa un problema económico y social para la comunidad cuando el trabajo finaliza... Los trabajadores migratorios cumplen dos objetivos: estar listos cuando el trabajo les necesita y marcharse cuando no se les necesita[1].

1. Kitty Calavita, *Inside the State: The Bracero Program, Immigration, and the INS* (Nueva York: Routledge, 1992), p. 21.

Aunque introducida como un "plan de urgencia en tiempo de guerra" para aliviar la escasez de trabajadores en la agricultura, la iniciativa del trabajador temporal fue de hecho un esfuerzo concertado por la agroindustria para reestructurar las relaciones sociales del capitalismo agrícola. La derrota del movimiento agrícola en los campos en décadas pasadas incentivó a los agricultores a continuar usando al trabajador inmigrante como barrera a las continuas incursiones sindicales.

Cuando los trabajadores blancos y autóctonos superaron los bajos salarios, las crueles condiciones y la estructura totalitarista del trabajo en el campo en busca del trabajo sindicalizado urbano, surgió la escasez de trabajadores "explotables", según el punto de vista de los agricultores. El crecimiento de los sindicatos incrementó el poder de negociación de los trabajadores agrícolas domésticos, un fenómeno que fue transformado en "una escasez de manos de obra" por los voceros políticos del capital. El veterano organizador obrero Ernesto Galarza lo señalaba:

> (La demanda de fuerza de trabajo) significó una cantidad suficiente (de braceros) para ocupar el lugar de miles de trabajadores que fueron buscando mejoras salariales en las industrias de tiempo de guerra en todo el sudoeste –suficiente también para desplazarlos cuando la guerra desapareciera y la fuerza de trabajo fuera lanzada a otro de esos masivos transvases que el Congreso no podía predecir nunca[2].

El Programa Bracero, refiriéndose literalmente "al que trabaja con sus brazos", estableció un sistema de contratos laborales con el que EE.UU. negoció la migración temporal de 4,8 millones de mexicanos para emplearlos principalmente en la agricultura entre los años 1942 y 1964[3]. Con estos contratos, los trabajadores mexicanos fueron transportados a las fincas para

---

2. Ernesto Galarza, *Farm Workers and Agri-Business in California, 1947-1960* (Notre Dame: University of Notre Dame Press, 1977), p. 31.

3. Ernesto Galarza, *Merchants of Labor: The Mexican Bracero Story* (Santa Barbara: McNally and Lofton, 1964), p. 24.

realizar las cosechas. Se les garantizó trabajo, un salario mínimo, transporte y hospedaje, y ellos debían cubrir sus gastos de alimentación, servicios de salud y otros mediante descuentos de la nómina salarial[4].

El contrato amarraba al "trabajador temporal" a realizar un trabajo consistente y luego retornar a México cuando terminara la cosecha. Cualquier "infracción" del contrato por parte de la persona, como dejar de trabajar, escaparse o "negarse intencionalmente" a cumplir el acuerdo, conducía a su deportación. Al individualizar el contrato, se imposibilitaba la negociación colectiva. Esto garantizaba una forma de separar el trabajo bracero del resto de la clase obrera y redefinía legalmente a los trabajadores como propiedad de los agricultores.

Aunque el Programa Bracero formalmente otorgaba al trabajador temporal el derecho a unirse a sindicatos norteamericanos, el proceso era saboteado por múltiples formas de obstrucción. Primero, los sindicatos daban pocos recursos para la organización de los braceros. Cuando los braceros hablaron o hicieron intentos de sindicalizarse, sus esfuerzos fueron socavados por la alianza entre las fuerzas del gobierno y los agricultores. Según Ernesto Galarza,

> Cuando el Sindicato Agrícola Nacional... comenzó a admitir mexicanos en 1950, surgió rápidamente la oposición de los patronos. Las asesorías de los sindicatos agrícolas locales por el Departamento de Trabajo fueron anuladas. Una ambigua estipulación fue redactada en el acuerdo de 1951. Esta estipulación, el Artículo 21, pretendía reconocer las prerrogativas organizativas y las acciones colectivas de los obreros contratados a través de sus representantes electos. El texto de este importante artículo fue redactado por abogados de los patronos asesorados por negociadores del Departamento de Trabajo de Estados Unidos. Limitaba el derecho a negociar de los braceros a "mantener el contrato de trabajo". Puesto que no se indicaron procedimientos para

---

4. Manuel G. Gonzáles, *Mexicanos: A History of Mexicans in the United States* (Bloomington: Indiana University Press, 2000), p. 172.

la elección de representantes de los trabajadores, y el Departamento de Trabajo se negó sistemáticamente a reunirse con funcionarios de los sindicatos para estudiar las quejas presentadas por los mexicanos vinculados a sindicatos, el Artículo 21 era un engendro muerto. Éste permanece embalsamado en el lenguaje absurdo del acuerdo internacional.

Y concluye:

> Aparte de esos obstáculos, la organización de los braceros que formaban parte de sindicatos sería de cualquier forma dificultosa. Sus campamentos estaban aislados. Adolecían totalmente, como grupo, de experiencia en sindicalismo comercial. Las pandillas eran dispersadas durante la noche y los hombres transferidos a otros campamentos constantemente. No había liderazgo en absoluto; sus pocas manifestaciones sólo conducían a rápidas represalias[5].

El carácter temporal de la fuerza de trabajo tenía otras ventajas ocultas. Como lo puntualizó la Federación del Buró Agrícola Norteamericano, "los trabajadores mexicanos (braceros) desligados de sus esposas y familias... pueden llenar los picos de temporada y retornar a casa... sin crear grandes problemas sociales"[6]. La frase "grandes problemas sociales" fue codificada por los agricultores que se veían en la obligación de brindar educación, hospedaje y cuidados de salud a la fuerza de trabajo para mantenerla estable durante todo el año. En otras palabras, el contribuyente mexicano y los mismos trabajadores pagaban el coste inicial de educar, entrenar, socializar y sustentar la fuerza de trabajo mexicana que luego se insertaba en la economía estadounidense. Los agricultores estadounidenses fueron absueltos de esta "reproducción del trabajador" y obtenían los beneficios de la cosecha de temporada. El historiador chicano Erasmo Gamboa concluye: "(los braceros) trabajan en Estados agrícolas

---

5. Galarza, *Merchants of Labor*, p. 223.
6. Galarza, *Farm Workers*, p. 33.

El Programa Bracero

ricos como California, Arizona y Texas, subsidiando el consumo alimentario de la nación por los bajos precios durante un período de extraordinaria prosperidad económica de posguerra"[7]. Por otro lado, puesto que el gobierno de EE.UU. paga el costo de distribuir a los trabajadores en sus lugares de trabajo, otros trabajadores de Estados Unidos, a través de sus impuestos, pagan también por esto.

Para mayor agravio, los braceros pueden ser trasladados por sus patronos o por el gobierno, pero no pueden dejar su lugar de trabajo autónomamente. Un abogado que defendía la industria agrícola dijo despreocupadamente al comité legislativo del Estado que, por ello, el Programa Bracero "elimina completamente la posibilidad" de que esos trabajadores formen parte del movimiento obrero norteamericano. El Buró Agrícola de California también se le unió, comparando a los braceros con los "domésticos" que se mueven a cualquier parte si las condiciones no son favorables[8].

Inicialmente, el programa fue administrado conjuntamente por los gobiernos de Estados Unidos y México, con estipulaciones que permitían al gobierno mexicano controlar el tratamiento a sus trabajadores en Estados Unidos. En 1951, el gobierno de EE.UU. tomó el control total sobre el Programa Bracero con la aprobación de la "Ley Pública 78". Esta legislación constituía al Departamento de Trabajo como contratista oficial de la agricultura empresarial. El gobierno de EE.UU. subsidió el programa con 55 millones de dólares en años previos; ahora es el principal proveedor y garante de mano de obra barata para el gran negocio. El secretario asistente para la agricultura, Mervin L. McClain, lo describió así: el Programa Bracero redefine "el rol del gobierno como el jornalero de la granja"[9].

A medida que el gobierno incrementa su rol de proveedor de fuerza de trabajo, proporcionalmente decrece su rol de hacer

---

7. Citado en Rivas-Rodríguez, *Mexican-Americans*, p. 275.
8. Ibíd., p. 32.
9. Ibíd., p. 83.

valer los acuerdos contratados. Durante su ejercicio como director de colocación en la agricultura a inicios del Programa Bracero, Don Larin se convirtió en el campeón de la agroindustria. Larin dio prioridad a la colocación de los braceros, permitiendo a los agricultores usar a éstos como "ficha negociable" contra la fuerza de trabajo actual y dándoles carta blanca en la supervisión al finalizar el contrato[10]. Puesto que el gobierno federal era el responsable de certificar los niveles salariales, esta práctica "laissez faire" (política de no intervención) permitió a los agricultores estipular salarios aún más bajos, con la aprobación del gobierno.

Con el paso del tiempo, los agricultores encontraron muy fácil evadir sus obligaciones defraudando a los braceros de manera regular. El abandono gradual en el cumplimiento de la ley garantizaba que tales prácticas permanecieran por mucho tiempo sin ningún control. Por ejemplo, en 1959, 182.000 braceros fueron introducidos en California y Arizona, pero sólo 22 agentes del campo recibieron quejas[11]. Esta suerte de negligencia gubernamental ayudó a establecer "el patrón de referencia de los braceros": el uso de los braceros para bajar los estándares salariales en la industria. Como consecuencia, en la década de 1950, los salarios en la agricultura se estancaron o cayeron por debajo de los niveles que tenían en la Segunda Guerra Mundial[12]. El hueco salarial del proletariado urbano-rural se profundizó mucho más. Los salarios en el campo cayeron al 36,1% del salario industrial de un 47,9% en 1946[13]. Mientras las condiciones de trabajo mejoraban gradualmente en otros sectores, las relaciones de trabajo en el campo recordaban las del siglo XIX.

De esta forma, el Programa Bracero se convirtió en una herramienta para la completa transformación de la agricultura, directamente bajo la égida del gobierno de Estados Unidos.

10. Cockroft, *Outlaws in the Promised Land*, p. 71.
11. Gonzáles, *Mexicanos*, p. 167.
12. Cockroft, *Outlaws in the Promised Land*, p. 78.
13. Ngai, *Impossible Subjects*, p. 139.

Como concluyó la Comisión sobre el Trabajo Migratorio del presidente, "después de la guerra, abandonamos virtualmente el escrutinio efectivo y el cumplimiento de los contratos de trabajo individuales en los que tomaban parte los empleadores y los extranjeros mexicanos"[14].

De repente estuvo claro que la protección de los trabajadores nunca fue una preocupación del Estado. Como explica Galarza, "desde los niveles más altos hasta los más bajos, el Departamento de Trabajo fue menos sensible a los derechos de los trabajadores que un barómetro a las poderosas fuerzas concentradas en la capital nacional"[15].

Mientras más ventajoso demostraba ser el programa, más se alejaba de ser un arreglo temporal. Cuando los soldados retornaron al trabajo, muchos evadieron el campo para dirigirse a los centros urbanos industriales. Rápidamente, los braceros y otros inmigrantes se convirtieron en la mayoría entre la fuerza de trabajo rural, respaldando el programa y la creencia ya difundida de que sólo los inmigrantes podían hacer el trabajo pesado que "los norteamericanos no querían hacer"[16].

Aunque el programa se convirtió en permanente, la permanencia de los trabajadores en EE.UU. no lo era. Para asegurarse de que los trabajadores mexicanos retornaran a su país de origen, el sistema creó un número de medidas preventivas. Primero, no se permitió la entrada de esposas ni de familiares al país, lo que motivaba a los braceros a retornar a casa al concluir su contrato. Segundo, el gobierno estadounidense retenía hasta el 10% del salario de los braceros hasta el final del contrato, recuperando este remanente al marcharse a México[17]. Así lo expre-

14. Ibíd., p. 29.
15. Galarza, *Farm Workers*, p. 82.
16. Incluso George Bush usa esta idea para impulsar un programa para el trabajador temporal. Ver "President Tours Border, Discusses Immigration Reform in Texas" nota de prensa del sitio web de la Casa Blanca, 29 de noviembre de 2005, http://www.whitehouse.gov/news/releases/2005/11/20051129-2.html.
17. El financiamiento nunca se materializó. No fue hasta el 2005 cuando el gobierno mexicano acordó compensar a los primeros braceros por estas pérdidas salariales.

saba un representante del Buró Agrícola de San Joaquín Valley: "Pedimos obreros sólo para cierta época del año –en el pico de la cosecha– y el tipo de trabajador que necesitamos es el que se marcha a casa cuando termina su trabajo"[18].

El aparato del Estado regulaba el flujo de trabajadores con el auspicio de Patrulla Fronteriza. Creada para vigilar a los trabajadores, los agentes fronterizos sirvieron como "capataces" imponiendo la segregación en lugares públicos y disciplinando a los "agitadores" e inconformes. Por ejemplo:

> Un agente de inmigración dijo a un funcionario del Departamento de Estado en 1944, según un memorando de su conversación telefónica: "El servicio de inmigración se ha fijado en los que no participaron en la preparación y cosecha de los cultivos". En 1949, la Comisión de Inmigración explicó ante el Congreso que "Patrulla Fronteriza no iría a las fincas en búsqueda de 'espaldas mojadas', sino que concentraría su actividad en las carreteras y en los lugares donde hubiera actividad social". El comisionado de inmigración Watson Millaer dijo al Comité para la agricultura del gobierno... que era "deber" de la agencia "proteger los valiosos y necesarios cultivos"[19].

En 1954, fueron abandonadas las últimas pretensiones de un programa binacional. El gobierno mexicano exigió el derecho de intervenir en favor de sus ciudadanos. El enfrentamiento se originó por unas pocas y significativas razones. Según el historiador de los braceros, Mae Ngai, el Gobierno de EE.UU., convertido en árbitro oficial entre braceros y empleadores agrícolas, fue evadiendo al Gobierno mexicano a través de un proceso notoriamente conocido como "secado de los espaldas mojadas". Los braceros fueron alentados a reingresar unos pasos al interior de México y luego retornar como "ilegales", para entonces ser

---

Ver Hiram Soto, "Mexico to Compensate for Long- Forgotten Fund", *San Diego Union-Tribune*, 3 de enero, 2006.

18. Galarza, *Merchants of Labor*, p. 55.
19. Calavita, *Insizde the State*, pp. 33-34.

legalizados y administrados como corresponde. Este proceso violaba las obligaciones contraídas, negando la supervisión mexicana, como medio de demostrar que Estados Unidos tenía el monopolio de las relaciones laborales.

La retirada del Estado mexicano puede explicarse también como resultado del abandono ideológico por parte de México del paradigma nacionalista que llamaba a la preservación del tradicional sector de la agricultura. La capitalización de la agricultura y el cambio hacia la economía de exportación fueron vistas como medios para ayudar a la industrialización subsidiada del sector urbano.

Estados Unidos también comenzó a abogar por la integración económica entre ambos países, como forma de penetrar el mercado mexicano e incrementar su influencia en la política de ese país. La gigantesca expansión de la economía norteamericana después de la Segunda Guerra Mundial fue suficiente para convencer a muchos mexicanos de que el desarrollo mediante la subordinación económica a Estados Unidos sería más ventajoso que el desarrollo nacionalista previsto por la revolución mexicana.

A pesar de ceder el control, el gobierno mexicano continuó cosechando beneficios subsidiarios del Programa Bracero. La trayectoria de la industrialización urbana mexicana, acoplada al crecimiento masivo de las exportaciones agrícolas, catalizaron el desplazamiento masivo de campesinos pequeños y de subsistencia y alimentaron el crecimiento del proletariado agrícola mexicano, que no pudo ser absorbido por las ciudades y fue lanzado hacia el norte. Exportar esta "población excedente" permitió que mejoraran las condiciones sociales y demostró ser un negocio lucrativo para el gobierno mexicano. Durante la década de 1950, los braceros enviaron a casa cerca de 30 millones anuales en remesas, haciendo del Programa Bracero la tercera "industria" de México[20]. La migración al exterior ha permanecido

---

20. Ngai, *Impossible Subjects*, pp. 142-54.

como un escape fundamental hasta nuestros días, aunque ahora como consecuencia de la desindustrialización en las ciudades y la creciente concentración de la tierra en el campo. El cierre de la frontera podría ser perjudicial para ambas naciones y puede tener repercusiones a largo plazo; éste es un hecho frecuentemente disfrazado detrás de la retórica nacionalista y xenofóbica.

Cuando el trabajador mexicano se introduce en la agricultura estadounidense, se convierte en parte de la clase trabajadora norteamericana, aunque permanece segregado, en una casta separada dentro de los límites políticos del país. Los que migran al norte frecuentemente retornan a México en la temporada baja, permaneciendo allí intacta su identidad política. Las organizaciones sindicales y de derechos civiles de los norteamericanos de origen mexicano tienden a ver a los braceros como rivales y objetos de indignación, consolidando más su exclusión de la política. Esto asfixia el desarrollo de la conciencia de clase y redirige la furia hacia ellos mismos o hacia áreas donde el poder de la clase trabajadora es muy débil, como el cabildeo político.

Los agricultores hicieron todo lo posible para ampliar esta división usando a los subyugados braceros para controlar al resto de la clase trabajadora. Más de un millón de trabajadores fueron a la huelga en los turbulentos años de 1945-1946, y según el historiador obrero James Cockroft, "muchos de los braceros demostraron ser útiles como 'rompehuelgas' en muchas de esas huelgas de posguerra"[21].

El "éxito" y la continuación del programa también creó inesperadas oportunidades. Aunque provocaba la migración masiva desde las aldeas pobres hacia los centros de reclutamiento en la frontera, los estrictos requisitos del programa excluían a la mayoría de los que hacían el viaje. Por cada bracero seleccionado, eran excluidos cinco o seis. Muchos fueron alentados a cruzar sin papeles y encontraron trabajo en los campos y en las líneas férreas al lado de los braceros. Según un estudio realizado en

---

21. Cockroft, *Outlaws in the Promised Land*, p. 70.

1951, cerca del 60% de la fuerza de trabajo en la recolección de tomate de esa temporada era indocumentada[22]. Un historiador de la inmigración concluye:

> Es totalmente inverosímil considerar ingenuo o involuntario el rol de Estados Unidos en la entrada de indocumentados. Los políticos de Estados Unidos son conscientes de que las actividades de reclutamiento del Programa Bracero alientan a los mexicanos pobres a pensar en Estados Unidos como la tierra de las oportunidades y alientan igualmente a los que no son admitidos legalmente a entrar sin inspección[23].

Esos trabajadores indocumentados aportan los mismos "beneficios" que los braceros, pero con menos burocracia de por medio. Los indocumentados están incluso menos facultados para protestar por sus condiciones o formar sindicatos y los agricultores están menos obligados a cubrir sus necesidades básicas. Por ejemplo, los agricultores no tienen que pagar los veinticinco dólares de fianza por cada bracero, ni los quince dólares de recargo por contratación exigidos por el gobierno norteamericano y pueden evadir el período de empleo mínimo, el salario fijo y otras medidas que están presentes oficialmente en el Programa Bracero[24]. Los indocumentados se pueden mover libremente como cualquier trabajador, pero su estatus de contratado (la incapacidad para obtener los derechos democráticos básicos) los sigue a donde quiera que van. Los agricultores comenzaron seduciendo a los obreros para que cruzaran la frontera sin papeles, algo que fue permitido inicialmente por el gobierno de EE.UU. Como consecuencia, el flujo de trabajadores indocumentados rápidamente eclipsó el flujo de braceros negociados por ambos gobiernos. Entre 1947 y 1949, 74.600 braceros entraron en los campos, mientras el número de los que cruzaron sin

---

22. Nigel Harris, *National Liberation* (Reno: University of Nevada Press, 1990), p. 50.

23. Bill Ong Hing, *Defining America through Immigration Policy* (Philadelphia: Temple University Press, 2004), p. 122.

24. Ibíd., p. 128.

autorización, registrados por el gobierno estadounidense, fue de 142.200[25],

Estos braceros indocumentados comenzaron a moverse desde los campos hacia otros sectores de la economía donde fueron bien recibidos por los empresarios de otras industrias.

Los cambios en la estructura de la economía norteamericana después de la Segunda Guerra Mundial abrieron un gran número de servicios de bajos salarios y empleos de manufactura ligera en las ciudades norteamericanas... Las fábricas de ropa, restaurantes, lavanderías, hoteles y hospitales en Nueva York y Los Ángeles promovían el empleo de personal sin papeles[26].

En 1960, casi tres cuartas partes de la fuerza de trabajo agrícola en Texas y California consistía de "personal mixto" de braceros y trabajadores indocumentados[27]. La amenaza de medidas enérgicas por parte de las autoridades de inmigración, "la migra" como suelen llamarle, aún pende sobre los trabajadores que se salen del camino trazado o cuyos servicios ya no son requeridos. Aunque el Programa Bracero finalizó en 1964, los agricultores capitalistas permanecen y sectores crecientes de la clase trabajadora mexicana se han integrado a la economía de EE.UU. como obreros sojuzgados sin ciudadanía.

La migración "ilegal", facilitada y controlada en combinación con el Programa Bracero, prosiguió con toda su fuerza después de 1964. La migración "ilegal" mexicana se convirtió en la preferida por el capital norteamericano, que en última instancia desmanteló los últimos vestigios de la migración "legal". Los indocumentados eran ahora responsables de suministrarse su propio transporte, hospedaje y alimentación trabajando por

---

25. Calavita, *Inside the State*, p. 28.

26. David Reimers, *Still the Golden Door: The Third World Comes to America* (Nueva York: Columbia University Press, 1992), p. 208.

27. Cockroft, *Outlaws in the Promised Land*, p. 72.

salarios de subsistencia, eximiendo al gobierno norteamericano de estas responsabilidades.

La migración no autorizada hacia los campos se regularizó en adelante a través de una red informal que une las tierras de cultivo con las ciudades, aldeas y poblados mexicanos. El absolutismo del capital agrícola, la degradación del trabajo en el campo y la formalización de un sistema de castas, fue el legado del Programa Bracero, estructura que ahora es mantenida por la fuerza de trabajo "ilegal" y socialmente impotente.

Capítulo 18

La pobreza en el campo: Un legado del Programa Bracero

Sacudiéndose el frío de la mañana, Algimiro Morales y otros trabajadores se preparan para otro largo día en los campos de vegetales situados en las afueras de la ciudad costera de Oceanside, California. Como otros, Morales migró de una aldea mixteca al sur de México. Cuidándose de los altos alquileres y de la omnipresente *migra*, Morales y el resto establecieron sus hogares en las áreas marginales más allá de las tierras cultivables. Hicieron esto cavando huecos en la tierra de seis por seis pies y cubriéndolos con plantas silvestres o trasladándose a pequeñas cuevas en la base de laderas vecinas[1]. Hay ahora cerca de cien mil inmigrantes mixtecos viviendo y trabajando en California. Muchos no hacen más de cuatro mil dólares al año, permaneciendo pobres como efecto de los bajos salarios y de la negación de los derechos humanos básicos[2].

Los trabajadores pobres como Morales trabajan para las más sofisticadas y rentables empresas de California. Desde sistemas de riego controlados por computadoras hasta campos nivelados con láser, la industria de vegetales y frutas de California, de 28 mil millones de dólares al año, recolecta la mitad de los productos que se venden en los mercados de todo el país[3]. Detrás de los sembradíos, al lado del camino y entre las hileras ordenadas de vegetales y frutas maduras reside el mundo oculto de la agroindustria moderna, una combinación de tecnología industrial del

---

1. Rothenberg, *With These Hands*, p. 26.
2. Stephen Magagnini, "Struggling in El Norte, Mixtec Indians Seek a Better Life in the U.S.", *Sacramento Bee*, 20 de octubre de 2002.
3. Ibíd.

siglo XXI con relaciones de trabajo del siglo XIX. Esta dicotomía es el resultado de un siglo de lucha de clases en los campos, que continúa en la actualidad.

En 1997, existían 1,92 millones de fincas en Estados Unidos, que empleaban cerca del 2% de la población. El 8% de esas fincas dan cuenta del 72% de las ventas de productos agrícolas y emplean el 77% de la fuerza de trabajo. Cerca de 163.000 grandes fincas corporativas coexisten con 575.000 fincas familiares de mediana escala y cerca de 1,3 millones se consideran fincas de baja producción (granjas medianas o de pasatiempo)[4]. Las grandes fincas industriales —muchas propiedad de colosales corporaciones como Monsanto, Archer Daniels Midland y Cargill— están amparadas y subsidiadas por grandes donaciones del gobierno. El tamaño promedio de las fincas actuales es de 588 acres; las pequeñas fincas son aproximadamente el 80%, pero producen menos del 25% de toda la producción agrícola[5]. Las tendencias muestran que las fincas medianas y pequeñas salen perdiendo frente a los gigantes corporativos y la agricultura en sí misma constituye la ocupación de más rápido declive en Estados Unidos[6].

Según Bill Christison de la Coalición Nacional de Fincas Familiares, el declice de las fincas familiares tiene sus raíces en la globalización de las corporaciones:

> La agroindustria corporativa estadounidense ha impuesto su agenda en los acuerdos de comercio internacionales en las dos décadas pasadas. La política agraria de EE.UU. ha hecho arreglos durante muchos

---

4. Leopold Center for Sustainable Agriculture at Iowa State University report, http://www.leopold.iastate.edu/pdfs/FarmSect.pdf.

5. "United States Farmworker Fact Sheet", Student Action With Farmworkers Web site, http://cds.aas.duke.edu/saf/factsheet.htm.

6. Se espera que se pierdan durante esta década unos 328.000 empleos relacionados con el campo. "Employment Decline in Selected Occupations, 2000-2010", *Occupational Outlook Quarterly* (Inviernor 2001-2002), http://www.bls.gov/opub/ooq/2001/winter/art03.pdf.

años con ConAgra, Cargill y otras corporaciones transnacionales influenciando directamente el proceso legislativo y regulador a través de su autoridad en el Departamento de Agricultura norteamericano.[7]

Un ejemplo de tales "arreglos" fue la aprobación de la Ley de Reforma e Implementación Federal de la Agricultura (FAIR) en 1996, legislación en línea con los mandatos de la Organización Mundial del Comercio (WTO). Usando la retórica del libre comercio, el entonces presidente Bill Clinton firmó la ley, poniendo fin a las prácticas de la era del Nuevo Acuerdo que garantizaban préstamos y subsidios para proteger a los pequeños campesinos de la volatilidad del mercado. La ley eliminaba el uso de "pagos ineficientes" y los reemplazaba por "contratos de producción flexibles" que fijaban los pagos de acuerdo a los niveles anteriores en lugar de hacerlo de acuerdo a las altas y bajas de los precios del mercado. La ley redirigía además un alto porcentaje de los préstamos y subsidios del gobierno hacia las producciones masivas orientadas a las exportaciones a fin de incrementar la participación y rentabilidad del mercado[8].

La FAIR y las subsecuentes legislaciones hicieron a los campesinos más vulnerables a las fluctuaciones del mercado, quedando impotentes para competir con los gigantes corporativos. El flujo creciente de subsidios hacia los grandes productores no sólo les ayudaba a protegerse de las fluctuaciones del mercado sino que también les permitía obtener enormes ganancias, un proceso que continúa a toda máquina con la administración de George Bush.

A pesar de su parcialidad por la retórica del libre comercio, la exhaustiva ley de Bush, Inversión Rural y Seguridad Agraria de 2002, asignó 248,6 mil millones de dolaresca los programas

---

7. Bill Christison, "Family Farms and U.S. Trade Policy", *In Motion Magazine*, 14 de julio, 1998, http://www.inmotionmagazine.com/bruss.html.

8. Anuradha Mittal and Mayumi Kawaai, "Freedom to Trade? Trading Away American Family Farms", *Backgrounder* 7, n°. 4 (otoño 2001), http://www.foodfirst.org/pubs/backgrdrs/2001/fo1v7n4.html.

agrícolas, préstamos y subsidios. La distribución de fondos se basa en la "rentabilidad", que asegura que la mayor parte del dinero se canalizará hacia los bolsillos de la agroindustria y los grandes productores. Según la organización Food First:

> La ley agraria de 2002 está dirigida al bienestar de la agroindustria. El subsidio federal a las cosechas no está dirigido a los campesinos que nos hacen recordar a la familia Joad de John Steinbeck, sino a los ricos, como los catorce miembros del Congreso que trabajaron en la ley; ricas corporaciones norteamericanas como Westvaco (un conglomerado de la industria del papel), Chevron y la Compañía de Seguros John Hancock; el ejecutivo Ted Turner de Time-Warner, el corresponsal de ABC San Donaldson y el millonario David Rockefeller de Chase Manhattan Bank. A la mayoría de las fincas familiares no les queda nada salvo pagar impuestos. La ley agraria sólo inclina más el campo de juego contra ellos[9].

La agroindustria corporativa se mantiene robusta y sana con las donaciones del gobierno, en contraste con los trabajadores superexplotados que son los que trabajan la tierra.

Según el Departamento de Agricultura de EE.UU. hay entre 3 y 5 millones de trabajadores agrícolas en Estados Unidos que recogen las frutas de temporada, nueces y vegetales[10]. De este número, 1,3 millones son trabajadores inmigrantes, inclusive 400.000 niños[11]. De los trabajadores agrícolas, el 77% nació en México, y las estimadas federales indican que la mitad de los trabajadores agrícolas son indocumentados, el 24% tienen visados de trabajo y el 22% son ciudadanos norteamericanos[12].

9. Anuradha Mittal, "Giving Away the Farm: The 2002 Farm Bill", Food First Web site, verano de 2002, http://www.foodfirst.org/pubs/backgrdrs/2002/s02v8n3.html.

10. "Facts About Farmworkers", fact sheet on the National Center for Farmworker's Health Web site, http://www.ncfh.org/docs/fs- Facts%20about%20Farmworkers.pdf.

11. Las estimaciones llegan hasta los ochocientos mil. "United States: Failure to Protect Child Farmworkers", fact sheet on the Human Rights Watch Web site, http://www.hrw.org/campaignsl/crp/farmchild/facts.html.

12. Thompson and Wiggins, *Human Cost of Food*, pp. 6-7.

La pobreza en el campo

Independientemente de su estatus legal, lo que define a los trabajadores agrícolas es la pobreza. En conjunto, tres quintas partes de todos los trabajadores agrícolas son pobres, y el 75% de todos ganan menos de diez mil dólares al año. El salario promedio de los trabajadores agrícolas fue de 5,94 dólares en 1998, declinando anualmente su poder adquisitivo desde 1989. Y hay algo más asombroso: las estadísticas de los ingresos hay que dividirlas por dos cuando se trata de trabajadores indocumentados[13].

Esta penosa pobreza se combina con una multitud de consecuencias que la acompañan. El riesgo de contraer enfermedades se ha extendido por los campos. El trabajo en el campo es una de las más mortíferas ocupaciones en Estados Unidos. Además de la tensión del trabajo, los accidentes y la exposición a sustancias tóxicas, los trabajadores también enfrentan la inseguridad de la vivienda, el aislamiento físico y la ausencia de cuidados médicos. En esencia, el coste de la reproducción del trabajado recae sobre el trabajador mismo. Como plantea Daniel Rothenberg:

> Cuando el trabajador agrícola encuentra trabajo lejos de su hogar, tiene que cubrir sus gastos de viaje, incluyendo transporte, hospedaje y alimentos. Una vez que llega a un lugar específico, frecuentemente tiene que esperar días o semanas hasta que comience el trabajo y una vez más es responsable de los costes asociados. Incluso después de comenzar a trabajar, el empleo a tiempo completo no está disponible inmediatamente. La incertidumbre inherente a la agricultura –el frío, las sequías, las olas de calor, las plagas y las fluctuaciones del mercado– hace que aumente la inestabilidad del trabajo en el campo. A los trabajadores agrícolas no se les da compensación extra para cubrir el desplazamiento constante y el tiempo muerto inherente a esta ocupación[14].

La mayoría de estas familias no tienen cobertura médica, sirviéndose de remedios básicos que suministran instituciones

13. Ibíd., p. 7.
14. Rothenberg, *With These Hands*, p. 25.

caritativas. En algunas áreas, el 20% de los trabajadores no tienen acceso en absoluto a ningún tipo de cuidado médico[15]. Como consecuencia de esta negligencia, la tasa de discapacidad es casi tres veces la de la población general de EE.UU. Los trabajadores niños son los más vulnerables a las condiciones precarias. Según el Observador de los Derechos Humanos, casi cien mil niños sufren algún tipo de daño relacionado con el trabajo en la agricultura cada año[16]. Esas mismas condiciones producen un promedio de trescientos niños muertos en los campos anualmente[17].

Lejos de ser los "precursores de enfermedades" como los llaman los demagogos anti-inmigrantes, los trabajadores inmigrantes mexicanos son víctimas de los padecimientos y enfermedades que contraen *trabajando en los Estados Unidos*. Por ejemplo, según un estudio realizado por el Departamento de Salud de California, el 49% de los exámenes de sangre con altas concentraciones de plomo eran de latinos, y este plomo no fue traído de México sino absorbido en el campo norteamericano por los trabajadores. Además, los cuatrocientos cincuenta tipos de pesticidas usados en la agricultura están asociados a

> leucemia, cáncer de nodos linfáticos, mieloma múltiple (cáncer de hueso) en adultos, leucemia y cáncer de cerebro en niños; anomalías congénitas, aborto espontáneo y disfunción de la menstruación; disfunciones de hígado y riñón, desórdenes del sistema nervioso como deficiente coordinación motora, ansiedad y depresión; y anormalidades inmunológicas[18].

---

15. Thompson and Wiggins, *Human Cost of Food*, pp. 208-10.
16. "United States: Failure to Protect Child Farmworkers", documento de la página web de Human Rights Watch, http://www.hrw.org/campaigns/crp/farmchild/ facts.htm
17. Thompson and Wiggins, *Human Cost of Food*, p. 234.
18. Alan M. Kraut, *Silent Travelers: Germs, Genes and the "Immigrant Menace"* (Nueva York: Basic Books, 1994), pp. 270-71.

Este problema se agrava por el hecho de que muchos Estados no dan compensación a los trabajadores por su condición de emigrantes y la mayoría de los Estados agrícolas hacen excepciones con el trabajo infantil en la agricultura. Según las leyes federales, los niños mayores de nueve años pueden recoger bayas en Oregón, los mayores de diez años pueden trabajar en cualquier finca en Illinois, y mayores de doce años los podemos ver trabajando al lado de sus padres en la agricultura de California[19].

Pero los trabajadores agrícolas siguen luchando contra las enormes desigualdades. La Coalición de Trabajadores de Immokalee (CIW), por ejemplo, atraparon la atención pública en el 2001, escogiendo a Taco Bell para llevar a cabo un boicot nacional. La coalición es una organización comunitaria de latinos, haitianos y mayas inmigrantes radicada en Florida, y logró alarmar a la atención pública nacional por los bajos salarios de los trabajadores agrícolas. Su campaña, llamada "Una verdadera excursión a Taco Bell", hacía notar que el salario por hora de algunos trabajadores agrícolas había caído más de un 50% (ajustado a la inflación) entre 1980 y 2005[20].

Antes de lanzar la campaña, los trabajadores agrícolas de Florida estaban ganando cuarenta centavos por cada treinta y dos libras de tomate que recogían, una tasa que se mantuvo constante en los últimos treinta años. El trabajador promedio tenía que recoger dos toneladas de tomates para ganar sólo cincuenta dólares. Puesto que algunas de las mayores cadenas de comida rápida dependen de los tomates de Florida, la CIW hizo de Yum Brands, dueño de Taco Bell, Pizza Hut y KFC, el blanco de su boicot. Después de cuatro años de lucha, a través de campañas de solidaridad, huelgas, marchas y otras tácticas organizadas en todo el país, la coalición logró que Yum Brands incrementara el pago por libra de tomate. Por su parte, Taco Bell anunció

---

19. Para una completa lista de las normas y regulaciones que gobiernan el trabajo infantil visite el sitio en Internet del Departamento de Trabajo, http://www.dol.gov/esa/programs/whd/state/agriemp2.htm.

20. Editorial, "Supersize Picker's Pay", *The Minnesota Daily*, 19 de abril de 2006.

que "se aseguraría de que ninguna de sus suministradoras de tomate empleara a trabajadores superexplotados" una demanda hecha por los trabajadores de Immokalee[21]. La coalición ha puesto ahora su vista en la cadena de restaurantes McDonald's, puesto que los trabajadores que recogen los tomates que compra McDonald's también afrontan una increíble explotación.

Dadas las horrendas condiciones en la industria de la agricultura, no es sorprendente que el 40% de los trabajadores indocumentados haya migrado a la industria de la construcción, creando una "artificial escasez de mano de obra" que los agricultores están usando como medio para demandar un nuevo programa para el trabajador temporal. Al enfrentar mil millones de dólares de pérdidas en la cosecha de invierno de 2006, los agricultores de Arizona canalizaron sus esfuerzos cabilderos hacia un Programa Bracero del siglo XXI, en lugar de subir los salarios para atraer a los trabajadores. El programa es preferible a la "ilegalidad", puesto que incluso los trabajadores indocumentados pueden negociar mejoras salariales durante la escasez de mano de obra. Un nuevo programa para el trabajador extranjero les daría una vez más a los amos agrícolas *el control absoluto* sobre los trabajadores.

---

21. "Immokalee Tomato Pickers Win Campaign against Taco Ben", *Democracy Now!* 10 de marzo de 2005.

Capítulo 19

El trabajador inmigrante continúa sosteniendo Norteamérica

En búsqueda del paraíso

Actualmente, la incorporación anual de trabajadores indocumentados provenientes de México para la economía norteamericana sigue siendo parte de la tradición de formar una clase trabajadora mediante la inyección de inmigrantes. La "globalización" corporativa permite el libre movimiento del capital, llevando los centros de producción más allá de sus fronteras y lejos del *locus* físico del poder sindical. La intensificación de la concentración de capital milita contra la concomitante movilidad de la fuerza de trabajo. De hecho, el reforzamiento de la frontera y las restricciones a la migración como mecanismos de control laboral han crecido en proporción al poder de las corporaciones. Pero, incluso con esas grandes restricciones, la migración se ha acelerado, llevando a los trabajadores inmigrantes a arriesgar sus vidas para encontrar trabajo o refugio fuera de su país, particularmente en Estados Unidos.

Dos factores de finales del siglo XX fueron particularmente importantes para crear este escenario. Primero, como han notado muchos observadores, la globalización ha promovido altas tasas de inmigración. La expansión de la inversión y el comercio privados norteamericanos; la apertura de plantas multinacionales (empleando principalmente a mujeres) a lo largo de la frontera México-EE.UU. y en las naciones del Caribe y Centroamérica, facilitada por medidas legislativas del gobierno como el Programa de Industrialización de la Frontera, el Tratado de Libre Comercio de Norteamérica y la Iniciativa para la Cuenca del Caribe; la influencia de los medios de comunicación masivos norteamericanos; y la ayuda militar norteamericana en Centroamérica, han ayudado a reconfigurar las economías locales y a estimular la migración hacia EE.UU. desde el Caribe, México y Centroamérica[1].

La política de inmigración neoliberal implica el influjo planeado y la absorción de inmigrantes, aunque éstos sean luego estigmatizados, desnaturalizados y privados de toda influencia por el proceso legal de "ilegalización". Según el especialista en inmigración Saskia Sassen,

> las medidas pensadas para impedir la inmigración —la inversión extranjera o la promoción de la agricultura o la manufactura orientadas a las exportaciones en países pobres— han tenido precisamente el efecto opuesto. Tales inversiones contribuyen al desplazamiento masivo de las empresas manufactureras o agrícolas de pequeña escala, profundizando simultáneamente los lazos económicos, culturales e ideológicos entre los países receptores y Estados Unidos[2].

El capital, con la ayuda del Estado, ha sido capaz no sólo de mermar los bastiones sindicales por medio del movimiento de capital, sino también de "desunir" (con la "ilegalización") a la nueva población laboral que se mueve en los sectores de bajos ingresos de la economía. Actualmente, la migración indocumentada ha sobrepasado una vez más la migración "legal" como resultado de esas tendencias. Según encuesta del Centro Hispánico, de los 35,2 millones de extranjeros que viven en EE.UU.,

> el número de personas pertenecientes a familias en las que el jefe de familia es un emigrante no autorizado fue de 13,9 millones en marzo

---

1. Pierrette Hondagneu-Sotelo, *Domestica: Immigrant Workers Cleaning and Caring in the Shadows of Influence* (Berkeley: University of California Press, 2001), pp. 17-18.

2. Barry, *Zapata's Revenge*, p. 196.

de 2004, incluyendo a 4,7 millones de niños. De esos individuos, 3,2 millones son ciudadanos estadounidenses pero pertenecen a familias con "estatus mixto" en las que algunos miembros están indocumentados, frecuentemente alguno de los padres, mientras otros, normalmente los niños, son norteamericanos por derecho de nacimiento.[3]

Aunque un tercio de los indocumentados se han quedado más tiempo del previsto –los que vinieron de países pobres con visados y permanecieron después de que expirasen– casi toda la atención negativa está enfocada hacia los mexicanos, que suponen alrededor del 56% de toda la población indocumentada[4]. Este carácter racial en la forma de ver a la inmigración, la "división parda" dentro de la comunidad de inmigrantes, se vuelve explícita cuando uno viaja a la parte norte y este de San Diego, California. Los puntos de control fronterizos paran a los vehículos de aquellos que tienen el perfil de ser trabajadores indocumentados. La transacción ocurre en un fugaz vistazo. Si usted es blanco, inmediatamente lo dejan seguir, pero si usted es mestizo, se convierte en sospechoso. Como monumentos al racismo institucional, esos puntos de control se mantienen en pie sólo para reforzar las barreras físicas entre los inmigrantes mexicanos y el resto de la clase trabajadora.

Esos trabajadores comprenden el vasto tejido que permite que la economía estadounidense funcione. La bifurcación de esta fuerza de trabajo a lo largo de las líneas nacionales convierte a la invisible fuerza de trabajo "ilegal" en tributaria de las industrias y regiones de la economía sin sindicatos. Reflexionando sobre la economía del sur de California, un sociólogo observa:

> Piense en esto. Los empleados de limpieza, ayudantes de cameros, pintores, limpiadores de alfombras y jardineros, que trabajan en

---

[3]. Jeffrey Passel, "Unauthorized Migrants: Numbers and Characteristics", Pew Hispanic Center Web site, 14 de junio de 2005, http://pewhispanic.org/files/reports/46.pdf.

[4]. S. Mitra Kalita, "Illegal Workers' Presence Growing", *Washington Post,* 8 de marzo de 2006.

oficinas, restaurantes y centros comerciales, son probablemente mexicanos o centroamericanos inmigrantes, al igual que hay muchos de ellos que trabajan en un segundo plano como en tintorerías, hogares de convalecientes, hospitales, balnearios y complejos de apartamentos... La economía, los jardines y el estilo de vida de Los Ángeles han sido transformados en una estructura que descansa en el trabajo de latinos inmigrantes mal pagados[5].

Indocumentados y fuerza de trabajo

En conjunto, los trabajadores indocumentados son el 5% del total de la fuerza de trabajo nacional (en algunos Estados como California y Texas es mucho mayor el porcentaje), y en los últimos años, los trabajadores inmigrantes se han concentrado en industrias claves dispersas por todo el país. Según una encuesta del Departamento de Trabajo del 2005, ellos son un cuarto de los trabajadores en la industria de alimentos y carne de aves, 24% como lavaplatos y 27% como reparadores de techos y paredes interiores. Se cree que estos trabajadores indocumentados son el 25% de la fuerza de trabajo en la construcción y alrededor de un tercio en la confección de ropa[6]. En la agricultura, el 24% de todos los empleos de las fincas son ocupados por indocumentados, 17% en trabajos de limpieza, 12% en la preparación de alimentos y 31% en la industria de los servicios[7]. Los estudios del año 2005 también muestran una sustancial población de jornaleros y trabajadores informales empleados por contratistas de obras y propietarios de casas. Se estima que hay alrededor de 117.000 jornaleros itinerantes, aunque ese número es probablemente bajo ya que es difícil medir esa población nómada[8]. En

---

5. Hondagneu-Sotelo, *Domestica*, p. 3.
6. Roben Farzad, "The Urban Migrants", *New York Times*, 20 de julio de 2005.
7. S. Mitra Kalita, "Illegal Workers' Presence Growing", *Washington Post*, 8 de marzo de 2006.
8. Peter Prengaman, "Study Gives Snapshot of Day Laborers", Associated Press, 22 de enero de 2006.

selectos "condados de desarrollo" en el sur, los latinos constituyen el 57% de los obreros en la manufactura. En el 2004, más de un millón de los 2,5 millones de nuevos empleos en el país fueron ocupados por trabajadores inmigrantes[9].

Las mujeres constituyen un porcentaje significativo de esos inmigrantes. Esto lo demuestra el hecho de que las latinas son el 68% de las niñeras, amas de casa y empleadas de hogar en los mayores centros de población[10]. Las mujeres constituyen el 35% de los inmigrantes detenidos y deportados en Estados Unidos cada año desde el 2002[11]. El Instituto Nacional de la Mujer en México informa de que la mitad de los 600.000 mexicanos que emigran cada año son mujeres[12]. Se estima que las mujeres constituyen el 25% de las cuatro mil muertes que se han producido en la frontera entre 1994 y 2005. Pero hay más:

> Según Laura Velasco Ortiz, una investigadora del Colegio de Tijuana de la frontera norte, más del 60% de los 20 mil millones de dólares en remesas recibidas por México son ahora enviadas por mujeres y el 39% por hombres[13].

Según el Departamento de Trabajo de EE.UU. el número de empleos en Norteamérica se incrementó en 15 millones entre 1990 y 2003, y se proyecta que más de 33 millones de nuevos empleos surgirán entre 2000 y 2010. Los trabajos menos especializados, que probablemente serán ocupados por trabajadores inmigrantes, representan el 58% del total de empleos[14].

9. Brian Grow et al., "Embracing the Undocumented", *BusinessWeek,* 13 de julio de 2005.

10. Hondagneu-Sotelo, *Domestica*, p. 17.

11. Blanca Villaseñor y José Moreno Meña, "Women Migrants on the Move", Frontera NorteSur News, 11 de enero de 2006.

12. Soledad Jarquin Edgar, "A Town of Women Migrants", Frontera NorteSur News, 11 de octubre de 2005.

13. "Latin America Border Series: The Century of the Woman Migrant", Frontera NorteSur News, 7 de marzo de 2006.

14. "Myths and Facts in the Immigration Debate", American Immigration Lawyers Association, 7 de marzo de 2005, http://www.aila.org/content/default.aspx?docid=17242.

¿Por qué continúa la migración? Como mencionamos anteriormente, la mano de obra barata es ventajosa y el neoliberalismo provoca el desplazamiento, pero existe otra razón: La población nativa está disminuyendo. Según Lewis W. Goodman, de American University, un experto en las relaciones entre EE.UU. y Latinoamérica, "si no dispusiéramos de este personal (los trabajadores inmigrantes), nos estaríamos moviendo hacia una situación similar a la de Japón y Europa... donde la población está envejeciendo de forma alarmante, peligrando su productividad y su sistema de seguridad social"[15]. En muchos países del primer mundo, la propia *estabilidad* de la economía depende de la absorción de trabajadores inmigrantes.

El caso de California

Este fenómeno se ve más claro en California, donde la inmigración es la piedra angular de la economía más grande de la nación. Según un estudio realizado en septiembre de 2005 por el Proyecto para el Presupuesto de California, el segmento de la población que crece más rápido es el de mayores de sesenta y cinco años. Mientras la población afronorteamericana se espera que permanezca constante, la población inglesa está decreciendo (se espera que disminuya en 1 millón para el 2020); una de cada cuatro personas tendrá sesenta y cinco años para el 2020. En Estados Unidos la población entre cincuenta y cinco y sesenta y cuatro años se incrementará en más de la mitad en esta década, al mismo tiempo que la de treinta y cinco hasta cuarenta y cuatro descenderá en un 10%[16].

Entretanto, los latinos están llenando esta laguna, añadiendo vigor joven a una sociedad fosilizada. En el 2014, por ejemplo, la mitad de los niños en edad escolar de California serán lati-

---

15. "Hispanics Now One-Seventh of U.S. Population", Associated Press, 10 de junio de 2005.

16. "Turning Boomers into Boomerangs", informe especial en *The Economist*, 16 de Febrero de 2006.

nos y la población será mayoritaria en el 2020[17]. El crecimiento de la población latina no está limitado a California. Por ejemplo, la población latina inmigrante ha crecido precipitadamente en todo el sur: Carolina del Norte (394%), Arkansas (337%), Georgia (300%), Tennessee (278%), Carolina del Sur (211%) y Alabama (208%) registran las mayores tasas de crecimiento en la población hispana comparadas con cualquier otro Estado de EE.UU. entre 1990 y 2000, con la excepción de Nevada (217%)[18].

Aunque usted nunca se enterará de todo esto, oyendo el llanto hiperbólico de la extrema derecha (que da amplia cobertura por cualquier medio noticioso dominante), la mayoría del crecimiento poblacional vendrá de los ciudadanos, no de los indocumentados. De hecho, aunque la tasa de natalidad entre los trabajadores indocumentados se ha incrementado en su conjunto, su progreso es aún lento.

Un estudio del 2005 determinó que, "aunque continuará la migración hacia California, la porción de la población del Estado que representa a los inmigrantes recientes continuará disminuyendo. La porción de inmigrantes recientes se prevé que caiga hasta 7,5% en el 2020 y 7% en el 2030"[19]. De hecho, según *Globalist*, la contribución de trabajadores indocumentados al crecimiento de la población general es insignificante. En el 2005, los inmigrantes indocumentados contribuyeron al crecimiento de la población a una velocidad de 3,3 por cada 1.000 personas[20].

Cerca del 12% de la población ha nacido en el extranjero, y de ellos, 71% son "residentes permanentes legales" y cerca de un

17. "California's Changing Demographics At-a-Glance", Associated Press, 23 de noviembre de 2005.
18. Rakesh Kochhar, Roberto Suro y Sonya Tafoya, "The New Latino South: The Context and Consequences of Rapid Population Growth", Pew Hispanic Center Web site, 26 de julio de 2005, http://pewhispanic.org/files/reports/50.1.pdf.
19. Center for Continuing Study of the California Economy, "The Impact of Immigration on the California Economy", un informe de California Regional Economies Project 2005, septiembre 2005, http://www.labor.ca.gov/panel/impactimmcaecon.pdf.
20. Citado en "The Globalist Quiz: Immigration Havens", *San Jose Mercury News*, 5 de febrero de 2006.

29% son residentes sin papeles[21]. Las tendencias muestran que el 30% de los indocumentados que cruzan la frontera retornan a su país de origen. La inmigración continúa suministrando "la mano de obra necesaria", como se ha visto en toda la historia del país.

Detrás de las pantallas políticas, los que reconocen el daño a sus propios intereses están comenzando a sentirse apretados por las restricciones migratorias. Según el *Washington Post*:

> El alcalde de Yuma (Arizona), Larry Nelson, un republicano, dijo que una vez creyó que la frontera sería cerrada definitivamente. La responsabilidad por la salud económica de su comunidad le hizo cambiar de opinión. "Tenemos más empleos en Norteamérica que trabajadores", dijo. "Si usted expulsa ahora a todos los ilegales de Estados Unidos, pararía la industria de alimentos, la mayoría de los hoteles y todas las industrias de servicios. Si para la inmigración, esta nación colapsaría estruendosamente"[22].

Un informe entregado por la Federación del Buró Agrícola Norteamericano alegó que si el trabajo de los inmigrantes es suprimido por las leyes del Congreso, entre 5 y 9 mil millones de dólares de ingresos de la agricultura desaparecerían, y uno de cada tres productores agrícolas[23]. La escasez de trabajadores está presentándose en toda la agricultura del oeste, produciendo pérdidas de 300 millones de dólares a los productores de pasas en San Joaquín Valley, California, solamente en septiembre de 2005[24].

21. Amy M. Traub, "Principles for an Immigration Policy to Strengthen and Expand the American Middle Class", The Drum Major Institute for Public Policy Web site, http://www.drummajorinstitute.org/library/report.php?ID=21.
22. Sonya Geis, "Shortage of Immigrant Workers Alarms Growers in West", *Washington Post,* 22 de noviembre de 2005.
23. American Farm Bureau Federation-Economic Analysis Team, "Impact of Migrant Labor Restrictions on the Agricultural Sector", febrero de 2006, http://www.fb.org/news/nr/nr2006/02-07-06/labor/20study-feb06.pdf.
24. Sonya Geis, "Shortage of Immigrant Workers Alarms Growers in West", *Washington Post,* 22 de noviembre de 2005.

Los trabajadores inmigrantes vienen a EE.UU. a trabajar. Según un estudio realizado en junio de 2005 por Pew Hispanic Center, el 92% de los hombres indocumentados son empleados, un porcentaje más alto que en cualquier otro sector de la población. Los trabajadores inmigrantes también realizan trabajos más diversos dentro de la economía. Un cuarto de ellos tienen algún tipo de educación escolar y otro cuarto ha finalizado la enseñanza secundaria[25]. El trabajo de los inmigrantes en realidad crea *más empleos* de los que ocupa. La economía estadounidense se está expandiendo a una velocidad promedio de 3,5% por año. Más del 1% de este crecimiento se atribuye al crecimiento de la población debido a la inmigración[26].

Los inmigrantes no vienen a trabajar simplemente; vienen buscando trabajos que saben que están disponibles. Los expertos anti-inmigrantes ignoran su propia "regla de oro" de la oferta y la demanda. Los trabajadores indocumentados, como todos los trabajadores, persiguen trabajos reales y disponibles, no la percepción de bienestar social. Según un informe del Proyecto para las Economías Regionales de California,

> el crecimiento de la población de California depende de la cantidad de empleos disponibles. Entre 1992 y 1996, por ejemplo, durante la recesión económica de California, la migración doméstica hacia el exterior de California fue de 1,4 millones de residentes. Esta migración fue mayor que la inmigración extranjera hacia el Estado[27].

A pesar de la falsa caracterización de la inmigración como un torrente infinito e inexorable, la velocidad real es general-

---

25. Jeffrey Passel, "Unauthorized Migrants: Numbers and Characteristics", Pew Hispanic Center Web site, 14 de junio de 2005, http://pewhispanic.orglfiles/reports/46.pdf.
26. Martin Hüfner, "Immigration-What Europe Can Learn from the United States", *The Globalist*, 22 de febrero de 2005, http://www.theglobalist.com/StoryId.aspx?StoryId=4369.
27. Center for Continuing Study of the California Economy, "The Impact of Immigration".

mente proporcional a los requerimientos de los diferentes períodos económicos. Según los especialistas en inmigración, Jeffrey Passell y Roberto Suro,

> Estados Unidos experimentó un agudo golpe en el flujo de la inmigración la pasada década que tuvo un comienzo, un desarrollo y un fin diferentes. Desde principios de la década de 1990 hasta mediados de ésta, lentamente, más de 1,1 millones de emigrantes vinieron a Estados Unidos cada año como promedio. En los años picos 1999 y 2000, el influjo anual fue alrededor de un 35% mayor, finalizando en 1,5 millones. En el 2002 y 2003, el número de los que llegaron al país retrocedió a 1,1 millones. Este patrón básico de crecimiento, altas y bajas, es evidente para los nacidos en cualquier región del mundo y tanto para emigrantes legales como ilegales[28].

La contribución a la economía

Por otro lado, puesto que los inmigrantes *crean* empleo y riquezas, su presencia puede realmente ayudar a incrementar los salarios o mantenerlos constantes. Esto es evidente en lo que está sucediendo en California, que tiene el mayor porcentaje de inmigrantes indocumentados en todo el país. Según un estudio realizado en el 2005,

> en 1990, el salario promedio en California era 10,9% mayor que el promedio nacional. En el 2004, a pesar de las pérdidas de empleos relacionados con el espacio aéreo y las altas tecnologías y a pesar de mantenerse los altos niveles de inmigración, los niveles salariales en California superaron un 13,4% por encima del promedio nacional... California también continúa sobrepasando al resto de la nación en el aumento de empleos... En todo caso, el gran flujo migratorio hacia

---

28. Jeffrey Passel and Roberto Suro, "Rise, Peak, and Decline: Trends in U.S. Immigration 1992-2004", Pew Hispanic Center Web site, 27 de septiembre de 2005, http://pewhispanic.org/reports/report.p=hp?ReportID53.

California tendría que levantar los niveles de empleo y suministrar apoyo a los mercados de la construcción[29].

En un estudio publicado en *USA Today*, el crecimiento del empleo en diez ciudades del interior de EE.UU. con elevada población de inmigrantes sobrepasó al de sus áreas metropolitanas estadísticamente más grandes. El estudio descubrió que el salario promedio de las ciudades del interior creció 1,8%, 39.300 dólares, entre 1995 y 2003, sobrepasando el crecimiento promedio de 1,7% en las áreas metropolitanas[30]. Aunque estos datos echan por tierra la idea de que los trabajadores inmigrantes roban el empleo a otros trabajadores, su segregación dentro del mercado de empleo ha llevado al Pew Hispanic Center a concluir que, aunque los trabajadores inmigrantes latinos y los nativos parecen escoger "diferentes caminos", "la concentración y el suministro creciente de inmigrantes en ciertas ocupaciones sugiere que los últimos que llegan compiten entre ellos mismos por el mercado laboral en detrimento propio"[31].

Esto ha llevado al llanto cabildero de los movimientos antiinmigrantes a acusar a esos trabajadores de subvertir la economía. Nada más lejos de la verdad. Según el economista Benjamín Powell de la Universidad del Estado de San José:

> El razonamiento económico elemental muestra que cuando usted aumenta el suministro de cualquier mercancía, manteniendo el resto constante, su precio debe bajar. Sin embargo, la inmigración trae muchos efectos secundarios que contrarrestan el incremento del suministro. Casi inmediatamente, cuando los inmigrantes ganan dinero, demandan bienes y servicios. Esto incrementa la demanda de trabaja-

---

29. Center for Continuing Study of the California Economy, "The Impact of Immigration".
30. Edward Iwata, "Immigrant Businesses Can Have Wide Economic Impact", *USA Today*, 17 de noviembre de 2005.
31. Lance Selfa, "The Lies They Tell about Immigrants", *Socialist Worker*, 17 de junio de 2005.

dores, que a su vez incrementa el número de empleos y hace subir los salarios[32].

Un estudio realizado a finales de 2005 por el Instituto Kenan en la Universidad de Carolina del Norte de Chapel Hill concluyó que los latinos bombearon 9 mil millones de dólares a la economía del Estado en el 2004. El estudio estima que el 45% de un aproximado de 600.000 latinos en el Estado son trabajadores indocumentados, que, con su trabajo, contribuyeron en buena proporción a esa enorme suma[33].

Un estudio de Thunderbird concluyó que "el poder adquisitivo o el ingreso libre de impuesto de los inmigrantes indocumentados es importante también en Arizona. Los mexicanos inmigrantes, legales o indocumentados, representaron el 3,1%, o cerca de 4,2 mil millones de dólares, del poder adquisitivo de todos los consumidores del Estado en el 2002"[34]. En San Diego, "la Cámara de Comercio estimó que el 8% de las transacciones minoristas en San Diego vienen de compradores inmigrantes. Que las ventas hayan alcanzado los 40.8 mil millones de dólares en el 2003, significa que los mexicanos y otros inmigrantes contribuyeron con 3,3 mil millones de dólares"[35]. Aunque los inmigrantes envían una porción significativa de sus ingresos a sus países de origen en forma de remesas, un estudio citado en *Time Magazine* concluyó que el 80% de sus ingresos se reinvierte en la economía local[36].

Lejos de provocar dificultades económicas, los inmigrantes revitalizan las comunidades. En muchos casos, la decadencia de

[32]. Benjamin Powell, "The Pseudo Economic Problems of Immigration", *San Diego UnionTribune*, 22 de diciembre de 2005, http://independent.org/newsroom/article.asp?id-1641.

[33]. Citado en "Hispanic Impact", *Winston-Salem Joumal*, 6 de enero de 2006, http://www. hispanic5.com/hispanic_impact.htm.

[34]. Jonathan Higuera y Daniel González, "Immigrants: Boom or Bane", *Arizona Republic*, 17 de octubre de 2005.

[35]. Shannon McMahon, "Mexican Consumers Pour Billions Annually into San Diego's Economy", *San Diego Union- Tribune*, 7 de agosto de 2005.

[36]. Lisa Takeochi Cullen y Darin Fonda, "What It Means For Your Wallet", *Time magazine*, 10 de abril de 2006.

las ciudades hacia el interior se ha utilizado como argumento en contra de quienes han sido llamados los "sweat equity" (capital de sudor) de los inmigrantes latinos. Por ejemplo, "aproximadamente 75.000 propietarios de casas mexicanos y salvadoreños se han convertido en una incomparable fuerza positiva (en comparación a los blancos que escaparon) trabajando en la restauración de los barrios deteriorados para mejorar sus condiciones"[37]. Este fenómeno está respaldado por los datos sobre la vivienda recopilados en todo el país en el 2005 y 2006.

Un estudio de la Universidad de Harvard descubrió que entre 1998 y 2001, los inmigrantes que compraron el 8% de las nuevas viviendas y el 11% de viviendas ya existentes en venta, constituían el 12% de los que compraron vivienda por primera vez en el 2001. El estudio concluye que la inmigración constituye una importante demanda en este vital sector de la economía[38]. Esto se reflejó en un artículo de *USA Today*, donde se señalaba que "casi un tercio de los compradores de vivienda en California en junio de 2004 tienen apellidos hispánicos... Ascendió de un quinto en el 2002. Los principales apellidos fueron: García, Hernández, López y Rodríguez"[39].

Según la Asociación Nacional de Profesionales Hispánicos del Estado, 216.000 nuevos inmigrantes indocumentados comprarían viviendas si tuvieran mejor acceso al mercado. Según Mary Mancera, portavoz de la asociación, "hay un buen número que han estado trabajando, ahorrando dinero, criando a sus hijos y rehaciendo sus vidas, y quieren dar el próximo paso, pero no han podido por las cortapisas"[40].

---

37. Mike Davis, *Magical Urbanism: Latinos Reinvent the U.S. Big City* (Nueva York: Verso, 2000), p. 52.

38. Amy M. Traub, "Principles for an Immigration Policy to Strengthen and Expand the American Middle Class", The Drum Major Institute for Public Policy Web site, http://www.drummajorinstitute.org/library/report.php?ID=21.

39. Haya El Nasser, "New Urbanism Embraces Latinos", *USA Today*, 15 de febrero de 2005.

40. Anna Gorman, "Illegal Immigrants Can Be Legal Homeowners", *Los Angeles Times*, 8 de agosto de 2006.

Un artículo de diciembre de 2005 en *Los Ángeles Times* demostró que el estancado mercado de la vivienda en Watts ha resurgido, incrementándose los precios de reventa en un 40% en el 2004, y un 24,8% en todo el condado. Este vuelco ha sido alimentado por las demandas de futuros dueños de viviendas de origen latino, muchos de los cuales son indocumentados, lo que ha llevado a un creciente número de agentes inmobiliarios que publican anuncios bilingües[41]. Otros estudios han demostrado efectos similares causados por la migración latina en ciudades y pueblos estancados en todo el país, llegando hasta los extremos más alejados del noroeste[42]. Además de comprar viviendas, los trabajadores inmigrantes también han impulsado con su trabajo el auge del mercado inmobiliario. Un gran número de inmigrantes están dejando la agricultura para construir casas, edificios y condominios, ayudando así a crear nuevos multimillonarios.

El creciente poder adquisitivo de los trabajadores indocumentados está atrayendo la atención del gran capital. Refiriéndose a los inmigrantes indocumentados como "un motor de crecimiento sin explorar", *BusinessWeek* comentó:

> En años pasados, las mayores compañías de consumidores de EE.UU. –bancos, aseguradoras, crédito hipotecario, tarjetas de crédito, telefónicas y otras– decidieron que un mercado de 11 millones de consumidores potenciales era muy grande para ser ignorado. Pudiera ir contra la ley que los Valenzuela permanezcan en EE.UU. o que un empleador los contrate, pero no hay nada ilegal en venderles... Pero hay más: un 84% de los ilegales tienen entre 18 y 44 años, una excelente edad para gastar dinero, contra un 60% de residentes legales. Las ventas y los beneficios de las corporaciones recibirían una inyección si la mayoría de ellos se mudan hacia la economía del dinero, ponen su dinero en bancos, adquieren tarjetas de crédito, coches e hipotecas de

---

41. Gayle Pollard-Terry, "Where It's Booming;" *Los Angeles Times*, 23 de diciembre de 2005.

42. Alexander Dworkowitz, "In Northeast, a City's Tale of Turnaround", *Christian Science Monitor*, 28 de julio de 2005.

El trabajador inmigrante continúa sosteniendo... 217

vivienda. El producto nacional bruto de EE.UU. también recibiría un empujón, ya que los consumidores con créditos pueden gastar más que lo que le permite su dinero en efectivo[43].

La importancia de las remesas

Los trabajadores inmigrantes se están convirtiendo en un componente importante de la economía internacional, no sólo porque están sustentando la contraída fuerza de trabajo en los países desarrollados, sino también por las remesas que envían hacia sus países de origen, dinero en efectivo que alcanza los 167 mil millones de dólares por año[44]. La remesas de los trabajadores inmigrantes hacia los países en vías de desarrollo sobrepasan la ayuda directa de instituciones de países ricos[45]. En México, entran 20 mil millones de dólares en remesas cada año; para México es la segunda fuente de intercambio con el extranjero, sobrepasado sólo por los exportadores de petróleo[46]. Más del 60% de este total proviene de mujeres que viven en Estados Unidos[47]. Cuatro naciones de Centroamérica: El Salvador, Guatemala, Honduras y Nicaragua recibieron juntas solamente 7 mil millones de dólares provenientes de los trabajadores emigrantes[48].

43. Brian Grow el ál., "Embracing the Undocumented", *Business Week,* 13/7/2005.

44. "Top Ten Migration Issues of 2005: Remittances Reach New Heights", Migration Information Source Web site, 1 de diciembre de 2005, http://www.migrationinformation.org/Feature/display.cfm?id=355.

45. "Migration, Remittances and Development", Organization for Economic Cooperation and Development Web site, 21 de marzo de 2005, http://www.oecd.org/document/34/0,2340,en_2649_201185_35744418_1_1_1_1,00.htm.

46. "Legislators Go After Remittance Monies", Frontera NorteSur News, 19 de febrero de 2006.

47. "Según Laura Velasco Ortiz, investigadora del Colegio de Tijuana de la Frontera Norte, más del 60% de los 20 mil millones de dólares estimados en remesas recibidas por México son enviadas por mujeres, y un 39% por hombres". De "Latin America Border Series: The Century of the Woman Migrant", Frontera NorteSur News, marzo-abril de 2006, http://www.nmsu.edu/frontera/immi.html.

48. Kent Patterson, "Remittances Driving Central American Economies", Frontera NorteSur News, 17 de abril de 2006.

Las remesas son también una fuente sustancial de ganancias para los bancos de los países anfitriones. Por los 72 mil millones de dólares enviados a países en vías de desarrollo en el 2001, los trabajadores tuvieron que pagar a los bancos multinacionales un recargo de 12 mil millones de dólares, y los bancos radicados en EE.UU. no fueron una excepción:

> Los bancos norteamericanos obtienen enormes ganancias de las remesas enviadas por inmigrantes latinoamericanos a sus países de origen. En el 2001, se enviaron 28,4 mil millones de dólares a los países en vías de desarrollo desde los Estados Unidos. Aproximadamente un tercio de esa suma fue hacia México, proporcionando cerca de 1,5 millones de dólares a los bancos estadounidenses.
>
> Recientes proyecciones del Banco de México estiman que las remesas en dólares para el 2005 alcanzarán al menos 20 mil millones de dólares, una cantidad que duplica los ingresos por las exportaciones de vegetales, sector de la economía que está siendo estimulado por el Tratado de Libre Comercio con Norteamérica[49].

Y, como es usual, el capital estadounidense encontró la forma de beneficiarse en *ambos* lados de la frontera:

> Las mayores oportunidades de negocio y las de más rápido crecimiento asociadas con las remesas de los emigrantes han atraído recientemente al menos a dos de las principales FDI (inversión directa en el extranjero) de México. Valorado en 12.5 mil millones de dólares, el negocio Citigroup-Banamex en el 2001, es la mayor inversión al sur de la frontera hecha por una compañía norteamericana... En diciembre de 2002, el Bank of América pagó a Santander Bank 1,6 mil millones de dólares por parte de Serfin[50].

---

49. Roberto González Amador, "Migrant Dollars Drive Mexico's Economy", Frontera NorteSur News, marzo-abril de 2006, http://www.nmsu.edu/frontera/comm.html.
50. Toussaint, *Your Money or Your Life,* pp. 175-77.

Las ventajas de la transferencia de dinero han estimulado a las corporaciones y a los políticos radicados en EE.UU. a buscar otras formas de sacarle provecho. Un creciente número de bancos están ofreciendo servicios a los inmigrantes. Un artículo en *La Jornada* informaba que

> Según el Banco de México, cada año se realizan 51 millones de operaciones de transferencia de dinero desde Estados Unidos hacia México; cada transacción promedia 326 dólares. El negocio es muy ventajoso para los bancos norteamericanos y otras firmas que cobran una comisión por las transferencias. Un informe del Consejo Nacional de la Raza radicado en Washington estimaba que desde mediados de 2002 hasta principios de 2004, cerca de 400.000 nuevas cuentas bancarias se abrieron en Estados Unidos con prestaciones que ofertan servicios de remesas.

Finalmente, muchas de las remesas son recicladas en las ciudades fronterizas como El Paso y Laredo por compradores mexicanos que prefieren comprar en la parte estadounidense[51].

La hipocresía de la persecución

La hipocresía de perseguir a los inmigrantes mientras se benefician de ellos alcanzó nuevos niveles en Arizona a principios de 2006. El Comité de Apropiación de Viviendas de Arizona aprobó una resolución que añade un impuesto estatal del 8% a las transferencias electrónicas de dinero hacia México. El impuesto, que genera 80 millones de dólares cada año, será usado para financiar una cerca fronteriza doble o triple entre Arizona y México[52]. Con ellos, se está aplicando la misma lógica colonialista que los políticos han usado en Irak; primero destruyen la región y luego hacen que los habitantes paguen por su reconstrucción.

51. Roberto González Amador, "Migrant Dollars Drive Mexico's Economy".
52. "Legislators Go after Remittance Monies", Frontera NorteSur News, 19 de febrero de 2006.

Los trabajadores inmigrantes también pagan impuestos. Según un estudio realizado en 1997, los inmigrantes propietarios de viviendas pagan aproximadamente 133 mil millones de dólares en impuestos directos al gobierno federal, estatal y local. Otro estudio de la Academia Nacional de Ciencias descubrió que los inmigrantes benefician a la economía de EE.UU. en su conjunto, teniendo pocos efectos negativos sobre los ingresos y las oportunidades de trabajo de la mayoría de los nativos norteamericanos, añadiendo aproximadamente 10 mil millones de dólares a la economía cada año. En conjunto, según el estudio, futuros análisis mostrarán que "49 de los 50 Estados se benefician fiscalmente de la inmigración"[53].

Aunque los inmigrantes pueden extraer recursos del gobierno local, un estudio de la Academia Nacional de Ciencias realizado en 1997, señaló que ellos contribuyen como promedio con 1.800 dólares por persona más que los que ellos utilizan, sumando una contribución neta de 80.000 dólares más que los recibidos por sus descendientes en beneficios locales, estatales o federales[54]. Incluso el antiguo presidente de la Reserva Federal, Alan Greenspan, discretamente atribuyó a los trabajadores indocumentados un rol importante en mantener baja la tasa de inflación. De hecho, incluso el portavoz de la nación en asuntos de negocios, el *Wall Street Journal,* concluyó que la migración es más un gracia que una pesadilla. Una encuesta a destacados economistas de la nación, realizada por el periódico, estimó que el 59% de los encuestados piensa que el efecto de la migración ilegal en los salarios de los trabajadores de bajos ingresos es leve, y un 22% piensa que los inmigrantes no producen efecto en absoluto. Además, "casi todos los economistas –44 de los 46 que res-

53. "Myths and Facts in the Immigration Debate", informe en el sitio web del American Immigration Lawyers Association, August 23, 2005, http://www.aila.org/Content/default.aspx?docid= 17242.

54. "The Immigrants: Myths and Reality", Intelligence Report on the Southern Poverty Law Center Web site, primavera 2001, http://www.splcenter.org/intel/intelreport/ article.jsp? sid=173.

pondieron a la encuesta– creen que la inmigración ilegal ha beneficiado a la economía"[55].

Según el *New York Times*, puesto que la Ley de Reforma y Control de la Inmigración de 1986 establece multas a los empleadores que, a sabiendas, contratan a trabajadores indocumentados, la mayoría se han visto obligados a comprar tarjetas de seguridad social falsas para obtener trabajo. Aunque la mayoría de los indocumentados (un 75% estimado[56]) pagan seguridad social y Medicare a través de descuentos en el salario, se les niega remuneración en concepto de prestaciones.

Desde la década de 1980, la Administración de la Seguridad Social ha experimentado un crecimiento sostenido de informes W2 con números de seguridad social falsos que no corresponden a sus asalariados indocumentados. Guardados en los que se conoce como "carpeta de ingresos inciertos", ya que no hay un registro exacto de quién paga los impuestos, el fondo se ha multiplicado hasta llegar a la gigantesca cifra de 189 mil millones en recibos de salario, generando entre 6 y 7 mil millones en impuestos de la Seguridad Social y cerca de 1,5 mil millones de dólares en impuestos de Medicare, ninguno de los cuales puede ser reclamado por las personas que trabajaron para producirlos.[57] Esto pone a muchos trabajadores inmigrantes en el mismo bote que a "Miguel": "He trabajado aquí durante quince años y nunca he obtenido nada en pago al final del año... Sin papeles, no obtienes nada. El gobierno ha recogido el dinero de las jubilaciones y del cuidado médico. No sé qué harán con todo ello".[58] Un artículo del *Time Magazine* estima que durante el 2002, los inmigrantes indocumentados contribuyeron a la Seguridad Social con 463 mil millones de dólares[59].

55. Tim Annett, "Illegal Immigrants and the Economy", *Wall Street Journal*, 13 de abril de 2006.

56. Eduardo Porter, "Illegal Immigrants Are Bolstering Social Security with Billions", *New York Times*, 5 de abril de 2005.

57. Ibíd.

58. Ben Ready, "Help or Harm: Illegal Immigration's Effect on the Economy a Contentious Issue", *Daily Times-Call*, 30 de diciembre de 2005.

59. Lisa Takeuchi Cullen y Daren Fonda, "What it Means For Your Wallet", *Time Magazine*, 10 de abril de 2006.

Como parte de su esfuerzo para localizar los salarios no asignados, la Administración de la Seguridad Social envía cerca de 130.000 cartas anuales a los empleadores con un gran número de declaraciones de pago que no coinciden. Una consecuencia de estas "cartas de incoherencias", como las llaman, son los despidos a los trabajadores indocumentados, o su éxodo involuntario, provocado por el temor a que los apresen. No obstante, en un análisis de los datos de la Administración de la Seguridad Social por la Fundación Nacional para la Política Norteamericana (una organización política independiente) se encontró que para los niveles actuales de inmigración, los nuevos emigrantes que entren en Estados Unidos producirán un beneficio neto de 407 mil millones de dólares al sistema de la seguridad social en los próximos cincuenta años[60].

Los políticos anti-inmigrantes, deseosos de meter sus manos en el dinero de otros, están corriendo para bloquear cualquier intento de hacer coincidir esos fondos con sus verdaderos dueños. Una ley aprobada en el Congreso en junio de 2005 presentada por el representante J. D. Hayworth, prohíbe la distribución de los fondos de la seguridad a indocumentados. Después de su victoria, declaró: "Estoy orgulloso de que el Parlamento esté conmigo para manifestar nuestra determinación de que los extranjeros ilegales no roben los fondos de la Seguridad Social que están proyectados solamente para los norteamericanos retirados e inhabilitados"[61]. En otras palabras, los salarios ganados por los trabajadores inmigrantes son robados y usados para subsidiar una población envejecida de ciudadanos norteamericanos a través de los pagos de la Seguridad Social.

Además, los trabajadores indocumentados pagan otros impuestos, como los impuestos sobre la propiedad. Hace apro-

---

60. Amy M. Traub, "Principles for an Immigration Policy to Strengthen and Expand the American Middle Class", The Drum Major Institute for Public Policy Web site, http://www.drummajorinstitute.org/library/report.php?ID=21.
61. Billy House, "Bill Bars Migrants from Social Security Pay", *Arizona Republic,* 26 de junio de 2005.

ximadamente una década, el IRS comenzó a repartir "números individuales de identificación del contribuyente" (ITIN), para que las personas sin número de seguridad social legítimo pudieran pagar los impuestos sobre la renta y comprar viviendas[62]. Muchos decidieron pagar los impuestos sobre la renta para demostrar su voluntad de contribuir a la sociedad y cumplir con la ley, con la esperanza de obtener la ciudadanía algún día. Paradójicamente, el IRS creó sus propias leyes para meter sus manos en el dinero de los indocumentados, mientras otras instituciones del mismo gobierno federal perseguían a estas mismas personas. El IRS ha emitido más de 9,2 millones de ITIN desde 1996, 1.2 millones solamente en 2005. Como explicaba el comisionado del IRS, Mark W. Everson, "nuestro trabajo es garantizar que todos los que ingresen dentro de nuestras fronteras paguen los correspondientes impuestos, incluso aunque no estén trabajando legalmente"[63]. Y, por supuesto, los inmigrantes indocumentados pagan impuestos sobre las ventas locales y estatales cada vez que hacen una compra.

La verdad oculta

A los expertos anti-inmigrantes les gusta mencionar "el coste de la inmigración ilegal" con el uso selectivo de estadísticas aisladas y regionales sobre la educación y los cuidados médicos, mientras evitan deliberadamente el análisis de conjunto de la contribución a la economía. Repitiendo hasta la saciedad la cruda mentira de que los trabajadores indocumentados son "un vertedero de recursos", ignoran o esconden el hecho de que los gastos sociales de *todos los trabajadores* han sido recortados drásticamente en las últimas décadas, creando una escasez anormal. Por ejemplo, cerca de 46 millones de trabajadores no tienen

---

62. Anna Gorman, "Illegal Immigrants Can Be Legal Homeowners", *Los Angeles Times,* 8 de agosto d 2006.

63. Anna Gorman, "Here Illegally, but Choosing to Pay Taxes", *Los Angeles Times,* 17 de abril de 2006.

acceso a los servicios de salud. Más de la mitad de las quiebras son producto de las facturas por cuidados médicos, y dieciocho mil personas mueren cada año por el insuficiente acceso a los cuidados médicos. Esto ocurre a pesar de que Estados Unidos gasta más que cualquier otra nación en cuidados médicos[64].

De hecho, las crisis en los cuidados médicos y la educación son de carácter nacional y afectan a todos los trabajadores. La implementación de un sistema universal de cuidados médicos, que redirija muchas de la riquezas que los trabajadores producen para cubrir las necesidades médicas de todos (en lugar de producir ganancias para unos pocos) eliminaría la carencia inmediatamente. Incrementar el presupuesto para las escuelas en lugar de recortarlo eliminaría los problemas asociados con el hacinamiento que afecta a la clase trabajadora en todo el país.

Los entendidos también omiten deliberadamente el hecho de que muchos de los niños nacidos en EE.UU. de padres indocumentados son *ciudadanos*. Y aunque una ligera mayoría de los indocumentados no están asegurados, esto no se debe a que no trabajen. Según la periodista Hilary Abramson, "aproximadamente dos tercios de los niños no asegurados tienen padres con empleos a tiempo completo. Pero muchos empleadores evaden los crecientes costes recortando las prestaciones de las esposas y niños. Los que buscan seguros de salud privados pueden encontrar menores compensaciones, pero usualmente tienen mayor cobertura deducible y... 'mezquina'". Abramson cita a E. Richard Brown, director del Centro de Estudios sobre la Salud Latina de la UCLA, que explica: "pienso que las tendencias que observamos son una clara indicación de que nos están llevando hacia un precipicio al no poder ofrecernos cobertura de seguro médico para nuestras familias"[65].

64. "Affordable Health Care for All: Moving Beyond Political Deadlock" Universal Health Care Action Network presentación disponible en http://www.uhcan.org/files/SJHC/AHCSlides.ppt#279,1.

65. Hilary Abramson, "Latinos Feel Brunt of Job-Based Insurance Drop", *Pacific News Service*, 25 de agosto de 2005.

Además, las actuales leyes dan a los indocumentados sólo acceso a los servicios de emergencia, y se ven excluidos de recibir otros programas de salud disponibles para los ciudadanos. Un estudio publicado en *Los Ángeles Times* en marzo de 2006, muestra que, de los que no tienen seguro, sólo el 15% acuden a los servicios de emergencia de California[66].

Además, según un estudio conjunto de la Universidad de California y el Consejo Nacional de la Población del Gobierno mexicano, "la mayoría de los inmigrantes mexicanos llegan a Estados Unidos *en mejores condiciones de salud* que la población blanca norteamericana, pero su salud se deteriora a medida que permanecen, debido, en parte, a la falta de seguros y al cambio de vida"[67]. La escalada de la histeria anti-inmigrantes trabaja para desalentar a los trabajadores indocumentados de que busquen cuidados médicos. Según Tanya Broder, una abogada del Centro Nacional de la Ley de Inmigración, "Estamos viendo un verdadero auge de las medidas contra la inmigración... y engendran confusión y miedo que impide a las familias inmigrantes obtener la atención que necesitan"[68].

Por ejemplo, en el 2004, los centros de Medicare y otros servicios médicos propusieron que los hospitales notificaran el estatus de los pacientes que acuden a los servicios de emergencia a cambio de más dinero federal. Como explica Alejandra, una trabajadora indocumentada, "he oído que si usted acude a un doctor o a un servicio de emergencia, ellos pueden deportarlo... de suerte que mis cuatro hijos se quedarán sin mí porque no tengo documentos"[69]. Estas políticas, que aumentan la pobreza y el subdesarrollo de las comunidades de inmigrantes, se explican por las prácticas discriminatorias asociadas a la exclusión

---

66. Daniel Yi, "Most ER Patients Are Insured, Study Says", *Los Angeles Times*, 29 de marzo de 2006.

67. "U.S. Hazardous to Health of Mexican Entrants", Reuters, 16 de octubre de 2005.

68. Nina Bernstein, "Recourse Grows Slim for Immigrants Who Fall Ill", *New York Times*, 3 de marzo de 2006.

69. Ibíd.

cívica, a pesar de que el trabajo de los inmigrantes *subsidia* al resto de la sociedad estadounidense.

El estudioso de temas políticos Rodolfo O. de la Garza, atribuye el confinamiento de la mayoría de los trabajadores mexicanos en el más bajo escalón de la clase trabajadora a su relativa segregación. La división racial garantiza que cuatro generaciones de mexicanos-norteamericanos estén rezagadas, con respecto a los norteamericanos, en educación, vivienda e ingresos[70].

Aunque la "ilegalización" y el racismo reducen los salarios en su conjunto, los indocumentados son los que reciben el golpe más fuerte. El ingreso familiar promedio en el 2003 para los inmigrantes indocumentados que han permanecido en el país por menos de 10 años fue de 25.700 de dólares, mientras estos fueron considerablemente superiores para los inmigrantes legales (47.800 dólares) y los nativos (47.700 dólares)[71]. Pero hay más: las tasas de pobreza son astronómicas para los niños inmigrantes. Según un artículo de *Los Ángeles Times*, en California, "18,6% –más de 1,7 millones de niños– vivían en la pobreza el año pasado, de un 18,2% en el 2002. Tres cuartas partes de los niños pobres del Estado provienen de familias inmigrantes"[72].

No hay mayor ironía por parte de los movimientos antiinmigrantes: por un lado apoyan la segregación de los indocumentados, mientras, por el otro, alegan que *ellos* se niegan a integrarse. Por ejemplo, el congresista Tancredo, de Colorado, disfraza su desprecio por los latinos en esta consideración:

> En un discurso del 2003, apuntaba que "las anteriores generaciones de inmigrantes esperaban que sus hijos aprendieran inglés", añadiendo que, "sólo en los últimos tiempos hemos visto un movimiento

---

70. Anthony DePalma, "For Hispanic Immigrants in U.S., What Future?", *New York Times*, 27 de mayo de 2005.

71. Jeffrey Passel, "Unauthorized Migrants: Numbers and Characteristics", Pew Hispanic Center Web site, 14 de junio de 2005, http://pewhispanic.org/files/reports/46.pdf.

72. Dana Bartholomew, "Child Poverty Soars In LA", *Los Angeles Times*, 26 de agosto de 2004.

político que busca perpetuar una cultura paralela que no hable inglés y que por lo tanto no pueda participar completamente en la vida norteamericana".[73]

El mito estereotipado de que los inmigrantes mexicanos son "renuentes a integrarse" y que ellos "degradan el trabajo, evitan estudiar y son propensos al crimen" pervive aún en los discursos racistas como el de Tancredo. Tal mito continúa sustituyendo el discurso racional y alimenta las acciones de los nativistas, a pesar de que la realidad dicta todo lo contrario. De hecho, los mexicanos tienen un récord de integración superior al de los primeros inmigrantes:

> Un informe de 1892 del superintendente de inmigración norteamericano se refiere al "enorme influjo de extranjeros poco familiarizados con nuestro lenguaje y costumbres". Éste señala que "la mayoría de esos afortunados llegan aquí sin dinero y sin habilidades laborales", y advierte que se están convirtiendo en una "nueva clase indeseable".

Sin embargo,

> Esos grupos han estado entrando en Norteamérica durante largo tiempo, y hay razones para pensar que el progreso de los mexicanos ha sido más que rápido. James Smith de Rand Corp., un *think tank* de Santa Mónica, California, demostró que el progreso educacional a través de tres generaciones de mexicanos —los inmigrantes, sus hijos y sus nietos— es el mismo o mayor que el de los europeos que llegaron a finales de los años 1800 y principios de 1900[74].

La afirmación de que los indocumentados "se niegan" a integrarse es completamente falsa. Según un estudio realizado en el

---

73. Lisa Friedman, "Immigration Debate Has Familiar Ring", *Whittier Daily News*, 31 de diciembre de 2005.

74. Miriam Jordan, "Once Here Illegally, Mexican Family Savors Children's Success", *Wall Street Journal*, 20 de julio de 2005.

2005, sobre el uso del lenguaje inglés entre los inmigrantes, plantea que, "el dominio del lenguaje cambia drásticamente entre las generaciones de inmigrantes. Más del 70% de la primera generación es hispano hablante, pero esa cantidad se reduce a un 4% en la segunda generación y 0% en la tercera"[75].

A pesar de la demonización, los inmigrantes en general y los latinos en particular son siempre bienvenidos al Ejército norteamericano. Según un artículo del *New York Times*, "desde enero, cerca de 41.000 extranjeros residentes permanentes integraron las Fuerzas Armadas norteamericanas en Irak; 3.639 de ellos son mexicanos. Los mexicanos han sido el grupo, entre los 63 grupos de inmigrantes, con mayor cantidad de bajas mortales en acciones en Irak, según el Pentágono"[76]. Mientras el gobierno levanta barreras contra los mexicanos que intentan entrar al país, al mismo tiempo les abre las puertas del ejército y de la guerra. Como un incentivo especial, el Congreso creó en noviembre de 2003 una medida para convertir en ciudadanos de forma rápida, en sólo un año, a los inmigrantes que sirven en el ejército[77]. Para los inmigrantes, ésta no parece ser una opción peligrosa, dado que un trabajador emigrante muere diariamente tratando de cruzar la frontera con Estados Unidos.

Si es confuso que los adoradores de la "oferta y la demanda" rechacen sus propias "leyes de hierro" cuando se refieren a la distribución de la fuerza de trabajo, que erijan fronteras y que disfracen la contribución indispensable de la inmigración para su propio bienestar, la dimensión económica es más fácil de descifrar cuando se observa a través del lente político. El coro antiemigrante es un reflejo de los conflictos que han tenido lugar

---

75. Center for Continuing Study of the California Economy, "The Impact of Immigration".

76. James McKinley Jr., "In Mexico, Burying Soldiers Killed in a U.S. War", *New York Times*, 23 de marzo de 2005.

77. "Easing Path to Citizenship for ´Green Card Soldiers´", sumario de la legislación en la web de National Immigration Forum, http://www.immigrationforum.org/DesktopDefault.aspx?tabid=233.

dentro de la economía estadounidense. Por un lado, los inmigrantes son un blanco fácil para los políticos que buscan desviar la atención de las deficiencias inherentes al capitalismo; por otro lado, su integración legal a la clase obrera crea las condiciones para su participación en sindicatos y en procesos políticos, lo que constituye una amenaza para las superganancias de las corporaciones norteamericanas.

Parte IV

La guerra contra los inmigrantes

Capítulo 20

Las políticas de inmigración como medio de controlar a los obreros

El sistema educacional norteamericano aún enseña a los niños que Estados Unidos es una tierra de inmigrantes, a pesar de que la filosofía que respalda esa afirmación actualmente está anegada por una avalancha de restricciones. De hecho, la respuesta oficial hacia la inmigración ha sido siempre esquizofrénica, defendiéndola en algunos momentos y denunciándola en otros. Ha incluido a profetas, convencidos de que la inmigración destruirá a la nación; sin embargo, tanto la nación como la inmigración permanecen. En cierto momento, la mayoría de los "inmigrantes" se convirtieron en "norteamericanos" mientras otros fueron excluidos de ese derecho. En cada etapa de la inmigración, el camino hacia la ciudadanía ha sido disputado. ¿Por qué este tema está tan cargado de conflictos? Porque los propios fundamentos del capitalismo norteamericano descansan sobre la manipulación que se ha hecho de este fenómeno.

Desde los comienzos de la formación de Estados Unidos, la población de Norteamérica fue considerada una precondición para el éxito del capitalismo norteamericano. La primera "política de inmigración", la Ley de Naturalización de 1790 (que estaría en los libros casi cien años), "abrió las fronteras" a la mayoría de los trabajadores del mundo, permitiendo un camino inmediato hacia la ciudadanía, declarando que "cualquier extranjero, que fuera una persona libre y blanca y permaneciera durante dos años dentro de los límites jurisdiccionales de Estados Unidos, sería admitido como ciudadano... y los hijos de tales personas... también serían considerados ciudadanos de Estados Unidos"[1].

Dada la necesidad de fuerza de trabajo, no hubo barreras para los trabajadores del mundo —mientras no fueran africanos o indios, los dos grupos excluidos de la libertad y la ciudadanía desde el comienzo–. Para justificar la expulsión y el genocidio, a los indios se les negó la afiliación —ideológicamente hablando– dentro de la especie humana. La esclavitud fue el primer sistema de control masivo de la fuerza de trabajo en Estados Unidos. Cuando se abolió la esclavitud, la clase dominante continuó usando el racismo para dividir y controlar a la clase trabajadora. Y a través de una combinación de racismo y exclusión de los derechos ciudadanos el capital norteamericano mantiene degradados y segregados a los trabajadores mexicanos.

El desarrollo del capitalismo norteamericano se ha valido de instituciones de control sobre la clase trabajadora, privando a determinados sectores de la ciudadanía de la libertad de movimiento y de su participación política en sucesivas etapas de la historia (llegando hasta el presente). El medio de control más efectivo, aparte de la subyugación física, ha sido la institucionalización del racismo. Las leyes de inmigración, históricamente, han afilado los bordes más punzantes del prejuicio racial como forma de dividir a los trabajadores.

En una economía capitalista, los intereses más poderosos y ricos ejercen su influencia y su control sobre las instituciones oficiales del Estado y pueden así usar al Estado como proveedor y regulador de la fuerza de trabajo. Dado que el principal deseo de los capitalistas es obtener el máximo de ganancias, buscan el material humano más barato y controlable para que realice el trabajo. Las leyes de inmigración son, por lo tanto, necesariamente contradictorias. Inicialmente, las propuestas de inmigración derivan del imperativo económico: es decir, la razón entre los trabajadores existentes y el crecimiento esperado de los

---

[1]. Hoffman y Gjerde, *Major Problems in American History,* vol. 2, p. 80.

empleos determina si habrá políticas de apertura o de cierre. Adoptan ulteriores formas políticas según *cuán* separada y controlada pueda estar la mano de obra importada, y según sea usada, además, como cuña contra las organizaciones laborales existentes.

Una vez que se establecen y codifican los elementos centrales, los temas secundarios se negocian con los representantes de la sociedad civil, creando la ilusión de un esquema pluralista, cuando el hecho es que el capitalismo trabaja con los grupos de intereses y los representantes políticos para cubrir sus necesidades laborales y garantizar la pasividad de los trabajadores.

La clase trabajadora multirracial, multinacional y unida es la mayor amenaza para la hegemonía del capital, puesto que los trabajadores constituyen el mayor poder para combatir la explotación por medio de la organización colectiva en los centros de trabajo y en la comunidad. Las políticas de inmigración han servido para difuminar a la clase trabajadora a través de criterios raciales y nacionalistas y han ayudado a formar planos de conciencia separados y contrapuestos como los de ser "norteamericano", "blanco" o "ciudadano" contra los de ser "mexicano", "inmigrante" o "ilegal". Estas designaciones reacomodan artificialmente las divisiones sociales *dentro* de la clase trabajadora, en lugar de colocarlas en la imperfecta línea que divide el trabajo del capital. En el corazón de las restricciones a la inmigración está la competencia, dado que, bajo el capitalismo, los trabajadores compiten por los escasos recursos asignados por un supuesto Estado neutral. Como explicaba Karl Marx,

> la competencia separa a los individuos unos de otros, no sólo a los burgueses sino más bien a los trabajadores. Por lo tanto, pasa un largo tiempo antes de que esos individuos se vuelvan a reunir... Cualquier poder organizado que supervisa y está en contra de esos individuos aislados... sólo puede ser vencido después de prolongadas luchas[2].

---

2. Citado en Hal Draper, *Karl Marx's Theory of Revolution*, vol. 2, *The Politics of Social Classes* (Nueva York: Monthly Review Press, 1978), p. 66.

Las políticas de inmigración también han servido para filtrar y excluir inmigrantes que simpaticen con sindicatos o políticos con conciencia de clase, proveyendo un medio para aislar, castigar y deportar a aquellos que participan en actividades de protesta aunque trabajen dentro de Estados Unidos.

A veces, los diferentes sectores del capital pueden entrar en contradicción sobre propuestas legislativas más inclusivas o más excluyentes, pero manteniéndose la universalmente beneficiosa cláusula de "controlar al trabajador". Finalmente, las leyes de inmigración vienen a reflejar los medios por los cuales la clase capitalista mantiene fragmentada a la clase trabajadora y sostiene su hegemonía ideológica.

En la segunda mitad del siglo XX, Estados Unidos no tuvo parangón en la producción industrial, alcanzando valores de producción de 1.885.862.000 de doláres en 1860 llegando hasta 11.406.927.000 de doláres en 1990.[3] La transición hacia una economía industrial, la incorporación de vastos territorios ricos en recursos por medio de la conquista y el mantenimiento creciente de la participación en el mercado mundial, se vieron ante el dilema de la insuficiencia de la fuerza de trabajo. Para facilitar la formación de un proletariado industrial, las sucesivas administraciones adoptaron la política consciente de abrir las fronteras. Como señala la historiadora del movimiento obrero Kitty Calavita:

> En 1880, más del 70% de la población en las mayores ciudades de Norteamérica eran inmigrantes o hijos de inmigrantes... De forma creciente, los extranjeros fueron constituyendo el grueso de la fuerza de trabajo industrial... (Tanto es así que) Samuel Lane expresó que "no todo extranjero es un trabajador, pero en las ciudades, al menos, se puede decir que todo trabajador es un extranjero"[4].

---

3. Kitty Calavita, *U.S. Immigration Law and the Control of Labor: 1820-1914* (Londres: Academic Press, 1984), p. 39.

4. Ibíd., p. 41.

Las políticas de inmigración

En los primeros años de la expansión industrial, los trabajadores inmigrantes eran reclutados en masa, naturalizados una vez ingresados e introducidos en los campos o en las fábricas. Durante los picos de inversión capitalista y las altas tasas de ingresos, la inmigración y el acceso sin trabas al "flujo" lucrativo de mano de obra extranjera fueron alabados por los principales negocios.

Durante las épocas de escasez de mano de obra y expansión económica, el arquetipo del robusto, fervoroso y maleable inmigrante –en busca de oportunidades– servía para abrir más las fronteras. En tiempos de contracción del capital, como las recesiones y depresiones, u otras amenazas a la estabilidad de las ganancias, la admiración por los inmigrantes se deshacía hasta llegar al desdén. En esos períodos volátiles, el inmigrante era caracterizado como una fuerza maliciosa para la sociedad, responsable de todos los padecimientos que amenazaban a la nación.

Los sindicatos y las organizaciones de izquierda que buscaban fortalecer el poder colectivo de los trabajadores, definen a la extrema izquierda de la conciencia pública, mientras el nativismo, una corriente política populista que busca dividir a los nativos de los nacidos en el extranjero, representa la extrema derecha. Aunque ambas corrientes existen dentro de la clase trabajadora, son ideologías contrapuestas: el nativismo defiende los intereses del capital y el internacionalismo sirve a la clase trabajadora. A veces, los sindicatos han estado en el lado equivocado. Por ejemplo, la Federación Americana del Trabajo y su sucesor, AFL-CIO, han apoyado las restricciones a los derechos de los inmigrantes en tiempos de crisis.

Aunque las oscilaciones de la economía no determinan automáticamente las políticas de inmigración, contribuyen a crear las condiciones en las que las fuerzas políticas manipulan el sentimiento de inseguridad y aislamiento. En el giro incierto del ciclo en los negocios las organizaciones autóctonas crecen, se contraen o resurgen. Más comúnmente, los grupos capitalistas dominantes determinan el discurso migratorio a través de propuestas legislativas o partidos políticos, o en otra coyuntura, con una voz unificada.

En los años posteriores a la guerra civil, la trayectoria del crecimiento industrial se abrió a la importación masiva de trabajadores inmigrantes. El jubiloso optimismo provocado por el crecimiento económico se reflejó en una caracterización sobre la inmigración que hizo el *Chicago Tribune*: "Europa abrirá sus puertas como una ciudad conquistada. Su gente vendrá hacia nosotros subyugada por nuestra gloria y envidiando nuestra paz perfecta. Hacia las Montañas Rocosas e incluso hacia el Pacífico nuestra poderosa población se diseminará... hasta que nuestros treinta millones se tripliquen en treinta años"[5].

Un destacado periódico de negocios también promovía la "inmigración esencial" en 1882, expresando que "cada inmigrante que llegue a nuestras costas se suma a la capacidad de producir riquezas para la nación. Más aún, insufla nueva vida y energía en cualquier rama de los negocios, el comercio y la industria. Tanto el consumo como la producción se incrementan con su presencia"[6].

La historia particular de Estados Unidos como nación deliberadamente poblada por extranjeros, significó que, en un momento dado, los trabajadores extranjeros podían constituir entre el 8% y el 20% de la población, aunque otra cantidad significativa es aportada por los hijos de los inmigrantes.

En los primeros años de formación de la economía norteamericana moderna, los trabajadores nacidos en el extranjero no sólo fueron necesarios para el desarrollo sino también para controlar la conciencia de clase entre los trabajadores integrados a la sociedad. Los inmigrantes fueron importados deliberadamente para reemplazar a los huelguistas o para ocupar empleos sobre la base de su marginalidad y exclusión dentro de Estados Uni-

---

5. John Higham, *Strangers in the Land: Patterns of American Nativism, 1860-1925* (Nueva Brunswick: Rutgers University Press, 1988), p. 14.

6. Calavita, *U.S. Immigration Law*, p. 122.

Las políticas de inmigración

dos. "Las reducciones de salarios fueron llevadas a cabo a través de los inmigrantes que se comportaban como rompehuelgas. Huelga tras huelga de los mecánicos de Pittsburgh en la década de 1840, fueron quebradas por inmigrantes importados. Los tejedores en Kensington fueron repetidamente derrotados por el reclutamiento de inmigrantes rompehuelgas recién llegados"[7]. Consecuentemente, los capitalistas tenían interés en mantener a los inmigrantes manipulados, intimidados y vulnerables.

Las prácticas de exclusión de los primeros sindicatos contribuyeron a la alienación de los empobrecidos inmigrantes o los emigrantes de otras regiones que se vieron inducidos a cambiar de bando. Aunque, históricamente, los inmigrantes se acomodaban a los bajos salarios (puesto que los bajos salarios en Estados Unidos resultaban altos comparados con los de sus países de origen), una vez integrados a la clase trabajadora –es decir, una vez que adquirían la ciudadanía y los derechos sindicales– se aclimataban a mejores estándares de vida convirtiéndose en excelente blanco para las organizaciones sindicales[8].

Desafortunadamente, el liderazgo sindical no siempre apreció este hecho. El aislamiento de los inmigrantes llevó a la idea generalizada de ver su trabajo como el que los "norteamericanos no desean hacer". En verdad, la superexplotación de los inmigrantes es un monumento a la degradación de las condiciones laborales en determinados sectores, llevando a un observador a comentar que, "las condiciones de trabajo y las escalas salariales reflejan la capacidad de negociar con la fuerza de trabajo individualmente y no colectivamente: los trabajadores inmigrantes no están allí porque existen trabajos 'arduos y mal pagados' por hacer, sino al revés, los trabajos arduos y mal pagados existen porque los trabajadores inmigrantes están presentes"[9].

---

7. Ibíd., p. 25.

8. Para una revision experimental sobre las ventajas de la participación sindical, ver Lawrence Mishel y Matthew Walters, "How Unions Help All Workers", Economic Policy Institute Briefing Paper #143, agosto de 2003, http://www.epinet.org/content.cfm/briefingpapers_bp143.

9. Calavita, U.S. Immigration Law, p. 27.

Como consecuencia, principalmente a través de las huelgas, las protestas y otras formas de lucha de clases, los inmigrantes llevan a cabo su real integración sociopolítica y logran "norteamericanizarse" en el sentido de que son aceptados en las formaciones colectivas y de clase que les ofrecen la protección y el progreso que se les había negado anteriormente. Kitty Calavita explica este proceso refiriéndose a los primeros grupos de inmigrantes:

> Los mismos grupos de inmigrantes, irlandeses y alemanes, que suministraron a los capitalistas fuerza de trabajo barata y obediente, ahora son los mismos que, como un caballo de Troya, constituyen el armazón de la lucha de clases mediante huelgas y actividades sindicales. Éste necesita la continua inmigración de fuerza de trabajo barata, una condición que contribuye al conflicto de clases cuando las tácticas son rechazadas. Esta ironía de que los mismos grupos nacionales que ahora fomentan la lucha de clases hayan sido elementos de su división... subraya el hecho de que los procesos dialécticos no son propulsados por los atributos personales de los individuos o grupos étnicos individuales, sino que son estructurales[10].

Por esta razón los capitalistas se mantienen hostiles hacia los sindicatos y buscan privar a las generaciones de inmigrantes del derecho a la afiliación, utilizando al Estado directamente cuando se necesita cumplir este objetivo.

A finales del siglo XIX, los capitalistas invirtieron más tiempo y energías en las políticas de inmigración, creando, financiando y aliándose con movimientos ideológicos que buscaban desarrollar legislaciones restrictivas. Las políticas propuestas se dirigían a restringir la ciudadanía, no como un medio de frenar la inmigración, sino como un medio de expandir las filas de los trabajadores sin ciudadanía. En momentos de lucha de clases o declive económico, los capitalistas estuvieron prestos a formar alianzas temporales con grupos que adoptaban posi-

---

10. Ibíd., p. 49.

ciones excluyentes basadas en el estatus cultural, racial y económico.

Como el capital no es monolítico, los sectores en competencia empujan unos contra otros en la cuestión de las necesidades a corto plazo *versus* los intereses a largo plazo. Incluso durante los períodos de estancamiento y depresión, las industrias dependientes de inmigrantes abogan por que continúe el acceso a la fuerza de trabajo barata, aunque sectores menos dependientes de la clase dominante se lamentan de los costes de mantenimiento y reproducción de la fuerza de trabajo excedente en concepto de asistencia social, educación, confinamiento y cuidados de salud. Ambos ven el valor político de achacar el fracaso del sistema a los trabajadores mismos.

Estos tipos de cismas producen frecuentemente múltiples propuestas legislativas que reflejan los intereses de los sectores. Pero es importante recordar que todos los sectores del capital están interesados en mantener la máxima flexibilidad de la fuerza de trabajo en su conjunto y pueden, por lo tanto, unirse al sentimiento anti-inmigrante estableciendo restricciones políticas sobre los trabajadores inmigrantes una vez que están en Estados Unidos, aunque continúen permitiendo su ingreso.

Abrir o cerrar completamente las fronteras puede tener un efecto deletéreo en las ganancias, puesto que lo primero permitiría la igualación de los derechos para los trabajadores y lo segundo restringiría el acceso a la *tan necesaria fuerza de trabajo de bajo coste*. El resultado es que las políticas de inmigración contienen mecanismos tanto para la importación como para la deportación de trabajadores. Entretanto, la construcción social en la frontera combinada con las barreras físicas actuales que la marcan, sirve para recordar a los miembros de la clase trabajadora su estatus: tanto "legal" como "ilegal", en cualquier caso, una posición frágil.

Para resumir, los capitalistas, conscientes de su estatus de clase, se percatan de la necesidad de desestabilizar y retardar el proceso de integración y solidaridad de clase que, al final, permitirá a los trabajadores inmigrantes aumentar su poder negociador. Los políticos, actuando en interés del capital, desarrollaron una doble estrategia para controlar al trabajador: externamente, "filtrando" la inmigración, e internamente, con la práctica de la ciudadanía selectiva, forma de segregación aprobada legalmente. Este proceso transformó de forma gradual el aparato de Estado en un mecanismo mediante el cual la importación de fuerza de trabajo es permitida o restringida, según los dictados de las políticas de inmigración y la ayuda de sus agencias de apoyo anexas.

Capítulo 21

La estructura racista y clasista de las restricciones a la inmigración

La revolución industrial de Estados Unidos implicó cambios masivos en la producción de bienes y en la naturaleza del trabajo. El auge del proletariado industrial —agrupado en grandes fábricas y compuesto fundamentalmente por trabajadores inmigrantes superexplotados— marcó el declive de la "clase trabajadora tradicional". Los artesanos, campesinos y propietarios de pequeños negocios fueron desplazados por las producciones fabriles y la industrialización de la agricultura. A medida que los inmigrantes pasaban a ser el esqueleto, el músculo y la carne del movimiento obrero industrial, muchos de los desplazados pasaban a las filas de los movimientos autóctonos. Entretanto, como respuesta al creciente movimiento obrero industrial y a la inestabilidad en los ciclos del comercio, los capitalistas apoyaban activamente las restricciones inmigratorias.

Cuando el movimiento obrero comenzó a luchar contra las barreras que impedían su organización y sindicalización (puesto que no eran actividades respaldadas legalmente hasta la década de 1930), las organizaciones autóctonas y los pensadores burgueses lanzaron una mayor ofensiva ideológica. Con el objetivo de dividir a la clase obrera por medio de separaciones nacionales y de raza, estos grupos atacaron las raíces no occidentales de los trabajadores inmigrantes, achacando la pobreza y el radicalismo a sus "orígenes foráneos", e inspirando a las complacientes ramas legislativas y ejecutivas a esculpir políticas restrictivas hacia la inmigración sobre bases racistas y nacionalistas.

La estructura racista de la identidad de Estados Unidos antecedió al establecimiento de la nación. El sangriento nacimiento de la esclavitud en el período colonial requirió de la deliberada división racial entre los rebeldes europeos y los sirvientes africanos. Los "padres fundadores" vincularon la ciudadanía con la raza cuando otorgaron la "ciudadanía naturalizada" a las "personas libres y blancas" en 1790[1]. Siguiéndolos a ellos, los capitalistas de los siglos XIX y XX manipularon a su conveniencia al proletariado industrial recién formado y multiétnico. Los disparejos grupos étnicos fueron segregados en barrios y aislados cultural y lingüísticamente en sus centros de trabajo. Un organizador sindical de la Federación de Obreros Norteamericana escribió en 1911:

> Hemos visto cómo los norteamericanos en las fábricas de textiles de New England han sido desplazados gradualmente por polacos, italianos y griegos, y esto ha creado muchas dificultades para establecer el sindicato en estas fábricas. Los empresarios han contratado a empleados de dos o más nacionalidades distintas, ingeniándoselas para crear desunión entre ellos[2].

En las primeras etapas, los conflictos entre los diferentes grupos étnicos fueron promovidos por los capitalistas basándose en diferencias culturales como el lenguaje y la religión. Los trabajadores irlandeses, frecuentemente a la vanguardia en la lucha de clases a mediados del siglo XIX, eran ridiculizados de "salvajes" y "agitadores" por las organizaciones autóctonas y censurados por sus creencias católicas. De hecho, el primer movimiento contra los inmigrantes, el partido de los Know-Nothing, nació en oposición a la presencia de inmigrantes irlandeses y alemanes en los años 1850[3].

1. Takaki, *A Different Mirror*.
2. Philip S. Foner, *History of the Labor Movement in the United States*, vol. 3, *The Policies and Practices of the American Federation of Labor 1900-1909* (Nueva York: International Publishers, 1981), p. 266.
3. Fundado en 1849, también se llamó Partido Americano. Se le llamó Partido Know-Nothing (ignorantes) por su carácter secreto y por sus frecuentes respuestas "No sabemos" cuando se le preguntaba a los miembros por sus actividades.

El sentimiento anti-irlandés creció en parte por el desdén residual que muchos ingleses tenían hacia ellos, combinado a una aversión clasista como trabajadores por ser frecuentemente inexpertos, integrantes de los primeros sindicatos y ser una fuente constante de militancia laboral[4]. Los *Know-Nothing* culpaban a los inmigrantes irlandeses del desplazamiento que experimentaban los expertos trabajadores ingleses. "Nuestros ciudadanos odian trabajar al lado de los irlandeses... y rechazan su contacto... Es el mismo sentimiento que hace imposible que un respetable hombre blanco trabaje al lado de un esclavo del sur"[5].

No satisfechos con su fanatismo, los autóctonos desarrollaron teorías seudocientíficas que respaldaran sus acciones. De esta forma, comenzaron un proyecto anteriormente utilizado por los esclavistas. En fecha tan temprana como la década de 1840, los científicos, pagados por dueños de plantaciones, construyeron teorías para ayudar a salvar al impugnado sistema esclavista. Uno de esos científicos, Dr. Samuel Cartwright, señalaba

> que la piel negra de los afroamericanos, unida a sus deficiencias de glóbulos rojos, conlleva a un menor tamaño en el cerebro, resultando una menor inteligencia y un bajo sentido moral. Esta teoría llevó a Cartwright a postular que la esclavitud era una cura para esta afección psicológica en los negros, puesto que "permitía a los pulmones realizar la tarea de vitalizar la sangre de forma más perfecta que si los dejaban en libertad"[6].

El impacto de esta estrategia de "divide y vencerás" se desvaneció cuando los trabajadores vencieron sus dificultades lingüísticas y se fueron uniendo cada vez más a los sindicatos y

---

4. Para una discusión más completa sobre el radicalismo irlandés en Estados Unidos, ver David A. Wilson, *United Irishmen, United States: Immigrant Radicals in the Early Republic* (Ithaca, NY: Cornell University Press, 1998).

5. Hoffman and Gjerde, *Major Problems in American History,* vol. 2, p. 155.

6. William H. Tucker, *The Science and Politics of Racial Research* (Urbana, IL: University of Illinois, 1994).

huelgas a medida que avanzaba el siglo. Las primeras y segundas generaciones de trabajadores irlandeses y del este de Europa hablaban perfectamente inglés y no podían diferenciarse de los occidentales. Al estar en la misma caldera los inmigrantes europeos y los anglo-norteamericanos, los restriccionistas de la inmigración se concentraron en la biología y en la raza, un cambio que coincidió con el aumento de inmigrantes no europeos.

Los defensores de las restricciones inmigratorias se basaron en previas teorías raciales orientadas a justificar la esclavitud, destacando las diferencias biológicas intrínsecas como justificación a la exclusión de inmigrantes. A los diferentes grupos étnicos se les atribuyeron rasgos culturales y biológicos que impedían su "integración" en la sociedad norteamericana o que les daban una propensión hacia el comportamiento "antisocial". El primer objetivo fue la inmigración china.

Puesto que las organizaciones reaccionarias atacaban, en tiempos de crisis social, a los sectores más vulnerables de la clase trabajadora inmigrante, estos tenían el apoyo de los capitalistas que buscaban disminuir el alcance de la lucha de clases y desviarla de la producción. Esto fue más apremiante cuando los trabajadores blancos empezaron a participar en la lucha de clases y a desafiar directamente al capital. Por ejemplo, cuando la gran huelga de los ferrocarriles de 1877, los autóctonos argumentaron que la presencia de trabajadores chinos era la causante de la agitación, debido a que fueron particularmente los trabajadores chinos los que organizaron una huelga en los ferrocarriles diez años antes. Uno de estos grupos, la Liga para la Exclusión de Asiáticos planteaba:

> El conflicto es inherente a la situación siempre y cuando dos razas tan distintas convivan en la misma comunidad, pues la historia ha demostrado que esto produce celos y discordias que culminan en una contienda por la supremacía racial... No se dejen engañar por la esperanza ilusoria de que la raza amarilla puede fusionarse... a través de

matrimonios mixtos. La propia idea es descabellada y nauseabunda dadas las diferencias físicas, mentales y morales...[7]

La Ley de Exclusión de Chinos de 1882, que apartaba a la mayoría de la inmigración china, constituyó la primera ley exclusionista que se basaba en las "cualidades inherentes" de las personas. Las subsiguientes migraciones de China eran ahora "ilegales" y los chinos eran incriminados. Similares patrones de segregación racial seguirían este ejemplo, dando a la clase dominante un medio de construir chivos expiatorios y debilitar la fuerza de clase. Como explica el historiador Ronald Takaki, "la Ley de Exclusión de Chinos fue en realidad síntoma de un conflicto mayor entre los trabajadores blancos y el capital: la exclusión de los chinos fue diseñada no sólo para dispersar a los trabajadores blancos sino también para aliviar las tensiones de clase dentro de la sociedad blanca"[8].

De algún modo, el separar a los obreros debido a su "irreconciliabilidad" con las ideas inglesas de la identidad norteamericana (después de todo, los capitalistas, los políticos y la intelectualidad eran "ingleses"), daba la impresión de que los incrementos salariales y los recursos del Estado serían redirigidos a los blancos si los chinos eran eliminados, algo que nunca se materializó. Al mismo tiempo, la inmigración fue señalada como la causante del empobrecimiento económico, en lugar de culpar a los errores y las injusticias del sistema como tal.

La "exclusión asiática" se extendió e incluyó a los japoneses no mucho después. Los trabajadores japoneses habían logrado reunirse en negocios colectivos y adquirir tierras en California. Los principales agricultores de California, los Goliat de la política de Estado, orquestaron el desmantelamiento legal de la ciu-

---

7. Jon Gjerde, *Major Problems in American Immigration and Ethnic History: Documents and Essays* (Boston: Houghton Mifflin, 1998), p. 279.

8. Citado en Lance Selfa y Helen Scott, *No Scapegoats, Why Immigrants Are Not to Blame* (Chicago: Bookmarks, U.S., 1995), p. 17. Disponible *online* en http://www.isreview.org/issues/46/Immigrationpamphlet.pdf.

dadanía japonesa a través de sus agentes en el gobierno, debido en parte al éxito de los campesinos japoneses en competencia con los agricultores ingleses. El gobernador de California, William Dennison Stephens, se lamentaba en 1920:

> Los japoneses en nuestro medio están marcando una fuerte tendencia hacia la propiedad y el control de la tierra... con normas y métodos muy diferentes a las occidentales... han evolucionado gradualmente hacia el control de muchas de nuestras principales industrias agrícolas... Es evidente que, sin mecanismos de restricción más efectivos, en muy poco tiempo, históricamente hablando, la población japonesa que vive entre nosotros representará una porción considerable de nuestra población en su conjunto, y su control sobre ciertos productos alimentarios esenciales será absoluto...[9].

El desarrollo del radicalismo entre los obreros "blancos" (tanto nativos como nacidos en el extranjero) causó una renovación del paradigma de la supremacía blanca. Según los autóctonos y los capitalistas que los respaldaban, incluso los "extranjeros" blancos eran potencialmente amenazantes. Los autóctonos desarrollaron "teorías genéticas" que clasificaban a las personas dentro de una jerarquía biológica, justificando así la exclusión y a la vez generando una explosión de movimientos racistas. Así lo explica el historiador Matthew Frye Jacobson:

> La historia política de la pureza blanca y sus vicisitudes entre los años 1840 y 1920, representa un cambio en la forma de implementar el racismo –desde la incuestionable hegemonía de una unificada raza de "personas blancas" hasta la "adaptación" a una fragmentada jerarquía de diferentes razas blancas[10].

---

9. Hoffman and Gjerde, *Major Problems in American History,* vol. 2, p. 183.
10. Matthew Frye Jacobson, *Whiteness of a Different Color: European Immigrants and the Alchemy of Race* (Cambridge: Harvard University Press, 1998), p. 43.

La participación de los inmigrantes en las huelgas y los movimientos sociales incluyó la nueva categoría de "radicales" para definirlos. Puesto que muchos trabajadores industriales —y consecuentemente, sindicalistas del comercio y líderes huelguísticos— a finales del siglo, habían nacido en el extranjero, el capital caracterizaba a la militancia obrera como una importación del extranjero. Según una declaración de la Asociación Nacional de Productores de Lana, denunciando la actividad huelguística de Trabajadores Industriales del Mundo (IWW), "esta perniciosa organización de origen europeo fue creada por una invasión extranjera de anarquistas y socialistas, criminales y marginados de otras naciones". La Liga Americana de Protección de Aranceles definió la huelga de los textiles de Lawrence en 1912 como una huelga de "italianos y otros operarios nacidos en el extranjero"[11].

El creciente clamor por acabar con la militancia obrera llegó a su clímax. En 1915, hablando por la causa del gran capital, Theodore Roosevelt, llamó a una ofensiva contra los trabajadores extranjeros:

> No podemos dejar las minas, las plantas de municiones y los recursos generales en manos de trabajadores extranjeros, extraños para Norteamérica e incluso hostiles hacia Norteamérica de existir algún tipo de maquinación... No podemos correr el riesgo de tener en tiempo de guerra a obreros que trabajen en los ferrocarriles o en las plantas de municiones, que pueden destruirnos, cumpliendo órdenes de sus países de origen[12].

Los años de la Primera Guerra Mundial, fueron testigos de una confluencia de factores que precipitaron el advenimiento de las restricciones a la inmigración sobre bases "raciales". Explosivas huelgas recorrieron todo el país: durante los años de guerra de 1914 hasta 1917, el número de huelgas y paros forzosos subió

---

11. Calavita, *U.S. Immigration Law*, p. 106.
12. Gjerde, *Major Problems in American Immigration*, p. 317.

vertiginosamente de 1.204 a 4.450. En el tumultuoso año 1919, alrededor de 4 millones de trabajadores fueron a la huelga[13]. La militancia obrera de Estados Unidos coincidió con la triunfante revolución de los trabajadores de Rusia, que alteró el paisaje político internacional, obligando a los capitalistas a presenciar con horror cómo los trabajadores tomaban el control del gobierno ruso.

Este período de militancia obrera coincidió con un cambio gradual en los patrones de inmigración, donde la inmigración del oeste y norte de Europa fue dando paso primeramente a inmigrantes del sur y del este de este mismo continente y luego a la masiva inmigración mexicana. La fuerza de trabajo industrial resultante, diversa, masiva, de carácter sindical y deseosa de erradicar las condiciones de trabajo inmundas y violentas del siglo diecinueve, representaron una amenaza mayor para la hegemonía del capital empresarial.

Cuando la economía estadounidense se hundió en la recesión de 1919, fue más visible la presencia de trabajadores inmigrantes empobrecidos y desempleados en la "tierra de las oportunidades". En estas condiciones surgieron nuevos movimientos autóctonos que ganaron audiencia en los entresijos del poder. Sus actividades anti-inmigrantes se emplearon contra el radicalismo de la clase trabajadora inmigrante. En 1919, el Buró Federal de Inmigración, comenzó a perseguir a los extranjeros asociados a los miembros de IWW –los "wobblies"– por el crimen de militancia obrera. El fiscal general del presidente Woodrow Wilson, A. Mitchell Palmer, deseoso de aplastar al naciente movimiento obrero, apeló al Congreso en favor de una "asignación especial" para deportar a los radicales, advirtiendo a los legisladores que los "rojos" planeaban "levantarse y destruir el gobierno de un solo tirón"[14].

13. David Montgomery, *Workers' Control in America: Studies in the History of Work, Technology, and Labor Struggles* (Nueva York: Cambridge University Press, 1979), p. 97.
14. Higham, *Strangers in the Land*, p. 229.

La estructura racista y clasista de las restricciones   251

El 2 de enero de 1920, después de recibir luz verde, Palmer dirigió varias agencias de policía, el Buró de Inmigración y el Departamento de Justicia en una redada en treinta y dos ciudades, persiguiendo a los inmigrantes sospechosos de simpatizar con los radicales. Alrededor de tres mil personas fueron encarceladas y/o deportadas. Como muchos alegaron ser miembros de partidos "radicales" (como IWW o el Partido Obrero Comunista), se decidió que su presencia violaba legislaciones previas de exclusión de "anarquistas y subversivos". Con el consentimiento de Wilson, fueron emitidas autorizaciones que legalizaban retroactivamente las encarcelaciones[15]. Las deportaciones jugaron un papel significativo en el debilitamiento del movimiento laboral y sirvieron como advertencia para los inmigrantes que querían mejorar sus condiciones de trabajo y permanecer en el país. Las redadas también sirvieron de catalizadores para la carrera profesional de J. Edgar Hoover –lugarteniente de Palmer– y para el auge del Buró Federal de Investigaciones (FBI), la sombría agencia que sirve de fuerza policial y política de la nación.

La masiva pobreza de la clase obrera industrial con el tiempo se convirtió en punto de preocupación para el propio capitalismo. Uno de los principales industriales del siglo XX, Henry Ford, se preocupaba de que el incremento de la desigualdad sirviera de acusación sistemática al capitalismo. Para contrarrestar las críticas de desigualdad estructural, él, como muchos capitalistas de la actualidad, defendió el darwinismo social, la creencia de que la pobreza era una consecuencia de "especies inferiores" inadaptadas que eran incapaces de emular el "espíritu emprendedor" genéticamente inherente al "buen norteamericano". Esta filosofía continúa hasta nuestros días en el axioma de que los pobres son pobres porque les falta ambición o inteligencia, o vienen de una cultura que no promueve la prosperidad. También está embebida en la idea generalizada de que los inmigrantes

---

15. Higham, *Strangers in the Land*, pp. 229-31.

"viven a costa del sistema de ayudas", pues esta afirmación (incorrecta) asocia la pobreza con el estatus de inmigrante, en lugar de asociarla a los bajos salarios, las pobres condiciones de trabajo y el racismo.

Los trabajadores inmigrantes fueron importados para trabajar y pasaron a ser cíclicamente ociosos e indigentes por causa de una errática economía, no por causa de su carácter o su cultura. Una vez empobrecidos, forzosamente entran en una vida acechada por el crimen, las enfermedades y la inmundicia. Pero es más conveniente (y barato) culpar a las víctimas que cambiar el sistema. En 1903, el Congreso de Estados Unidos, reflexionó sobre una ley que impediría a los inmigrantes pobres entrar al país, y así disminuir la "carga financiera" al Estado. Sus consideraciones reflejaban, pero no parecían reconocer, la relación existente entre la pobreza y las necesidades de la industria.

> Las estadísticas de varios Estados presentaron algunas revelaciones relacionadas con la gran carga que representan los inmigrantes para instituciones penales y de caridad de todo el país... (no obstante) es evidente... que las legislaciones deben ser cuidadosamente consideradas... (y nosotros) debemos evitar medidas tan drásticas que dejen incapacitada a la industria, la agricultura y los negocios de transporte norteamericanos[16].

Es decir, ellos necesitan estar seguros de importar sólo la cantidad justa de pobres y ser capaces de expulsarlos cuando ya no sean necesarios. Achacando a los trabajadores pobres la culpa de la pobreza, el capital se libera a sí mismo de la necesidad de sustentar al excedente de trabajadores en épocas de crisis. Tal legislación también expande la brecha entre los trabajadores nativos e inmigrantes, produciendo problemas sociales y competencia por los escasos recursos, derivados de las azarosas altas y bajas del ciclo capitalista, atribuyéndolos a los defectos biológicos y culturales de los "extranjeros".

16. Calavita, *U.S. Immigration Law*, p. 86.

La estructura racista y clasista de las restricciones 253

Para capitalistas como Andrew Carnegie y Leland Stanford, el naciente movimiento "eugenésico" ofrece un método "científico" para entender las vastas riquezas y la extrema desigualdad de la sociedad industrial. Legitiman las ideas apócrifas del darwinismo social, que ve a las clases sociales como un inexorable y natural subproducto de la "selección natural"[17].

Los eugenicistas argumentan que las capacidades, los comportamientos y las cualidades están determinados por la raza. Usando datos falseados, trazan las diferentes razas de acuerdo a una escala jerárquica que coloca a los europeos del norte en la cumbre y varias personas de color en los peldaños inferiores. Además, atribuyen a la raza los crímenes, las anormalidades, la pobreza y otros fenómenos sociales malignos. Buscan contrarrestar la crítica sistemática de los conflictos sociales, ganando así los corazones y las mentes de los que quieren conservar su poder y sus riquezas. Como apunta el historiador Edwin Black, "Norteamérica estaba lista para los eugenicistas... pues los estratos más instalados de la sociedad norteamericana estaban amenazados por el caos demográfico que azota a la nación"[18]. En otras palabras, esperan disciplinar a la clase trabajadora inmigrante poniéndola "fuera de control".

Promover una identidad norteamericana blanca y anglosajona sirve de bastión contra la clase obrera multiétnica que se apodera de una buena porción de las riquezas nacionales. El racismo "científico" comenzó a proliferar en las academias de mayor nivel e influencia, las tres ramas del gobierno y un grupo de defensores ricos del gran capital. Penetró la conciencia de la clase obrera nativa y blanca a través de la dudosa noción del "privilegio por afiliación", que la clase dominante defiende para así dividir, diferenciar y debilitar la conciencia colectiva de la clase trabajadora.

---

17. Para una exhausta demolición del racismo científico ver Stephen J. Gould, *The Mismeasure of Man* (Nueva York: W. W. Norton & Company, 1996).

18. Edwin Black, *War Against the Weak: Eugenics and America's Campaign to Create a Master Race* (Nueva York: Thunder's Mouth Press, 2004), p. 23.

El movimiento eugenésico hizo algo más que simplemente "identificar" las "diferencias" raciales. Abogó por la esterilización de las "personas inferiores", los criminales, los enfermos mentales y otros grupos que amenazan con "degradar" los "valores norteamericanos". Emergieron fundaciones muy bien financiadas para promover la "ciencia" eugenésica y facilitar su introducción en la academia. En 1914, unas cuarenta y cuatro instituciones de enseñanza superior ofrecieron conferencias sobre la eugenesia y por los años 1920 este número se incrementó en centenares, llegando a 20.000 estudiantes al año.[19] El superestrato académico de la clase dominante se convirtió en el principal expositor de la teoría; rectores y directores de las principales universidades, psicólogos y sociólogos en posiciones prestigiosas e incluso políticos de alto rango se unieron al coro de celebración de la eugenesia, y

> con el tiempo, el movimiento eugenésico y sus defensores comenzaron a hablar en un lenguaje común que llegaba hasta la mayoría de los filósofos norteamericanos más influyentes. El 3 de enero de 1913, el antiguo presidente Theodore Roosevelt escribió a (Charles) Davenport, (uno de los fundadores del movimiento eugenésico): "Coincido con usted... en que la sociedad no tiene derecho a permitir que se reproduzcan los degenerados... algún día nos daremos cuenta de que el primer deber, el ineludible deber, del ciudadano correcto y de bien, es dejar su sangre en el mundo; y que no tenemos derecho a permitir la perpetuación de ciudadanos del tipo incorrecto"[20].

Varios Estados aprobaron diversos niveles de legislaciones eugenésicas. Indiana, por ejemplo, permitió la esterilización forzosa de los "degenerados". También abogaban por el cierre de las fronteras a los "inmigrantes inferiores", una práctica que engranaba con los deseos de los autóctonos y de los sectores del capital.

19. Ibíd., p. 75.
20. Ibíd., p. 99.

La estructura racista y clasista de las restricciones 255

La Ley de Inmigración de 1924, "estableció cuotas estrictas que limitaban a los inmigrantes de países de 'inferior' rango, según los eugenicistas, particularmente los del sur de Europa y Asia". El presidente Calvin Coolidge, que firmó la ley, había dicho cuando era vicepresidente: "Norteamérica debe conservarse norteamericana... Las leyes biológicas demuestran que los nórdicos se deterioraron cuando se mezclaron con otras razas"[21]. La ley estableció una cuota basada en el censo de 1890, que registraba el mayor porcentaje de la "deseada variedad racial". Esas cuotas preservaban un desbalance en la inmigración que favorecía a los europeos del norte y del oeste, recibiendo éstos el 85% de las cuotas permitidas hasta 1965.

---

21. "People and Discoveries: Eugenics Movement Reaches its Height, 1923", artículo en la web de PBS, http://www.pbs.org/wgbh/aso/databank/entries/dh23eu.html.

Capítulo 22

Fabricando un trabajador mexicano "ilegal": El racismo y los obreros mexicanos

Para los trabajadores mexicanos, la historia de su segregación comenzó con la guerra entre México y Norteamérica (abordada en el capítulo 12). Una guerra de conquista en la que Estados Unidos adquirió la mitad del territorio mexicano. Desde la guerra, México ha subsidiado continuamente el crecimiento de la economía norteamericana exportando generaciones completas de trabajadores hacia el norte y suministrando gran parte de la fuerza de trabajo que construyó la infraestructura agrícola e industrial de la nación así como gran parte de su cultura[1]. No obstante, el legado de la contribución mexicana es ignorado y distorsionado con el objetivo de negar la conexión histórica entre los inmigrantes mexicanos y la tierra y sus derechos a participar legítimamente como ciudadanos en el sistema político estadounidense.

Aunque favorecidos como trabajadores, los mexicanos nunca han sido bienvenidos como ciudadanos o buenos candidatos para la integración social. Por ejemplo, la primera constitución de California restringía el derecho al voto "a los ciudadanos hombres y blancos de Norteamérica y a los ciudadanos, hombres y blancos de México"[2]. La exclusión de los "mexicanos

---

1. Por ejemplo, los mexicanos desarrollaron gran parte de los fundamentos económicos y culturales del "Oeste" (la cultura *cowboy*, la ganadería, la minería, etc.) que luego serían no sólo expropiados por los historiadores y los cineastas sino redefinidos y romantizados como una "experiencia norteamericana" por domesticar al "oeste salvaje".
2. Constitución de California de 1849, art. 2, sec. 1.

no blancos" garantizaba que la segregación racial estuviera aprobada por la mayoría. Similares estatutos segregacionistas fueron codificados en Texas y a través del sudoeste, estableciendo las bases de un conjunto de leyes excluyentes que convertían a los mexicanos en "extranjeros"[3]. La migración mexicana, incentivada por el explosivo crecimiento de la capacidad industrial norteamericana, fue introducida en los confines de una sociedad segregada racialmente.

Las leyes que excluían la inmigración después de 1924 eximían a "los del hemisferio occidental", de modo que la inmigración mexicana permaneció inalterable y los trabajadores mexicanos eran considerados por el capital del sudoeste la fuerza de trabajo óptima. A pesar del fanatismo histórico contra ellos, los inmigrantes mexicanos estuvieron un buen tiempo separados de la histeria anti-inmigrantes dirigida contra los asiáticos, así como contra los europeos del este y del sur. También estuvieron separados de los grandes centros de población, congregándose predominantemente en las regiones agrícolas.

Sin embargo, este período de relativa gracia duró relativamente poco tiempo. En 1928, tanto la Cámara como el Senado tuvieron una audiencia sobre la inmigración mexicana en la que se plantearon un número de restricciones. Los oponentes a la inmigración mexicana –desde el congresista de Texas, John C. Box, la oficina eugenésica de la Institución Carnegie, hasta varias "sociedades patrióticas" y "ligas de restricción"– graznaron al unísono a la administración de Hoover para excluir a los mexicanos de EE.UU. pues su "condición biológica inferior" pesaba más que el beneficio temporal de su fuerza de trabajo de bajo coste. El presidente del Comité de Inmigración y Naturalización de la Cámara, Albert Johnson, santificó el coro y concluyó que, "la tarea de nuestro comité es preparar los estatutos propuestos que desarrollarán los norteamericanos de acuerdo a las

---

3. Por ejemplo, el impuesto a los mineros extranjeros y la Ley Federal de la Tierra privaban a los mexicanos de sus derechos a las minas y a la tierra respectivamente.

Fabricando un trabajador mexicano "ilegal" 259

líneas raciales e institucionales que dejaron los fundadores de la nación, tanto como pueda hacerlo el control de inmigración"4. Finalmente, los mexicanos cayeron en la clasificación eugenésica, creándose el "terror pardo" entre los obsesionados con la pureza racial. Además de abogar por el cierre de la frontera, los eugenicistas planteaban que los inmigrantes mexicanos de Estados Unidos debían ser esterilizados, excluidos de los servicios públicos, y finalmente, deportados a la fuerza. Poco tiempo después, los mexicanos (y los mexicanos-norteamericanos) fueron víctimas de la primera campaña de deportación masiva en el país. Las inmigraciones siguientes fueron incriminadas, segregadas y deshumanizadas por medio de su estatus emergente de "ilegales".

En la audiencia del Comité de Inmigración y Naturalización de la Cámara en 1930, se presentó un cerrado debate que enfrentó los intereses agrícolas contra los autóctonos sobre el problema de la inmigración mexicana dentro de Estados Unidos. Testificando en favor de los intereses agrícolas hacia la tolerancia de los inmigrantes mexicanos, un doctor tranquilizó a los congresistas diciéndoles que, "los mexicanos eran una necesidad inofensiva y sosegada en tanto que ellos realizan la mayoría de nuestro trabajo rudo, la agricultura, la construcción y el trabajo de las calles. No tienen efecto sobre el estándar de vida norteamericano pues no son más que una manada de perros pastores bastante inteligentes"5.

El llamamiento a la exclusión y a la deportación, expresado en el lenguaje de la nueva "ciencia racial", se convirtió en cacofonía al estallido de la Gran Depresión. Hablando desde la Cámara de Representantes, el congresista por Texas, John Box, introdujo legislaciones para deportar a los inmigrantes mexicanos, argumentando que "todas las razones que llaman a la exclusión de las personas más espantosas, ignorantes, sucias, enfermas y degradadas de Europa o Asia demandaban que la masa de

4. Reisler, *Sweat of Their Brow*, p. 208.
5. Acuña, *Occupied America*, p. 221.

ignorantes, sucios y plebeyos provenientes de México fuera detenida en la frontera..."[6].

Después que este sentimiento fue rotundamente aprobado por el Congreso, los mexicanos (y los mexicanos-norteamericanos) fueron reunidos y deportados o se marcharon voluntariamente. Entre 1929 y 1935, se estima que más de medio millón de personas retornaron, obligada o voluntariamente, a México. Si uno considera que los hijos de los deportados nacieron en EE.UU., y por lo tanto eran ciudadanos norteamericanos, debemos concluir que más de la mitad de esos deportados eran ciudadanos norteamericanos[7].

No es difícil observar también cómo la inestabilidad social y la militancia de la clase trabajadora precipitada por la gran depresión contribuyeron al cambio de actitud hacia los trabajadores mexicanos. En medio del colapso de finales de los años 20, la clase capitalista y sus voceros en la administración de Hoover se aferraron a la boya salvadora del chivo expiatorio racial para mantenerse flotando. Atacando a la creciente población de trabajadores mexicanos (el censo de 1930 reportó más de 1,4 millones de mexicanos que residían en Estados Unidos[8]) la élite del país esperaba alejar de ella la furia de la clase obrera blanca.

La deportación, la exportación de trabajadores no deseados orquestada por el Estado, brinda a la clase capitalista el control absoluto sobre la movilidad de los trabajadores. Señalando y expulsando un sector de la clase trabajadora, la clase dominante también evita el problema de tener que disminuir el desempleo, la pobreza y otras consecuencias de la contracción económica, a través de programas de asistencia. La deportación, al ser llevada a cabo por el Estado, recarga el coste de la extracción en otros

6. John Box, "Immigration Restriction", en Digital History Web site, http://www.digitalhistory.uh.edu/mexican_voices/voices_display.cfm?id=92.
7. Acuña, *Occupied America*, p. 222.
8. Citado en Francisco Balderrama and Raymond Rodríguez, *Decade of Betrayal: Mexican Repatriation in the 1930's* (Albuquerque: University of New Mexico Press, 1995), p. 7..

sectores de la clase trabajadora. Cuando el capitalismo se estabiliza, el Estado puede reiniciar la importación de trabajadores (a través de los programas para el trabajador temporal o las políticas de inmigración liberales), una vez más cubriendo el coste de las políticas implementadas con el dinero del contribuyente.

La deportación puede ser usada selectivamente para vigilar el comportamiento de los trabajadores indocumentados u otros inmigrantes en Estados Unidos. Según los historiadores de la inmigración Francisco E. Balderrama y Raymond Rodríguez, la deportación selectiva ha sido usada históricamente por "empleadores inescrupulosos" en connivencia con agentes de inmigración locales:

> (La inmigración y la deportación) fueron hechas para servir a las necesidades de agricultores e industriales influyentes. Las regulaciones fueron implementadas cuando se necesitó de trabajadores mexicanos para las cosechas o para incrementar la producción en las minas o en las líneas de ensamblaje. Lo contrario era aplicado cuando la fuerza de trabajo mexicana excedía la demanda de temporada. Entonces la deportación ocurría en los centros de trabajo, usualmente antes del día de pago, convirtiéndose en algo común. Estas ofensivas eran conducidas en algunas ocasiones por empleadores inescrupulosos[9].

El cierre de la frontera y la deportación selectiva también sirven a los objetivos de la política exterior durante épocas de guerra para inflamar las llamas, útiles desde el punto de vista político, de la ansiedad y el temor. En 1952, durante el ascenso del macartismo, tuvo lugar una respuesta violenta contra la inmigración mediante la Ley Walter-McCarran. La ley impuso un sistema nacional racista de cuotas, y estaba dirigida a contrarrestar lo que los conservadores llamaban una actitud relajada del gobierno hacia la "inmigración ilegal" y la amenaza de una "infiltración comunista" a través de las fronteras. La Ley Walter-McCarran consideraba una felonía importar o albergar —pero no

9. Balderrama y Rodríguez, *Decade of Betrayal*, p. 9.

dar empleo– a un trabajador indocumentado. El derecho a dar empleo sin infringir la ley, una cínica concesión a los agricultores, dirigía la persecución hacia los contratistas de bajo nivel, los contrabandistas y hacia los mismos trabajadores. También prohibía la admisión o presencia de inmigrantes "comunistas" o "subversivos" de cualquier tipo. La ley se convirtió en una herramienta en las manos de los agricultores y los funcionarios de inmigración, que podían con facilidad rotular de comunistas a los intransigentes organizadores sindicales y así eliminarlos.

La confluencia del racismo, el macartismo (amplificado por la invasión de Estados Unidos a Corea) y la recesión económica de 1953, influyó en las masivas redadas paramilitares y las deportaciones llevadas a cabo como parte de la Operación Espaldas Mojadas en 1954: "Los oficiales del INS, Patrulla Fronteriza, el FBI y otros agentes federales, el ejército, la marina y los *sheriffs* locales junto a la policía entraron en acción en una auténtica operación de redada militar que envió cerca de dos millones de mexicanos a las cárceles más cercanas, a los centros de detención o a los cruces fronterizos"[10].

La deportación demostró ser una herramienta efectiva para prevenir la formación de sindicatos entre los trabajadores mexicanos. En 1936, el minero y organizador sindical Jesús Pallares fue deportado como "extranjero indeseable" a pesar de haber vivido durante veintitrés años en Estados Unidos. Los operarios mineros de New México y los *sheriffs* locales solicitaron a los agentes de inmigración imponerle a Jesús cargos de "alborotador" y simpatizante con las "organizaciones comunistas". El *sheriff* local lo expuso así: "Tenemos problemas con Jesús Pallares por las huelgas en el condado... Él es un extranjero proveniente de México. Debemos actuar de una vez para acabar con estos problemas y poder vivir en paz en el condado"[11].

10. Cockroft, *Outlaws in the Promised Land*, p. 77.
11. Zaragosa Vargas, *Major Problems in Mexican-American History* (Boston: Houghton Mifflin, 1999), pp. 280-81.

Fabricando un trabajador mexicano "ilegal"

Durante las campañas sindicales agrícolas de los años 1960 y 1970, la Patrulla Fronteriza fue llamada frecuentemente para romper las huelgas. Como explicaba un huelguista: "mientras estuvimos tranquilos y trabajando por nada, la Patrulla Fronteriza no hizo nada. Ahora que estamos en huelga nos muestran las vallas y nos amenazan..."[12].

Después de sesenta y cuatro años de la expulsión de Jesús Pallares de Estados Unidos, la deportación de inmigrantes para evitar su organización en sindicatos continúa siendo una rutina. Por ejemplo, en el 2000, el administrador del Hotel Holiday Inn en Minneapolis informó al INS de ocho de sus trabajadores indocumentados por involucrarse en un sindicato. Las ocho sirvientas eran miembros de un grupo sindical negociador y fueron arrestadas cuatro días después que una mayoría de trabajadores votaron para unirse al sindicato. Seis de las ocho fueron encarceladas y a todos se les impuso la deportación[13].

Las políticas de inmigración, influenciadas por temas raciales y de clase y dada la proximidad con México, reflejan a fin de cuentas un sistema con dos caras mediante el que los trabajadores mexicanos son segregados y apartados del resto de la clase trabajadora designando a algunos como "ilegales". Esta definición peyorativa está cargada del prejuicio anti-mexicano del pasado, codificado ahora en un discurso "pasable". Expresada en un lenguaje de legalidad, se mantiene como medio de división y exclusión para sustentar mejor la hegemonía del capital sobre los trabajadores.

---

12. Selfa and Seott, *No Scapegoats*, p. 23.

13. "INS Grants Deportation Relief to Minneapolis Immigrant Workers Fired for Union Activities", *Immigrants Rights Update* 14, n.º 3, 6 de junio de 2000. Disponible en National Immigration Law Center Web site, http://www.nilc.org/immsemplymnt/wkplce/enfrcmnt/wkplcenfrco12.htm.

Capítulo 23

Un doble estándar de inmigración

Mientras algunos inmigrantes son excluidos por asuntos raciales, políticos y de nacionalidad, el Congreso de Estados Unidos tiene arreglos especiales para inmigrantes más "limpios", es decir, aquellos alineados con la política exterior de Estados Unidos. Comenzando con la administración de Eisenhower, las puertas se abrieron por decreto ejecutivo para aquellos inmigrantes que combatían o no respetaban a los "enemigos" de Estados Unidos. Conocido como "poder de libertad condicional" y diseñado originalmente para individuos, se fue expandiendo hasta incluir grandes grupos de anticomunistas húngaros, cubanos, chinos y vietnamitas[1].

Estos bloques de inmigrantes solían estar repletos de capitalistas exiliados, militares y miembros de partidos políticos ilegales. En Estados Unidos, se reagrupaban en comunidades altamente organizadas, bien financiadas y políticamente conectadas que se alineaban a los objetivos imperialistas más agresivos del país anfitrión. Con ello, no sólo mejoraban su estatus económico, sino que buscaban apoyo para un eventual "retorno" al poder en sus países de origen con la ayuda de Estados Unidos. Es interesante notar que los refugiados de países no "enfrentados" con Estados Unidos, aunque fueran víctimas de regímenes despóticos, no recibían el mismo tratamiento. Los salvadoreños que huyeron de la guerra civil en la década de 1980 fueron repatriados repetidas veces, enfrentando muchos la persecución. En Haití, las personas que abandonaron el país tras el golpe militar de 1991 fueron encarcelados en campos de concentración antes

---

1. Reimers, *Still the Golden Door*, p. 25.

de ser repatriados, teniendo que encarar a los escuadrones de la muerte.

Otras "excepciones" incluyen los visados selectivos para los que tienen habilidades especiales y la ciudadanía para los que arriesgan sus vidas al servicio del imperialismo norteamericano. Por ejemplo, mientras a sus hermanos se les impidió categóricamente entrar al país, a los soldados filipinos que se unieron al ejército estadounidense durante la Segunda Guerra Mundial se les otorgó la ciudadanía. Desde el 11 de septiembre, el Pentágono y los reclutadores han sacado provecho de las dificultades que enfrentan los inmigrantes para obtener la ciudadanía. Los "soldados tarjeta verde", como se les llama burlescamente, se comprometen con el deber activo a cambio de una vía rápida para obtener la ciudadanía. Muchos de estos soldados inmigrantes son mexicanos, alentados a pelear por los ideales de la nación, mientras sus hermanos y hermanas enfrentan el racismo y la deportación. Según David Reimers, las políticas de inmigración favorecedoras han servido de ficha de cambio internacional, usadas para aplacar "a los aliados extranjeros de Norteamérica, o ganar el favor de las potencias neutrales"[2].

Para aquellos inmigrantes que traen un dineral consigo, EE.UU. despliega la alfombra verde, otra forma de que las riquezas globales disfruten de un movimiento libre. La Ley de Inmigración de 1990, por ejemplo, cambió las relaciones de clase de la inmigración concediendo fácil acceso a la ciudadanía a aquellos que disponen de suficiente dinero para invertir en Estados Unidos. La ley contenía estipulaciones para 10.000 inmigrantes anualmente que invertirían un millón de dólares o más en negocios, o 500.000 dólares en industrias deprimidas económicamente. Howard Ezell, antiguo director del INS y promotor del libre acceso a los inmigrantes ricos, sacó ventaja de estas estipulaciones y comenzó a "vender licencias para negocios de lavado de coches y venta de salchichas a los 'navegantes' del mundo

---

2. Ibíd., p..36.

prestos a llegar". Posteriormente fue coautor de la notoria antiinmigrante Propuesta 187 de California[3].

Las cuotas nacionales basadas en las "reservas raciales preferenciales" fueron finalmente desmanteladas en el contexto del movimiento por los derechos civiles y su demolición de las leyes racistas norteamericanas. En lugar de eso, se establecieron cuotas "universales", incluyendo por primera vez las que ponían tope a la inmigración mexicana: los legisladores limitaron la inmigración del "hemisferio occidental" a 120.000 personas por año. La inmigración legal de México fue reducida a 20.000 anuales en 1977. Muy consciente de que cerca de medio millón de indocumentados eran deportados cada año, el Congreso bendijo el proceso de ilegalización, garantizando que después de 1965, el inexorable influjo de obreros mexicanos sería relegado al submundo del sistema de castas laborales[4].

Las dos principales formas de entrar al país son a través de las relaciones familiares o de los canales laborales. La mayoría de los nuevos inmigrantes legales entraban como niños pequeños, esposas o padres de ciudadanos norteamericanos. Otras 226.000 plazas son reservadas para otros miembros familiares, cerca de 27.000 para cada país. Para los países donde hay gran número de peticiones el proceso es acumulativo. El tiempo de espera para que un ciudadano traiga a una esposa o a un hijo menor es de siete años, mientras para traer a un hermano o un hijo adulto es como promedio veintidós años[5]. Para Irene Velázquez, la agonía de esperar más de cinco años para obtener el visado y reunirse con su esposo –un recolector de champiñones en Pensilvania– la llevó al intento desesperado de cruzar la frontera por el desierto de Arizona. Pereció en el calor abrasador y su

---

3. *Shifting Borders: Rhetoric, Immigration, and California's Proposition 187* (Philadelphia: Temple University Press, 2002), pp. 45-46.

4. Reed Ueda, *Postwar Immigrant America: A Social History* (Boston-Nueva York: Bedford/St. Martin's, 1994), p. 46.

5. Claudine LoMonaco, "Push Is on for Faster Immigration", *Tucson Citizen*, 4 de julio de 2004.

cadáver fue recuperado sólo después que su perturbado esposo dejó su trabajo para salir a buscar frenéticamente su cuerpo en una remota región montañosa[6].

El segundo canal legal, el visado de trabajo, permite sólo 140.000 candidatos por año, y sólo 10.000 plazas se reservan para obreros de baja cualificación. El proceso requiere que el empleador demuestre que no ha podido encontrar un norteamericano que haga el trabajo, proceso que puede tomar hasta dos años. Después de esto, la espera puede llegar a cuatro años para que el trabajador obtenga el visado.

Cuando uno considera que hay 10.3 millones de trabajadores indocumentados empleados en Estados Unidos, es obvio que los canales legales están destinados al fracaso. Como declaraba un inmigrante, "Hemos probado por las vías legales y no hemos podido. Mejor le digo a mi hijo que venga ilegalmente"[7]. Entretanto, los negocios continúan obteniendo ganancias dada la situación. Teniendo acceso a la enorme masa de trabajadores vulnerables que han sido obligados a entrar al país sin derecho alguno, los jefes establecen las condiciones de trabajo y los salarios que ellos quieran.

Las leyes de inmigración y las deportaciones han sido fabricadas e implementadas durante años no para dinamizar a la ciudadanía o detener la inmigración, sino para fragmentar perennemente a la clase obrera. La apropiación por parte del capital del aparto del Estado para el control de la inmigración fabricó a los trabajadores "ilegales", una construcción totalmente artificial cuyo sólo propósito es privar a la clase obrera internacional "norteamericana" de sus derechos democráticos.

---

6. Ibíd.

7. Sergio Bustos, "Backlog Keeps Immigrants Waiting Years for Green Cards", Gannet News Service, 27 de julio de 2004.

Capítulo 24

Militarización de la frontera: Una garantía de muerte para el trabajador inmigrante

El advenimiento de las fronteras significó la creciente dominación de una "clase propietaria" sobre el mercado, los recursos y los trabajadores de una región en particular, y definió los límites territoriales de clases propietarias rivales. A través de generaciones, las fronteras se han ido transformando en extensiones naturales de la "nacionalidad" aunque ellas han existido sólo en el 1% de la historia de la humanidad[1]. En casi toda la historia de EE.UU. no existió frontera con México, ni real ni imaginaria. Sólo en 1917 se establecieron puntos de ingreso para controlar la migración mexicana; el movimiento libre a través de la frontera permaneció hasta la Segunda Guerra Mundial. Aunque los principales puntos de entrada fueron militarizándose gradualmente después de 1954, la idea de la frontera como medio de evitar el movimiento no había sido ni una intención ni una realidad. Sólo después de 1970, la frontera se fue transformando de una división política entre dos países en una "barrera fortificada", la última línea de defensa de la "patria".

Incluso hoy, la frontera es en buena parte una escena del teatro político. Aunque los muros han estado presentes en ciertas regiones desde 1994, están ahí para crear una imagen de control. La frontera existe más para determinar el estatus de los inmigrantes que para "frenar a los invasores". No obstante, se le identifica políticamente como "la última línea de defensa" del pueblo norteamericano, su cultura y su economía, diseñada y

---

1. Perea, *Immigrants Out!*, p. 223.

rediseñada para adecuarse a los objetivos de la política exterior estadounidense en las sucesivas administraciones. Durante el transcurso del siglo XX, la frontera ha constituido un medio de explotar el temor y cosechar el apoyo del público. La militarización de la frontera –que incluye un personal creciente, la unión de las patrullas con las fuerzas armadas, la introducción de tecnología militar y la construcción de murallas (originalmente un subproducto de la guerra fría)– comenzó en la década de 1970 con las administraciones de Ford y Carter.

En 1976, el comisionado del INS, Leonard Chapman, se manifestó contra "una vasta y silente invasión de extranjeros ilegales"[2]. William Colby, antiguo director de la CIA, hizo comentarios similares. "La amenaza más obvia es que van a existir alrededor de 120 millones de mexicanos al finalizar el siglo", dijo Colby. "(La Patrulla Fronteriza) no tendrá suficientes municiones para detenerlos"[3].

La oleada de inmigración en la década de 1970 y la emergencia de los movimientos revolucionarios en Centroamérica, opuestos a los dictadores apoyados y financiados por EE.UU., intensificó más la tensión en la frontera. Los presidentes Carter y Reagan usaron el tema de la inminente invasión migratoria para justificar el financiamiento para la militarización de la frontera. En la administración de Carter, el presupuesto de Patrulla Fronteriza se incrementó en un 24%, y su personal creció en un 8,7%[4]. Las fuerzas también experimentaron una significativa mejora en equipamientos, "desde la creciente construcción de

---

2. William Langewiesche, *Cutting for Sign* (Nueva York: Pantheon, 1993). Citado en "Immigration: Crossing the Line", un artículo sobre Texas State Comptroller Web site, http://www.window.state.tx.us/border/chI/chII.html.

3. Carlos Rico, "Migration and U.S.-Mexican Relations" en Christopher Mitchell, ed., *Western Hemisphere Immigration and U.S. Foreign Policy* (University Park, PA: Penn State University, 1991). Citado en "Immigration: Crossing the Line", un artículo sobre el Texas State Comptroller Web site, http://www.window.state.tx.us/border/chI/chII.html

4. Timothy J. Dunn, *The Militarization of the U.S.-Mexico Border, 1978-1992: Low-Intensity Conflict Doctrine Carnes Home* (Austin, TX: CMAS Books, 1996), pp. 37-38.

alambradas hasta el despliegue de helicópteros y modernizados sensores de terreno"[5].

El alarmismo de la administración Carter sentó las bases para la posterior sacudida de derecha de la administración Reagan. Reagan alteró radicalmente la percepción pública de la frontera dibujándola como el portal de las tres mayores "amenazas" hacia Estados Unidos: las hordas de inmigrantes pobres, los subversivos de Centroamérica y los narcotraficantes. Para prevenir la "ola de refugiados" e impedir la entrada de "terroristas y subversivos que están a sólo dos días de camino de Harlingen, Texas", Reagan sentó las bases para una nueva era de patrullaje fronterizo. La participación de personal militar en el entrenamiento de agentes fronterizos para el uso de accesorios militares fue autorizada y justificada por una nueva doctrina de seguridad nacional:

> Las presiones en nuestras fronteras por países caribeños y centroamericanos —particularmente México— hacen evidente que en un futuro previsible, no como en el pasado, Estados Unidos tendrá que mantener una política exterior, incluyendo medidas preventivas y profilácticas, que tendrá como uno de sus objetivos la protección de nuestras fronteras contra la excesiva inmigración ilegal[6].

Durante los años de Reagan, los financiamientos para Patrulla Fronteriza se incrementaron en un 130%, la mayoría de estos para su reforzamiento. Los centros de detención fueron ampliados, se establecieron puntos de control y el número de agentes se incrementó en un 82%[7]. La histeria inmigratoria culminó con la aprobación de la Ley de Reforma y Control de la Inmigración de 1986, que designaba a miembros de Patrulla Fronteriza como agentes para el control de drogas.

5. Nevins, *Operation Gatekeeper*, p. 67.
6. Dunn, *Militarization of the U.S.-Mexico Border*, p. 2.
7. Nevins, *Operation Gatekeeper*, p. 68.

Pero las peores consecuencias de la militarización de la frontera ocurrieron desde que el anterior presidente Bill Clinton lanzó la Operación Guardabarrera en 1994. "No podemos tolerar la inmigración ilegal", escribió en 1996, jactándose de que "desde 1992, hemos ampliado Patrulla Fronteriza en un 35%; desplegando sensores subterráneos, visores infrarrojos y radiofonía encriptada; construyendo millas de nuevas cercas; e instalando cantidades masivas de nuevos alumbrados"[8].

Clinton estableció un nuevo estándar para la militarización de la frontera, y la actual administración Bush ha impulsado el proceso aún más. "Nuestro objetivo es claro: devolver a cualquier persona que entre ilegalmente, sin excepciones", dijo Bush a los congresistas y funcionarios de inteligencia de la Casa Blanca[9] en diciembre de 2005. Esto fue después de firmar 32 mil millones de dólares para 2006 para Seguridad de la Patria, que contenía una buena parte para el reforzamiento de la frontera, incluso miles de agentes de Patrulla Fronteriza adicionales[10].

Las propuestas legislativas actuales, patrocinadas por republicanos o demócratas, contienen el lenguaje y los medios para intensificar la guerra contra los inmigrantes. Bajo la HR 4437 (Ley Sensenbrenner), la nación tendría que gastar más de 2,2 mil millones de dólares en la construcción de cinco vallas fronterizas en California y Arizona que cubrirían una longitud de 698 millas al coste astronómico de 3,2 millones de dólares por milla. Ésta no sólo convertiría en criminal a la migración indocumentada sino que también incriminaría cualquier acto de *asociarse* con inmigrantes indocumentados. Las masivas protestas pro-inmigrantes han añadido a la HR 4437 otras leyes más "centristas" representando también nuevas amenazas para los derechos

---

8. "Bill Clinton on Immigration", OnTheIssues Web site, http://www.issues2000.org/Celeb/Bill_Clinton_Immigration.htm.

9. Francis Harris, "Bush Vows to Expel All Illegal Migrants", *The Telegraph* (UK), 20 de diciembre de 2005.

10. Nedra Pickler, "Bush Vows Crackdown on Illegal Immigrants", Associated Press, 28 de noviembre de 2005.

y las vidas de los inmigrantes. La ley bipartidista de Kennedy-McCain, también llamada la "Ley para una Norteamérica Segura y una Ordenada Inmigración", intenta apoyar el llamamiento de Bush hacia un programa para el trabajador temporal a la vez que toma "medidas enérgicas" con los cruces no autorizados. Como explica el republicano John McCain,

> La seguridad de la patria es nuestra primera prioridad. Esta legislación incluye un número de estatutos que en conjunto harán que nuestra nación esté más segura. Durante mucho tiempo, nuestras resquebrajadas leyes de inmigración han permanecido inalterables, dejando vulnerables a los norteamericanos. No podemos demorar más las reformas. Estoy orgulloso de unirme a mis colegas como patrocinador de esta legislación[11].

Las propuestas intentan "incrementar la seguridad fronteriza con nuevas tecnologías, intercambio de información y otras iniciativas". En otras palabras, éstas continuarán y *ampliarán* la política de militarización de la frontera y preparan la escena para nuevas medidas punitivas hacia los trabajadores inmigrantes.

En 1999, Alejandro Kassorla, un cortador de caña de veintitrés años, decidió cruzar la frontera de Estados Unidos dado que tenía problemas para sustentar a su familia en México. Cuando viajó a Estados Unidos hace seis años, regresó con suficiente dinero para construir una pequeña vivienda para su esposa y sus dos hijos. Se reunió con su amigo Samuel y un matrimonio, Javier y Elvia, que también querían cruzar. Los contrabandistas pagados para cruzar les dijeron que sería un corto viaje a través de las montañas cercanas a San Diego, pero en verdad el viaje normalmente dura tres días. Al bajar la temperatura bajo cero en el tercer día, los contrabandistas abandonaron a Alejandro y su grupo. Cuando Javier y Samuel comenzaron a padecer de

---

11. "Members of Congress Introduce Comprehensive Border Security and Immigration Reform Bill", nota de prensa en la web del Senador Edward Kennedy, 12 de mayo de 2005, http://kennedy.senate.gov/kennedy/statements/05/05/2005512A04.html.

hipotermia, Alejandro y Elvia fueron en busca de ayuda. Cuando Alejandro colapsó por hipotermia, Elvia continuó. Al final, cuando retornó con la ayuda, los otros tres habían muerto por congelación[12].

Esta historia capta el impacto de la militarización fronteriza, encarnada en un proyecto federal cuatripartito comenzado en 1993 para "apoderarse del control" de la frontera EE.UU.-México. La Operación Guardabarreras en California, la Operación Salvaguarda en Arizona y la Operación Proteger la Frontera y el Río Grande en Texas, emplean similares estrategias para acordonar los puntos de ingreso más populares, usando una combinación de nuevas vallas, incremento y entrenamiento del personal fronterizo y suministro de accesorios militares, todo esto con la participación de varias agencias militares.

La Operación Guardabarreras, por ejemplo, comenzó abarcando 66 millas desde el Océano Pacífico hasta San Diego y a través de las montañas, y ha sido ampliada hasta Yuma, Arizona. Incluye una pared de setenta y tres millas de largo y diez pies de alto, y una triple valla de catorce millas desde el Océano Pacífico hasta las montañas Otay. La pared fronteriza está constituida por fragmentos de las pistas de aterrizaje recicladas de la Guerra del Golfo, e incorpora los más modernos accesorios militares como parte de la estrategia de reforzamiento. Se incluyen helicópteros Black Hawk, detectores de calor, telescopios de visión nocturna, accesorios de visión electrónica y equipos computarizados para tomar huellas digitales, integrados a las operaciones de rutina en la frontera. La Patrulla Fronteriza es ahora el principal cuerpo para la ejecución de las leyes federales, con más de doce mil agentes en el área[13]. Esta cantidad representa un incremento del 51% desde 1999. Por otro lado, la Ley para la Reforma de la Inteligencia y la Prevención del Terrorismo de 2004, pro-

---

12. Carrie Kahn, "Illegal Entry", National Public Radio, *Morning Edition*, 19 de abril de 1999, http://www.npr.org/templates/story/story.php?storyId=1049435.

13. Jim Abrams, "Little Consensus on Immigration Policy", Associated Press, 1 de diciembre de 2005.

pone añadir dos mil agentes anuales en un período de cinco años. Incluso si el personal se mantiene constante, la agencia debe reemplazar el 5% de los agentes que pierde cada año por retiros o traslados hacia otros trabajos[14].

La implementación de las políticas neoliberales en México y Centroamérica y la militarización de la frontera en Estados Unidos en las últimas dos décadas, han obligado a los emigrantes a cruzar la frontera EE.UU.-México por zonas más remotas, donde están más expuestos a los peligros geográficos. Aunque la Reglamentación Aduanera e Inmigratoria (ICE) —comúnmente conocida como INS— promueve este programa como una política de "prevención por disuasión", en realidad es una sentencia de muerte para los inmigrantes que cruzan la frontera. Puesto que no está concebida para detener la inmigración sino para canalizarla a través de rutas menos visibles, el resultado es horroroso. Más de cuatro mil emigrantes —hombres, mujeres y niños— han perecido cruzando la frontera desde el comienzo de la militarización de la frontera en 1994[15]. Las víctimas mortales continúan apareciendo a velocidades crecientes. En el último año fiscal, 460 personas murieron en la frontera. Este número excede el récord anterior de 383 en el 2000[16]. Sin tener en cuenta el número desconocido de desaparecidos o lesionados producido al cruzar la frontera.

A una velocidad de cuatro personas muertas por cada tres días, las bajas en la frontera han sobrepasado el número de personas que perecieron en los ataques al World Trade Center, y es diez veces mayor al número de personas que murieron intentando cruzar el muro de Berlín durante la guerra fría. La militarización de la frontera no detiene la inmigración; simplemente ha impuesto leyes mortíferas sobre ella. A pesar de las trágicas per-

---

14. Mitch Tobin, "Guardians of the Line", *Arizona Daily Star*, 27 de noviembre de 2005.

15. Ver http://www.stopgatekeeper.org/English/index.html para los nombres de los emigrantes caídos.

16. Leslie Berestein, "Posters on Fence Tell of 3,600 Found Dead in 11 Years", *San Diego Union-Tribune*, 1 de diciembre de 2005.

didas humanas, es un *éxito* desde el punto de vista de los políticos. Ha fortalecido el control de las empresas sobre los obreros inmigrantes, suministrando capital político en la "guerra contra el terrorismo", y es en sí misma una institución rentable, donde los contratistas compiten por acorralar el naciente mercado de las regulaciones fronterizas.

La militarización de la frontera ha fracasado en su intento de detener la inmigración ya que ignora los procesos estructurales que empujan a las personas a hacer desesperadas estancias en busca de trabajo. Pero, como explica Peter Andreas, el fracaso es también un gran triunfo[17]. Aunque ha cambiado el flujo de los cruces ilegales hacia los desiertos áridos y las regiones montañosas, la fortificación de las fronteras ha amplificado el sentimiento anti-inmigrantes empujando a los inmigrantes más hacia el temor y preparando la escena para posteriores medidas de fuerza. Esto ha ayudado a crear el espectáculo sensacionalista de la conquista moderna de una ilusoria "tierra de nadie", mientras establece nuevos mercados para la defensa de la industria y convence a los trabajadores mal remunerados en Estados Unidos de que "la delgada línea verde" de Patrulla Fronteriza está cuidando sus empleos.

En California, la militarización ha forzado a los emigrantes a cruzar las Montañas Otay, cuyos picos alcanzan los seis mil pies de altura. La temperatura en las montañas permanece bajo cero durante seis meses del año. En el abrasador desierto de Arizona, las temperaturas ascienden hasta los 120 grados F y las dunas de arena alcanzan los trescientos pies. En estas zonas es donde los brillantes efectos de la militarización producen sus bajas humanas.

Doris Meisner, antigua jefa del INS que supervisó las implementaciones iniciales de la militarización fronteriza, expresó: "No creemos que la geografía sea un aliado"[18]. Las muertes se

---

17. Andreas, *Border Games*.
18. Debbie Nathan, "Border Geography and Vigilantes", *NACLA* 34, n.º 2 (septiembre-octubre de 2000), p. 5.

Militarización de la frontera

han incrementado tan rápidamente en Arizona que el juez de instrucción del condado de Pima, que maneja los casos del sector Tucson de Patrulla Fronteriza, se vio obligado a alquilar un camión refrigerado para guardar los cuerpos que no podían ser acomodados dentro del complejo[19]. El temor a ser apresados también ha causado que los emigrantes paguen tarifas exorbitantes para pasar clandestinamente en camiones de carga, muchas veces sin ningún tipo de medidas de precaución por parte de los traficantes. En mayo de 2003, murieron diecinueve personas por el enorme calor dentro del tráiler del camión cuando cruzaban el punto de entrada hacia Texas[20].

Según una investigación sobre los derechos humanos llevada a cabo por el Sindicato Norteamericano por las Libertades Civiles, la mayoría de las muertes se atribuyen a las temperaturas de congelación en las montañas en el invierno o por el calor del desierto en el verano[21]. En mayo de 2000, catorce emigrantes murieron intentando cruzar las millas de desierto a 115 grados de calor en un lugar que los agentes de Patrulla Fronteriza llaman "La ruta del demonio", dijo Claudia Smith, una abogada de la Fundación de Asistencia Legal en la California Rural. "Son una consecuencia completamente previsible del tráfico de emigrantes desde las áreas urbanas hasta las más remotas y peligrosas zonas"[22].

Otra porción significativa de las muertes puede atribuirse a los ahogados, cuando los emigrantes tratan de escapar del calor y de *la migra*, cruzando el Canal Todo Americano u otros canales y ríos. El New River, uno de tales puntos, es uno de los ríos

---

19. Leslie Berestein, "Posters on Fence Tell of 3,600 Found Dead in 11 Years", *San Diego Union-Tribune*, 1 de octubre de 2005.

20. Quent Reese, "Nightmare in *Texas*", *Socialist Worker*, 23 de mayo de 2003.

21. American Civil Liberties Union, "UN Human Rights Panel Asked to Investigate Migrant Deaths on U.S. Border", 14 de abril de 1999, http://www.aclusandiego.org/UNCHR.htm.

22. Giovanna Dell'orto, "14 Mexicans Die in Border Crossing", *Washington Post*, 24 de mayo de 2001.

más contaminados de la región. Es un punto de cruce preferido porque los agentes de Patrulla Fronteriza evitan las costas intoxicadas.

La cortina de humo política que constituye el "control fronterizo" y el fundamental desprecio por la vida humana que representa, se hace extremadamente evidente cuando se examina en detalle el texto de la política. Los arquitectos de Operación Guardabarreras asumen que "el mayor 'influjo' no será detenido por los 'peligros mortales' que presentan las nuevas rutas"[23]. Como explicó un supervisor del INS en el *SanDiego Union-Tribune* en 1996, "con el tiempo, nos gustaría verlos a todos en el desierto"[24]. Se sobrentiende y se espera que los emigrantes continúen su expedición hacia el norte y que algunos perezcan en el proceso. Paradójicamente, la estricta regulación fronteriza alienta a mayor cantidad de emigrantes a conseguir la residencia permanente en Estados Unidos. Un estudio realizado en 1997 muestra que la mitad de todos los inmigrantes mexicanos retornan a México en dos años. Actualmente, un mayor número prefiere evitar la incertidumbre de cruzar múltiples veces[25].

Mientras el número de muertes se incrementa, otras formas de terror y abuso también pueden ser atribuidas a Patrulla Fronteriza y otras agencias norteamericanas. Según un informe de Amnistía Internacional que condena la Operación Guardabarreras:

> Entre las demandas que ha recogido Amnistía Internacional se incluyen palizas con porras, puñetazos y patadas, a menudo por intentar escapar de los agentes de Patrulla Fronteriza; negarles comida, agua

---

23. Claudia E. Srnith, "Operation Gatekeeper Resolves Nothing", California Rural Legal Assistance Foundation's Border Project, http://www.stopgatekeeper.org/English/opedr.htm.
24. Ibíd.
25. National Center for Policy Analysis, "Mexican Immigrants Go Home", Public Policy Institute of California study, http://www.ncpa.org/pd/immigrat/pdimm/pdimm.html.

y mantas durante muchas horas mientras están detenidos en las estaciones de Patrulla Fronteriza y en los puntos de entrada para el procesamiento por el INS; abuso sexual de hombres y mujeres; negarles atención médica y una abusiva, racista y poco profesional conducta hacia el público que en algunos casos lleva a deportaciones erróneas de ciudadanos norteamericanos hacia México. Las personas que han sido maltratadas son hombres, mujeres y niños casi todos de descendencia latinoamericana. También se incluyen ciudadanos y residentes permanentes en EE.UU. y miembros de las Primeras Naciones Indígenas Americanas cuyas tierras tribales abarcan la frontera EE.UU.-México[26].

El comportamiento reflejado por Patrulla Fronteriza y el aislamiento político y social de los que son estigmatizados como "ilegales" crea un ambiente que da a los racistas y vigilantes la confianza para llevar a cabo sus acciones de terrorismo y brutalidad contra los inmigrantes indocumentados, ya sean éstos reales o sospechosos. Los rancheros en Arizona y Texas han llegado a hacer "cacerías" de inmigrantes. Un terrateniente de Texas se ofendió cuando un inmigrante le pidió agua después de haber caminado por entre la maleza durante días para evadir a Patrulla Fronteriza. Según la acusación, el terrateniente le disparó al hombre y permaneció pasivo viendo como moría. En otras partes de Arizona, han ocurrido numerosos disparos a inmigrantes por parte de rancheros.

En otra ocasión, un ranchero de Arizona preparó una cacería de inmigrantes con su hermano, en castigo por tomar agua y dejar basura en sus tierras. Cuando se le preguntó a un oficial de Patrulla Fronteriza sobre esto, y también sobre el hecho de invitar a turistas a unirse a la cacería, dijo a la prensa que ellos "apreciaban la ayuda"[27]. Junto a los violentos rancheros, otros grupos de vigilantes han establecido patrullas a lo largo de la frontera,

---

26. Amnesty International, "Human Rights Concerns in the Border Region with Mexico", 20 de mayo de 1998, http://web.amnesty.org/library/Index/engAMR510031998.
27. Debby Nathan, "Border Geography and Vigilantes".

inclusive grupos "ciudadanos" de derecha, el Ku Klux Klan y los cabezas rapadas de Resistencia Aria Blanca[28]. Justo al norte de San Diego, trabajadores emigrantes fueron atacados en zonas rurales que ellos habitaban, por adolescentes con escopetas de perdigones que pintaron en el área letreros de "váyanse a casa" y otros eslóganes racistas.

Operaciones conjuntas con personal militar han demostrado ser mortíferas para muchas personas de la región fronteriza. Por ejemplo, la Fuerza Especial Conjunta 6 (JTF-6) surgió de la Estrategia Nacional de Control de Drogas del señor George Bush y fue usada en la política de militarización de Texas, Operación Alianza. En una de las operaciones, los marines cooperaron con Patrulla Fronteriza en misiones antidrogas en la frontera con Texas. En 1997, un ciudadano norteamericano de dieciocho años de edad, Ezequiel Hernández, fue asesinado a tiros por los marines en circunstancias sospechosas. Hernández cabalgaba su caballo con su rifle de caza —algo que hacía rutinariamente— cuando le dispararon. No presentaron acusación alguna contra los marines, quienes alegaron disparar en defensa propia.

En julio de 2004, el *San Diego Union-Tribune* anunció en uno de sus artículos el "éxito" de la Operación Guardabarreras, celebrando el décimo aniversario del programa. Invocando a las "hordas invasoras" de la imaginería racista, el artículo alababa cómo la ausencia de inmigrantes mexicanos hacía más atractivo al suburbio costero para los inversionistas y especuladores del Estado. Desde la introducción de los guardabarreras, comenta el *Union-Tribune*, "la ciudad, anteriormente abarrotada de inmigrantes ilegales desesperados, que huían de los agentes de Patrulla Fronteriza y del ruido de los helicópteros, es ahora una calmada y limpia región playera con crecientes propiedades y planes de reurbanización por más de 20 millones de dólares".[29]

28. Tom Barry, Harry Browne y Beth Sims, *Crossing the Line: Immigrants, Economic Integration, and Drug Enforcement on the U.S.-Mexico Border* (Albuquerque: Inter-Hemispheric Resource Center Press, 1994), p. 42.

29. Janine Zuniga, "City Sees a Transformation", *San Diego Union-Tribune*, 11 de julio de 2004.

El artículo también pregonaba el significativo descenso de los arrestos en el área metropolitana de San Diego, debido al éxito del programa, mientras obviaba completamente las consecuencias de llevar la migración hacia los desiertos y las montañas del este: un incremento del 500% en concepto de muertes por intentos de ingresos fronterizos desde el comienzo del programa[30].

Según Wayne Cornelius, director del Centro de Estudios Comparativos de la Inmigración en la Universidad de California, San Diego, la Operación Guardabarreras, a pesar de los 10 o 15 mil millones de dólares gastados en operaciones durante la última década, es un "fracaso político".[31] Aunque los defensores de la política apuntan el declive de los arrestos gracias al efecto "disuasivo", no mencionan que las detenciones se han incrementado en muchas veces al este de San Diego, donde ocurren la mayoría de las muertes.

Roberto Martínez, del Comité de Servicio Amigos de América, coincide en que apretar el control en ciertas partes de la frontera sólo conlleva a que las personas traten de cruzar por otros lugares:

> La Operación Guardabarreras no sólo está causando la peor tragedia contra los derechos humanos en la historia, sino que es totalmente inefectiva para detener el flujo de personas que cruzan la frontera. Todo lo que están haciendo es moverse de San Isidro y Otay para East County e Imperial Valley y dentro de Arizona, donde el número de detenciones se ha cuadruplicado. Están cruzando el mismo número de personas, sólo que por otras áreas. Están pregonando el éxito de la Operación Guardabarreras porque han reducido el número de apresamientos en el área, pero esto es muy engañoso. Es un efecto burbuja; usted aprieta por aquí y ellos salen por allá[32].

30. "Operation Gatekeeper Fact Sheet", 30 de abril de 2001, California Rural Legal Assistance Foundation's Border Project, http://www.stopgatekeeper.org/English/facts.htm.

31. Joe Cantlupe, "Arrests Up Since 1994, Crackdown at Border: Costly Effort Fails to Deter Illegal Flow", *San Diego Union-Tribune,* 20 de febrero de 2001.

32. Nic Paget-Clarke, "U.S. Border Patrol in Southern California Developing Deadly but Ineffective Operation Gatekeeper", entrevista con Roberto Martínez, *In Motion Magazine,* junio-agosto de 1999, http://www.inmotionmagazine.com/rm99.html

Los que cruzan la frontera en ocasiones burlan la tecnología punta y el personal que han colocado en las fronteras. El periodista chicano Rubén Martínez destaca, en un debate sostenido con un coyote de nombre Marcos, la capacidad creativa de las personas comunes que aventajan a los refinados accesorios militares:

> Pero, para el propio armamento de alta tecnología que *la migra* emplea, comenta Marcos, existe una respuesta de tipo guerrillero por parte de los emigrantes y los coyotes. Por ejemplo, las trampas de láser, redes que cuando las atraviesas alertan inmediatamente a *la migra*. Una cuadrilla a la que Marcos ayudó a cruzar, estaba equipada con atomizadores. Aspergeaban en áreas donde se sabía que habían ocurrido problemas y entonces los rayos salían a relucir en la neblina y usted podía evitarlos. Los coyotes alegan que Patrulla Fronteriza constantemente cambia la posición de sus equipos de rastreo. Pero cada grupo de emigrantes que son capturados ayudan a cruzar a los que lo intentan por primera vez. Las redadas sirven para obtener información[33].

Aunque es imposible conocer exactamente cuántos emigrantes cruzan la frontera en un determinado año, las estadísticas indican que la militarización de la frontera no ha podido recortar los ingresos. Los funcionarios del INS alegan un 30% de detenciones de emigrantes en la frontera, con un récord de detenciones de 1.643.679 en el año 2000[34]. Aunque las detenciones en San Diego han disminuido de 450.152 en 1994 a 151.681 en el 2000, el número de detenciones al este de San Diego se ha incrementado un 761% en El Centro, 351% en Arizona y 55% en Texas[35].

33. Rubén Martínez, *Crossing Over: A Mexican Family on the Migrant Trail*, (Nueva York: Picador Press, 2001), p. 109.

34. "Operation Gatekeeper Fact Sheet", 3 de abril de 2001, California Rural Legal Assistance Foundation's Border Project, http://www.stopgatekeeper.org/English/facts.htm.

35. Joe Cantlupe, "Arrests Up Since 1994, Crackdown at Border: Costly Effort Fails to Deter Illegal Flow", *San Diego Union-Tribune*, 20 de febrero de 2001.

En el 2004, Patrulla Fronteriza detuvo a 1,1 millones de emigrantes que intentaron cruzar y, en el 2005, a 1,2 millones[36]. En otras palabras, la migración se ha mantenido bastante constante. En lugar de reducir el número de inmigrantes que entran al país, la militarización de la frontera sólo ha logrado incrementar el peligro de cruzar, y realmente tiene mayores aspiraciones al crear la ilusión de "control de la invasión" a través del gobierno. El experto en temas de inmigración Douglas Massey explica:

> A diferencia de los antiguos lugares de cruce, estos nuevos sitios fueron establecidos ralamente, de modo que la súbita aparición de miles de mexicanos atrae considerablemente la atención y produce mucha agitación local. La imagen de una crisis en la frontera fue intensificada por los informes noticiosos de las muertes en la frontera; redirigir el flujo hacia las zonas áridas de Estados Unidos triplicó la tasa de mortalidad en los intentos de cruzar la frontera.
>
> Es menos conocido que las políticas norteamericanas también redujeron la tasa de detenciones, pues esas regiones remotas de la frontera tienen menos oficiales de Patrulla Fronteriza. En mi investigación descubrí que durante la década de 1980 la probabilidad de que un inmigrante indocumentado fuera detenido era del 33%. En el 2000, era del 10% a pesar de los crecientes gastos federales para el reforzamiento de la frontera.
>
> Naturalmente, la imagen pública del caos en la frontera llama a más reforzamiento y la estrategia de endurecimiento fue extendida a otras regiones. El número de oficiales de Patrulla Fronteriza se incrementó de 2.500 a principios de la década de 1980, hasta alrededor de 12.000 en la actualidad y el presupuesto anual de la agencia subió de 1.6 mil millones a 200 millones de dólares. Los límites entre México y Estados Unidos se han convertido en quizá los más militarizados del mundo entre naciones en paz.

---

36. "Southwest Border Apprehensions", U.S. Department of Homeland Security Web site, 24 de marzo de 2006, http://www.uscis.gov/graphics/shared/aboutus/statistics/msrmar06/SWBORD.HTM.

Aunque la militarización de la frontera tiene poco efecto en la probabilidad de que los mexicanos entren ilegalmente, sí se reduce la probabilidad de que éstos regresen a su país de origen. La difícil línea divisoria casi triplica el coste promedio de quedarse ilegalmente al otro lado de la frontera. De este modo, los mexicanos que sufrieron las vicisitudes al cruzar la frontera tienen alta probabilidad de agacharse y quedarse tranquilos en Estados Unidos. Mi estudio ha demostrado que a principios de la década de 1980 cerca de la mitad de los indocumentados retornaban a su país en un período de 12 meses después de haber entrado, pero en el 2000 la tasa de retorno de la inmigración es del 25%[37].

Debbie Nathan explica en un informe en un Congreso sobre Latinoamérica en el año 2000, que se pueden establecer paralelismos entre los paramilitares norteamericanos en la frontera y los paramilitares colombianos de derecha asistidos por EE.UU. Ambos están combatiendo contra la población civil. Y ambos están destinados a fracasar. En Colombia, la guerra no hará nada para disminuir el tráfico de drogas, ni está diseñada para eso; en cambio, siembra el terror para impedir el apoyo al movimiento guerrillero popular y para que los fabricantes de armas y de petróleo obtengan ganancias[38]. En la frontera, la Operación Guardabarreras no hará nada para detener la inmigración, pero sembrará el terror en los corazones de los trabajadores inmigrantes manteniéndolos separados de otros trabajadores, sin derechos o recursos contra el abuso y la explotación.

La "ilegalización" es beneficiosa, y los intereses empresariales han logrado depositar la carga sobre los contribuyentes y los inmigrantes mismos. Las sanciones contra los empleadores de indocumentados –aunque están en los libros– siempre han sido ignoradas. Desde 1993 hasta el 2003, el número de arrestos en los centros de trabajo decayó de 7.630 a 445. El número de mul-

---

37. Douglas S. Massey, "The Wall That Keeps Illegal Workers In", *New York Times*, 4 de abril de 2006.
38. Nathan, "Border Geography and Vigilantes".

tas también decayó de 994 en 1993 a 124 en el 2003[39]. En el 2004, las autoridades de inmigración hicieron sólo tres citaciones a las compañías[40]. Los agentes, rutinariamente arrestan a trabajadores, no a empleadores. La poca preocupación por los castigos permite a las compañías "auto-vigilar" a sus trabajadores. No es poco frecuente que los empleadores llamen a los agentes del ICE si sus trabajadores tratan de organizarse en sindicatos. Como explicó el periodista Eduardo Porter en el *New York Times*,

> Esto puede explicar por qué las multas por contratar a inmigrantes ilegales pueden ser tan bajas como 275 dólares por trabajador, y los oficiales de inmigración admiten que las empresas a menudo negocian multas menores. Y por qué, después de que el INS invadiera los campos de cebolla en Georgia en la cosecha de 1998, un senador y cuatro miembros de la Cámara de Representantes del Estado criticaron duramente a la agencia por causar daños a los agricultores de Georgia[41].

El economista Gordon H. Hanson concluye: "Los empresarios se sienten muy fuertes manteniendo el acceso a los trabajadores inmigrantes, y ejercen presiones políticas para evitar que el reforzamiento sea efectivo"[42].

Desde el 11 de septiembre, la militarización de la frontera ha lanzado con la llamada "guerra contra el terrorismo" de Bush. El concepto de "guerra permanente" contra un enemigo invisible e interno ha encajado con los intereses de los muy bien financiados movimientos anti-inmigrantes que se esfuerzan en mantener a los inmigrantes sin derecho a voto. Los mínimos derechos de los inmigrantes indocumentados son ahora refrac-

---

39. Anna Gorman, "Employers of Illegal Imrnigrants Face Little Risk of Penalty", *Los Angeles Times*, 29 de mayo de 2005.
40. Eduardo Porter, "The Search for Illegal Immigrants Stops at the Workplace", *New York Times*, 5 de marzo de 2006.
41. Ibíd.
42. Ibíd.

tados a través del lente del terrorismo. Por ejemplo, el gobernador de California, Arnold Schwarzenegger (otro inmigrante) puso obstáculos a la ley que permitía a los trabajadores indocumentados tener permiso de conducir, diciendo "sería muy fácil para los terroristas usar esos documentos para crear nuevas identidades"[43].

Próximos a las elecciones del congreso de 2006, el optimista republicano Alan Uke, lanzó su campaña sobre la plataforma de "cerrar las fronteras". Alegando que "los traficantes de drogas y los terroristas pueden ahora pasar a través de la frontera"; Uke prometió "proteger a los norteamericanos" construyendo una nueva muralla fronteriza. Tales promesas crean la imagen de una fantástica frontera fortificada en la mente popular y son usadas por los políticos para crear pánico y lograr apoyo. Esta imagen de la frontera es la que parece tener más éxito, más que cualquier intento de detener la inmigración. A través de la manipulación de esta imagen, los traficantes de drogas y los trabajadores parecen ser las mismas personas, intentando cruzar a través del "desprotegido páramo" hacia Norteamérica. De hecho, según la Agencia de Control de Drogas (DEA), en el período subsiguiente al NAFTA y la posterior apertura de las fronteras al tráfico de carga, se estima que la mayoría de la cocaína pasada de contrabando hacia Estados Unidos entra a través de las puertas oficiales, ocasionalmente en contubernio con agentes corruptos[44]. Según José Luis Santiago Vasconcelos, jefe de la Oficina del Procurador General de México para la Investigación del Crimen Organizado (SIEDO), el gobierno de México está investigando actualmente posibles vínculos entre la policía del Estado en Baja California y los agentes de Patrulla Fronteriza en el asunto del tráfico de drogas[45]. Estas son las imágenes y conflictos reales en la guerra contra las drogas, y los emigrantes son las víctimas.

43. Jordan Rau, "Drivers License Bill Gains", *Los Angeles Times*, 16 de junio de 2004.
44. Andreas, *Border Games*, p. 75.
45. "Border Patrol Agents Accused of Smuggling", Frontera NorteSur News, febrero-marzo de 2006, http://www.nmsu.edu/frontera/Mexicalinews.html.

Se estima que el 90% de entre 1 y 2 millones de ingresos fronterizos no autorizados se apoyan en los contrabandistas. Estimada en 8 mil millones de dólares anuales, la industria del tráfico humano se apoya en una vasta red de operativos a ambos lados de la frontera evadiendo a las autoridades de inmigración[46]. La industria del contrabando, aunque es el único medio para muchos de los que cruzan la frontera, también establece un segundo nivel de explotación, donde los que cruzan tienen que pagar exorbitantes precios y a menudo son robados, abandonados, golpeados o violados por los inescrupulosos coyotes. Estos coyotes recaudan grandes sumas de dinero sin tener que pagar un centavo por procurarse la fuerza de trabajo barata y explotable que paga su propio pasaje.

Además, los agentes de Patrulla Fronteriza participan a menudo en el lucrativo fraude del contrabando de drogas y de personas. Según Roberto Martínez, del Comité de Servicio Amigos de América, "en los últimos veinte años, cientos de agentes de fronterizos y de aduana han sido acusados por aceptar sobornos de los contrabandistas para pasar no sólo personas sino cocaína"[47]. Un inspector de inmigración, José Olvera, fue capturado aceptando un soborno de entre dos mil y cuatro mil dólares para permitir el paso de drogas y de indocumentados[48]. Desde abril de 2004 hasta marzo de 2005 solamente, han sido arrestados más de veinte agentes fronterizos, acusados y condenados por crimen.

Ya sea que la fuerza de trabajo indocumentada permanezca en la sombra o que fluyan los trabajadores con carácter temporal y sin ciudadanía a través de la frontera bajo los auspicios del programa para el trabajador temporal, las empresas siempre tendrán acceso a ellos. Esto se debe a que el coste de producir y

---

46. Ken Ellingwood, *Hard Line: Life and Death on the U.S.-Mexico Border* (Nueva York: Pantheon Books, 2004), p. 85.

47. Jose Palafox, "Militarizing the Border", *Covert Action Quarterly* 56 (Spring 1996), http://mediafilter.org/CAQ/CAQ56border.html.

48. Marisa Taylor, "Border Agent Accused of Taking Bribes", *San Diego Union-Tribune*, 26 de septiembre de 2000.

reproducir la fuerza de trabajo mexicana en EE.UU. lo paga el gobierno mexicano y los mismos trabajadores mexicanos, pues estos envían la mayoría de sus beneficios sociales y sustentación hacia el sur de la frontera.

Entretanto, la extrema derecha brinda legitimidad y plataforma a los medios imperantes para aullar a favor de mayores restricciones. Las contradicciones éticas de deportar e importar trabajadores simultáneamente –junto a las violaciones de los derechos humanos contra los trabajadores indocumentados– son ignoradas por los medios, que obedientemente soslayan los más manifiestos errores de las políticas inmigratorias, mientras preparan el terreno ideológico para la próxima fase de la militarización fronteriza. Trágicamente, en mayo de 2006, el presidente Bush dio el paso sin precedentes de anunciar el despliegue de la Guardia Nacional en la frontera para ayudar a impedir los cruces ilegales.

Esto probablemente incrementará el número de muertes cuando las personas tengan que buscar puntos de cruce aún más remotos y peligrosos. En un momento en el que las fronteras y los muros se están volviendo obsoletos para los trabajadores –e incluso para el funcionamiento del capitalismo– el gran capital, los políticos de ambos partidos y las organizaciones restriccionistas están trabajando febrilmente para construir un nuevo "Muro de Berlín" en contra de las propias personas que los alimentan, los visten y construyen sus viviendas. Como todos los muros imperiales –forjados en la violencia, el racismo, la arrogancia ciega y el sentimiento de superioridad– este muro está construido sobre fundamentos falsos. La fuerza que causará el derrumbe de la "muralla norteamericana" vendrá de las mismas manos callosas y pardas que aportaron las riquezas para construirlo.

Capítulo 25

Fabricando un enemigo invisible: El 11 de septiembre y la guerra contra los inmigrantes

Finalizando el segundo milenio, los fuertes vientos de los movimientos de justicia social elevan el lenguaje de los derechos laborales a un nivel internacional. AFL-CIO –reflexionando sobre su propio declive en los sectores tradicionales y creciendo en el sector de los servicios representado fuertemente por inmigrantes– revirtió su historia de restricciones, ofreció su apoyo para una amnistía general y suscribió el derecho de los indocumentados a formar sindicatos.

Constituyendo el sector más vibrante del movimiento sindical en los 90, los trabajadores inmigrantes impulsaron su liderazgo sindical para abrir un frente político en el candente debate sobre la inmigración. AFL-CIO, consecuentemente puso el potencial poder masivo del movimiento obrero norteamericano en favor de los sectores tradicionalmente más desatendidos. Justo cuando una nueva generación de líderes obreros inmigrantes, el movimiento de justicia global y los sindicatos comenzaban a unirse políticamente, Estados Unidos se tambaleó con los ataques del 11 de septiembre.

De un fogonazo, la tragedia del 11 de septiembre permitió a las fuerzas de extrema derecha recuperar la iniciativa contra el progreso de la agenda sobre los derechos de los inmigrantes. La política de contención de inmigrantes engranaba con el componente doméstico de la sinuosa "guerra contra el terrorismo", que de forma vergonzosa singularizaba, restringía y/o incriminaba la presencia de árabes, árabe-norteamericanos, musulmanes y otros, perfilándolos como "posibles terroristas"[1]. El fantasma omnipresente del terrorismo doméstico refractado a través de la imaginería de las "hordas invasoras" atravesando las fronteras, creó un maridaje oportunista entre los halcones de la guerra y los restriccionistas anti-inmigrantes. El cambio hacia la derecha fue ayudado por demócratas claves, cuya empecinada devoción hacia la "guerra contra el terrorismo" ayudó a poner los ojos sobre la frontera EE.UU.-México.

La "guerra contra el terrorismo" condujo a la aprobación de la Ley Patriótica, la detención extralegal de árabes y musulmanes y la reestructuración del INS en el ICE y Protección Aduanera y Fronteriza (CBP), ambas incorporadas al Departamento de Seguridad de la Patria (DHS). Desde entonces, una alianza entre grupos de acción política bien financiados, los reaccionarios *think tanks* –como la Federación para la Reforma Inmigratoria Americana (FAIR) y el Centro de Estudios de la Inmigración (CIS)– los legisladores federales y estatales y una hueste de organizaciones activistas de extrema derecha, se combinó en el frente nacional anti-inmigrantes[2].

Introducir la inmigración en los temas de seguridad nacional permitió a las fuerzas anti-inmigrantes, particularmente al Partido Republicano, tener mayor control sobre todos los aspectos de la política de inmigración, especialmente los que regulan el papel de los obreros mexicanos. La "guerra contra el terroris-

1. Como consecuencia de los ataques del 11 de septiembre, cerca de mil doscientas personas fueron internadas e investigadas como "terroristas potenciales" en Estados Unidos. El gobierno estadounidense también restringió la inmigración de veinticinco países árabes y musulmanes (y supuestos "Estados terroristas"), y ahora requieren de registro con oficiales de inmigración todos los turistas masculinos de edades comprendidas entre 16 y 45 años. Ver John N. Pader y Peter W. Singer, "'America Slams the Door (On Its Foot): Washington's Destructive New Visa Policies", *Foreign Affairs* (mayo-junio de 2003), http://www.foreignaffairs.org/20030501facomment11216/john-n-paden-peter-w-singer/america-slams-the-door-onits-foot-washington-s-destructive-new-visa-policies.html.

2. Para un análisis profundo de tales grupos, ver Tom Barry, "Whose Side Are You On?: The Immigration Debate", *CounterPunch* online, 3 de junio de 2005, http://www.counterpunch.org/barry06032005.html.

mo" doméstico canceló cualquier discusión sobre amnistía y suplantó eficazmente la noción de los derechos humanos con el de "terroristas" para caracterizar a los trabajadores indocumentados.

Aunque las demostraciones masivas en la primavera del 2006 cambiaron completamente el debate nacional, los años 2001-2005 fueron testigos de un coro parcializado sobre la inmigración que exitosamente esbozó la imagen de una frontera "sin control". Para mantener el clima de incertidumbre y temor hacia los inmigrantes, la región fronteriza fue caracterizada como el "punto de partida" de la inestabilidad y la vulnerabilidad. Aunque el influjo de inmigrantes no era nada nuevo, la imagen amenazadora es un fenómeno más reciente. Según Peter Andreas,

> La percepción pública está poderosamente moldeada con la imagen de la frontera que proyectan los políticos, las agencias de control y los medios. Las imágenes alarmantes de una frontera fuera de control inflaman el estado de ansiedad del público; imágenes tranquilizadoras de la frontera reducen esa ansiedad... (por ello), el control exitoso de la frontera depende de un logrado manejo de la imagen y esto no corresponde necesariamente con los niveles de disuasión actuales[3].

Este "manejo de la imagen" es usado en el contexto actual para criminalizar la inmigración desviando la atención de los temas actuales. Aunque no capturen "terroristas" cruzando la frontera por el desierto de Arizona, los políticos cultivan el temor permanente de que los terroristas están al otro lado de la frontera mezclados con las corrientes de emigrantes que pretenden entrar al país.

De hecho, un estudio publicado por el *New York Times* en septiembre de 2005, expone la creciente naturaleza política del enjuiciamiento a los inmigrantes. Aunque la inmigración indocumentada ciertamente declinó durante los años 2000 al 2003 (de un promedio de 1,5 descendió a 1,1 millones por año), los pro-

3. Andreas, *Border Games*, p. 9.

cesamientos contra inmigrantes indocumentados aumentaron de 16.300 a 38.000 en ese mismo período[4]. Según David Burnham, codirector del grupo de investigación en la Universidad de Syracuse que llevó a cabo el sondeo, "es un cambio sustancial de cualquier forma que usted lo vea... Buscamos elecciones hechas por los abogados de Estados Unidos y por el Presidente sobre qué es importante y qué no lo es, y claramente, la administración ha cambiado las prioridades de la maquinaria de regulaciones federales". Otro estudio del mismo grupo revela que

> el Departamento de Justicia está atrayendo muchos cargos criminales en casos de inmigración que anteriormente eran manejados como asuntos administrativos. Esto es particularmente cierto en el sur de Texas, donde los enjuiciamientos por crímenes de inmigración tuvieron una "ofensiva" el pasado año, con un crecimiento del 345% por enjuiciamientos criminales, subiendo en un solo año de 4.062 a 18.092.[5]

Un ejemplo de estos enjuiciamientos ocurrió a principios de 2003 cuando presentaron cargos de "terrorismo" contra veintiocho latinos, acusados de poseer tarjetas de seguridad social falsas para poder trabajar en el aeropuerto Austin[6]. Tales campañas tienen como objetivo frenar y revertir el movimiento hacia la naturalización de obreros indocumentados. Un desilusionado agente del FBI criticaba los métodos de la agencia:

> La gran mayoría de las miles de personas "detenidas" tras los acontecimientos del 11 de septiembre no resultaron ser terroristas. Eran principalmente extranjeros ilegales. Teníamos, por supuesto, todo el derecho de deportar a esos indocumentados en el transcurso de las investigaciones. Pero, después del 11/9, las jefaturas promovieron más y

---

4. Eric Lichtblau, "Prosecutions in Immigration Doubled in Last Four Years", *New York Times*, 29 de septiembre de 2005.
5. Ibíd.
6. Elaine Hagopian, ed., *Civil Rights in Peril: The Targeting of Arabs and Muslims* (Chicago: Haymarket Books, 2004), p. 28.

más las detenciones con propósitos, al parecer, de relaciones públicas. Las oficinas de campo debían notificar diariamente el número de detenciones para amparar las declaraciones sobre nuestra lucha contra el terrorismo... Por lo que yo observé, se necesitaba realizar una vigilancia particular para atajar las excesivas presiones de detenciones y "redadas" a sospechosos, particularmente los de origen árabe[7].

Así, el 11 de septiembre facilitó la confluencia de los intereses económicos y políticos alrededor de un marco ideológico diseñado para aislar aún más al sector de los inmigrantes dentro de la clase obrera norteamericana. Al promover la ilusión de una "frontera fuera de control", la extrema derecha buscaba sobredimensionar el asunto y desviar la atención de sus fracasos y políticas impopulares como la guerra en Irak. Según *Los Angeles Times*, "Algunos estrategas republicanos aseveraban que el tema de la inmigración ofrecía la oportunidad al GOP de mejorar la poca fortuna de Bush y su partido, abatidos por el descontento público hacia la guerra contra Irak, el huracán *Katrina* y los escándalos morales"[8].

El descarado oportunismo de la administración Bush, ahora comprometida en realizar "sus asuntos", brilló muy particularmente en un viaje a la región fronteriza a finales de noviembre de 2005. Flanqueado por dos helicópteros negros de vigilancia, un batallón de agentes escogido cuidadosamente y unos enormes letreros orwellianos donde se podía leer, "Protegiendo la Frontera Norteamericana", Bush juró expulsar a los indocumentados, diciendo: "Queremos poner en claro que cuando las personas violen nuestras leyes de inmigración, serán enviados a su casa. Y ellos necesitan estar en su casa"[9].

---

7. Mark Dow, *American Gulag: Inside U.S. Immigration Prisons* (Berkeley: University of California Press, 2004), p. 26.

8. Janet Hooks, "Border Security an Issue for GOP", *Los Angeles Times*, 27 de noviembre de 2005.

9. Ron Hutcheson, "Bush Tries to Straddle Divide over Illegal Immigration to U.S.", Knight-Ridder News Service, 29 de noviembre de 2005.

La administración Bush usó el clima paranoico de después del 11/9 para sembrar el terror en los lugares de trabajo de los inmigrantes. Una práctica nefasta de los agentes de Seguridad Nacional fue organizar falsos encuentros de la Occupational Safety and Health Administration (OSHA) en los que se ayudaba a los inmigrantes a "conocer sus derechos". Los agentes podrían detener y deportar a aquellos que se presentasen. Esta práctica solo terminó cuando intervinieron los sindicatos. Jill Cashen portavoz del sindicato Union Food and Commercial Workers condenó la acción, declarando que la OSHA "es la agencia encargada de que la gente tenga seguridad en su trabajo... Usarla como trampa es un acto vil y perjudica la seguridad en el trabajo"[10].

La histeria alrededor de las políticas de inmigración permite a la extrema derecha posicionarse como agente de poder en la arena política. Reaccionarios como Ángela "Bay" Buchanan y su archiconservador hermano Pat crearon el Comité de Acción Política Norteamericano, que se dedicó a financiar a candidatos anti-inmigrantes en las elecciones intermedias del 2006. El hecho de que los políticos estén usando la inmigración para su propia conveniencia permite a los que están más dedicados al asunto colocar los términos del debate más a la derecha. Por ejemplo, un grupo anti-inmigrante, SOS ("Salvar a Nuestro Estado"), describía los motivos de sus "acciones en las calles": "Existe actualmente una carrera electoral en la ciudad de San Bernardino y esperamos echar leña al fuego en el asunto de la inmigración ilegal y obligar a los candidatos a esclarecer su posición al respecto y su control a nivel local"[11]. Otros, como el fundador del Proyecto Minutemen, James Gilchrist, buscan polarizar más el asunto trasladando las "cacerías de inmigrantes" hacia el tema electoral. En su fallida campaña por una silla en el Congreso por el condado Orange, California, Gilchrist utilizó prin-

10. "U.S. Ends Undocumented Immigrant Stings", Associated Press, 29 de mayo de 2005.
11. De un comunicado por e-mail por el grupo anti-inmigrantes Save Our State. Web site disponible en www.saveourstate.org

cipalmente el tema de la inmigración, emitiendo folletos que decían "votar por John Campbell es votar por una mayor cantidad de extranjeros ilegales"[12].

Un significativo precedente legal del uso de la "cuña de la inmigración" tuvo lugar en la campaña de gobernación del 2005 en Virginia. El republicano Jerry Kilgore hizo de la inmigración el tema definitorio de su campaña, definiendo la inmigración ilegal como una "emergencia para la seguridad pública", mientras pregonaba su oposición a la escolarización de niños hijos de inmigrantes indocumentados. Prometió dar a la policía local autoridad para hacer cumplir las leyes civiles y federales de inmigración, e incluso apeló en sus anuncios al estereotipado bocadillo anti-inmigrante: "¿qué parte de lo ilegal usted no entendió?"[13]. Finalmente, esta estrategia fracasó, cuando fue derrotado por su rival demócrata Timothy Kaine. Pero su campaña demostró cómo la derecha intenta usar la inmigración como una de sus principales herramientas cabilderas.

Al presentar a los inmigrantes árabes, musulmanes y latinos como una amenaza extranjera, las fuerzas anti-inmigrantes también intentan obtener apoyo para sus impopulares objetivos guerreristas en el exterior. De esta forma, las medidas enérgicas contra los inmigrantes facilitan la mano de obra barata, pues los trabajadores atemorizados son incapaces de manifestarse y unirse a sindicatos, y por otro lado afianza el nacionalismo, sometiendo a los trabajadores nativos a los intereses económicos e ideológicos de la clase dominante. Al mismo tiempo, no hace nada para cambiar los factores sistémicos que en primer lugar alientan a la migración.

En principio, ha sido lanzada una guerra de dos frentes. Desde arriba, las legislaciones anti-inmigrantes son recicladas

---

12. Janet Hooks, "Border Security an Issue for GOP", *Los Angeles Times,* 27 de noviembre de 2005.

13. "The Immigration Debate: The Politics of Fear Do Not Always Carry the Day", National Immigration Forum Web site, 21 de noviembre de 2005, http://www.immigrationforum.org/DesktopDefault.aspx?tabid=773.

en los gobiernos federales y estatales, mientras que, desde abajo, los grupos autóctonos reaccionarios están reuniendo sus tropas convencidos de llevar el mensaje a las calles. En los primeros seis meses de 2005, los Estados consideraron más de trescientas leyes relacionadas con la inmigración y aprobaron treinta y seis de ellas, según la Conferencia Nacional de Legislaciones Estatales. Las nuevas legislaciones generalmente se agrupaban en algunas de las tres categorías siguientes: negar ayudas, permitir a la policía local los arrestos a personas sin permiso para residir en el país y aumentar las multas a los que contratan a trabajadores indocumentados.[14]

Con muy poco debate en los medios, el Congreso aprobó la ley sobre el ID auténtico en el 2005. Bajo el pretexto de aislar a los terroristas internos, la ley permitía al Departamento de Seguridad de la Patria establecer normas para el sistema de identificación nacional en el 2008, centralizando toda la información de licencias de conducción en una base de datos federal. Además, restringía los procesos de amnistías y daba al Departamento de Seguridad de la Patria rienda suelta para la construcción de la pared en la frontera EE.UU.-México[15]. La tarjeta de ID (documento de identidad) eliminaría efectivamente los últimos vestigios de movilidad para los indocumentados de Estados Unidos. Sin ID, ellos no pueden conducir, volar, tomar trenes o entrar en cualquier edificio del gobierno. También regirá sobre los doce Estados que actualmente no requieren pruebas de ciudadanía o estatus legal para obtener licencias de conducción[16].

A finales de junio de 2005, el congresista por Georgia Charlie Norwood y el senador Jeff Sessions, introdujeron la Ley CLEAR (Ley para Eliminar a Extranjeros Criminales) en ambas

---

14. Nicholas Riccardi, "States Take on Border Issues", *Los Angeles Times,* 16 de enero de 2006.

15. Michael Kunzelman, "U.S. Judge Raps Congressmen Over Deportation Act", *Boston Globe,* 13 de julio de 2005.

16. Deborah Barfield Berry, "The Coming Battle over Immigration", *Newsday,* 11 de mayo de 2005.

cámaras del Congreso. De aprobarse, permitirá a los 600.000 agentes de la ley arrestar y detener a sospechosos inmigrantes indocumentados, elevar la ofensa de la inmigración ilegal de civil a criminal (penalizada con cárcel y multas), eliminar los locales que dan refugio a inmigrantes y financiar la construcción de veinte nuevos centros de detención.

Apoyándose en las actuales políticas de inmigración derechistas, los legisladores estatales en todo el país están trabajando febrilmente por hacer retroceder los derechos de los inmigrantes. La legislación de Maryland aprobada en el 2005 recortó las ayudas sanitarias a miles de niños de inmigrantes legales o indocumentados y negó los cuidados de salud estatales a las inmigrantes embarazadas. Virginia aprobó una medida negando la ayuda pública a los indocumentados, incluyendo el acceso a Medicaid, la asistencia social y los servicios de salud locales[17]. Arizona estableció una nueva norma en noviembre de 2005 ignorando los derechos humanos básicos, al aprobar la notoria Propuesta 200. La ley niega a los indocumentados todo acceso a las ayudas locales y del Estado, incluyendo viviendas públicas, asistencia alimentaria, escolarización y beneficios laborales. La propuesta, modelada sobre la fallida Proposición 187 de California, supera a la anterior en que tiene como requisito que los oficiales locales y del Estado informar sobre cualquier indocumentado que solicite un servicio. También convierte a Arizona en el primer Estado del país que demanda pruebas de ciudadanía para votar.

Lo que hace tan insidiosas propuestas como la 187 y la 200 es que están mayormente dirigidas a los niños, los que tienen mayor probabilidad de usar o necesitar los servicios públicos y escolares. Actualmente, cerca de la mitad de los latinos nacidos fuera abandonaron las escuelas por dificultades políticas y económicas[18]. Y las restricciones sobre los cuidados de salud serán

---

17. Alan Elsner, "Lawmakers Seek to Crack Down on Undocumented Immigrants", Reuters, 24 de junio de 2005.

18. Nick Guroff y Singeli Agnew, "The 'Paper Ceiling'-Undocumented Youths Face Barriers at the Brink of Adulthood", *New America Media*, 12 de enero de 2006.

devastadoras. Por ejemplo, según el Vigilante de los Derechos Humanos, casi cien mil niños sufren de afecciones cada año solamente en la agricultura, y cerca de trescientos mueren[19]. Este problema se ha exacerbado por el hecho de que muchos Estados no ofrecen compensación laboral a los inmigrantes. Teniendo en cuenta los accidentes, las enfermedades y otros muchos problemas de salud que enfrentan los niños inmigrantes, estas proposiciones se suman al desastre.

La guerra contra los inmigrantes se ha filtrado también en los escalones más bajos del Estado, provocando nuevas interpretaciones del significado del cumplimiento de la ley. En 2005, un jefe de policía de Hudson, New Hampshire, "hizo su parte" arrestando a Jorge Mora Ramírez, por sospecha de estar en el país sin papeles. El jefe de policía, W. Garret Chamberlain, arrestó a Mora por cometer transgresión de la ley al "transgredir" el suelo norteamericano como emigrante indocumentado. Justificando esta controvertida acción, la fiscal del condado, Nicole Morse, trazó un paralelo entre los trabajadores inmigrantes y los violadores y pedófilos. "Como con los violadores sexuales", dijo Morse, "la esperanza es que ellos vayán y se registren al Estado. Y si no lo hacen, entonces están violando la ley"[20]. En respuesta a un litigio que bloqueó la continuación de esta práctica, los legisladores republicanos están promoviendo una ley que permitiría al Estado aplicar cargos de transgresión de la ley contra los inmigrantes ilegales, y Estados como Carolina del Sur se están informando para aplicar el esquema. Florida, tomando la delantera, ha "autorizado" a todos sus oficiales de la ley a arrestar y detener a "supuestos" inmigrantes indocumentados, creando un nuevo estándar de persecución racial[21].

19. "United States: Failure to Protect Child Farmworkers", documento publicado en el sitio web de Human Rights Watch, http://www.hrw.org/carnpaigns/crp/farrnchild/facts.htm.
20. Pam Belluck, "Town Uses Trespass Laws to Fight Illegal Immigrants", *New York Times*, 12 de julio de 2005.
21. Ibíd.

A principios de 2005, Patrulla Fronteriza escenificó una "ofensiva contra vagos", limpiando de trabajadores indocumentados sospechosos las calles, los mercados y el transporte público. En el condado de San Diego, los oficiales anularon una vieja orden que impedía a Patrulla Fronteriza asediar a "supuestos inmigrantes indocumentados" en sus propias comunidades[22]. Las ofensivas funcionan como armamentos de baja potencia, infundiendo el temor en la población.

En las ciudades fronterizas, la hiperpoderosa Patrulla Fronteriza carga sin piedad sobre la población local. Por ejemplo, en Douglas, Arizona, donde el 93% de la población es latina, los agentes fronterizos han comenzado a operar como una fuerza de ocupación, lanzando frecuentes ofensivas sobre las tiendas y los mercados, transgrediendo áreas residenciales y participando frecuentemente en imprudentes persecuciones de coches y otras acciones peligrosas. En el caso de Blanca Mendoza, esta "vigilancia" le costó su libertad y por poco le cuesta la vida. Mientras caminaba con su familia con un vaso de agua en sus manos, fue sorprendida por un agente fronterizo que le apuntaba a su cabeza con el rifle. Aunque ella gritó "¡Soy ciudadana! ¡Soy ciudadana!" el oficial no bajó su arma, alegando posteriormente que él pensó que el vaso de agua era un arma peligrosa. A partir de ese día, Blanca Mendoza no salió más por las noches[23].

Fabricando una atmósfera de asedio, donde los inmigrantes son demonizados en los medios y ridiculizados por los oficiales del gobierno, el movimiento anti-inmigrantes ha suministrado un desfibrilador ideológico para los políticos que buscan resucitar sus moribundas carreras políticas. El gobernador de California, Arnold Schwarzenegger –que fue inmigrante indocumentado en un momento de su vida– anunció su apoyo al "cierre de las fronteras" y a las medidas enérgicas contra los inmigrantes.

---

22. Gregory Alan Gross, "Roving Patrols by Border Agents Net 300 Arrests, Stir Controversy", *San Diego Union-Tribune*, 15 de junio de 2004.

23. Tram Nyugen, ed., *We Are All Suspects Now: Untold Stories from Immigrant Communities After 9/11* (Boston: Beacon Press, 2005), pp. 100-1.

"Cerremos las fronteras. Cerremos las fronteras en California y en todos los lugares entre México y Estados Unidos", dijo en abril de 2005 ante la Asociación Periodística de la Convención Norteamericana[24]. Estimulando aún más la animosidad de muchos californianos, alabó las acciones de los Minutemen, declarando: "han hecho un estupendo trabajo"[25]. Estas declaraciones fueron hechas en un momento en que su popularidad había caído en picado hasta un sostenido 37%, obligándolo a reinventar su imagen política[26].

Dadas estas acciones de políticos como Schwarzenegger, no nos sorprende que los vigilantes fronterizos hayan comenzado confiadamente a armar patrullas a lo largo de la frontera californiana y tengan mayor prominencia entre la corriente dominante. La histeria anti-inmigrantes, producida y empaquetada por las fuerzas bipartitas en Washington y Sacramento —ambas por la causa de la gran empresa y para prolongar sus propias carreras políticas— abre las compuertas no sólo para la infantería del fanatismo, sino también para la persecución racial y la opresión de comunidades completas identificadas ahora como "enemigas". Además de ser la piedra angular del control laboral y un medio de proyectar miedo a través de la "guerra contra el terrorismo", el reforzamiento de la frontera se ha convertido en una empresa muy rentable.

"Según un estudio de MPI de las apropiaciones desde 1985 hasta 2002, los fondos para el control de la frontera ascendieron de 700 millones hasta 2,8 mil millones de dólares por año; los fondos para las detenciones y extracciones ascendieron de 192 millones hasta 1,6 mil millones de dólares, mientras los fondos

---

24. Carla Marinucci, "'Close the Borders' Schwarzenegger Says", *San Francisco Chronicle*, 20 de abril de 2005.

25. Carla Marinucci y Mark Martin, "Schwarzenegger Condemns Sign: Praises Minutemen and Immigration Reform Movement", *San Francisco Chronicle*, 29 de abril de 2005.

26. "Governor's Approval Rating Plummets", Associated Press, 21 de junio de 2005.

para las investigaciones internas ascendieron de 109 millones hasta 458 millones de dólares".[27] ICE y CBP también han auamentado su presupuesto (presupuesto para el año fiscal 2006: CBP 6,7 mil millones de dólares, ICE 3,4 mil millones de dólares[28]) y han incrementado su rango de poder y jurisdicción. Esta inversión sin precedentes en el control fronterizo ha generado el término de "complejo industrial fronterizo" que denota la naturaleza cambiante del control de la inmigración.

Joseph Nevins cita a Christian Parenti, quien asocia la militarización de la frontera con "una campaña de orden público de mayor alcance, que se puede observar en el aumento de la población en las prisiones norteamericanas, el crecimiento de la vigilancia militarizada y la federalización de la guerra contra las drogas"[29]. Al igual que la industria de los presidios, el manejo de "inmigrantes ilegales" se ha convertido en un negocio muy ventajoso. Actualmente, el ICE detiene alrededor de 23.000 personas por año, recluidas en cerca de novecientas instalaciones en todo el país[30]. La construcción de centros de detención y el alquiler de cárceles a las corporaciones ha demostrado ser un negocio muy lucrativo. Por ejemplo, en 2003, el 60% de las detenciones del ICE se hicieron en prisiones locales administradas por corporaciones privadas como la Corporación Correccional Norteamericana (que tuvo sus comienzos albergando a trabajadores indocumentados en Texas) y la Corporación Correccional Wackenhut (de similar origen en Colorado).

> Después de que el Centro Correccional de Nebraska cerró como prisión del Estado, fue reabierto como centro de detención de inmigrantes... "De esta forma ganaremos todos", dijo Jim Morgan (emplea-

---

27. "Making Immigration Enforcement Work: What Will It Take?" nota de prensa en el sitio web de Migration Policy Institute, 6 de diciembre de 2005, http://www.migrationpolicy.org/ITFIAF/1206_releases.php.

28. Documento completo del Department of Homeland Security puede consultarse en http://www.epic.org/privacy/surveillance/spotlight/OSOS/dhsb06.pdf.

29. Nevins, *Operation Gatekeeper*, p. 167.

30. Dow, *American Gulag*, p. 9.

do de HCC), "El ICE está desesperado por la expansión de su población recluida... Y, el Estado de Nebraska, que recolecta del gobierno federal 65 dólares diarios por detenido, se está embolsando más de 1 millón de dólares anual por el espacio... Varios *sheriffs* y encargados califican a estas detenciones como una industria"[31].

El auge de las detenciones a inmigrantes se ha ido esparciendo de Estado en Estado. Los oficiales de las prisiones locales en todo el país están ávidos de meter sus manos en este negocio. El condado de York, Pensilvania, se embolsó 1,5 millones de dólares por alojar a detenidos durante dos años. Un oficial del condado vecino se quejaba de que "nos vimos tentados a alojar a algunos detenidos... pero esto no resultó... Si los inmigrantes no están asegurados, los despidos serán inevitables". Entretanto, un oficial de inmigración en Miami confirmó que los administradores de las cárceles en Florida solicitaron repetidamente "más negocio" en forma de detenidos[32]. El manejo de detenidos inmigrantes se ha vuelto tan arbitrario que "Richard A. Posner, un prominente y relativamente conservador juez del tribunal de apelaciones en Chicago, concluyó que 'la adjudicación de esos casos al nivel administrativo está por debajo de los estándares mínimos de justicia legal[33].'"

Después del 11 de septiembre, los usureros del negocio penal estaban eufóricos. El jefe de las Compañías Cornell radicadas en Houston dijo a los inversionistas:

> Esto sólo puede ser bueno... la atención puesta sobre las personas ilegales y los que provienen del Medio Oriente... En Estados Unidos hay cerca de 900.000 personas indocumentadas que provienen del Medio Oriente... Es la mitad de toda la población penal... El negocio

---

31. Alisa Solomon, "Detainees Equal Dollars", *Village Voice*, 14-20 de abril de 2002.
32. Dow, *American Gulag*, p. 10.
33. Adam Liptak, "Courts Criticize Judges' Handling of Asylum Cases", *New York Times*, 26 de diciembre de 2005.

federal es nuestro mejor negocio... y los sucesos del 11 de septiembre nos han beneficiado.

No estaba solo; el jefe la Corporación Wackenhut también veía el potencial emergente y declaró, "como resultado de los ataques terroristas de septiembre sobre Estados Unidos esperamos que las agencias federales necesiten urgentemente capacidad para alojar a los criminales si se aprueba alguna legislación de seguridad patriótica contra los terroristas"[34].

A finales de diciembre de 2005, la Corporación Correccional de Norteamérica (CCA) anunció jubilosamente un nuevo contrato federal para alojar a seiscientos detenidos en una cárcel que operaba en Taylor, Texas. Después del anuncio, las acciones de CCA subieron un 3% en la Bolsa de Valores de Nueva York[35]. Según *Village Voice*, Brown & Root, notoria por las ganancias obtenidas en la guerra contra Irak, obtuvo un contrato de 385 millones de dólares a principios de 2006 para construir centros de detención temporales con disponibilidad para más de 5.000 detenidos inmigrantes[36].

Las regulaciones a los inmigrantes son también beneficiosas para la industria de la defensa, deseosa de exhibir sus últimos armamentos. El sitio en Internet de la Marina Norteamericana se jacta de su trabajo:

> Trabajando bajo el control táctico de la Fuerza Conjunta del Norte, la unidad del Comando Norte que maneja y coordina el apoyo militar a las agencias federales para la seguridad de la patria, los marines de HMLA-267 desplegaron su AH-1W Super Cobra equipado con FLIR (radar infrarrojo de gran alcance) y los helicópteros UH-1N Huey, en la ciudad fronteriza de El Paso. A modo de "ojos en el cielo"

---

34. Both *quotes* in Dow, *American Gulag*, p. 10.
35. "Corrections to House Immigration Detainees", Associated Press, 21 de diciembre de 2005.
36. Rachel L. Swarns, "Halliburton Subsidiary Gets Contract to Add Temporary Immigration Detention Centers", *New York Times*, 4 de febrero de 2006.

para los agentes en tierra, los marines usaron su sistema FLIR para identificar y notificar actividades ilegales sospechosas[37].

Antes de "debutar" en los asesinatos con misiles aire-tierra contra los supuestos "objetivos terroristas" en Yemen, Palestina y Pakistán, los UVA (vehículos aéreos no tripulados) fueron empleados por las patrullas fronterizas y aduaneras en la Iniciativa de Control Fronterizo en Arizona (ABC) como medio de controlar, patrullar y reunir información de forma remota de las actividades de tráfico en la frontera EE.UU.-México[38]. Entretanto, el republicano de Arizona, Russell Pearce, ha propuesto instalar un sistema de radares de 50 millones de dólares a lo largo de su frontera estatal con México, para identificar a los inmigrantes que cruzan el desierto hacia los Estados Unidos[39].

Resumiendo: los objetivos de la "guerra contra el terrorismo" se han expandido para incluir a *todos* los trabajadores inmigrantes, además de los árabes, musulmanes y otras personas con apariencia de pertenecer al Medio Oriente. Esta expansión ha permitido la transformación del control fronterizo en una industria creciente, y un modo fácil de acopiar capital político que sirve a los intereses del gran capital tanto en casa como en el exterior.

37. Armando Carrasco, "HMLA 267 Marines Help Secure Texas Border", U.S. Marines Web site, 19 de agosto de 2005 en http://www.marines.mil/marinelink/ mcn2000.nsf/ mainS/A099-DDB2919D78B68S2S70SBOO 1618AE?opendocument.

38. Alonso Urrutia Enviado, "Lista, la Sofisticada Caza de Migrantes en EU", *La Jornada*, 15 de junio de 2004.

39. Nicholas Riccardi, "States Take on Border Issues", *Los Angeles Times*, 16 de enero de 2006.

Capítulo 26

Los segregacionistas obreros de ambos partidos

Al ser, tanto los demócratas como los republicanos, dependientes del capital empresarial, no pueden soslayar sus demandas. Como cuerpos celestiales, mientras más cercanos están los políticos de ambos partidos a los centros de poder, más imposible les es dejar de orbitar alrededor del gran capital. El resultado es una muy débil diferencia en las propuestas políticas en competencia y los esfuerzos "bipartitos", y un maridaje entre los objetivos económicos y políticos. En otras palabras, ambos partidos se comprometen a suministrar fuerza de trabajo barata a las corporaciones norteamericanas y a mantener la "guerra contra el terrorismo".

En el centro de las actuales propuestas legislativas para la "reforma" de la inmigración están las demandas de las corporaciones norteamericanas por un nuevo programa para el trabajador temporal. Según el periodista David Bacon, "estas propuestas incorporan demandas de la Coalición por una Inmigración de Trabajadores Esencial (EWIC): 36 de las mayores asociaciones norteamericanas de comerciantes y fabricantes, encabezada por la Cámara de Comercio de EE.UU". Bacon concluye que, "a pesar de sus demandas, no existe una gran escasez de trabajadores en Estados Unidos. Existe una escasez de trabajadores en las industrias que quieren pagar bajos salarios"[1].

La Coalición por una Inmigración de Trabajadores Esencial se está organizando para hacer avanzar su agenda. La afiliación a

---

1. David Bacon, "Talking Points on Guest Workers", *Truthout*, 6 de julio de 2005, http://www.dsausa.org/DavidBacon/guest%20workers.html.

la nueva coalición cuesta entre 50.000 y 25.,000 dólares, fondos que son canalizados hacia campañas políticas que combinan las demandas por un nuevo programa para el trabajador temporal y el endurecimiento del control en la frontera[2].

"La economía los necesita", dice John Gay, vicepresidente de la Coalición por una Inmigración de Trabajadores Esencial, una alianza de dueños de industrias productoras y de servicios. El número de trabajadores de baja cualificación nacidos en Norteamérica cayó en 1,8 millones entre 1996 y 2000, lo que quiere decir que existe un decreciente suministro de personal en las industrias de la construcción, cuidados médicos y atención social[3].

La administración Bush, representando las aspiraciones más genuinas del capital corporativo, está insistiendo en aprobar un programa para trabajadores extranjeros que permita la entrada sin precedentes de braceros, no sólo en la agricultura, sino en *todos* los sectores de la economía. El apoyo abierto al programa para el trabajador temporal se divide en dos principales sectores corporativos. Uno de ellos lo constituye la anteriormente mencionada Coalición por una Inmigración de Trabajadores Esencial, el más "liberal" de los dos, que une a las mayores organizaciones del comercio e industrias de servicios como cuidados médicos, restaurantes, la construcción, venta minorista y mayorista y otros, ávidas todas de tener un acceso sin restricciones a los emigrantes. Este sector apoya el acceso prolongado a los mal pagados trabajadores indocumentados y por lo tanto apoya la propuesta patrocinada por Ted Kennedy y John McCain. Según el sitio en Internet de EWIC:

---

2. Peter Wallsten y Nicole Gaouette, "President George Bush to Build Immigration Reform Coalition to Court Hispanics", *Los Angeles Times*, 24 de julio de 2005.

3. June Kronholz, "Guest-Worker Proposals Prove Divisive", *Wall Street Journal*, 9 de noviembre de 2005.

Hay que quitarse el sombrero ante los valientes legisladores de la Cámara y el Senado por encarar el tema de las reformas inmigratorias mediante la introducción de la Ley de una Norteamérica Segura y una Inmigración Ordenada. La Coalición por una Inmigración de Trabajadores Esencial (EWIC) saluda la introducción de la ley bicameral y bipartita y alaba a los senadores John McCain y Ted Kennedy y a los representantes Jim Kolbe, Jeff Flake y Luis Gutiérrez. Ellos han tomado la iniciativa de la Casa Blanca por las reformas inmigratorias y han generado una ley que encara este serio y primordial asunto: un programa para el trabajador extranjero legítimo y seguro. La legislación reforzará el movimiento y puede suministrar la arquitectura para el desarrollo de un sistema seguro y ordenado de inmigración[4].

El otro sector político más conservador que promueve la agenda para el trabajador temporal, Norteamericanos por una Seguridad Económica y Fronteriza (ABES), es una camarilla bipartita de políticos y "afiliados" que incluye al antiguo presidente del GOP (Partido Republicano) Ed Gillespie, al congresista Dick Armey y al antiguo representante demócrata Cal Dooley (del amplio Distrito 20 de California), así como a representantes de Wal-Mart y Tyson Foods. ABES se formó al parecer para promover la idea de la Casa Blanca de una política de inmigración que llevara al aumento del control fronterizo junto a un nuevo programa bracero. Esta combinación busca apaciguar los sectores del capital, particularmente la industria de la defensa, que no son tan dependientes de los trabajadores inmigrantes como de la perpetuación beneficiosa de la "guerra contra el terrorismo". El jefe de Seguridad de la Patria de Bush, Michael Chertoff, expresó cómo ambos procesos, en apariencia opuestos (dejar entrar a los trabajadores y al mismo tiempo mantenerlos alejados) puede combinarse: "Debemos ganar el control completo de nuestras fronteras para prevenir la inmigración ile-

---

4. "Business Group Supports Bipartisan Immigration Reform Bill", nota de prensa de la página web de Essential Worker Immigration Coalition, 12 de mayo de 2005, http://www.ewic.org/press/051172005.html.

gal y las grietas de seguridad". Y añadió: "el control de la frontera requerirá reducir la demanda de inmigración ilegal canalizando a los trabajadores que se necesitan a través de un nuevo programa"[5].

En el debate hay también sectores del capital (aliados con los autóctonos) que tratan de profundizar los objetivos de seguridad, llevar a cabo mayores recortes en la asistencia pública, continuar con la reestructuración del sistema pro-empresarial de impuestos y liberar la presión acumulada en las industrias más débiles. Las demandas competidoras de los diferentes sectores del capital han creado fisuras dentro del Partido Republicano (programa para el trabajador temporal *versus* "control fronterizo"), conduciendo a propuestas legislativas opuestas. Por ejemplo, mientras el congresista de Colorado, Tom Tancredo, llama a los inmigrantes "un flagelo que amenaza el futuro de la nación", el senador Mel Martínez responde diciendo que "los republicanos han tenido significativas ganancias con los latinos... y nos estamos arriesgando al tomar posiciones anti-inmigrantes... Nosotros somos el gran peligro"[6].

Según el *Wall Street Journal*, "la inmigración divide también a los demócratas, siendo una de las razones por las que el tema ha languidecido durante años dentro del Congreso"[7]. Ron Harris escribió en el *St. Louis Post-Dispatch*:

> "No hay posición de partido sobre el tema, lo que es muy interesante teniendo en cuenta que casi todos los temas tienen carácter partidista", dijo Michael Dimock, director asociado del Centro de Estudios Sociales y de Opinión Pública. "El balance de opiniones se divide dentro de cada partido. Por ejemplo, sobre la cuestión de los trabaja-

---

5. Nicole Gaouette, "Immigration Linked to Security Revamp", *Los Angeles Times*, 14 de julio de 2005.

6. Holly Bailey, "Tom Tancredo Is Pulling the Immigration Debate to the Right and Away from Bush", *Newsweek*, 3 de abril de 2006.

7. June Kronholz, "Guest-Worker Proposals Prove Divisive", *Wall Street Journal*, 9 de noviembre de 2005.

dores extranjeros temporales, los republicanos orientados hacia los negocios se inclinan por ellos, pero los republicanos conservadores, o más de cuello azul, no. Ellos ven a los inmigrantes como una carga para el país"[8].

Como un partido dedicado también a mantener el capitalismo vivo, los demócratas no pueden operar fuera del paradigma de que el bienestar social se deriva del mantenimiento y promoción de los intereses empresariales. Al igual que los republicanos, los demócratas se alinean a las normas de "elegibilidad" al formular su programa político de forma tal que refleje los deseos y las esperanzas de la clase empresarial y sus impulsores conservadores en la clase media.

A diferencia de los republicanos, los demócratas deben presentarse a sí mismos como una "oposición" popular, ya que su segundo ingrediente son los sindicatos, las comunidades de color y los movimientos sociales. No obstante, sin la presión visible de los movimientos masivos organizados —que permite al ala liberal de los demócratas empujar al resto del partido hacia su rol poco deseado de árbitro de la lucha de clases— el programa del partido es confinado a una competición con los republicanos por el corazón y las mentes de la élite corporativa.

En otras palabras, sólo cuando la lucha de clases se hace visible —en forma de huelgas o grandes movimientos de protesta que amenacen con expandirse más allá del control de los líderes establecidos—, cambia el poder dentro del partido desde el interior de sus filas (los que están vinculados directamente al gran capital) hacia el exterior (los que están cercanos a los sindicatos o las organizaciones liberales de constituyentes). En ese momento, los políticos liberales y los líderes sindicales pueden negociar concesiones y reformas para los trabajadores a cambio de frenar el movimiento social, preservar el capitalismo y redirigir las energías de los activistas de base hacia el apoyo electoral de los

---

8. Ron Harris, "Illegal Immigration Concerns Could Split Both Parties", *St. Louis PostDispatch*, 20 de diciembre de 2005.

candidatos demócratas. Sin la fuerza compensatoria de las luchas, el capital cambia el poder hacia el centro pro-corporativo del partido[9]. Como explica el antiguo derechista y experto Kevin Phillips,

> Parte de la razón por la que los períodos de "supervivencia por adaptación" en la reestructuración económica norteamericana son tan implacables, se basa en el funcionamiento de los demócratas como el segundo partido capitalista más entusiasta. Ellos no interfieren mucho en el movimiento del capitalismo pero aspiran a los excesos y la inevitable reacción popular[10].

Por esta razón el Partido Demócrata es incapaz de presentar una alternativa progresista coherente a los republicanos en el tema de la inmigración. En su lugar, el Partido Demócrata se expresa en diferentes direcciones, a menudo reflejando la misma desunión dentro de la clase empresarial que afecta a los republicanos. De hecho, ellos fueron con frecuencia los campeones del control a la inmigración durante el siglo XX y ayudan a establecer el ritmo de las restricciones inmigratorias en el presente siglo. Como partido, los demócratas aparecen en los dos lados del debate sobre el control de obreros/frontera. En algunos casos dirigen y en otros obedecen.

Algunos de los iconos del Partido Demócrata han sido categóricos defensores de propuestas anti-inmigrantes en favor del gran capital. Las notorias ofensivas de Palmer, que inauguraron la primera deportación masiva de inmigrantes, fueron idea original de la administración Wilson. Franklin Delano Roosevelt continuó el sistema de cuotas raciales y el régimen de deportaciones iniciado por su predecesor republicano Herbert Hoover.

---

9. Para una mejor descripción de cómo este proceso funcionó durante la era de los derechos civiles, ver Ahmed Shawki, *Black Liberation and Socialism* (Chicago: Haymarket Books, 2006).

10. Alan Maass, "Anybody But Bush?", *International Socialist Review* 30 (julio-agosto de 2003).

Los segregacionistas obreros de ambos partidos   311

Según el historiador de la inmigración Roger Daniels, "las restricciones administrativas adoptadas por Herbert Hoover fueron simplemente continuadas por Franklin Roosevelt. No hubo nada que recordara al *New Deal* en materia de inmigración... Incluso antes de la depresión las posiciones del Partido Demócrata con respecto a la inmigración eran difíciles de diferenciar de las del republicano"[11]. Daniels señala que al otro extremo del asunto estaba Lyndon B. Johnson. Johnson, feroz defensor de los agricultores como congresista por Texas y líder de la mayoría del Senado, "frustró los intentos de ejercer medidas legales para detener o revertir el flujo de inmigrantes"[12].

Muchos atribuyen, con justicia, los orígenes del actual movimiento anti-inmigrantes en California a la Proposición 187 –que se proponía obstruir el acceso de los trabajadores inmigrantes y sus hijos a los servicios sociales y obligar a los empleadores a notificar los niños indocumentados al INS– y al republicano Peter Wilson, que fue gobernador en esos años. Wilson se refirió a California como azotada por una "invasión" de indocumentados y culpó al gobierno de no hacer nada para frenar la migración[13]. A pesar de la profunda ignominia de Wilson, fue la administración de Clinton la mayor culpable desde Washington. Como dijimos anteriormente, la Operación Guardabarrera de Clinton fue la mayor empresa anti-inmigrantes jamás realizada por un gobierno federal y es directamente responsable por la muerte de cuatro mil emigrantes en los últimos once años. Clinton también presidió la aprobación de la Ley Antiterrorista y Pena Capital Efectiva y la Ley de Reforma para Inmigración Ilegal y Responsabilidad Inmigratoria, de 1996, que

> amplió el alcance de los crímenes considerados ofensas de deportación, hizo obligatorias las detenciones para casi todas las personas que eran deportadas e incrementó el número de oficiales de Patrulla

---

11. Roger Daniels, *Guarding the Golden Door*, p. 65.
12. Ibíd., p. 180.
13. Perea, *Immigrants Out!*, p. 229.

Fronteriza que arrestaban a los ilegales, especialmente en el sudoeste. Por otro lado, los cambios en las sentencias legales incrementaron el tiempo en prisión por ofensas de inmigración. Entre 1996 y el 2000, el promedio se incrementó de 3,6 a 21 meses[14].

Los intentos de Clinton de "ponerse duro con los inmigrantes" coincidieron con su campaña por "eliminar la asistencia pública de la forma en que está", la Ley de Responsabilidad Personal y Oportunidades de Trabajo, de 1996, que

> reforzó la idea despectiva de que los inmigrantes estaban más motivados por la asistencia social que por el trabajo. La ley eliminó un amplio rango de beneficios y servicios para los inmigrantes legales o indocumentados (vales para alimentos y el Ingreso de Seguridad Complementario (SSI)) e introdujo nuevos requerimientos para patrocinadores o familiares de los inmigrantes[15].

Otros importantes demócratas han tratado de aventajar a los republicanos en el tema mostrando estar más deseosos de tomar "medidas enérgicas" contra los trabajadores indocumentados. La senadora por California Diane Feinstein ha abogado por un estricto control fronterizo durante toda su carrera[16]. Como partidaria incondicional de las putativas "guerras" contra el terrorismo y las drogas, Feinstein se posiciona ella misma como uno de los "halcones" en el tema de la inmigración.

> La senadora norteamericana Diane Feinstein reintrodujo legislaciones para someter a los trabajadores a pruebas de falsificación de cédulas de identidad y cortar algunos de los beneficios sociales dispo-

---

14. Alisa Solomon, "Detainees Equal Dollars", *Village Voice*, 14-20 de abril de 2002.

15. Michael Welch, *Detained: Immigration Laws and the Expanding I.N.S. Jail Complex* (Philadelphia: Temple University Press, 2002), p. 64.

16. Feinstein fue un feroz defensor de las restricciones inmigratorias incluso antes del 11 de septiembre. Para un resumen de las diferentes propuestas que él apoyó, ver "Congressional Immigration Reform", Migration News Web site, http://migration.ucdavis.edu/mn/more.php?id=610_0_2_0.

nibles para los inmigrantes. La ley de Feinstein también propone fuertes sanciones por el contrabando de extranjeros, mecanismos dinámicos para la deportación de ilegales y establece cargos de 1,00 dólar por el cruce de la frontera para ayudar a pagar el refuerzo del control fronterizo[17].

Hillary Clinton, la candidata a la presidencia de 2008, se ha movido tanto hacia la derecha en el tema de la inmigración que el *Washington Times* la acusó de "mantener una posición sobre la inmigración ilegal más conservadora que la del presidente Bush, una estrategia que tanto los defensores como los detractores ven como una forma adoptada por los demócratas de New York para sacudirse el cartel de ´liberales´ y atraer a los Estados tradicionalmente republicanos"[18]. En una entrevista a la radio WABC ella dijo: "Yo soy, como ustedes saben, inflexible contra la inmigración ilegal", y en una entrevista a *Fox News* acusó a Bush de no hacer lo suficiente para "proteger nuestras puertas y fronteras"[19].

Incluso en medio de las protestas masivas por los derechos de los inmigrantes en abril de 2006, ella giró más aún hacia la derecha. Después de parecer evadir la pregunta, condenando abiertamente la Ley Sensenbrenner como una ley que "incriminaría literalmente al buen samaritano – y probablemente a Jesús mismo", ella retrocedió, diciendo al *New York Daily News* que "quisiera una frontera estadounidense protegida con muros y cercas, de ser posible con aviones de vigilancia teledirigidos y cámaras infrarrojas"[20]. Su vacilación y posicionamiento hacia la derecha revela el compromiso del Partido Demócrata con la "guerra contra el terrorismo", otro nombre para la militarización

17. Michael Doyle, "Feinstein Gets Tougher on Immigration", *Sacramento Bee*, 5 de junio de 1994.
18. Charles Hurt, "Hillary Goes Conservative on Immigration", *Washington Times*, 13 de diciembre de 2004.
19. Ibíd.
20. Leslie Casmir y Leo Standora, "Hil: Border Needs Wall", *New York Daily News*, 23 de abril de 2006.

de la sociedad norteamericana y la extremadamente agresiva política exterior. Centrando su atención en la frontera, los demócratas esperan sobrepasar a la administración de Bush en el tema, mostrando el compromiso de seguir su política y la "guerra contra el terrorismo", al mismo tiempo que lo atacan por fracasar en su empeño. De hecho, el Partido Demócrata no sólo fanfarronea de "vencer en la guerra contra el terrorismo", sino que es responsable de ayudar a cambiar el debate sobre la frontera.

La campaña para detener el "terrorismo" ha justificado un amplio rango de acciones gubernamentales, desde las escuchas telefónicas y las crecientes detenciones y deportaciones hasta el fortalecimiento de la militarización y la incriminación de los inmigrantes. Durante las elecciones presidenciales del 2004, la campaña de Kerry-Edwards se mostró como la campeona en el tema. En los debates presidenciales, por ejemplo, Kerry alegó que una administración demócrata podía "hacer un mejor trabajo para la seguridad de la patria. Puedo hacer un mejor trabajo al emprender una guerra más inteligente y efectiva contra los terroristas y garantizar su desaparición... Los cazaremos, capturaremos y aniquilaremos. Haremos lo que sea necesario para garantizar nuestra seguridad". En el mismo debate, concluyó diciendo: "Esto es lo que haré: Número uno, la frontera está más permeable en la actualidad de lo que estaba antes del 11 de septiembre. El hecho es que no hemos hecho lo necesario para endurecer nuestras fronteras, y yo lo haré"[21].

En otros casos, los demócratas ofrecen sólo "versiones suaves" de propuestas republicanas. En Oklahoma, los legisladores republicanos quieren impedir que los indocumentados reciban los beneficios del Estado o los cuidados médicos. Aunque Tom Adelson, demócrata presidente del Comité del Senado para Cuidados Médicos, ha jurado luchar por esta finalidad, está promoviendo su propia propuesta para multar a los empresarios que

---

21. "Transcript: Third Presidential Debate", *Washington Post*, 13 de octubre de 2004, http://www.washingtonpost.com/wp-srv/politics/debatereferee/debate_1013.html

contratan a indocumentados y revocar sus privilegios estatales impidiendo que se puedan defender en un tribunal[22].

Después de decirle a Bush que "se mantendría firme en el ala derecha de su propio partido", el líder de la minoría del Senado Harry Reid continuó promoviendo la mentirosa caracterización derechista de la frontera y la necesidad de un programa para el trabajador extranjero. "A menos que solucionemos la brecha entre nuestras leyes imaginarias y la realidad, la inmigración ilegal no se detendrá, y la situación en la frontera seguirá siendo caótica", dijo Reid[23].

El demócrata liberal Ted Kennedy se ha aliado al conservador republicano John McCain para ofrecer un crucial apoyo "bipartito" al llamamiento de la administración Bush por el nuevo programa para el trabajador extranjero, promoviendo la Ley para una Norteamérica Segura y una Inmigración Ordenada de 2005. Esta ley está diseñada para unir los diferentes sectores del capital y defender "los intereses económicos, sociales y de seguridad de Norteamérica".

La ley, una importante concesión a los "alarmistas" del tema fronterizo, permite al Departamento de Seguridad de la Patria cerrar otras áreas de la frontera y "establecer y llevar a cabo programas de demostración para fortalecer las comunicaciones, el intercambio de información, las tecnologías, la seguridad, los servicios de inteligencia y las actividades de control que permitirán proteger la frontera sin que mermen el comercio y los negocios". Además suministrará 400.000 obreros extranjeros temporales (100.000 más que los propuestos por Bush)[24]. Aunque Kennedy presenta la ley como una alternativa a las propuestas de la derecha, McCain la lanza desde su base conservadora,

---

22. Nicholas Riccardi, "States Take on Border Issues", *Los Angeles Times*, 16 de enero de 2006.

23. "Bush Turns Focus To Immigration", *CBS/AP*, 28 de noviembre de 2005, http://www.cbsnews.comlstories/200s/11/28/politics/main1080957.shtml.

24. Para una completa dsicusión de la propuesta, ver American Immigration Lawyers Association, "Secure America and Orderly Immigration Act: Section-by-Section Analysis", http://www.aila.org/content/default.aspx?docid=16719.

definiéndola como un medio para proteger a los "norteamericanos" de los inmigrantes. Según un artículo de prensa en el sitio en Internet de Ted Kennedy:

> Es una ley comprensiva que no trata de resolver la hemorragia de la inmigración con curitas; se trata de una operación quirúrgica. En Arizona se concentra la mayor parte de la inmigración ilegal y no dejaré que Arizona sea la alfombra de una fracasada política de inmigración. Ellos son inmigrantes ilegales, han infringido la ley y deben ser castigados. Por esta razón, esta legislación incluye fuertes multas y penalizaciones para los que permanecen en este país ilegalmente, al igual que escarmientos para los que contratan a estos inmigrantes[25].

Otros políticos liberales y latinos dentro del partido —los que quizá están más a tono con las bases liberales del partido— son, no obstante, reacios a romper filas e ir en contra de la dirección general del partido. Antonio Villaraigosa, alcalde de Los Ángeles, evitó cualquier discusión relacionada con la inmigración durante su campaña. Aunque en ocasiones reclama apoyo hacia los derechos de los inmigrantes (él mismo es hijo de un trabajador indocumentado), al mismo tiempo amonesta a la inmigración indocumentada cuando dice: "Tenemos todo el derecho de reforzar nuestras leyes de inmigración... Creer en Norteamérica nos lleva a hacer que se cumplan, sin dejar de observar los derechos civiles de las personas".[26]

A mediados de agosto, el gobernador demócrata de New México, Bill Richardson, que se enorgullece de ser el único gobernador latino de la nación, declaró a la región fronteriza en "estado de emergencia". En declaraciones justificando su actitud expresó: "Los últimos acontecimientos me convencieron de

---

25. "Members of Congress Introduce Comprehensive Border Security and Immigration Reform Bill", nota de prensa de la págibna web del Senador Edward Kennedy, 12 de mayo de 2005, http:/ kennedy.senate.gov/-kennedy/statements/os/os/200512A04.html.

26. Patrick McGreevy, "Latinos, Flexing Political Muscle, Come of Age in LA", *Los Angeles Times*, 27 de junio de 2005.

la necesidad de tal medida: violencia contra los agentes del orden público, daños a las propiedades y al ganado, evidencias de tráfico de drogas y el crecimiento del número de inmigrantes indocumentados"[27].

Otros demócratas han seguido su ejemplo. La gobernadora Janet Napolitano declaró el "estado de emergencia" en Arizona y "dio a conocer una propuesta de 100 millones de dólares que incluye posicionar tropas de la Guardia Nacional en la frontera, endurecer las sanciones por poseer identificación falsa y castigar a las empresas que emplean a inmigrantes indocumen-tados"[28].

El portavoz de la Asamblea en California, Fabián Núñez, también llamó al "estado de emergencia" para "garantizar que California adquiera su cuota correspondiente" de arrestar a inmigrantes indocumentados y de otras medidas[29]. Esto puso a Núñez a la derecha de Arnold Schwarzenegger en el asunto, puesto que el gobernador expresó que el estado de emergencia era "ir más lejos". Similarmente, el representante demócrata del Estado de Alabama, Randy Hinshaw, introdujo una legislación que limita los servicios del Estado a los inmigrantes indocumentados. Revelando que aventajaba a sus rivales republicanos, dijo: "Pienso que los agarramos desprevenidos; eso ocurre rara vez"[30].

Incluso algunas organizaciones progresistas han seguido la línea de los demócratas. Por ejemplo, Unidos por la Paz y la Justicia (UFPJ) avaló oficialmente la ley de Kennedy-McCain, que es virtualmente idéntica a la propuesta de Bush. A pesar de que los liberales progresistas hacen una genuina crítica a los movimientos anti-inmigrantes, no brindan soluciones. Por ejemplo, en un artículo de principios de 2006, Katrina vanden Heuvel de *Nation* criticó justamente la acometida anti-inmigrantes, decla-

27. "Border Emergency Declared in New Mexico", *CNN*, 13 de agosto de 2005.
28. Nicholas Riccardi, "States Take on Border Issues", *Los Angeles Times*, 16 de enero de 2006.
29. John Rice, "Nuñez Visits Mexico to Talk Immigration", Associated Press, 26 de agosto de 2005.
30. Tom Baxter, "Illegal Immigration Hot Issue in Legislatures Nationwide", *Cox News Service*, 20 de febrero de 2006.

rando que "no es la presencia de inmigrantes indocumentados en la fuerza de trabajo estadounidense la que está dañando a los trabajadores norteamericanos, sino que es el desencanto de los inmigrantes en sus centros de trabajo, dada la posibilidad que tienen los empresarios de amenazarlos con la deportación, lo que constituye el verdadero peligro para los trabajadores de EE.UU.". No obstante, en cierta forma defendió la ley para el trabajador temporal, declarando que, aunque le falta "iluminación", "la propuesta de McCain/Kennedy es la mejor opción"[31].

Quizá más vergonzosamente, algunos que se autocalifican liberales han llamado a la unidad con la derecha anti-inmigrantes, bajo la deficiente lógica de "proteger los empleos de los norteamericanos". Thom Hartmann, presentador de Air America y colaborador asiduo del sitio en Internet *Common Dreams*, se preguntaba a principios de 2006: "¿Cómo pueden los progresistas unirse con esos pocos republicanos populistas (como Lou Dobbs y Patrick Buchanan) para hacer de (la oposición a la inmigración ilegal) un objetivo de todos los norteamericanos?"[32].

Dado que el Partido Demócrata es una criatura del sistema capitalista norteamericano, no puede apartarse mucho de su amo. En este sentido, suministrar fuerza de trabajo barata a la gran empresa y proyectar el poder militar norteamericano hacia el exterior están dentro de los objetivos del partido. Tales objetivos parecen estar en contradicción con la imagen de "oposición" que ofrecen los demócratas cuando hacen erupción los movimientos sociales, produciendo un sismo que conduce al "ala izquierda" del partido a cooperar con el activismo de base.

Cuando el nuevo movimiento por los derechos civiles de los inmigrantes salió a las calles en protestas masivas la primavera de 2006, los mismos demócratas que se habían unido previamente al coro de la incriminación —como Ted Kennedy y Hillary

---

31. Katrina vanden Heuvel, "Toward a Sensible Immigration Policy", *The Nation*, 21 de enero de 2006.

32. Sharon Smith, "The Making of a New Movement", *Socialist Worker*, 17 de marzo de 2006.

Los segregacionistas obreros de ambos partidos 319

Clinton– se pusieron al frente de la demostración para "hablar a favor de los inmigrantes". Dijeron a las masas reunidas que la solución no era volcar el movimiento hacia las calles sino desmovilizarse y votar por los demócratas. En otras palabras, incitaban a los inmigrantes a apoyar a los mismos políticos y proposiciones legislativas que los incriminan y segregan.

Aunque copatrocinó una ley que genera un grupo de trabajadores de segunda clase y expande el cierre de la frontera a los futuros emigrantes, Kennedy ni pestañeó en la masiva manifestación de abril de 2006 en Washington, cuando citó a Martin Luther King *junior*, llamando a la nación a "liberar el cerco" contra los inmigrantes[33]. Así, cuando la clase obrera inmigrante forma un movimiento por los derechos civiles dirigido a democratizar la sociedad y establecer la igualdad entre todos los trabajadores, los demócratas se preparan para desmovilizarlo.

Cuando el movimiento se unió en una huelga nacional el 1 de mayo de 2006 –en confrontación directa contra el capital– los demócratas ayudaron a dividir el movimiento y luego dirigieron sus armas hacia los que se unieron al boicot. El gobernador demócrata de New México, Bill Richardson, se unió a otra caterva de líderes demócratas, cuando llamó a la demostración del lunes "una desviación del verdadero problema, a saber, una reforma de inmigración comprensiva. Yo preferiría ver a esos manifestantes en cada una de las oficinas del Congreso... y explicarle a sus representantes cuán importante es este asunto"[34]. En otras palabras, el Partido Demócrata trabaja para contener cualquier protesta de los trabajadores que opere fuera de su control o que desafíe el poder absoluto del gran capital. En su empeño por desmovilizar a los trabajadores inmigrantes, los demócratas dejan la iniciativa a la extrema derecha.

33. Andy Sullivan y Thomas Ferraro, "Immigration Rallies Sweep U.S.", Associated Press, 10 de abril de 2006.
34. Carolyn Lochhead, "Pro tests Could Cause Political Problems for Backers of Balanced Approach", *San Francisco Chronicle*, 1 de mayo de 2006.

Capítulo 27

La derecha tiene la última palabra

La crisis producida por la guerra de Irak ha llevado a la administración Bush a manipular todavía más el temor a "la amenaza terrorista" para contrarrestar el creciente descontento que causa su política. Aunque "la amenaza de la inmigración" ha alineado algunos sectores del capital, como el Buró Agrícola Norteamericano, la Asociación Norteamericana de Cuidados Médicos y la Asociación Norteamericana de Viveros y Paisajismo, ha distraído a otros, permitiendo a la administración recuperar algún terreno de la crítica dentro de su propio partido[1].

Este cambio ha sido instigado y apoyado por fuerzas contrapuestas dentro del Partido Republicano. La extrema derecha –formada por nacionalistas cultos, conservadores laicos y religiosos, grupos antiimpuestos y sectores del electorado de Bush, conservador y de clase media– busca movilizarse contra la inmigración (y el programa para el trabajador temporal), con el pretexto de que "diluye la cultura norteamericana" y "sobrecarga" el sistema de asistencia social. Este componente racista está omnipresente en los medios y se entrelaza con el sutil alarmismo económico. Los elementos racistas –políticos como Tom Tancredo, el presentador de CNN Lou Dobbs, locutores de radio de California como Michael Savage y Roger Hedgecock y vigilantes activistas como los Minutemen– han ganado prominencia nacional y han desplazado el debate más hacia la derecha. Tom Tancredo, congresista republicano del sexto distrito de Colorado desde 1999, emergió como el campeón del movimiento anti-

---

[1]. Warren Vieth, "Businesses Cast Cloud over Bush's Immigration Plans", *Los Angeles Times*, 21 de noviembre de 2005.

inmigrantes y tiene una larga historia en la defensa de causas derechistas. Su carrera comenzó como profesor de secundaria, intentando redimir a la "nación impía" con "un verdadero sistema educacional cristiano" y lanzando infatigables cruzadas contra el multiculturalismo que le valieron posiciones en el Departamento de Educación (DOE) de Reagan y de Bush padre. Como funcionario en el DOE, Tancredo se dedicó a desmantelar el departamento, en línea con el entonces popular objetivo conservador de acabar con el "gobierno intervencionista".

Desde 1993 hasta 1998, Tancredo encabezó el Instituto Independencia, un *think tank* derechista dedicado a supervisar los recortes presupuestarios del gobierno en los servicios sociales. Según el Centro de Relaciones Internacionales, algunos de sus colaboradores incluyen a Jeff Coors de Coors Brewing Company, un notorio derechista cuya propia fundación Castle Rock provocó un boicot a los productos Coors por parte de AFL-CIO debido a sus prácticas y declaraciones abiertamente racistas, homofóbicas y antiobreras. Estando al timón del Instituto, Tancredo se consagró al movimiento "plazo límite", que había abandonado abruptamente cuando decidió, en el 2004, postularse a un cuarto período en el Congreso.

Como congresista, Tancredo ha intentado construir su carrera alrededor de otra causa: detener la inmigración. Se ha declarado a sí mismo discípulo del xenófobo Samuel Huntington y su teoría del "choque de civilizaciones"[2], y padece una animosidad hacia los musulmanes que raya en la locura. En una entrevista a RightWingNews.com, caracterizó la "guerra contra el terrorismo" como una ofensiva contra todos los musulmanes: "creo que no estamos luchando contra un pequeño grupo de per-

---

2. En su libro, *The Clash of Civilizations,* Samuel Huntington postula que el futuro de los conflictos globales no estará conformado por las ideologías sino por las culturas y la religión. Los políticos anti-inmigrantes como Tancredo usan esta teoría al afirmar que los inmigrantes mexicanos están llevando a cabo una "Guerra cultural" contra "la forma de vida norteamericana".

sonas que ha secuestrado una religión, sino que es toda una civilización que intenta destruir la nuestra".[3] Revelando su desprecio por todos los inmigrantes no europeos, añadió: "si la civilización occidental sucumbe a los cantos de sirena del multiculturalismo, pienso que pereceremos". Posteriormente dijo a Fox News que los lugares sagrados de los musulmanes debían ser bombardeados en respuesta a futuros ataques terroristas. "Si... determinamos que es el resultado de musulmanes extremistas fundamentalistas, entonces podemos eliminar los lugares sagrados"[4]. También ha defendido las restricciones a la inmigración y el despliegue de tropas norteamericanas en la frontera.

Su hostilidad hacia los inmigrantes mexicanos mezcla la conveniencia política de la guerra con la oposición racista a la integración cultural de los mexicanos en el sudoeste, predicando la superioridad de una ilusoria cultura "anglo-norteamericana". En su guerra personal contra los mexicanos, Tancredo no ha escatimado nada. Cuando el *Denver Post* presentó a un estudiante inmigrante ilegal de secundaria con 3,9 puntos de promedio (de 4,0 posibles), Tancredo trató de deportar al joven[5].

En el mundo de autoengaño que vive Tom Tancredo, los musulmanes, los inmigrantes mexicanos y los sindicatos criminales internacionales están conspirando para destruir "el modo de vida norteamericano". En un artículo de *Newsweek*, se refirió a los inmigrantes como una "maldición"[6]. Flagelándose a sí mismo en su frenesí anti-inmigrantes, vomitó lo siguiente: "Sí, muchos de los que cruzan la frontera son trabajadores. Pero entre ellos vienen personas para matarnos a usted, a mí y a sus

---

3. Tom Tancredo, entrevistado por John Hawkins, *Right Wing News*, http://www.rightwingnews.com/interviews/tancredo.php.
4. Associated Press, "Tancredo: If They Nuke Us, Bomb Mecca", Fox News, 18 de julio de 2005, http://www.foxnews.com/story/0.2933.162795.00.html.
5. Michael Crowley, "Border War", *New Republic*, 28 de marzo de 2005.
6. Holly Bailey, "Tom Tancredo Is Pulling the Immigration Debate to the Right- and Away From Bush", *Newsweek*, 3 de abril de 2006.

hijos"7. Y finalmente, demostrando su alienación de la realidad, alegó en una entrevista que

> (Los fundamentalistas musulmanes) se están reclutando en nuestras prisiones y zonas marginales. Se están reclutando en comunidades musulmanas regadas por todo el mundo. Existe una enorme población musulmana en Calgary, Canadá. Son responsables de las grandes producciones de anfetaminas. Envían los componentes a Estados Unidos. Luego la preparan aquí y envían el dinero de regreso al cartel de Calgary, y así, con ese dinero, apoyan las actividades terroristas en el mundo entero[8].

A pesar de que en el distrito suburbano de Tancredo no hay casi inmigrantes, él decidió hacer de la lucha contra los inmigrantes su principal tema en su ascenso al Congreso. Vinculando la inmigración con la "guerra contra el terrorismo", Tancredo ha construido su carrera política explotando el temor interno y caracterizando de blanda a la administración Bush en los asuntos del terrorismo y del control fronterizo. Esto ha llevado a inclinar la balanza de poder hacia la derecha dentro del partido en el tema de la inmigración, haciendo que ahora Bush esté pregonando "medidas fuertes" contra la inmigración indocumentada, convirtiéndolas en el centro de su agenda administrativa.

No obstante, su cruzada ha colisionado con los que en Washington están deseosos de instituir el programa para el trabajador temporal. Como consecuencia, Tancredo se ha reconfigurado a sí mismo como un populista de derecha, apelando a las bases reaccionarias del Partido Republicano, nativistas como Minutemen (él fue uno de los oradores en su evento inaugural), la derecha religiosa, los intelectuales supremacistas y los institutos de política anti-inmigratoria.

---

7. Marc Cooper, "Showdown on Immigration", *The Nation*, 3 de abril de 2006.
8. Tom Tancredo, entrevista de John Hawkins, *Right Wing News*, http://www.rightwingnews.com/interviews/tancredo.php.

Tancredo también cofundó con Bay Buchanan el Comité de Acción Política Norteamericano. Según sus declaraciones, este comité tiene como objetivos "hacer de la (inmigración) una parte fundamental del debate político nacional e identificar, reclutar y elegir funcionarios públicos comprometidos a reforzar nuestras leyes y asegurar nuestras fronteras". Como lo señaló el mismo Tancredo: "Estoy intentando hacer del tema de la inmigración parte del debate nacional durante las elecciones presidenciales (2006)... y lo haré de la forma que pueda"9. En otras palabras, el Comité de Acción trata de maquillar una generación de políticos dedicados a impulsar la agenda anti-inmigrantes, alentar el teatro paramilitar de Minutemen, promover engañosos "estudios" por parte de *think tanks* seudocientíficos como el Centro de Estudios de la Inmigración y finalmente poner a la clase obrera norteamericana en contra de su contraparte inmigrante.

Aunque la mayoría de las encuestas de opinión muestran que el público norteamericano no comparte la animosidad de Tancredo hacia los inmigrantes, sus esfuerzos por legitimar el racismo y la histeria anti-inmigrantes han tenido algún efecto. En diciembre de 2005, Tancredo ayudó a la aprobación de la Ley Sensenbrenner (HR4437) en la Cámara. Envalentonado con su victoria, Tancredo está impulsando ahora legislaciones que eliminen la práctica de "ciudadanía por derecho de nacimiento", presente en la cuarta enmienda de la Constitución, que otorga la ciudadanía a todos los niños nacidos en suelo norteamericano. El objetivo de la legislación es quitar los obstáculos legales para la deportación de familias inmigrantes completas, la meta final del movimiento anti-inmigrantes.

Otra voz de la extrema derecha es Lou Dobbs de CNN, que ha consagrado su *show* noticioso a una espuria "exposé" sobre la

---

9. Adam Schrager, "Tancredo Considers Presidential Run to Spotlight Immigration Issue", *9News-NBC*, 1 de julio de 2005, http://www.hispanicvista.com/HVC/Opinion/ Commentary/071105Lcomm.htm

inmigración. Titulado "Fronteras Rotas", el programa promueve cualquier cita que venga de la derecha radical y presenta a Minutemen y al resto de los que están en contra de la inmigración como "autoridades" en el tema. Su "reportaje noticioso" es a menudo indistinguible de su editorial. Por ejemplo, declara en un editorial que "la política de inmigración norteamericana es una broma trágica a expensas de la clase media trabajadora de Norteamérica"[10]. Su desprecio por los inmigrantes lo ha llevado a apoyar abiertamente a Minutemen. Viajó a la frontera en 2005 para congratularlos por su gran trabajo "patrullando" las fronteras. En una hipérbola racista, que envidiaría el propio fundador de Minutemen James Gilchrist, describió así la "conspiración" que está detrás de la inmigración:

> En Estados Unidos, una obscena alianza de empresarios supremacistas, sindicatos obreros desesperados, ciertas organizaciones latinas etnocéntricas y una mayoría de nuestros funcionarios electos en Washington trabajó diligentemente para mantener abiertas las fronteras, rebajar los salarios y mantener al pueblo norteamericano indefenso para resistir la crisis financiera y la carga económica creada por los millones de inmigrantes ilegales que cruzan las fronteras cada año.[11]

Un estudio de FIAR (Justeza y Exactitud en la Noticia) muestra el enorme y fraudulento récord de inmigrantes denunciados por Dobbs.

El tono de Dobbs sobre la inmigración es consistentemente alarmista; advirtió a sus espectadores (31/3/06) que los inmigrantes mexicanos se consideran a sí mismos "un ejército de invasores" que intenta reanexar partes del sudoeste norteamericano a México; anunció (19/11/03) que "los traficantes de inmigrantes ilegales y de drogas están a punto de arruinar el tesoro nacional", y declaró (14/4/05) que "la inva-

10. Lou Dobbs, "U.S. Policy on Immigration Is a Tragic Joke", *The Arizona Republic*, 28 de agosto de 2005.
11. Ibíd.

sión de inmigrantes ilegales amenaza la salud de muchos norteamericanos" a través de la "mortífera importación" de enfermedades como la lepra y la malaria. Dobbs no hace ningún esfuerzo por brindar una imagen matizada y balanceada del asunto; como él mismo dijo a CNN Reliable Source presentado por Howard Kurtz (2/4/06): "¿Está usted interesado en seis o siete rasgos, o está interesado en la verdad? Porque es ella la que me interesa; es la que interesa a mis espectadores".

El día de las manifestaciones masivas de inmigrantes exigiendo sus derechos en todo el país, él lanzó una desdeñosa y amenazadora diatriba contra los pacíficos protestantes (10/4/06): "Una vez más, las calles de nuestro país son tomadas por personas que no pertenecen a aquí... Los contribuyentes que han tenido que renunciar a sus carreteras, parques, aceras y a su tiempo televisivo en todas esas redes noticiosas por cable a causa de esas pandillas de extranjeros ilegales, no están en absoluto contentos... Los extranjeros ilegales de Norteamérica se están volviendo muy atrevidos. Marchan por las calles y demandan sus derechos. ¿Perdón? Ustedes no tienen derechos aquí, ni menos todavía el de congestionar nuestras ciudades y bloquear nuestras calles. En algún momento esto se puede volver muy violento cuando los norteamericanos se cansen del fracaso de su gobierno por solucionar el problema interno más urgente que tenemos"[12].

En mayo de 2005, las fuerzas anti-inmigrantes se reunieron en Las Vegas para clamar por legislaciones más estrictas contra los inmigrantes, incluso una campaña para procesar a los empresarios que contratan a indocumentados. Los oradores en el evento incluían a Barbara Coe, coautora de la Propuesta 187 por California, James Gilchrist, Tom Tancredo y familiares de las víctimas de los ataques del 11 de septiembre, así como agentes del orden y Michael Cutler, un antiguo agente del INS. Por momentos se escuchaban gritos en la manifestación de "envíenlos a casa"[13].

12. "CNN's Immigration Problem: Is Dobbs the Exception or the Rule?", Reporting Web site, 24 de abril de 2006, http://www.fair.org/index.php?page=2867.

13. Jennifer Delson y Anna Gorman, "Immigrant Activists Gather", *Los Angeles Times*, 29 de mayo de 2005.

Las voces anti-inmigrantes también han encontrado expresión en el Consejo Político de Reforma Inmigratoria del Congreso de EE.UU. (CIRC). Setenta y un miembros de la Cámara de Representantes (sesenta y nueve republicanos y dos demócratas) contiene el CIRC, que explícitamente apoya proyectos anti-inmigrantes como Minutemen. Dirigido por Tancredo, el consejo tiene el propósito de reforzar y registrar la oposición a cualquier expansión de los derechos para los inmigrantes[14]. Más de veinte congresistas asisten a los mítines de Minutemen y

> seis de esos políticos se anotaron en la organización, se armaron con revólveres y participaron en un patrullaje de Minutemen en octubre, junto al republicano candidato a gobernador por Arizona Don Goldwater, sobrino del archiconservador y una vez contendiente presidencial Barry Goldwater ("El extremismo en defensa de la libertad no es vicio"). Ese mismo mes, (el líder de Minutemen, Chris) Simcox se reunió con el gobernador de California Arnold Schwarzenegger y el de Texas Rick Perry. Ambos respaldaron públicamente las patrullas de Minutemen en sus respectivos Estados[15].

El objetivo final de estas organizaciones es negar permanentemente la ciudadanía incluso a los que tienen profundas raíces en la comunidad, raíces sembradas con trabajo, amistades, conexiones familiares y participación en las actividades sociales y cívicas. Buscan despojar a los niños del derecho constitucional que protege a todas las familias que residen en Estados Unidos, al promover legislaciones como la Ley Sensenbrenner y más de cuatrocientas leyes anti-inmigrantes a nivel del Estado.

14. Steven K. Paulsen, "Hispanic, Islamic Groups Want Tancredo Out", Associated Press, 26 de julio de 2005.

15. Susy Buchanan y David Holthouse, "Minuteman Leader Has Troubled Past", Southern Poverty Law Center Web site, http://www.splcenter.org/news/item.jsp?pid=166.

Casi la mitad de la población indocumentada son mujeres, muchas casadas y con hijos, y es más probable que queden vinculadas a la sociedad norteamericana a través de escuelas, iglesias y otras organizaciones. Para complicar el asunto, dos tercios de esos niños, o sea 3,1 millones en el 2004, son ciudadanos nacidos en EE.UU. Esto significa que, aunque sus padres pueden ser deportados, esos niños tienen el derecho legal de estar aquí y de recibir los servicios de asistencia social[16].

Aunque la ley fue aprobada en la Cámara, es poco probable que la apruebe el Senado, en parte porque el Senado representa en mayor grado a las propuestas que favorecen a los negocios y también porque el movimiento por los derechos de los inmigrantes ha cambiado los términos del debate. Reconociendo esto, Tancredo dijo: "Sabemos que no todas nuestras ideas se convertirán en leyes, pero nuestro mensaje es claro: la seguridad fronteriza es muy importante y la probabilidad de conseguir reformas verdaderas es tan escasa que no podemos dejar de insistir en nuestras ideas"[17].

En otras palabras, la ley fue diseñada para "reunir las tropas", cambiar el debate a favor de la derecha y asegurar un puesto en la mesa de negociaciones con la administración. Tom Tancredo y James Gilchrist están tratando de crear mayor descontento en la clase media. Como populistas de derecha, esparcen su veneno en todas las direcciones, hacia los trabajadores pobres y hacia las élites económicas.

Sabiendo que no pueden resistirse a las demandas de la gran empresa, buscan asegurar una buena porción de los limitados recursos sociales para ellos mismos y su electorado. La más extrema manifestación de su impotencia y descontento es el movimiento de vigilantes, que propone el chovinismo cultural y

---

16. Daniel González, "Families Sink Roots in Arizona", *Arizona Republic*, 16 de octubre de 2005.

17. Holly Yeager, "Republicans Ready to Turn the Screw on Immigration", *Financial Times*, 14 de diciembre de 2005.

emplea la violencia de bajo nivel para introducir el tema en la conciencia pública. Como lo explica Mike Davis, "de manera similar a las primeras protestas contra el aborto (que culminaban en terrorismo de derecha), el movimiento vigilante ofrece una dramática táctica para capturar la atención de la prensa, galvanizar la oposición hacia la inmigración e inclinar la balanza de poder dentro del Partido Republicano"[18]. El éxito de este método (debido a la débil oposición de los demócratas) se ha hecho visible. La administración Bush ha asimilado el simbolismo y el lenguaje de la extrema derecha. Aunque Bush descarta a los "vigilantes fronterizos", no mueve un dedo para detenerlos. Los beneficios que saca la gran empresa del flujo de mano de obra barata podrán mantenerse mientras la opinión pública esté en contra de los inmigrantes y sus derechos. Por ello, la gran empresa tolera (y en algunos casos permite) la presencia de los grupos anti-inmigrantes de extrema derecha. Sus hipérboles incitan la cólera contra los inmigrantes, desvían la atención de los errores del sistema y socavan la confianza para que los inmigrantes participen en los procesos políticos.

La extrema derecha ha hecho tantos progresos en su legitimación que el comisionado de Protección Fronteriza y Aduanera de EE.UU., Robert C. Bonner, dijo en agosto de 2005 que su agencia quisiera incorporar grupos de vigilantes similares a Minutemen en acciones conjuntas con Patrulla Fronteriza. Aunque Bonner luego renunció a la idea, cuarenta y ocho miembros del Congreso introdujeron la Ley 3622 para establecer un "Cuerpo de Protección Fronteriza", que llevaría a "policías, vigilantes y militares voluntarios a todas las ciudades de EE.UU. a denunciar a los inmigrantes indocumentados para colaborar con las autoridades federales, estatales y locales"[19].

18. Mike Davis, "Vigilante Man", *Tom Dispatch*, 6 de mayo de 2005, http://www.tomdispatch.com/index.mhtml?pid=2378.
19. Eduardo Juárez, "The Future Looks Ominous for Immigrants", *El Diario/La Prensa*, 4 de agosto de 2005.

Celebrando la captura de la atención nacional, James Gilchrist proclamó en el verano de 2005: "Hemos llevado simultáneamente la conciencia nacional hacia la crisis de seguridad nacional, de la que son componentes las grietas en la frontera y el tráfico de ilegales y de drogas. En los próximos meses, el proyecto Minutemen se reorganizará, expandirá y se volverá más fuerte[20].

Los logros del movimiento anti-inmigrantes se han expresado también en otras áreas. Una temporada de caza contra los inmigrantes indocumentados (y latinos en general) fue declarada en todo el país por los que desean beneficiarse a costa de los derechos de los inmigrantes. A finales de 2005, un grupo de estudiantes de otros Estados (incluso dos hijos de un antiguo congresista republicano) establecieron un litigio para derrocar una ley californiana de 2002 que "permite a los estudiantes que han asistido durante al menos tres años a la enseñanza secundaria en California acceder al el mismo descanso retribuido dado a los ciudadanos californianos, independientemente de su estatus inmigratorio"[21]. Aunque sólo un pequeño porcentaje de estudiantes accede al descanso retribuido, y la mayoría son ciudadanos, los opositores anti-inmigrantes no desprecian la oportunidad de atacar a los inmigrantes en todos los frentes.

En otro caso, los funcionarios de Canyon County, Idaho, están tratando de expulsar a los trabajadores indocumentados demandando a varias empresas locales a través de la ley contra Organizaciones Corruptas y Estafadoras (RICO). Los funcionarios del condado alegan que las agro-empresas locales están actuando como una mafia "bajando los salarios al contratar a inmigrantes ilegales"[22]. Estas medidas tienen como objetivo dar

---

20. David Kelly, "Border-Watch Group to Stop Patrols", *Los Angeles Times*, 21 de abril de 2005.

21. Juliet Williams, "Lawsuit Challenges College Fee Break for Illegal Immigrants", *San Diego Union-Tribune*, 15 de diciembre de 2005.

22. "Anti-Mafia Law Used to Fight Illegal Immigrants", *Fox News*, 21 de septiembre de 2005, http://www.foxnews.com/story/0.2933.169970.00.html.

algunas palmaditas en la muñeca a los empresarios mientras sacan a los inmigrantes de la esfera pública. Empecinado en alentar la vigilancia racial, Greyhound Lines difundió un memorando entre sus empleados indicando que "podían ser arrestados o despedidos si vendían boletos de autobús a cualquier inmigrante indocumentado"[23]. Entretanto, el grupo anti-inmigrante Ciudadanos de Connecticut por el Control de la Inmigración (CCIC) alimentó aún más la histeria al producir y publicar un estudio que habla del número desproporcionado de contratos a "hispanos" por McDonald's en Connecticut. Paul Streitz, cofundador de CCIC, alega que su estudio demuestra que los "inmigrantes hispanos —legales o ilegales— están desplazando a otros trabajadores de McDonald's"[24]. Rayando en el absurdo, Streitz reveló su absoluto desprecio por los latinos al referirse a una cadena comercial como "Mexdonald's". Streitz, un veterano de Vietnam y director de marketing, tuvo tiempo en su apretada agenda para unirse a las patrullas de Minutemen y cazar inmigrantes en la frontera con Arizona[25].

Caracterizando a su cruzada contra los inmigrantes como una "guerra de desgaste", el director ejecutivo del Centro de Estudios de la Inmigración, Mark Krikorian, expresó al *Arizona Republic*,

> Terminar con este clima de impunidad es la clave para ganar el control sobre la inmigración. Se necesita una política de desgaste con la población ilegal mediante un control generalizado. Esto implica la implementación de medidas convencionales, como arrestar y deportar más cantidad de ilegales. Pero la estrategia de desgaste también implica otras medidas —muros cortafuego, diríamos— para hacer muy dificultosa la vida de los inmigrantes ilegales. Esto en primer lugar seduciría a

---

23. Daniel González, "Greyhound Ticket Policy Biased, Latino Groups Say", *Arizona Republic*, 24 de septiembre de 2005.

24. Edward Crowder, "Hispanic Hiring Practices Queried in Connecticut", *Connecticut Post*, 29 de septiembre de 2005.

25. Don Michak, "Anti-Immigration Group 'MexDonald' Author Hit by Pie", *Manchester Journal-Inquirer*, 29 de septiembre de 2005.

muy pocos a venir y persuadiría a los millones que ya se encuentran aquí a abdicar y deportarse ellos mismos. Esto significa eliminar los empleos para los ilegales, las licencias de conducción, las cuentas bancarias, los préstamos e hipotecas, las licencias de negocios y el acceso a las escuelas del Estado.[26]

Las organizaciones anti-inmigrantes como Federación Norteamericana para la Reforma Inmigratoria (FAIR) y el Centro de Estudios sobre la Inmigración han entrado en la corriente principal norteamericana y son a menudo citadas como *think tanks* sin afiliación partidista y con carácter científico dedicadas al tema de la inmigración. FAIR, que surgió de la "nueva derecha" de la década de 1970, es una organización dedicada a "terminar con la inmigración ilegal"[27]. Se formaron a partir de una división de "Cero Crecimiento Poblacional" en 1979, emergiendo como un grupo activista más radical. Su objetivo ha sido arrestar y revertir los logros de los movimientos por los derechos civiles, y especialmente prevenir la ampliación de tales derechos en las comunidades de inmigrantes.

El liderazgo de FAIR lo constituyen "antiguos agentes de inmigración, funcionarios de Patrulla Fronteriza y otros expertos en el cumplimiento de la ley", y su fundador, John Tanton, tiene un sitio en Internet de las formaciones anti-inmigrantes que operan amparadas por este proyecto. Aquí se citan Inglés Estadounidense (1983), Centro de Estudios sobre la Inmigración (1985), Editorial Contrato Social (1990), Pro-Inglés (1994) y Números EUA (1996). Según el Centro de Relaciones Internacionales, una organización que diseña el mapa de los movimientos de extrema derecha,

---

26. Mark Krikorian, "Immigration Problem Needs an Attrition Policy", *Arizona Republic*, 28 de agosto de 2005.
27. "Profile: Federation for American Immigration Reform", Right Web, 14 de julio de 2004, http://rightweb.irc-online.org/profile/1467.

Junto a otros pocos miembros de FAIR, Tanton fundó una organización nacionalista llamada WITAN —abreviatura que proviene del término en inglés antiguo *"witenagemot"*, que significa "concejo de hombres sabios". En 1986, Tanton repartió un memorando a los miembros de WITAN donde destacaba su inclinación supremacista y la de FAIR. El memorando acusaba a los inmigrantes latinoamericanos de traer consigo una cultura de corrupción política hacia los Estados Unidos que les hace imposible participar en la vida civil. Activa la alarma de que esos inmigrantes pueden convertirse en mayoría en la sociedad norteamericana. Pero hay más; él mismo se pregunta: "¿Puede el *homo contraceptivus* competir con el *homo conceptivus?*". Respondiendo a su propia pregunta retórica, Tanton escribió que "quizá sería el primer caso donde los listos son atrapados por los tontos". Según Tanton, "para el 2030 en California, los blancos no hispánicos y los asiáticos tendrán propiedades, buenos empleos y educación, hablarán un lenguaje y serán principalmente protestantes. Los negros y los hispanos tendrán empleos pobres, poca educación, pocas propiedades, hablarán otro lenguaje y serán principalmente católicos". Por otro lado, Tanton se cuestiona la "educabilidad" de los hispanos. En 1988 los medios publicaron este memorando de Tanton y trajo como consecuencia que un número de antiguos defensores de Inglés Estadounidense cortaran los lazos con Tanton, incluso Walter Cronkite y con el tiempo Linda Chávez, una analista de derechas del Centro Oportunidad de Igualdad[28].

Incluso el *Wall Street Journal* denunció a FAIR, CIS y al resto de los engendros de Tanton. En un artículo titulado "Republicanos limítrofes", se describe la agenda de FAIR como teniendo "poco que ver con la inmigración de por sí y mucho que ver con el extremismo medio ambiental y las preocupaciones por el crecimiento demográfico influenciadas por las desacreditadas afirmaciones del economista inglés del siglo XIX Thomas Malthus"[29].

28. Ibíd.
29. Editorial, "Borderline Republicans", *Wall Street Journal*, 17 de junio de 2004.

El deseo de excluir a los inmigrantes se disfraza con frecuencia con un velado desprecio racial y una crueldad que intenta deshumanizar a los inmigrantes y así privarlos de sus derechos. Esto también lleva a la opresión cultural de los latinos en general. Cuando la histeria anti-inmigrantes hace metástasis, trasciende los límites de la ciudadanía. Los latinos de todo el país, ciudadanos o no, están experimentando la intensificación del sentimiento anti-mexicano y cómo éste se filtra en sus vidas diarias. Zach Rubio, un estudiante de secundaria mexicano-norteamericano de Kansas City, Kansas, quedó consternado cuando sin ningún motivo su director le expulsó de la escuela. Sus padres quedaron asombrados al oír que su infracción y suspensión fue a causa de conversar en español con otros alumnos[30]. De hecho, la acometida derechista contra la inmigración no se molesta en distinguir entre trabajadores indocumentados y niños nacidos en Estados Unidos que son ciudadanos.

Según un miembro del consejo de una escuela en Washington D.C., Víctor A. Reinoso, "Hay mucha oposición contra el incremento de la población hispana. Lo hemos visto en las escuelas del D.C. Se ve en algunas ciudades, donde la gente se queja de que el dinero de sus impuestos no debe ser usado para imprimir notas públicas en español. Y hay casos de escuelas que quieren prohibir el uso de otras lenguas"[31].

Según el *Wall Street Journal*,

> Casos de políticas de uso exclusivo del inglés se están acumulando en EEOC, la agencia federal que implementa las leyes antidiscriminatorias en los centros de trabajo, y también en bufetes jurídicos privados de todo el país. Las quejas a la agencia ascendieron de 32 en 1996 a 155 en 2004. La mayoría de las quejas –hechas fundamentalmente por hispanos– son manejadas por abogados privados. A pesar de eso, la mayoría de los casos de discriminación idiomática no son informados

---

30. T. R. Reid, "Spanish at School Translates to Suspension", *Washington Post*, 9 de diciembre de 2005.
31. Ibíd.

porque los empleados temen a las represalias, como perder el empleo, o, si son inmigrantes ilegales, la deportación[32].

Paradójicamente, muchos de esos trabajadores son contratados específicamente para comunicarse con clientes hispanohablantes mientras se les prohíbe que hablen español entre sí. Otras formas de racismo cultural son más sutiles. Por ejemplo:

> El Consejo de Nashville City consideró una propuesta hecha por tres de sus miembros para prohibir los camioncitos que venden tacos y otros alimentos. Los partidarios de la prohibición insisten en que es una legítima medida sanitaria y no —como sugieren los críticos— cultural contra los hispanos, que, según Associated Press, operan la mayoría de las ventas móviles en la ciudad. Pero los miembros del Concejo se las vieron muy mal al explicar las razones por las que la prohibición no se aplica a los pequeños negocios de las calles, como los carritos que venden salchichas[33].

Demostrando cuán irracionalmente peligroso se ha tornado el debate, apareció una opinión en el periódico de Georgetown Collage en Kentucky defendiendo el uso de minas explosivas contra los emigrantes, explicando que "si se advierte que el campo está minado, las personas reconsiderarían su decisión de cruzar el área". El autor intentó justificarse diciendo: "Aborrezco a los inmigrantes ilegales, y todos los norteamericanos deben sentirlo así"[34]. En el *Southwestern Sun*, el periódico universitario de Southwestern Collage en San Diego, un editor condenó abiertamente la "inmigración ilegal" y comparó a los emigrantes

32. Miriam Jordan, "Employers Requiring Workers to Speak English Pace Suits", *Wall Street Journal*, 9 de noviembre de 2005.
33. Ruben Navarette Jr., "Prom Irrational to Illogical on Immigration", *San Diego Union-Tribune*, 25 de diciembre de 2005.
34. John Sosbe, "Desperate Times Call for Drastic Measures", *The Georgetonian*, 2 de noviembre de 2005.

con las "sanguijuelas", que necesitan ser "arrancadas del sistema"[35].

No es de sorprender que en este clima crecientemente hostil hacia los inmigrantes, la animosidad se transforme en violencia. De hecho, la violencia hacia los latinos ha crecido exponencialmente en todo el país. Según el Centro Jurídico para la Pobreza en el Sur, "en el pasado año, el mismo período en el que varios rancheros de Arizona fueron noticia por arrestar a punta de fusil a extranjeros ilegales que cruzaban sus tierras, por la violencia de los vigilantes han sido asesinadas tres personas que intentaban cruzar la frontera".[36]

El Ku Klux Klan intenta revitalizar su imagen con ataques violentos hacia los inmigrantes. David Lubell, director de la Coalición por los Derechos de los Inmigrantes y Refugiados de Tennesse, radicada en Nashville, comenta que, "de repente se acepta exacerbar el odio hacia los inmigrantes, ya sean latinos, africanos o asiáticos". Refiriéndose a la violencia contra los inmigrantes, y a la muerte violenta de cinco trabajadores indocumentados en Georgia en el 2005, dijo: "Es un síntoma de lo que representa el sentimiento anti-inmigrantes, tan libremente usado por las estaciones de radio, los grupos anti-inmigrantes e incluso los políticos"[37].

---

35. Southwestern College es una universidad a diez millas de la frontera con México con 60-70 por ciento de latinos. Como consecuencia, más del 25% son estudiantes mexicanos. Para leer los comentarios racistas en su periódico y la reacción hacia ellos, ver Héctor Carreón, "'Immigrant Bashing' by a Campus Newspaper", Immigrant Solidarity Network, 8 enero de 2005, http://www.immigrantsolidarity.org/cgi-bin/datacgi/database.cgi?file= Issues&report= SingleArtide&ArtideID=0152.

36. Southern Poverty Law Center, "Intelligence Report, Blood on the Border", http://www.splcenter.org/intel/intelreport/artide.jsp?aid=230.

37. Bill Poovey, "Hispanics New Target of Hate Groups", Associated Press.

Capítulo 28

Terrorismo en la frontera: Minutemen al acecho

Las luchas de los trabajadores inmigrantes por mejores salarios y condiciones de trabajo son a menudo seguidas de ofensivas violentas por los movimientos nativistas y racistas. Los movimientos nativistas (caracterizados actualmente por grupos como Minutemen) a menudo provienen de trabajadores de cuello blanco y de clase media baja, pero encuentran apoyo entre los representantes de la élite. Su objetivo es disciplinar a los "revoltosos" y restaurar el poder y la confianza en la clase capitalista dominante.

El más prominente de los grupos nativistas, el Ku Klux Klan, corrobora esta conexión. Integrado fundamentalmente por campesinos pobres y blancos de clase media (*sheriffs*, abogados, jueces, pequeños negociantes), el KKK convoca a los que se mantienen socialmente sedentarios u oprimidos por la gran empresa y la oligarquía terrateniente. El KKK ha dirigido su violencia principalmente hacia los negros. Aterrorizando a los trabajadores negros y a cualquier blanco que simpatice o se una a ellos, ha creado una insalvable división que ha inhibido hasta el presente a las organizaciones obreras de todo el sur.

Con casi un tercio de la fuerza de trabajo de la nación, el sur tiene actualmente sólo una sexta parte agrupada en sindicatos. En general, la tasa de agrupación sindical en el sur es del 8% solamente, comparada con el 18% en cualquier otra parte. Cuatro Estados del sur (Carolina del Sur, Carolina del Norte, Arkansas y Virginia) registran las menores tasas de agrupación sindical de conjunto[1].

[1]. Para una más completa discusión de estas y otras tasas de sindicalización en el 2005, ver U.S. Department of Labor, "Union Members in 2005", Bureau of Labor Statistics Web site, 20 de enero de 2006, http://www.bls.gov/news.release/union2.nr0.htm.

Además, las condiciones de trabajo y las "leyes de flexibilidad laboral" que favorecen a las corporaciones han llevado a las compañías a desplazarse hacia el sur como una forma de debilitar o romper los sindicatos existentes. Minutemen, aunque diferente en su forma al KKK, es parte de la misma sustancia.

Cuando James Gilchrist se paró delante de las cámaras en el ardiente desierto de Arizona, explicó la rutina de sus grupos en el patrullaje de la frontera ante unos medios aparentemente cautivados. "Esto fue un espectáculo de perros y caballitos diseñado para traer a los medios y transmitir el mensaje, y funcionó". Su socio, cofundador de Minutemen y rechazado de Patrulla Fronteriza, Chris Simcox, añadió: "Estamos mostrando al gobierno un modelo de seguridad patriótica. Si ellos despliegan 10.000 ó 15.000 soldados de la Guadia Nacional en la frontera, no quedará ningún sitio por donde se puedan colar"[2].

La reorganización de los grupos anti-inmigrantes en Estados Unidos está siendo conducida bajo el paraguas del Proyecto Minuteman. Su objetivo es crear "patrullas de ciudadanos" en la frontera, capturar la atención nacional y obligar al gobierno a tomar medidas estrictas para reprimir a la inmigración indocumentada. Aunque usan el nombre de "Minutemen" para evocar la iconografía populista del "soldado ciudadano y patriótico" de la Revolución Norteamericana, son en realidad una reconfiguración de formaciones paramilitares derechistas remanentes, que se fragmentaron con el declive de los movimientos militares. Sus incursiones mediáticas en la frontera y la cacería de emigrantes atrae a un pequeño grupo de autoproclamados enemigos de la inmigración en todo el país.

Sus contrapartes suburbanas, como "Salvemos Nuestro Estado" (SOS), radicada en el condado de Ventura, son un surtido de activistas de mediana edad que descienden de centros de trabajo, bancos y sitios de jornaleros frecuentados por trabajadores indocumentados. Se ven ayudados por espectáculos de

---

2. David Kelly, "Border Watchers Capture Their Prey-the Media", *Los Angeles Times*, 5 de abril de 2005.

radio como *John and Ken Show* en California y *Roger Hedgecock Show* en San Diego. Esos espectáculos se han convertido en la caja de resonancia de los movimientos anti-inmigrantes, perpetuando cualquier mito o estereotipo racista y citándolo hasta la saciedad.

El *John and Ken Show* dedicó una serie de espectáculos buscando firmas para promover la "Iniciativa Policial en la Frontera de California", una propuesta para crear una nueva agencia de control fronterizo. Hedgecock llamó a sus oyentes a asediar a los jornaleros en los sitios de recogida y a fotografiarlos junto a sus supuestos empleadores para denunciarlos a las autoridades de inmigración.

> La estrategia se descubrió recientemente en Lake Forest, California, cuando una camioneta blanca aparcó en una tienda de licores y fue rodeada por 30 jornaleros hispanos que comenzaron a negociar con el chófer. En cuestión de segundos, otra ola de personas fue hacia la camioneta, constituida fundamentalmente por blancos de mediana edad, tomando fotos e invocando las leyes federales. "Si ustedes contratan a trabajadores ilegales, pondremos sus fotos en Internet", advirtió Robin Hvidston, un administrador de inmuebles que se convirtió en activista de inmigración después de quedar alarmado por el número de hispanos que vio en su comunidad en el condado de Orange[3].

Esas tácticas forman parte del terrorismo de baja intensidad, así como el temor a la encarcelación y a la deportación se usa como arma para privar a los trabajadores inmigrantes del derecho al trabajo.

Las heterogéneas filas de estos activistas incluyen a retirados, profesionales, trabajadores de correos, expendedores, administradores de inmuebles, políticos de derecha fracasados y todo un surtido de ejecutivos y personas de clase media insatisfechas. Militares veteranos, guardias de seguridad camuflados, antiguos

---

3. Peter Prengaman, "Day-Labor Employers New Target of Activists", *Arizona Daily Star*, 12 de diciembre de 2005.

policías y agentes fronterizos se unen a la causa y son a menudo "los tenientes de campo" en las acciones fronterizas, añadiendo un matiz paramilitar a sus acciones de vigilancia.

Aunque en su mayoría parecen un grupo de guerreros de fin de semana, o un club de armas de excéntricos inconformes y políticos oportunistas, Minutemen ha ganado prominencia nacional explotando un tema volátil en un ambiente polarizado. Ellos, junto a sus colaboradores en las ciudades, se presentan a sí mismos como la única fuerza comprometida con el control de los "inmigrantes ilegales". Aunque su núcleo está compuesto de elementos marginales de extrema derecha, han orquestado sus acciones para el consumo popular de la clase trabajadora autóctona norteamericana. En una entrevista, un portavoz se refirió al grupo como los "Martin Luther Kings blancos" que luchan por los derechos civiles de los norteamericanos autóctonos[4]. Intentando dividir a los trabajadores nacional y racialmente, esperan aumentar su poder negociador con los políticos capitalistas.

En otras palabras, Minutemen desarrolla una agenda populista de derechas que pretende denunciar el apetito corporativo norteamericano por la mano de obra barata y a la vez impedir que los trabajadores inmigrantes se organicen. Apelando al descontento de la clase media –erróneamente piensan que mejoraría su estatus sin la presencia de los inmigrantes– pretenden obligar a los políticos dependientes del gran capital a negociar concesiones en forma de leyes que incriminen a los inmigrantes. Aunque el gran capital se beneficia de la fuerza de trabajo relegada, las deportaciones en tiempos de prosperidad económica o la escasez de trabajadores conducen a divisiones en la derecha.

Simultáneamente, Minutemen apoya a la oposición antiinmigrantes y refuerza la imagen de "ilegales" que se tiene de todos los trabajadores inmigrantes. Aunque ellos alegan oponerse sólo a la "inmigración ilegal" su oposición va dirigida a los latinos como un todo. Como dijo uno de los Minutemen, explican-

---

4. David Kelly, "Border Watchers Capture Their prey-the Media", *Los Angeles Times*, 5 de abril de 2005.

do las razones por las que pertenece al grupo, "cuando conduzco por la carretera de Bethany (una calle principal de Phoenix que atraviesa por barrios ingleses e hispanos) y veo los carteles en español, y cuando voy a Wal-Mart y las indicaciones están en español, me siento amenazado"[5].

Su amplio electorado está compuesto de trabajadores de oficina, profesionales de clase media y hacendados rurales. Comprimidos entre la aplastante Norteamérica empresarial y la decreciente disponibilidad de viviendas, educación, empleos y servicios sociales, dirigen su frustración hacia la porción de inmigrantes entre la clase obrera. Un grupo de Minutemen, en Rendón, Maryland, fue reseñado por el *Washington Post* en marzo de 2006. Guiado por George Taplin, un ingeniero de *software* y antiguo marinero, su "pequeña brigada" se describe de la siguiente forma:

> Bill Campenni, piloto retirado de la Guardia Nacional; su esposa, Kathleen, emigrada canadiense que ahora es ciudadana norteamericana; Diane Bonieskie, maestra de escuela retirada; Jeff Talley, que dice que perdió su empleo de reparador de aviones porque se trasladó el negocio hacia México; y Joe, que no da su nombre y ocupación porque "quién sabe qué podrían hacer con esa información"[6].

Taplin se introdujo en la política después de fracasar en su carrera como tecnólogo y contratista: "Tenía un empleo y llegó una promoción para la cual yo era el más cualificado de todos... Una mujer fue escogida porque era negra y mujer. Era un grupo mayoritariamente femenino"[7].

Él se convirtió en activista cuando supo que la ciudad planeaba construir un sitio para jornaleros y cuando oyó un rumor de que un "latino borracho" hizo comentarios obscenos a un

---

5. Judd Slivka, "On Patrol with the Minutemen", *Slate*, 6 de abril de 2006, http://www.slate.com/id/2139399/entry/2139400/.
6. Michael Leahy, "Crossing the Line", *Washington Post*, 19 de marzo de 2006.
7. Ibíd.

grupo de escolares que esperaban el autobús. "La política de la ciudad consiste en apaciguar a algunas personas e ignorar al resto de nosotros"[8]. Entonces se dedicó a concentrar fuerzas contra los emigrantes latinos de la ciudad. Después de tomarle fotos a un grupo de latinos que se reunían fuera de una tienda, Taplin y sus seguidores los culparon de la basura que había alrededor del área: "Eso es lo que han traído de vuestra cultura... Cuando llegan aquí, hacen lo mismo que hacían en sus países"[9].

Como descendientes de una generación blanca y en constante movimiento de la época de posguerra, las formaciones de Minutemen como éstas en Maryland están convencidas de que el crecimiento de las comunidades de inmigrantes y mestizos y su acceso a los beneficios de la ciudadanía, socavan directamente su propia posición social privilegiada.

El surgimiento de grupos anti-inmigrantes está condicionado por un número de circunstancias interrelacionadas. La "guerra contra el terrorismo" afianzó la subjetividad de "tener al enemigo entre nosotros" y exacerbó el sentimiento racista y nacionalista en todo el país. De manera análoga, el tradicional sentimiento anti-mexicano revive junto a los fuertes recortes de los gastos sociales y de los recursos disponibles del Estado. Los recortes generales en el aparato redistributivo del Estado ha incrementado la competencia por los escasos recursos y ha intensificado el sentimiento étnico y nacionalista entre las capas más conservadoras de la clase media. Esto ocurre al mismo tiempo que la carga fiscal se desplaza de manera creciente de los más ricos hacia el resto de la sociedad, un proceso que el *New York Times* resumió de la siguiente forma:

> Parece que mientras es más fácil para unos pocos ricos escalar a la cima de la abundancia, para muchos otros es cada vez más difícil saltar de una clase económica hacia otra. Los norteamericanos con 30 años

---

8. Ibíd.
9. Ibíd.

de edad tienen mayor probabilidad de terminar permaneciendo en la clase en la que nacieron.

El artículo del *Times* sigue diciendo:

...algunos nuevos estudios sobre movilidad, el movimiento de las familias hacia arriba o hacia abajo en la escala económica, muestran que éste es mucho menor que lo que los economistas y la mayoría de las personas piensan. De hecho, esta movilidad, que una vez animó la vida laboral de los norteamericanos en las décadas posteriores a la Segunda Guerra Mundial, últimamente se ha nivelado o quizá esté declinando, según los investigadores[10].

Y según el *Chicago Sun-Times*,

Los trabajadores de medianos ingresos se quejan de que los empleos en las industrias que poseen sindicatos, que ofrecen buenos salarios, atención médica, pensiones y seguridad, están desapareciendo. Están siendo reemplazados por empleos en la industria de servicios, a menudo sin sindicatos, sin atención médica, pensiones o seguridad: la economía al estilo Wal-Mart, compañía que el vicepresidente Dick Cheney ve como modelo para Norteamérica. Las compañías norteamericanas atropellan las leyes laborales e impiden que los obreros se organicen dentro de ellas. De esta forma, las ganancias suben, la productividad sube, los salarios de los gerentes suben pero los de los trabajadores bajan[11].

Muchos administrativos reclutados por Minutemen han sido víctimas de la externalización, proceso en el que sus empleos se trasladan a países subdesarrollados donde los salarios son menores. En estas circunstancias, muchos culpan a los

10. Janny Scott y David Leonhardt, "Class Matters: Shadowy Lines That Still Divide", *New York Times*, 15 de mayo de 2005.
11. Jesse Jackson, "U.S. Economic Divide Swells", *Chicago Sun- Times*, 21 de junio de 2005.

trabajadores pobres en los países pobres, en lugar de culpar a las corporaciones o a los funcionarios del gobierno que permiten este proceso.

La enorme división de clases, agravada por las políticas neoliberales de las sucesivas administraciones, ha comenzado un proceso de desmantelamiento de las "garantías sociales de posguerra". También está alimentando la animosidad de los que buscan en los inmigrantes un chivo expiatorio. Por ejemplo, en una entrevista en el *Arizona Republic*, Gilchrist manifestó que le fue imposible obtener una vivienda subsidiada para su madre porque el sistema estaba "inundado de peticiones por parte de inmigrantes ilegales. Yo pensaba que este país era para el ciudadano norteamericano", dijo él. "Pero lentamente me fui dando cuenta de que no era así. Es para cualquiera que llegue de por ahí, ya sea legal o ilegal"[12].

Fungiendo como abanderados del ultra-nacionalismo y el racismo xenófobo, los grupos de Minutemen tratan de reafirmar un falso sentido de privilegio, basado en su condición de blancos y autóctonos, y perpetuarlo mediante la subyugación de los inmigrantes y las comunidades de color. Según Robert Lovato, del *Hispanic Vista Magazine*,

> Su principal objetivo no es proteger las fronteras físicas de Estados Unidos: sus principales objetivos políticos tienen que ver más con proteger las fronteras del privilegio blanco y las nociones de ciudadanía que han sido inculcadas por la sociedad global. Sus tácticas sirven también a los intereses de las élites, como George W. Bush y los fabricantes de armamentos, en la misma medida en que abrazan, arrastrando también a los pobres, la bandera del nacionalismo extremo[13].

---

12. Citado en Joe Anthony, "Vigilantes Patrol U.S. Border: The Politics of the Minuteman Project", World Socialist Web site, 20 de mayo de 2005, http://www.wsw-sorg/articles/2005/may2005/minu-m20.shtml.

13. Robert Lovato, "Minutemen Mobilize Whites Left Behind by Globalization", *Hispanic Vista Magazine,* 22 de diciembre de 2005.

Por supuesto, el privilegio de ser blanco sólo cuenta para la élite blanca, puesto que los trabajadores blancos tienen que sufrir del racismo y las divisiones que se producen en la clase obrera. Como explica Sharon Smith,

> El capitalismo obliga a los trabajadores a competir entre sí. La constante presión de una capa de trabajadores –pobres y desempleados– funciona como recordatorio para que compitan entre ellos por los escasos empleos para tener un estándar de vida decente. La clase trabajadora no está interesada en mantener un sistema que prospera sobre la opresión y la desigualdad. Las evidencias empíricas muestran todo lo contrario. El racismo hacia los negros y otros grupos oprimidos sólo disminuye el estándar de vida de la clase obrera en general y debilita su capacidad de lucha. Cuando los capitalistas amenazan con reemplazar un grupo de trabajadores por otro grupo –mal pagado–, ninguno de los dos grupos se beneficia[14].

Según la lógica de Minutemen, expulsando a los indocumentados y cerrando las fronteras, el capitalismo norteamericano se mejora a sí mismo, promueve al ciudadano natural (en este caso el *blanco* autóctono) y le garantiza una buena porción del pastel económico. Esta ilusión les impide ver la fuente real de la opresión. Mientras más control ejerzan las corporaciones norteamericanas sobre los salarios, las condiciones de trabajo empeorarán y las oportunidades disminuirán, y ellos serán desplazados aún más abajo que aquellos a los que quieren eliminar.

Como individuos, sin sentido de poder colectivo, crean un enemigo más vulnerable que ellos mismos para poder racionalizar su propia impotencia. En su ceguera, cargan contra los sectores de la sociedad norteamericana más oprimidos por el propio sistema. Mientras más impotentes se sienten, mayor es su militancia contra los inmigrantes. A fin de cuentas, al atacar a los inmigrantes y crear divisiones raciales y nacionales en la clase

---

14. Smith, *Subterranean Fire*, p. 45.

obrera, incrementan el poder que las corporaciones ejercen sobre ellos. Pero el hecho de que las políticas federales hayan transformado la región fronteriza en una zona de guerra sólo parece confirmar sus frustraciones. Por ejemplo, mientras los trabajos decentes se han evaporado en el sur de Arizona (la base del Proyecto Minutemen), "existe sólo una industria floreciente: Patrulla Fronteriza"[15].

Aunque niegan vehementemente el carácter racista de su organización, a duras penas pueden contener su desprecio por el efecto negativo que causa la influencia "extranjera" sobre la "cultura norteamericana". Su ideología combina el racismo con teorías económicas equivocadas, sumando así a distintas fuerzas en una causa común. Durante la expedición inaugural hacia la frontera con Arizona, Gilchrist dejó entrever lo que realmente le molesta de los inmigrantes de México. "Es un silente caballo de Troya que está erosionando nuestra cultura", dijo a los periodistas[16].

La noción de una "cultura superior" se aprecia en los cambios de lenguaje a través de los años por parte de los supremacistas blancos desde la época de los derechos civiles. Acuñado por los sociólogos como el "nuevo racismo", la exclusión de ciertos grupos (principalmente los provenientes de culturas diferentes a la inglesa o a la europea) en base a una razón cultural se percibe como un medio socialmente aceptable de expresar el racismo sin violar las normas institucionalizadas de los movimientos por los derechos civiles[17]. Este nuevo racismo se ha vuelto muy de moda entre prominentes teóricos sociales como el intelectual de Harvard, Samuel Huntington. En su libro de 2002, *The Clash of Civilizations*, describe los conflictos que aso-

---

15. Nicholas Riccardi, "Some Border Patrol Agents Take a Chance on Love", *Los Angeles Times*, 26 de diciembre de 2005.

16. David Kelly, "Border Watchers Capture Their Prey-the Media", *Los Angeles Times*, 5 de abril de 2005.

17. Anthony Giddens, Mitchell Duneier y Richard P. Appelbaum, *Introduction* to *Sociology*, 4.ª ed. (Nueva York: W. W. Norton & Company, 2003), disponible en http://www.wwnorton.com/giddens4/chapters/chapter11/welcome.htm.

man en el siglo XXI como una lucha entre la civilización "occidental" y las culturas del Tercer Mundo. Su tesis neocolonialista pretende relegitimar la opresión hacia los inmigrantes sobre la base de que su cultura es incompatible con el modo de vida norteamericano y lo corroe.

El nuevo racismo funciona a través de los movimientos nativistas, que bajo el lema de "oponerse a la inmigración ilegal" declaran la guerra total hacia la cultura y el pueblo mexicanos, sean indocumentados o no. Los mismos grupos que han conducido el debate contra la inmigración han trabajado durante años para derrotar los programas de educación bilingüe y multicultural, y han suscrito las propuestas legislativas para negar los servicios sociales para todos los inmigrantes.

Pero el viejo racismo también es común entre los movimientos anti-inmigrantes. Barbara Coe, directora de Coalición por la Reforma Inmigratoria en California (que jugó un rol clave en la aprobación de la famosa Propuesta 187), se refiere regularmente a los mexicanos como "salvajes". Chris Simcox, evoca conscientemente los estereotipos racistas, cuando alega que los inmigrantes "destrozan los barrios, rehúsan integrarse, andan siempre parados en las esquinas y se meten con las muchachas que van camino a la escuela"[18].

El Proyecto Minutemen a menudo ignora la frontera con Canadá y sus poco protegidos setenta y nueve puntos de entrada; sin embargo se queja de los treinta y siete puntos de entrada, fuertemente controlados, de la frontera con México. Algunos grupos no hacen ningún esfuerzo por ocultar su desdén hacia los inmigrantes. El sitio en Internet de "Salvemos a Nuestros Estados" (SOS) se pregunta, "¿No están cansados de ver a su Estado convertirse en la cloaca del Tercer Mundo?"[19]. Joe Turner, fun-

---

18. Susy Buchanan and David Holthouse, "Minuteman Leader Has Troubled Past", Southern Poverty Law Center Web site, http://www.splcenter.org/news/item.jsp?pid=166.

19. Sarah Knopp, "Racist Network of Right-Wingers", *Socialist Worker*, 8 de julio de 2005.

dador de SOS, describe el objetivo del movimiento anti-inmigrantes como una idea

> basada en la noción de que los norteamericanos están siendo absorbidos por los inmigrantes y quieren tomárselo en serio... Con el tiempo, vamos a tener una presencia activa que intimidará y causará pavor en los corazones de nuestros adversarios. No solamente porque dispongamos de tropas para ejercer ese temor sino por la forma de actuar. Llevaremos la batalla a las calles... prácticamente ninguna otra organización dentro del movimiento lo ha hecho con tal consistencia y persistencia[20].

El desprecio explícito y la insinuación de la necesaria violencia contra los inmigrantes han abierto las puertas a la participación activa de los elementos fascistas. Expresando su deseo de participar activamente, James Garret, un "oficial táctico" de Minutemen en Arizona, se lamenta en conversación con el periodista Peter Lauffer: "Necesitamos una revolución, (porque) mi gobierno me impide luchar contra los mexicanos"[21]. Un miembro de Minutemen en California, James Chase, llama a sus seguidores a prepararse para el patrullaje del 16 de julio de 2005, en Campo, California, y los urge a que "traigan machetes, armas de aturdimiento y bates de béisbol". "Para proteger a nuestra gente contra los monstruos, si aparecen"[22].

Los grupos que adoptan el mantra de Minutemen están surgiendo por todos lados, algunos de ellos con una ideología abiertamente fascista. El Centro Sureño para Estudios Legales sobre la Pobreza, ha documentado la participación de la Alianza Nacional Neo-Nazi en las actividades de Minutemen en Arizona. Dos días antes de las acciones, la Alianza fue distribuida en

---

20. Citado en Sarah Knopp, "Racist Network of Right-Wingers", *Socialist Worker*, 8 de julio de 2005.

21. Peter Lauffer, *Wetback Nation: The Case for Opening the Mexican-American Border* (Chicago: Ivan R. Dee, 2004), p. 118.

22. Susy Buchanan y David Holthouse, "Playing Rough", Southern Poverty Law Center Web site, http://www.splcenter.org/intel/intelreport/article.jsp?pid=953

la ciudad base de Minutemen, Tombstone, con órdenes de tomar medidas fuertes contra los inmigrantes. Los grupos en favor de los derechos humanos también documentaron la participación de racistas como Joe McCutchen, miembro de la organización supremacista blanca Concejo del Ciudadano Conservador. Preparándose para actuar, describió a los inmigrantes que pretendía cazar: "Tienen tuberculosis y lepra. Quiero decir que no deben tocarlos sin antes ponerse guantes. Entonces, ¿por qué demonios debemos pagar impuestos para curarlos?". Un participante resumió de la siguiente forma su relación con el Proyecto Minutemen: "Comprendemos por qué Gilchrist y Simcox dicen todas esas tonterías... Es por los medios. Eso está bien. Mientras estemos aquí, es su juego, y tenemos que seguir sus órdenes. Cuando acaben los Minutemen, entonces regresaremos y haremos nuestras propias cosas"[23].

Las organizaciones neo-nazis también asistieron a las reuniones de SOS en California. En una protesta anti-inmigrantes el 16 de julio de 2005 en el Centro de Trabajadores de Laguna Day en el condado de Orange, miembros de Vanguardia Nacional se reunieron con otros miembros de SOS, portando estandartes de SOS y desplegando banderas nazis[24]. Cuando algunos miembros de SOS se alarmaron por la presencia de estos nuevos participantes, el fundador de SOS, Joe Turner, regañó a los que querían apartarse, diciendo: "Si ustedes están en SOS... acepten esta realidad (los nazis en el evento). Si algunos no aceptan esta realidad o se sienten incómodos, entonces es momento de retirarse e irse para otra organización. No les guardaremos rencor"[25].

23. "Nazis, Racists Join Minutemen Project", Southern Poverty Law Center Web site, 22 de abril de 2005, https://secure.splcenter.org/intel/news/item.jsp?aid=13.

24. Para ver evidencia fotográfica en Indymedia, visitar http://sandiego.indymedia.org/en/2005/07/110247.shtml. También ver: Susan Gill Vardon y Elizabeth Brotherton, "Day Labor Site Protested", *Orange County Register*, 31 de julio de 2005.

25. Post #9 on the "Strategies, Ideas and Accomplishments" thread, ver foros de Save Our States Web site, http://www.saveourstate.org/forums/index.php?showtopic=3897&hl=.

No es coincidencia que la aparición de Minutemen esté relacionada con el incremento de los delitos por odio contra los latinos en Estados Unidos. En todo el sur, ha habido un resurgir de las actividades del Ku Klux Klan dirigidas hacia los inmigrantes latinos[26]. Escondiendo su antigua identidad bajo la aceptada máscara de Minutemen, el Klan y los grupos nazis han encontrado un nuevo sentido a la vida, y nuevas dianas a las cuales dirigir su odio y su violencia.

En las actuales circunstancias, pueden reclutar a políticos oportunistas deseosos de montarse en la ola anti-inmigrantes y atraer a seguidores de niveles más bajos para que ejecuten las acciones físicas. Como dice un racista en un sitio en Internet neo-nazi: "Es un movimiento que cada NB (Nacionalista Blanco) debe apoyar y debe participar en él. Nos lleva hacia direcciones donde incluso no sabemos que existen movimientos de NB. El activismo anti-inmigrantes es un deber para el NB"[27].

La aparición y el auge de los grupos de extrema derecha en el presente y futuro dependerán de cómo respondan los activistas por los derechos de los inmigrantes. Estando libres estos grupos, representan una fachada de poder y pueden perpetuar el clima de odio y temor. Mucha gente de izquierda ha puesto sus esperanzas en los políticos liberales del Partido Demócrata, esperando que las políticas electorales puedan contrarrestar la confianza en la derecha. Pero los demócratas no han aprovechado la ocasión, ni lo desean, y la propia naturaleza del partido nos dice que esto va a continuar así.

---

26. Bill Poovey, "Hispanic New Target of Hate Groups", Associated Press, 29 de julio de 2005.

27. "Immigration Protester Joined by Neo-nazis in California", página web de Southern Poverty Law Center, http://www.splcenter.org/intel/news/item.jsp?aid=16

Parte V

¡Queremos un mundo sin fronteras!

Capítulo 29

Los activistas por los derechos humanos enfrentan a la extrema derecha

Cuando los Minutemen de Arizona acapararon la atención nacional en abril de 2005, se presentaron a sí mismos como un movimiento nacional unificado por la causa de la opinión publica norteamericana. Tragándoselo todo, los medios presentaron a los Minutemen como "ciudadanos preocupados". Dado que sus "operaciones" y motivos no se cuestionaron, pudieron crear su espacio político y atraer a políticos oportunistas ávidos de llevar esta causa a la arena nacional.

La efectividad de esta estrategia condujo a los activistas por los derechos de los inmigrantes a trazar conclusiones importantes de cómo contrarrestar la campaña. Armando Navarro, un intelectual y veterano activista por los derechos humanos, expresó el consenso diciendo: "Tenemos que prepararnos mucho mejor y tener la capacidad de masa suficiente para cuando esos eventos tengan lugar"[1]. Navarro y muchos otros activistas decidieron realizar una ofensiva. Las coaliciones de base comenzaron a formarse en las comunidades y en los campos para contrarrestar la campaña racista. Jesse Díaz hijo, un activista radicado en Los Ángeles, uno de los organizadores nacionales del boicot del 1 de mayo de 2006, se organizó junto a los activistas locales para enfrentar al cabecilla de la derecha anti-inmigrantes, Jim Gilchrist, en Aliso Viejo, su hogar en California[2]. Otro de los principales líderes, Nativo López, presidente de la Asociación

---

1. Brock N. Meeks, "Minutemen Opposition Organizes Resistance", *MSNBC*, 15 de junio de 2005.
2. Ver Ashley Powers, "Activist's Persistence a Driving Force in Boycott", *Los Angeles Times*, 1 de mayo de 2006.

Política México-Norteamérica (MAPA) radicada en Los Ángeles, ayudó a organizar una marcha frente a la alcaldía de Costa Mesa, California, después de que el alcalde anunciara su apoyo a Minutemen y algunos planes de usar la policía local para rodear a los trabajadores indocumentados en la pequeña ciudad costera. Este tipo de confrontaciones atrajeron la atención nacional y se adelantaron a los bien financiados y armados grupos de vigilantes.

Algunos activistas permanecen divididos en cuestiones tácticas. Por ejemplo, muchos creen que Minutemen es un "estorbo" que "debe ser simplemente ignorado". Otros plantean que los eventos culturales y comunitarios, bien apartados de las actividades de Minutemen, son la mejor forma de contrarrestar el racismo. No obstante, un gran sector de los activistas está aprendiendo el valor de enfrentar a estos grupos de odio, tanto para socavar la confianza en ellos como para desacreditar sus actividades.

Como consecuencia de las "Patrullas de Arizona", los miembros de SOS, se envalentonaron y trataron de replicar el éxito llevando el mensaje a la comunidad de latinos de Baldwin Park, Los Ángeles. Su objetivo: eliminar la escultura de una artista chicana que honra la historia y la cultura de los mexicanos y norteamericanos habitantes de la zona. Mediante la entrada en la comunidad y la proyección de una imagen de confrontación con los "invasores ilegales", SOS buscaba afianzar sus bases y atraer mayor cantidad de personas a su causa de "expulsar a los inmigrantes".

Para consternación de los veinte miembros de SOS que se presentaron en el parque, casi quinientas personas, entre activistas y miembros de la comunidad, salieron a enfrentarlos, defendiendo el monumento y a la comunidad al mismo tiempo. La confianza y la postura de los miembros de SOS se desinflaron rápidamente ante tan enorme oposición. Pidiendo protección, fueron obligados a huir de la comunidad escoltados por policías. Un participante en la protesta, Randy Selenak, dijo a

Los activistas por los derechos humanos 357

Los Ángeles Times que ir al suburbio latino fue como "meterse en la guarida del león. Yo sólo quería salir de allí ileso"[3]. Animados por los halagos que el gobernador de California, Arnold Schwarzenegger, prodigó a Minutemen de Arizona, una facción del grupo de California organizó su propia patrulla armada. En julio, los "asistentes de Patrulla Fronteriza" trajeron todo un surtido de vigilantes armados hacia la pequeña ciudad rural de Campo, justo al este de San Diego. En lugar de tener un día campestre mediático, escenificando la disciplina y el arrojo militar, los discursos patrióticos, etc., las dos docenas de mercenarios se encontraron con cerca de doscientos activistas proinmigrantes que establecieron su propio campamento anti-Minutemen para crear una "zona libre de racistas" en la frontera.

Los activistas siguen la pista a cada movida de los Minutemen, frustrando sus intentos de apresar inmigrantes. En un momento, cerca de cincuenta manifestantes enfrentaron a un grupo de vigilantes reunidos en el salón local de Veteranos de Guerras Foráneas, gritándoles "¡Racistas, vayan a sus casas!" y "¡Hermanos y hermanas, no hay nada que temer, los inmigrantes son bienvenidos aquí!".

Cuando el líder de Minutemen James Chase y sus seguidores bien armados trataron de evitar la confrontación escurriéndose en la oscuridad, los activistas montados en vehículos los acosaron con reflectores y música estrepitosa. Las tácticas demostraron ser exitosas, desestabilizando las acciones "encubiertas" y desmoralizando a muchos voluntarios que fueron escurriéndose uno por uno en medio de la noche.

Frustrados, los autoproclamados "ciudadanos pacíficos" amenazaron violentamente a algunos activistas. En un vídeo tomado en el lugar, se puede oír a los vigilantes diciendo: "Tú, baja aquí y vas a recibir plomo"[4]. Cuando James Gilchrist acu-

---

3. David Pierson y Patricia Ward Biederman, "Protest Over Art Forces Police to Draw a Line", *Los Angeles Times*, 15 de mayo de 2005.
4. Lance Newman, "Protesters Challenge Vigilantes", *Socialist Worker*, 22 de julio de 2005.

dió a un *show* de solidaridad, fue visiblemente sacudido por las contraprotestas y las actividades de enfrentamiento de los activistas, y lanzó un urgente comunicado a sus seguidores:

> Se necesitan refuerzos inmediatos en Campo, Ca. para apoyar a los Minutemen de Jim Chase... Presenciamos el asedio de VFW Post #2080 dos veces durante el día por cerca de 60 beligerantes anti-norteamericanos... Estén alerta, porque esta banda de vagabundos adversarios les ATACARÁN físicamente si llegan a superarlos en número. Repito, ellos les ATACARÁN físicamente... Un voluntario de Minutemen en California, Jim Woods, fue asaltado por una banda de diez de esos gamberros de Navarro cuando estaba solo en su coche cerca de la frontera... Permanezcan en grupos, y estén LEGALMENTE armados con atomizadores de pimienta... pistolas de arco eléctrico... etc. Algunas armas son legales en ciertas zonas de Campo[5].

A pesar de la hipérbole frenética, los activistas estaban desarmados y no hubo arrestos como resultado de los enfrentamientos. Pero estuvo claro que el desafío a la ideología de Minutemen y el quebrantamiento de sus actividades racistas sacudió la confianza de Gilchrist. Más pruebas de la efectividad de estas confrontaciones vinieron del fundador de SOS, que admitió la fragmentación del grupo al enfrentar tales tácticas. Después de ser expulsado el grupo de una comunidad de inmigrantes, expresó:

> He estado hirviendo de rabia desde lo sucedido en el mitin, analizando y pensando cómo proceder con esta organización... Después de hacer personalmente repetidos contactos... con el departamento de policía, al que le pedí que apartara a nuestro grupo de la oposición... ellos permitieron a los socialistas/anarquistas que nos gritaran y nos abuchearan con los megáfonos cerca de nuestros oídos. Literalmente, a pocos centímetros de nuestros oídos. Ellos permitieron eso... los alari-

---

5. "Minutemen Calling for Reinforcements in Campo CA", carta de Gilcrist publicada en Americans for Legal Immigration Web site, 18 de julio de 2005, http://www.alipac.us/article549.htm.

dos a pocos centímetros, de modo que los salivazos volaban hacia nuestro rostro. Ellos permitieron que nos empujaran... Fue así, en cierta medida, pues algunos miembros no pudieron encontrar a nuestro disperso grupo y retornaron a sus casas en lugar de enfrentar la rabiosa oposición[6].

En otra victoria del movimiento, oficiales de Carlsbad, California (una pequeña ciudad costera al norte de San Diego) cancelaron un foro titulado "La Crisis de la Inmigración Ilegal" programado para celebrase en una escuela secundaria local con el objetivo de reunir a líderes de Minutemen con simpatizantes a nivel local, estatal y del Congreso. Explicando por qué fue cancelado, el superintendente de la escuela, John Roach, mencionó al movimiento por los derechos de los inmigrantes y su desafío al discurso de odio anti-inmigrantes. "Por lo que pude ver en los recientes eventos en Garden Grove, Baldwin Park y Campo (donde fueron confrontados los activistas anti-inmigrantes), sabía que el evento planeado correría la misma suerte"[7].

El activista Yasser Girón concluía: "Las demostraciones y protestas son una forma efectiva de confrontar a esos grupos. No sólo atraen la atención sobre ese tipo de odio, sino que también les enseñan a esos racistas que hay muchas personas que se les oponen. Es maravilloso ver a los activistas y a los miembros de la comunidad unidos en contra del racismo"[8].

La capacidad de Minutemen para captar la atención pública —y los corazones de políticos y personalidades de los medios— no ha afectado a los intereses de las masas de la clase trabajadora nativa (su blanco original). Aunque las fuerzas anti-inmigrantes han dado impulso al tema de la inmigración ilegal, la mayoría de

---

6. Post #1 on the "Strategies, Ideas and Accomplishments" ver foros de Save Our States Web site, http://www.saveourstate.org/forurns/index.php? showtopic=3928.

7. Phillip K. Ireland, "Carlsbad Schools Chief Cancels Forum on Immigration", *North County Times*, 4 de agosto de 2005.

8. Bruce Cooley, "Protesters Run Over by Bigot in LA", *Socialist Worker*, 3 de junio de 2005.

las personas no han sacado conclusiones punitivas de lo que debe hacerse. De hecho, las encuestas hechas en medio de las protestas masivas por los derechos de los inmigrantes en marzo, abril y mayo de 2006, demuestran que la opinión pública se opone a las formaciones de vigilantes. Según *USA Today*, la mayoría de la población estadounidense piensa que los indocumentados en el país tienen derecho a la ciudadanía. Algunas estadísticas concluyentes muestran que

> los inmigrantes o aquellos que tienen al menos un familiar inmigrante tienen más probabilidad de apoyar la idea; el 71% lo hace, comparado con el 62% que tienen familiares nacidos en Estados Unidos. Entre los demócratas, el 68% está a favor de conceder la ciudadanía a los inmigrantes ilegales, y el 65% de los independientes. Entre los republicanos, una mayoría del 55% avala la idea. Por regiones, los del oeste son más favorables, con un 67% de apoyo. En el medio oeste hay menos defensores, un 57%. La mujeres apoyan más la idea que los hombres, 67% vs. 58%[9].

La oposición a las ideas de Minutemen se aprecia mucho más cuando pretenden erigir barreras a lo largo de la frontera. Una encuesta de abril de *Associated Press-Ipsos* señaló que dos tercios de la población se oponen a la idea de una pared fronteriza[10].

La visible y creciente oposición a Minutemen, que ha tenido que enfrentar este grupo a cada paso, junto a los políticos y chivos expiatorios dentro de los trabajadores norteamericanos, significan un apoyo cada vez más débil hacia la extrema derecha. El Proyecto Minutemen resultó un fracaso, quedando expuesto y aislado cuando millones de inmigrantes tomaron las calles para manifestarse contra las legislaciones anti-inmigrantes y el racis-

---

9. Susan Page y Kathy Kiely, "Public Divided Over How to Treat Illegals", *USA Today*, 11 de abril de 2006.

10. Susan Decker, "Graham Says Republicans Risk 'Political Suicide' on Immigration", Bloomberg News Service, 2 de abril de 2006.

mo en la primavera de 2006. El movimiento sacó a Minutemen de la palestra y lo colocó a la sombra, llevando a los políticos de extrema derecha a buscar refugio. De hecho, sólo cuando la administración Bush lanzó una ofensiva nacional en abril de 2006 –deteniendo a miles de trabajadores indocumentados en un intento por sembrar el terror en el ánimo de los manifestantes– Minutemen encontró la oportunidad de resurgir[11].

En un intento desesperado de reagrupar al movimiento, Minutemen inició una caravana nacional a través del sur para conseguir apoyo hacia su causa. Puesto que el carácter racista de sus esfuerzos había sido desenmascarado por los activistas anti-Minutemen, cambiaron de táctica, tratando de poner un rostro afronorteamericano a su causa. El plan era estimular el odio de los trabajadores negros dadas sus condiciones de vida y el desempleo que padecen y dirigir ese odio hacia los inmigrantes.

Al poner en marcha su caravana, en mayo de 2006 en Los Ángeles, Minutemen obtuvo el apoyo del reverendo Jesse Lee Peterson, un pastor afro-norteamericano opuesto a legalizar a los trabajadores indocumentados en Estados Unidos. También pudieron sumar a sus filas a Ted Hayes, un abogado de los sin hogar que culpaba a los inmigrantes de lesionar los salarios y los proyectos de vivienda de los trabajadores negros. Los dos fueron colocados frente a las cámaras para mostrar "el rostro multirracial" del movimiento Minutemen.

El tiro les salió por la culata. En el momento en que comenzaba el mitin, manifestantes afro-norteamericanos y activistas contra el racismo rodearon la pequeña asamblea parando el evento. Explicaba un participante: "El sistema que quiere incriminar a la inmigración es el mismo sistema que encarcela a los negros de forma desproporcionada". Cantando "Minutemen, márchense a sus casas", los manifestantes se opusieron vehementemente a que esos dos seguidores de Minutemen hablaran en nombre de la comunidad negra. Cuando Najee Ali, un noto-

---

11. Nicole Gaouette, "Nationwide Raids Intensify Focus on the Employment of Illegal Immigrants", *Los Angeles Times*, 21 de abril de 2006.

rio activista por los derechos civiles de Los Ángeles, se enfrentó a James Gilchrist, éste salió en busca de protección, ladrando órdenes seudo-militares a sus hombres de confianza y guardaespaldas: "Minutemen, manténganse firmes. No disparen a menos que ellos lo hagan. Y si ésta es la guerra que quieren, entonces la comenzaremos". Luego se escurrió de la tempestuosa muchedumbre, dejando atrás a un diminuto grupo de seguidores acosados por los contra-manifestantes y el personal de los medios[12].

Los intentos de Minutemen de enfrentar a los afronorteamericanos con los trabajadores inmigrantes han fracasado por el momento, pero demuestran su intención de usar estrategias de divide y vencerás en los momentos de lucha. Sin embargo, el legado común de explotación y resistencia está alentando nuevos vínculos entre los trabajadores negros y mestizos. Tal como comentó recientemente el reverendo Jesee Jackson,

> Los inmigrantes de generaciones anteriores, incluso afronorteamericanos, deben ver a los nuevos trabajadores indocumentados como aliados y no como una amenaza. Ellos comparten con los afronorteamericanos una historia de represión y de sometimiento a trabajos penosos o al desempleo. Comparten la tarea de hacer caminos donde no hay caminos, crear comunidades en condiciones hostiles y luchar por labrar un futuro para sus hijos.
>
> Este nuevo movimiento por la libertad de los inmigrantes está siendo acogido por los afronorteamericanos y los actuales movimientos por la paz y la justicia social. Lentamente, las manos que recogen el algodón se irán uniendo a las manos que recogen la lechuga, conectándose así los barrios y los guetos, los campos y las plantaciones, trabajando juntos por una sociedad más libre y más justa[13].

---

12. Hemmy So, "Minutemen Get Cold Reception From Blacks", *Los Angeles Times*, 3 de mayo de 2006.

13. Jesse L. Jackson Sr., "'Si Se Puede' Means 'We Shall Overcome'" BlackNews.com, 13 de mayo de 2006, http://www.blacknews.com/pr/overcom101.htrnl.

Capítulo 30

Los sindicatos
y los trabajadores inmigrantes

Cuando Karl Marx insistía en que la emancipación de la clase obrera debía ser obra de la clase obrera misma, reconocía las complejidades de los conflictos de clase en el mundo moderno y la necesidad de una organización capaz de aprovechar y palanquear el poder de la clase obrera para impulsar sus propios intereses. Las leyes, la burocracia y las agencias del orden no existen por encima de las clases competentes que ellas regulan, sino que son *parte integral* de la dominación de clase. Aunque los apologistas del capitalismo ven los conflictos de clase como una "aberración" que impide el funcionamiento de la democracia, estos conflictos son, de hecho, una característica indispensable para la negociación de poder entre las clases contendientes y marcan las coyunturas progresistas en el transcurso del tiempo. Por ejemplo, durante la primera mitad de la década de 1930, cuando la clase obrera norteamericana lanzó la mayor oleada de huelgas sindicales en su historia,

> Con la organización, las protestas, los paros y el voto progresista unido, los trabajadores obligaron al gobierno federal a garantizar su derecho a organizarse, negociar de forma colectiva y obtener mejores salarios, así como también el derecho ciudadano a la vivienda y al retiro seguro... Desafiando la dominación política y económica de la gran empresa, los trabajadores extendieron la democracia formal del sistema político norteamericano hacia sus centros de trabajo y comunidades[1].

---

1. American Social History Project, *Who Built America: Working People and the Nation's Economy, Politics, Culture, and Society* (Nueva York: Pantheon Press, 1992), pp. 421-22.

Aunque la lucha de clases es una característica inmutable del capitalismo, las políticas de inmigración y la actitud social hacia los inmigrantes son elocuentes. Las leyes y la percepción popular hacia los trabajadores inmigrantes reflejan no sólo la necesidad de un "condicionamiento ideológico" capital del discurso público, sino también la propia actividad de los trabajadores inmigrantes en los centros laborales y en la arena pública.

La participación de los trabajadores mexicanos en la lucha de clases de los "norteamericanos" ha servido de herramienta en la formación del movimiento laboral. Los movimientos sociales mexicano-norteamericanos en la educación, la vivienda y otras áreas de la lucha de clases han invalidado las barreras de exclusión basadas en la raza, la clase social y la nacionalidad. A pesar de los logros parciales obtenidos por los trabajadores inmigrantes, el mantenimiento de un sistema de castas laborales a través de los vectores del racismo y el nacionalismo permanece como un lastre colgado al cuello de la clase obrera de conjunto. Las divisiones dentro de la clase obrera inhiben las acciones masivas coordinadas para impulsar sus intereses *como clase,* y no como individuos aislados de una nación. Para la clase obrera, centrarse en los derechos ciudadanos sólo sirve para enmascarar la división de clases y favorecer su atomización.

Marx ilustraba la naturaleza autodestructora del conflicto entre los trabajadores "nativos" e inmigrantes, en su análisis de las relaciones entre la clase obrera inglesa e irlandesa.

> El obrero inglés odia al obrero irlandés, viéndolo como un competidor que reduce su estándar de vida. En su relación hacia el obrero irlandés, se siente miembro de la *nación dominante* y de esta forma se convierte en una herramienta *contra Irlanda* para los aristócratas y capitalistas de su nación, fortaleciendo a su vez la dominación sobre él mismo. Él abriga los prejuicios religiosos, sociales y nacionales contra el obrero irlandés... Este *antagonismo es el secreto de la impotencia de la clase obrera inglesa*, a pesar de su organización. Es el secreto con el que

la clase capitalista mantiene su poder. Y esta clase es completamente consciente de ello[2]. (Los subrayados corresponden al original)

La solidaridad interétnica o internacional, o su ausencia, han sido determinantes en el progreso, la inercia o la regresión del movimiento laboral norteamericano. Cuando los sentimientos nacionalistas o chovinistas son fuertes, la clase obrera se debilita, demostrando la profunda penetración de la ideología de la clase dominante en la conciencia de la clase trabajadora.

Dado que las ideas dominantes en cualquier época son las ideas de la clase dominante, los trabajadores siempre han necesitado organizarse para expresar y defender sus intereses. Si bien los agricultores se unieron en carteles y monopolios, transformando la agricultura en una serie de feudos totalitaristas, los trabajadores mexicanos, por su parte, se orientaron hacia la organización y la solidaridad como medio de impulsar sus intereses y quebrantar el sistema de castas laborales. Aunque caracterizados por la prensa de los negocios como dúctiles y pasivos peones, muchos inmigrantes eran en verdad experimentados veteranos de las tumultuosas luchas desarrolladas en México a finales de siglo. La historiadora Devra Millar explica que, "muchos habían participado en las revueltas rurales, los sindicatos obreros y en las fuerzas armadas de la revolución mexicana"[3].

Esta experiencia en la lucha de clases influyó la conciencia étnica y clasista de los trabajadores mexicanos en Estados Unidos. Los trabajadores mexicanos organizaron huelgas en los campos de California y Texas en fecha tan temprana como 1903, y a menudo buscaban la solidaridad de otros trabajadores. Pero las restricciones a la inmigración y al racismo dentro de los sindicatos comerciales establecidos, con frecuencia mutilaron cualquier tipo de reciprocidad a cambio. Los trabajadores mexicanos fueron eludidos por la Federación Americana del Trabajo (AFL), que adquirió una postura anti-inmigrantes sobre la base

2. Harris, *National Liberation*, p. 45.
3. Devra Miller, *Dark Sweat*, p. 49.

de proteger los estrechos intereses sectoriales de los cualificados artesanos ingleses. En California, por ejemplo, las actas de AFL de 1919 hasta 1934 no mencionan a la organización de los obreros agrícolas. Sólo a partir de 1959 que AFL-CIO (el sucesor de AFL) oficialmente apoyó la organización de los obreros agrícolas en California.[4] Como explica Jeremy Brecher, "La Federación Americana del Trabajo permaneció como un colectivo altamente exclusivo de sindicatos para obreros cualificados, desdeñoso hacia la mayoritaria fuerza de trabajo poco o medianamente cualificada... (buscando) obtener concesiones y preservando al mismo tiempo la armonía entre los patrones y los empleados".[5] Su sentido del "privilegio" –sustentado por el racismo prevaleciente en las relaciones de trabajo y en las políticas de inmigración– alimentaba una disposición contra los inmigrantes, estrangulando a su vez la solidaridad multirracial en el propio nacimiento de la industrialización.

La AFL llegó a suscitar disturbios para la exclusión y deportación de los trabajadores mexicanos, adoptando a menudo la misma retórica de los nativistas. En 1928, el presidente de AFL, William Green, declaró: "Están llegando muchos mexicanos a Estados Unidos... y deben aplicárseles restricciones para proteger a los obreros norteamericanos de la competencia, en la misma medida en que ellos son protegidos en sus países de origen".

Los líderes sindicales del comercio se unieron a los políticos y a los medios de comunicación para estigmatizar a los mexicanos como "peones estúpidos e ignorantes", y la Federación del Trabajo de Arizona alertaba que los trabajadores mexicanos eran "una amenaza para nuestras más preciadas instituciones sociales, políticas e industriales". El racismo contra los mexicanos, asimilado por los líderes sindicales, alineaba políticamente a AFL con organizaciones reaccionarias tales como Legión Ame-

---

4. Cockroft, *Outlaws in the Promised Land*, p. 71.
5. Jeremy Brecher, *Strike!* (Cambridge: South End Press, 1997), p. 116.

ricana, Ku Klux Klan, Veteranos de Guerras Extranjeras y otras organizaciones "patrióticas" que buscaban purificar a Estados Unidos para los "norteamericanos blancos". De esta forma, los mexicanos fueron abandonados por AFL en sus titánicas luchas contra los patronos.

Por ejemplo, en 1903, la "Asociación Laboral de Japoneses y Mexicanos" surgió como producto de las miserables condiciones y de los bajos salarios en los campos de Oxnard, California. Después de un mes de intensas huelgas y conflictos –incluso la muerte a tiros de un huelguista– los trabajadores se aseguraron un contrato favorable. El Sindicato de Trabajadores del Campo y de la Azúcar de Remolacha surgió de conflictos intentando afiliarse a la Federación Americana del Trabajo. El presidente de AFL, Samuel Gompers, reflejando el racismo que debilitaba al movimiento sindical en aquella época, ponía como precondición que "bajo ninguna circunstancia vuestros sindicatos deben aceptar la afiliación de chinos o japoneses". El secretario mexicano del sindicato contestó:

> Nosotros (mexicanos) vamos a estar al lado de los hombres que nos apoyen en esta larga y dura batalla que terminará con la victoria sobre el enemigo. Por lo tanto pedimos respetuosamente a AFL que nos conceda el privilegio de unir a todos los trabajadores del campo y del azúcar de remolacha en Oxnard sin considerar su color o su raza. No aceptaremos privilegios que nos impidan eliminar los prejuicios raciales y reconocer a nuestros trabajadores tan aptos como cualquier trabajador[6].

Al sindicato se le negó el privilegio y finalmente desapareció frente a tan poderoso oponente.

Esta hostilidad por parte de la burocracia sindical significaba a menudo la derrota de los trabajadores mexicanos cuando emprendían la formación de sindicatos y las huelgas, dado el poderoso frente unido que constituían los políticos, los medios

---

6. Juan Gómez-Quiñones, *Mexican-American Labor, 1790-1990* (Albuquerque: University of New Mexico Press, 1994), p. 77.

y las agencias que controlaban el orden. Por ejemplo, en 1928, los trabajadores mexicanos organizaron 21 secciones de la Confederación de Sindicatos Obreros, un sindicato de trabajadores emigrantes en diferentes industrias de California. Cuando el sindicato organizó la gran huelga de los recogedores de bayas en El Monte, California, en 1933, fue virtualmente ignorada por AFL. Manifestándose contra "las condiciones de esclavitud", la huelga suscitó la ira de la comunidad empresarial del Estado. El Dr. George P. Clements de la Cámara de Comercio de Los Ángeles advertía, "Conociendo muy bien a los mexicanos, mi opinión es que, si no hacemos nada, esta situación local se puede expandir peligrosamente hacia todo el Estado... Este es el paro más serio susctado aquí por los mexicanos"[7].

La huelga se extendió a todos los campos de algodón de San Joaquín Valley, poniendo en alerta a todos los agricultores, los funcionarios locales y la policía. Desalojando a familias y arrestando a huelguistas, pudieron suspender la huelga. Un *sheriff* local concluía después de reprimir a los huelguistas hasta el punto de llevarlos a la inanición masiva,

> Protegemos a nuestros campesinos aquí en Kern County. Son nuestra mejor gente. Siempre están con nosotros. Hacen que el país avance. Ellos nos pusieron aquí y nos pueden sacar de igual forma; por lo tanto le servimos a ellos. Pero los mexicanos son basura. No tienen normas de vida. Los tratamos como si fueran puercos[8].

A pesar de la violenta represión, las huelgas de los mexicanos se propagaron durante la década de 1930. Aunque en algunos casos lograron aumentar los salarios, la represión al estilo medieval garantizaba la no continuidad o sostenimiento de la organización sindical, de modo que los logros alcanzados eran a menudo revertidos con el tiempo.

7. Reisler, *Sweat of Their Brow*, pp. 238-39.
8. Ibíd., pp.239-40.

El abandono de los trabajadores inmigrantes por parte de los sindicatos organizados, sin embargo, dio paso al surgimiento de sindicatos y organizaciones radicales, cuya filosofía internacionalista comprendía la lucha contra las divisiones raciales y nacionales dentro de la clase obrera. Los organizadores de Trabajadores Industriales del Mundo (IWW, también conocidos como los "wobblies"), por ejemplo, se infiltraron en el ambiente totalitarista de la agricultura del oeste, arriesgando a menudo sus vidas en la construcción de sindicatos multiétnicos.

La filosofía de los *wobblies* postulaba que cualquier transformación de las condiciones de trabajo requería la unión multiétnica y multinacional que agrupara a los trabajadores bajo un mismo sindicato. Como sindicato industrial, se concentraron en la fuerza de trabajo inmigrante y no cualificada, una porción creciente de la clase trabajadora que eclipsaba a los sindicatos obreros cualificados de ese momento.

La estrategia de los *wobblies* consistía en un número de tácticas diversas, pues las libertades básicas conferidas por la Ley de Derechos eran nulas en la agricultura. Además de la organización directa –a menudo bajo condiciones violentas–, los miembros de IWW iniciaron batallas políticas demandando la libertad de reunirse y expresarse, con el objetivo de hacer posible las subsiguientes demostraciones. Los miembros de IWW eran rutinariamente arrestados, golpeados y en algunos casos asesinados en su empeño de llevar los derechos democráticos elementales hacia el terreno político de la agricultura.

Su compromiso con una organización multiétnica les llevó a crear "locales heterogéneos" (a diferencia de los locales segregacionistas de AFL), promoviendo a trabajadores inmigrantes en posiciones de liderazgo y estableciendo reuniones y publicaciones plurilingües. Por ejemplo, los miembros de IWW mexicanos, publicaron un periódico en idioma español y algunos se convirtieron en líderes y organizadores importantes en Los Ángeles y San Diego. IWW se alineó también con el exiliado Partido Liberal Mexicano, guiado por el feroz anarquista Ricardo Flores Magon, cuando la revolución mexicana se aproximaba al precipicio en 1910. Juntos organizaron a los mexicanos en el sudoeste norteamericano, mientras apoyaban los intentos revolucionarios de democratizar México. IWW también formó alianzas con otras organizaciones y sindicatos de base étnica. Por ejemplo, su rama de Fresno, California, del IWW "celebró en 1909 una reunión con representantes de la Liga Laboral Japonesa, con 2.000 miembros... En ella, los oradores, incluyendo a *wobblies* italianos y mexicanos, se pronunciaron a favor de la solidaridad interracial entre los trabajadores". Además,

> La prensa *wobbly* a menudo abordaba la experiencia laboral común entre los trabajadores blancos, asiáticos, hispanos y afronorteamericanos. Informando de las dificultades de los obreros de la construcción mexicanos en San Diego, la explotación de los trabajadores del campo blancos, chinos y japoneses en los valles californianos y las difíciles condiciones de los leñadores blancos y afronorteamericanos pobres en los bosques de Louisiana, la prensa *wobbly* buscaba que los trabajadores tuvieran conciencia de la lucha común que sostenían contra los empleadores, dueños de los medios de producción[9].

Pero los *wobblies* enfrentaron severas presiones en las décadas de 1910 y 1920, siendo encarcelados y deportados a causa de la "amenaza roja" que azotaba al país. Este hecho, combinado a las dificultades que los *wobblies* padecieron para establecer bases sólidas entre los trabajadores inmigrantes, implicó que el proyecto de organizar un movimiento sindical internacionalista cayera en manos del Partido Comunista Norteamericano (CP) en las décadas de 1920 y 1930[10].

---

9. Greg Hall, *Harvest Wobblies: The Industrial Workers of the World and Agricultural Workers in the American West, 1905-1930* (Corvallis, OR: Oregon State University Press, 2001), pp. 58-59.

10. Para una descripción de los éxitos y fracasos de la IWW, ver Philip S. Foner, *History of the Labor Movement in the United States*, vol. 4, *The Industrial Workers of the World* (Nueva York: International Publishers, 1997).

Los sindicatos y los trabajadores inmigrantes 371

El partido, que tenía el imperativo político de crear "sindicatos rojos" para rivalizar con el conservador AFL, formó la Liga Unida del Sindicato del Comercio (TUUL) en 1928, con la intención explícita de ganar trabajadores para una nueva confederación sindical, industrial, multinacional y multiétnica. Aunque esos esfuerzos produjeron pocos frutos en la mayoría de las industrias establecidas, abrieron nuevos caminos en la agricultura, donde existían las condiciones para su desarrollo. Cuando los trabajadores mexicanos entraron en guerra contra los agricultores de California a principios de la década de 1930, los comunistas participaron de lleno en esas luchas.

El TUUL organizó el Sindicato Industrial de Trabajadores Agrícolas y de Conservas (C&AWIU) en 1930 en un intento de anexar la militancia de los trabajadores inmigrantes a un sindicato nacional. Al igual que otros esfuerzos, el pequeño sindicato fue finalmente aplastado por una coalición entre los agricultores y los aparatos del Estado. No obstante, el sindicato "tuvo éxito temporalmente y con resultados híbridos, al contribuir a la unión de los trabajadores mexicanos del campo. En 1933, C&AWIU llevó a cabo 24 de las 37 huelgas agrícolas notificadas en California, y de esas 21 lograron incrementos parciales de salarios. Resumiendo la experiencia de trabajar con los militantes mexicanos, la organizadora de C&AWIU, Dorothy Healey, rememoraba que 'las huelgas surgían espontáneamente y entonces los obreros venían a buscarnos'"[11]. A pesar de no poder romper el poder monolítico de la oligarquía agrícola, C&AWIU fortaleció la tradición de lucha y preparó una nueva generación de organizadores aliados que harían mayor el reto y ayudarían a organizar las nuevas oleadas huelguísticas.

La Gran Depresión hundió al movimiento obrero en una profunda crisis, y el liderazgo osificado y conservador de AFL fue incapaz de responder a la explosiva radicalización dentro de sus filas y de lanzar nuevas iniciativas en el sector industrial. "De

---

11. Paul Buhle and Dan Georgakas, *The Immigrant Left in the United States* (Albany: State University of New York Press, 1996), pp. 27-28.

hecho, la afiliación militante de AFL durante 1933 y 1934, se preocupaba por el liderazgo de AFL. En 1934, cientos de trabajadores se sublevaron contra la voluntad del liderazgo nacional"[12].

En esas circunstancias, surgió el Congreso de Organizaciones Industriales (CIO) y se apartó del paralizado AFL para transformar la militancia de un sector creciente de trabajadores en un movimiento huelguístico de masas, dirigido por trabajadores no cualificados. Los trabajadores comunistas y socialistas suministraron liderazgo y conciencia de clase y multirracial. La primera y segunda generación de inmigrantes conformaron la armazón del nuevo movimiento, una realidad reflejada en el hecho de que los sindicatos de CIO "agrupaban a los trabajadores por su sustrato étnico o racial y les introducían en una cultura común que trascendía esas diferencias"[13]. La militancia de masas, imbuida a menudo por la ideología socialista, generó una nueva confianza entre los trabajadores para confrontar y derrocar los prejuicios del pasado.

El papel destacado que jugaron muchos inmigrantes en el movimiento sindical naciente —así como la conciencia de clase que emergió de la lucha colectiva— destruyó la supuesta segregación que tenía divididos a los trabajadores sobre bases étnicas. CIO representó la cumbre del poder de la clase obrera, redefiniendo las relaciones de clase y cambiando la balanza de poder en la política estadounidense. La oleada sindical también se esparció por las zonas rurales abandonadas, donde los mexicanos y mexicanos-norteamericanos estaban aislados y abandonados a su propia suerte.

El Partido Comunista, de forma independiente o a través de CIO, reconoció la importancia de llegar hasta los trabajadores del campo y construir la solidaridad multirracial. La líder

---

12. Rhonda F. Levine, *Class Struggle and the New Deal: Industrial Labor, Industrial Capital, and the State* (Lawrence: University of Kansas Press, 1988), p. 132.

13. Ruth Milkman, *Organizing Immigrants: The Challenge for Unions in Contemporary California* (Ithaca, NY: Cornell University Press, 2000), p. 4.

obrera mexico-norteamericana y comunista Emma Tenayuca (junto a su esposo Homer Brooks)

> concluyeron que aunque los mexicanos al norte de la frontera representaban un "grupo nacional oprimido", debían ser considerados una parte orgánica de la sociedad norteamericana y no una nación separada. Comprendieron que los mexicano-norteamericanos y los inmigrantes mexicanos experimentaron el ostracismo y la segregación durante más de un siglo, y sostenían que "su estatus económico les conectaba inevitablemente, no sólo entre sí, sino también con la población anglo-norteamericana, en cada una de esas apartadas comunidades mexicanas". "Por ello... sus intereses económicos y políticos están vinculados a los del pueblo anglo-norteamericano del sudoeste"[14].

A través de Tenayuca, el Partido Comunista desarrolló un marco político en el que la lucha por un movimiento internacional y multiétnico de trabajadores encararía los problemas económicos y políticos que enfrentaban los mexicanos. En un documento progresista (y profético) escrito por Tenayuca en 1939, el partido llama a un movimiento:

(1) Contra la discriminación económica y los salarios de miseria; la expropiación y la baja posesión de tierras.
(2) Por la igualdad educacional y cultural... (incluyendo) el uso del español al igual que el inglés en las escuelas públicas.
(3) Contra la opresión social −mediante leyes que hagan ilegales las diversas formas de racismo. (Esta lucha debe vincularse con la del pueblo negro).
(4) Contra la represión política... el papel determinante debe jugarlo necesariamente el proletariado de la población mexicana, que es la gran mayoría.[15]

---

14. David Gutierrez, *Walls and Mirrors: Mexican Americans, Mexican Immigrants, and the Politics of Ethnicity* (Berkeley: University of California Press, 1995), p. 108.
15. Buhle and Georgakas, *The Immigrant Left*, p. 29.

El partido implementó esta perspectiva a través de la organización sindical y también a través de los "frentes organizados" (apareciendo como independientes del Partido Comunista pero, de hecho, controlados por él), establecidos para impulsar los particulares intereses políticos de las diferentes nacionalidades oprimidas. Uno de tales grupos, el Congreso del Pueblo Hispanohablante, organizó a los trabajadores mexicanos y mexicanonorteamericanos para enfrentar los asuntos de clase que les afectaban diariamente. Las campañas populares incluían

> manifestaciones contra el abuso policial, permitir... el acceso a viviendas de bajo coste, asistencia en las peticiones de residencia y ciudadanía, reafirmación de la igualdad de la mujer... garantizar la educación de los jóvenes mexicanos y el acceso a sindicatos para los hispanohablantes[16].

Otra organización, la Asociación Nacional México-Norteamericana (ANMA), evidenció los intentos del partido de acabar con la segregación racial que afectaba a los mexicanos en Estados Unidos. La organización, compuesta por 2.000 miembros (la mayoría sindicalistas de CIO afiliados a través de los sindicatos mineros), buscaba la unificación política de los trabajadores mexicanos en Estados Unidos y México, y abogaba por los derechos democráticos básicos, la conciencia étnica y la solidaridad. Luchó contra la deportación de mexicanos, denunciándola como un medio de "consolidar un sistema de trabajo semi-esclavo"[17]. También movilizó a sus secciones en todo el país para suministrar materiales y apoyo legal a los detenidos mexicanos, y condenó las condiciones de los trabajadores agrícolas emigrantes. Anticipándose a las acciones de César Chávez y Trabajadores Agrarios Unidos (ver el siguiente capítulo), ANMA comparó la contribución a la sociedad de los trabajadores agrarios con la continua pobreza, discriminación y desempleo que padecían.

16. Ibíd., p. 31.
17. Ibíd., p. 31.

ANMA infructuosamente apeló a la Comisión Nacional por los Derechos Humanos para investigar las condiciones de miseria y el racismo que enfrentaban los trabajadores del campo[18]. Aunque dirigida por mexicanos y mexicano-norteamericanos, ANMA enfatizó en su carácter internacionalista, insistiendo en que "cualquier persona u organización interesada en el progreso del pueblo mexicano puede unirse a ANMA sin consideración de ciudadanía, nacionalidad, color, religión o afiliación política"[19]. La resuelta oposición de ANMA al racismo antimexicano definió a dicho racismo como un abuso hacia todos los trabajadores. En su análisis, achacaron los orígenes del racismo a "la clase dominante blanca, no a todos los blancos y menos aún a la clase trabajadora. Ciertamente, ANMA encontró la solución a los problemas étnicos de la población mexicana en la cooperación de clase: la unión de trabajadores mestizos mexicanos y blancos para erradicar los prejuicios y mejorar las condiciones de trabajo. En resumen, la liberación de los trabajadores mexicanos requería la liberación de todos los trabajadores"[20].

La organización también abogó por la "liberación cultural", insistiendo en que los mexicanos tenían derecho a la "democracia cultural", y rechazó las políticas agobiantes y racistas del centro del país que fueron impuestas a los pueblos del sudoeste[21]. El compromiso con los derechos de los trabajadores mexicanos y su resuelta oposición a la discriminación, hizo de ANMA un blanco de las infiltraciones y persecuciones del FBI. Los miembros de la organización fueron acosados, encarcelados y en ocasiones señalados para ser deportados.

El incremento en la frecuencia de deportaciones motivado por asuntos políticos, inspiró al Partido Comunista a crear, a

18. Mario T. García, *Mexican Americans* (New Haven: Yale University Press, 1989), p. 212.

19. Ernesto Chavez, "¡Mi *Raza Primero!" Nationalism, Identity and Insurgency in the Chicano Movement in Los Angeles 1966-1978* (Berkeley: University of California Press, 2002), p. 16.

20. Ibíd., p. 16.

21. Ibid, p. 16.

principios de la década de 1930, el Comité Americano para la Protección de los Nacidos en el Extranjero. El comité organizó la defensa legal y el apoyo público hacia aquellos fichados que iban a ser deportados (con frecuencia miembros del partido) dada su supuesta simpatía por el comunismo o la participación considerada como radical por el Departamento de Estado. Esto se convirtió en un asunto prioritario cuando, en la década de 1930, Roosevelt expandió el mandato del FBI e intensificó las operaciones de vigilancia contra los inmigrantes dentro de la creciente militancia obrera. El comité sirvió de instrumento a la oposición organizada contra las legislaciones anti-inmigrantes y las persecuciones, y brindó un apoyo determinante a los activistas mexicanos detenidos por sus actividades políticas.

El último movimiento laboral de masas en la década de 1930 mostró el potencial de los sindicatos obreros para desafiar la ortodoxia de la hegemonía capitalista, como el uso de la frontera para estigmatizar a los trabajadores, la capacidad de deportar a los manifestantes y toda la gama de estrategias de divide y vencerás implementadas para controlar la fuerza de trabajo. Fueron entonces, como son actualmente, los trabajadores inmigrantes los que jugaron el rol principal en la formación del espíritu internacionalista que desafió a las políticas estrechas y excluyentes enraizadas en los prejuicios nacionalistas. Pusieron al descubierto a las administraciones gobernantes como las promotoras y salvadoras del gran capital. Como concluye Bert Corona, "los trabajadores en los años 30 constituyeron un vibrante y militante movimiento que se enfrentó al poder real en Norteamérica: General Motors, U.S. Steel y otros gigantes empresariales"[22]. Aunque el movimiento laboral no fue capaz de quebrantar la absurda represión de la época macartista, demostró la posibilidad de un futuro sin fronteras.

---

22. Mario T. García, *Memories of Chicano History: The Life and Narrative of Bert Corona* (Berkeley: University of California Press, 1994), p. 257.

Capítulo 31

Dejando atrás las fronteras

Las mujeres inmigrantes radicales también fueron una parte crucial en las luchas obreras de este período. Segregadas por la división de género dentro de la economía estadounidense, las mujeres mexicanas estuvieron a la vanguardia de las organizaciones sindicales en la agricultura, la industria textil y en otros sectores. Por ejemplo, entre los años 1930-50, las mujeres representaban el 75% de los obreros procesadores de alimentos en la industria de la agricultura. En California, la mayoría de esas mujeres eran mexicanas, ciudadanas o no.

Sobreponiéndose al malestar de la Gran Depresión y alentadas por la militancia dentro del movimiento de CIO, las militantes latinas fueron cruciales en la formación de Conserveros, Agrícolas y Empaquetadores Unidos y Trabajadores Aliados de Norteamérica (UCAPAWA). Este sindicato, que fue el séptimo afiliado más grande de CIO, creció con el compromiso determinante de sus organizadoras latinas, asiáticas y afronorteamericanas diseminadas por todo el paisaje agrícola. En 1938, por ejemplo, UCAPAWA tenía 371 locales afiliados y 124.000 miembros[1].

Con su lucha, las mujeres de todo el país —y las latinas particularmente en el sudoeste norteamericano— construyeron el sindicato desde sus fundamentos. Según Vicki Ruiz, "las conserveras y empaquetadoras constituían el 44% de las oficinas principales de los locales y el 65% de los puestos de venta"[2].

El deseo de forjar un sindicato más inclusivo y democrático que reflejara la diversidad étnica y nacional —así como la militan-

---

[1]. Ruiz, *Cannery Women*, pp. 45-46.
[2]. Ibíd., p. xvii.

cia de la clase obrera– fue sagrado desde la misma constitución de UCAPAWA:

> Conociendo muy bien que las viejas formas de organizaciones sindicales del comercio son incapaces de defender efectivamente los intereses de los trabajadores, LOS TRABAJADORES VINCULADOS A LA INDUSTRIA DE CONSERVAS, AGRICULTURA, EMPAQUETADO E INDUSTRIAS ASOCIADAS, FORMAN UNA ORGANIZACIÓN que une a todos los trabajadores dentro de nuestra industria sobre bases industriales y democráticas, sin considerar edad, sexo, nacionalidad, raza, credo, color o creencias políticas y religiosas, y que persigue en todo momento llevar a cabo una política de agresiva actividad para mejorar nuestras condiciones económicas y sociales[3].

La expansión del los sindicatos industriales y la capacidad para enfrentar colectivamente los sectores más preponderantes del capital, transformó también el movimiento sindical en un instrumento político capaz de influir sobre las políticas y leyes nacionales como la voz de todos los componentes. El estándar de vida de la clase trabajadora como un todo ascendió dramáticamente mientras los niveles de pobreza decrecieron al punto más bajo hasta ese momento[4].

No obstante, esos logros no se distribuyeron uniformemente. Aunque los sindicatos sirvieron de torniquete a muchos inmigrantes para ser asimilados en la sociedad norteamericana, no fue así para todos los trabajadores inmigrantes. Las empresas norteamericanas se giraron hacia la fuerza de trabajo mexicana emigrante después de la Segunda Guerra Mundial para granjearse mayores ganancias. Puesto que los trabajadores inmigrantes fueron excluidos de los sindicatos –a través de las estipulaciones del Programa Bracero o por ser indocumentados– se convirtieron en una clase trabajadora indefensa, explotados por la creación de políticas de inmigración que les segregaban aún más.

3. Ibíd., p. 44.
4. Ibíd., p. 5.

El abandono final de la fuerza de trabajo agrícola concretado en la mayoría de las legislaciones del *New Deal* y la persistencia de la segregación racial en todo el sur y el sudoeste, abortó el proceso de democratización laboral[5]. Las divisiones raciales y la dicotomía entre la industria y la agricultura permitió perpetuar las castas laborales mediante el Programa Bracero y la consecuente incorporación de emigrantes no autorizados al universo de la fuerza de trabajo norteamericana.

La etapa de la guerra fría fue un canto de muerte para el progreso del movimiento laboral y las tendencias internacionalistas de CIO. El giro reaccionario de la política norteamericana a finales de la década de 1940 —póstumamente llamada la era del macartismo— señaló el comienzo de un contragolpe patronal en el frente político. El ultra-coservadurismo de la era macartista también alentó al movimiento segregacionista, que cerró filas con el gobierno federal para contrarrestar al movimiento por los derechos civiles, alegando que era comunismo abogar por la "igualdad racial". Aunque el macartismo fue una ofensiva contra la "subversión comunista" en muchos frentes, la represión gubernamental se dirigió fundamentalmente al movimiento obrero como un medio de erradicar los movimientos radicales creados en la década de 1930. Mediante legislaciones anticomunistas, listas negras, encarcelamientos, intimidación física y armas de fuego, los radicales fueron eliminados de los sindicatos a través de sanciones gubernamentales.

En la Convención de CIO en el otoño de 1949, los funcionarios de CIO aprobaron una enmienda a su constitución que les permitía purgar de comunistas sus filas, y durante 1950... sus internacionalistas, tildados de comunistas, fueron sometidos a pseudo-juicios y expulsados, y "prácticamente limpiaron a los demás sindicatos en los que la

---

5. La segregación de afronorteamericanos fue un componente clave en esto. Una discussion más profunda sobre el tema está fuera del alcance de este libro. Ver Manning Marable, *How Capitalism Underdeveloped Black America* (Boston: South End Press, 1983), para un análisis más detallado de este proceso.

influencia comunista había sido significativa...". Dado que los sindicatos expulsados eran los más militantes y devotos defensores de la justicia racial, la causa misma perdió mucho de su significado y atractivo[6].

Despojándose de sus orígenes radicales, CIO se reunió con AFL en 1955. A pesar de ser mucho mayor, esta nueva federación fue desprovista de sus principales militantes y de los políticos capaces de impulsar la democratización del trabajo. Como explicaba un disidente, el retorno hacia AFL representó una "rendición a las tres características de AFL: el racismo, el chantaje y el atraco; las políticas raciales progresistas de CIO fueron... reemplazadas por las prácticas raciales tradicionales de los afiliados de AFL"[7].

La remoción de los radicales —los que pelearon por la unidad desde la base— en el movimiento laboral, permitió a los líderes sindicales retrotraer el movimiento hacia un chovinismo nacional. Como consecuencia, AFL-CIO se escondió dentro del Partido Demócrata, cambiando su independencia por un ilusorio puesto en la mesa de negociaciones.

Con la derrota de los radicales dentro del movimiento laboral, tardaría muchos años en retomarse la lucha contra el racismo y la xenofobia. El movimiento por los derechos civiles de la década de 1960 evidenció cuán profundamente enraizado estaba el racismo en Estados Unidos, y alentó a millones a retomar la lucha. Las protestas anti-segregacionistas de los negros en las ciudades reavivaron las aspiraciones de los mexicanos y sus descendientes norteamericanos, sistemáticamente oprimidos en todo el sudoeste por la xenofobia y el racismo. Una nueva generación de hombres y mujeres hijos de inmigrantes mexicanos, radicalizados por sufrir en carne propia el racismo, ingresó a las filas de la emergente rama mexico-norteamericana del movimiento. El movimiento chicano, como se le llamó, estableció

---

6. Judith Stephan-Norris y Maurice Zeitlan, *Left Out: Reds and America's Industrial Unions* (Nueva York: Cambridge University Press, 2003), p. 265.

7. Ibíd., p. 265.

paralelos entre la explotación perenne de los trabajadores agrícolas y la persistencia en las ciudades del racismo contra los méxico-norteamericanos. Uno de los líderes más significativos de esta generación fue el antiguo trabajador agrario César Chávez. César y sus seguidores dedicaron la mayor parte del tiempo a sembrar el concepto de derechos civiles en las regiones más hostiles y reaccionarias del país, los campos del sudoeste. La primera victoria significativa de Chávez y la nueva generación de trabajadores agrarios que les seguía, posteriormente organizada en Trabajadores Agrarios Unidos (UFW), fue el desmantelamiento del Programa Bracero en 1964.

En el apogeo del movimiento por los derechos civiles en la década de 1960, César Chávez, Dolores Huerta, cofundadora de UFW y otros activistas sindicales, intentaron crear un nuevo sindicato de trabajadores agrarios, modelado sobre un movimiento social que reuniera una amplia coalición de fuerzas de apoyo. Chávez, organizó minuciosamente y sumó el apoyo de los estudiantes chicanos, las iglesias y otros sindicatos obreros.

Chávez alabó las virtudes del pacifismo y usó a iconos religiosos para apoyar la lucha a modo de persuasión ética. Influenciado por Gandhi, eligió emular con la experiencia de los trabajadores agrarios comprometiéndose a sí mismo a una vida de pobreza y virtud religiosa. Chávez veía la lucha como una batalla de perseverancia y apelaba al sentido de moralidad de la sociedad civil concentrándose principalmente en la popularidad a través de formas no agresivas. Su oposición personal a las políticas radicales intensificaba el misticismo y las tradiciones religiosas, especialmente en tiempos de crisis. Mantuvo la lealtad al Partido Demócrata sin vacilación, y de hecho, ésta se profundizó cuando el movimiento social de esa época comenzó a llamar la atención de los liberales más prominentes.

A pesar de su propia filosofía, UFW atrajo la atención de muchos militantes jóvenes que transmitieron al sindicato el espíritu de lucha que radicalizó a muchos en el movimiento por los derechos civiles. La militancia de los organizadores jóvenes de UFW y de los mismos trabajadores agrarios tuvo impacto en Chávez y el sindicato, que se vio obligado a moverse hacia tácticas más agresivas en el enfrentamiento al poder preponderante y la intransigencia de los agricultores.

El objetivo de Chávez fue romper el aislamiento de los trabajadores agrarios y obtener el derecho a organizar sindicatos. UFW se apoyaba en una estrategia combinada y más agresiva de huelgas, marchas impactantes y boicots desafiando a los agricultores desde las fincas hasta los supermercados.

Como en anteriores intentos de organizar la lucha en las fincas, UFW cargó contra el frente hostil y unificado conformado por el Estado y los agricultores. En 1973, un momento de alta actividad huelguística, cerca de trescientos cincuenta trabajadores agrarios y seguidores de UFW fueron arrestados por intentar organizarse y miles fueron acosados, golpeados y aterrorizados por agentes locales del orden, a menudo aliados a pandillas armadas pagadas por los agricultores.

En un capítulo vergonzoso de la historia laboral de EE.UU., los agricultores formaron una alianza con líderes derechistas de Fraternidad Internacional de Camioneros con el objetivo de ocupar el lugar de UFW[8]. Se firmaron contratos sindicales fantasmas con los camioneros para bloquear a UFW y en varias ocasiones los camioneros armados con bates y cadenas arremetieron contra las filas de los huelguistas.

La indiferencia (o complicidad) gubernamental hacia la represión alcanzó su mayor nivel. En 1973, Chávez viajó a Washington para que se hiciera una investigación federal sobre la violencia contra los trabajadores agrarios en California. William Ruckelshaus, director interino del FBI, respondió que su agen-

---

8. El presidente de los camioneros por aquel momento, Frank Fitzsimmons, apoyó la campaña presidencial de Richard Nixon a cambio de varios indultos a camioneros acusados, incluyendo a Jimmy Hoffa Sr. Ver Susan Perris y Ricardo Sandoval, *Fight in the Fields: Cesar Chavez and the Farmworkers Movement* (San Diego: Harcourt Brace and Company, 1997).

Dejando atrás las fronteras 383

cia no tenía autoridad para abrir una investigación. Sin embargo, el FBI mantenía una operación de vigilancia de gran envergadura sobre los líderes de UFW y los huelguistas[9].

La tenacidad y el coraje de los trabajadores agrarios y organizadores de UFW condujeron a victorias claves en la década de 1970, que al final derrotaron a la fuerte oposición hecha por los agricultores. El sindicato se convirtió en una fuerza con la que había que contar. UFW presionó al gobernador de California de aquel momento, el demócrata Jerry Brown, para que se aprobara la Ley para las Relaciones de Trabajo Agrícolas (ARLA), en 1975, una versión a nivel del Estado de la Ley para las Relaciones de Trabajo Nacionales de Roosevelt, aprobada cuarenta años antes.

La ARLA estableció un conjunto de garantías para la organización de sindicatos en California y creó una Junta para las Relaciones de Trabajo Agrícolas para atender las quejas de todos los involucrados en el trabajo agrícola. Esta victoria inspiró una campaña de organización masiva que incrementó la afiliación de UFW a 45.000 personas en 1980[10]. Brown comisionó a miembros de la junta pro-sindicatos que con frecuencia estipularon a favor de UFW. En realidad, fue la militancia laboral en los campos la que llevó a cabo la difícil proeza: golpear a los omnipotentes agricultores y obligarlos a aceptar la coexistencia con UFW. Pero, ¿cómo mantener la iniciativa y generar el ímpetu?

La idea de que el Partido Demócrata podía apoyar la lucha de los trabajadores agrarios llevó a Chávez a principios de los años 70 a redirigir el impulso de UFW, a apoyar y financiar las campañas de los candidatos demócratas. Chávez mismo nominó a Jerry Brown como presidente de la Convención Nacional Demócrata de 1976[11]. Esta estrategia tuvo un efecto desmovilizador. Para aplacar a las fuerzas políticas dominantes y parecer más respetable y moderado, Chávez cambió la estrategia de

---

9. Ferris and Sandoval, *Fight in the Fields*, p. 184.
10. Ibíd., p. 221.
11. Ibíd., p. 208.

UFW añadiendo medidas como impugnar a los trabajadores indocumentados. Como señaló Frank Bardacke, abogado de los trabajadores agrarios, "UFW a veces apoyaba el uso de la *migra* contra los que se negaban a participar en las huelgas, sacrificando el respeto a largo plazo por un posible logro a corto plazo"[12]. Chávez también purgó el liderazgo del sindicato de radicales concentrando el poder en sus manos. Los que no fueron despedidos del liderazgo dimitieron cuando vieron claro que Chávez diría la última palabra en prácticamente todo[13]. El poder del sindicato se deterioró.

Los logros de los trabajadores agrarios en años previos llevaron a divisiones en las filas de los demócratas, donde los liberales cortejaban al movimiento y prometían apoyo si el sindicato dejaba las tácticas de confrontación y respaldaba a los candidatos demócratas. Por otro lado, el ala derecha del partido —y especialmente los miembros del Congreso que representaban a regiones agrícolas— trataba de marginar la influencia de UFW. Congresistas como León Panetta formaron una alianza estratégica con los republicanos para aprobar legislaciones favorables a los agricultores[14]. Esta alianza significó que, incluso en California, los liberales de la junta obrera serían reemplazados por simpatizantes de los agricultores. Debe señalarse sin embargo, que incluso en la ocupación de puestos en la junta por los supuestos demócratas "pro-sindicato", sólo el 43% de los elegidos resultaron contratados, proceso en el que los agricultores se burlaron de los resultados y los demócratas se negaron a presionarlos[15].

La desilusión con los demócratas afloró dentro de UFW. En 1977, Chávez mismo comentó su frustración: "después de diecisiete meses de puesta en vigor la Ley Laboral Agraria, la mayoría

---

12. Frank Bardacke, "Cesar's Ghost: Decline and Pall of the U.F.W", *Nation,* julio de 1993.
13. Wells, *Strawberry Fields,* p. 95.
14. Ferris and Sandoval, *Fight in the Fields,* p. 276.
15. Jim Wasserman, "Governor Davis Signs Farmworker Mediation Bills", Associated Press, 30 de septiembre de 2002.

de los trabajadores agrarios no han disfrutado de las protecciones y promesas de ésta. Al contrario, para muchos, la ley ha sido un cruel engaño"[16]. La promesa de reformas a través de la alianza con los demócratas, que siempre pusieron por delante los intereses de los agricultores, demostró ser una ilusión.

Cuando el gobernador republicano George Deukmejian ocupó su puesto en 1983, Chávez lo usó como una justificación "defensiva" para dirigir aún más los recursos del sindicato hacia el Partido Demócrata y abandonar del todo la lucha en los campos. Chávez vio esto como una forma de obtener mayores logros para el movimiento, mientras otros lo vieron como un giro trágico hacia la derrota. Por ejemplo, uno de los miembros más importantes, Marshall Ganz, que dimitió después de este cambio, comentó: "No quiero minimizar el problema de Deukmejian, pero la verdad es que nosotros creamos este sindicato cuando Reagan era gobernador y Nixon era presidente"[17].

No obstante, UFW continuó inyectando dinero a las campañas del Partido Demócrata con la esperanza de ocupar un lugar en la mesa de negociaciones. A finales de la década de 1980, UFW suministró casi un millón de dólares para las campañas de los demócratas, dejándolos de usar en las tareas de organización[18]. Esto conllevó a que la balanza de poder se inclinara a favor de los amos, quienes ganaron confianza para negarse a negociar los contratos ya vencidos y hacer hincapié en el sistema de contratación laboral antisindical. A principios de la década de 1990, la afiliación a UFW decreció en casi cinco mil miembros.

En el 2006, según un artículo de *Los Ángeles Times*, UFW

> No tiene un simple contrato en los viñedos en Central Valley donde el sindicato nació. Ni tiene miembros en otras muchas franjas del Estado: El sindicato que Chávez creó, representa ahora una dimi-

---

16. Ferris and Sandoval, *Fight in the Fields*, p. 209.
17. Ibíd., p. 95.
18. Ibíd., p. 224.

nuta fracción de los aproximadamente 450.000 trabajadores agrarios que trabajaban en los campos de California durante los picos de estación –probablemente menos de 7.000"[19].

Un editorial publicado en *Sacramente Bee* se lamentaba:

> A pesar de los esfuerzos por la organización sindical que realizó el legendario Chávez, a pesar de la legislación histórica que permitió la formación de la Junta para las Relaciones de Trabajo Agrícolas, a pesar de la creciente autoridad política de legisladores hispanos y a pesar de la mayoría demócrata con simpatía hacia los obreros en ambas cámaras del cuerpo legislativo, poco se ha hecho para reformar el sistema. Todos los años son aplastadas las nuevas propuestas favorables a los trabajadores agrarios por parte de los intereses agroindustriales, que distribuyen cientos de miles de dólares en campañas de contribución[20].

Los trabajadores indocumentados, en su mayoría mixtecos y de otros grupos indígenas, nuevamente conforman la mayoría en los campos. Las condiciones de trabajo nuevamente han regresado a las que enfrentó César Chávez en la década de 1960. No obstante, los inmigrantes, indocumentados o no, continúan militando en la lucha. Y AFL-CIO, inmovilizada y fraccionada en su capacidad de organizar e incrementar la resistencia, ha realizado un giro histórico al revertir sus tradicionales políticas anti-inmigrantes. Después de estar mucho tiempo alineada con los amos en la cuestión de las restricciones a la inmigración, AFL-CIO revertió su posición en 1999, llamando a una amnistía general y al derecho de todos los trabajadores, indocumentados o no, de organizarse en sindicatos. Para respaldar su nueva

---

19. Miriam Pawel, "UPW: A Broken Contract, Farmworkers Reap Little as Union Strays from Its Roots", *Los Angeles Times*, 8 de enero de 2006.

20. Editorial, "'Honored' by Neglect: Will State Again Ignore FarmWorkers' Plight?", *Sacramento Bee*, 22 de mayo de 2001, http://www.sacbee.com/static/archive/news/projects/workers/20010522_editorial.html.

política, AFL-CIO realizó una serie de mítines por los derechos de los inmigrantes en Los Ángeles, Nueva York y Atlanta. El mayor de todos, celebrado en junio de 2000 en Los Ángeles, reunió a 20.000 personas. Los trabajadores inmigrantes testificaron cómo los patronos los amenazan con despedirlos o deportarlos cuando ellos tratan de organizarse. "Buscar un futuro mejor para nuestras familias no es ilegal", dijo el obrero de la construcción de Seattle José Ángel Juárez en el mitin de Los Ángeles. Los trabajadores cantaban: "¡Aquí estamos y no nos vamos!". La vicepresidenta de AFL-CIO, Linda Chávez-Thompson dijo en esta manifestación, "Año tras año, hemos visto a los patronos intentando separarnos de nuestros hermanos y hermanas. Ellos tratan de enfrentar a los inmigrantes contra los no inmigrantes, los documentados contra los indocumentados y de bajar los salarios y las condiciones laborales de todos en general"[21].

La campaña Marchas por la Libertad de los Trabajadores Inmigrantes (IWFR) en 2003, logró movilizar un mayor número de personas. Usando como guía las marchas anti-racistas de la década de 1960, los activistas, trabajadores inmigrantes y funcionarios del sindicato viajaron por todo el país haciendo paradas en las principales ciudades. Sus demandas eran la amnistía y los derechos civiles de entre 8 y 11 millones de personas indocumentadas en Estados Unidos, así como mayor protección para los trabajadores en los centros de trabajo, incluso la eliminación de las sanciones[22]. Todos convergieron en la ciudad de Nueva York en un mitin masivo de 100.000 personas.

Con este gran apoyo masivo, la posibilidad de una amnistía aumentó aceleradamente a finales de 2003. El poder de AFL-CIO, incluso en los Estados más débiles, podía obligar a la gran empresa a realizar negociaciones, especialmente si empleaba las

---

21. "20,000 Mobilize for Immigrant Workers' Rights", *Asheville Global Report* 74 (15-21 de junio de 2000), http://www.agrnews.org/issues/74/labor.html.

22. Alan Maass, "Freedom Ride for Immigrant Rights", *Socialist Worker*, 3 de octubre de 2003.

huelgas para respaldar sus demandas. Pero ya en 2005, AFL-CIO y sus afiliados habían abandonado sus esfuerzos por una amnistía. Cargada de disensiones internas e incapaz de enfrentar los ataques generalizados sobre sus sectores tradicionales, AFL-CIO enmudeció en medio del apogeo de la derecha anti-inmigrantes. En su lugar, muchos sindicatos optaron por apoyar la Ley Kennedy-McCain "sin cuestionamientos en los locales sindicales o entre las filas de sus miembros sobre el impacto de ésta sobre los obreros y los inmigrantes"[23]. Esto alinea al movimiento obrero con la administración Bush, y representa un enorme retroceso. La división dentro de AFL-CIO produciendo la coalición desertora "Cambiar para Triunfar", al menos ha suscitado la cuestión de organizarse *versus* cabildear, pero queda por ver cualquier cambio sustancial en el "sindicalismo empresarial" o la emergencia de un apoyo real hacia los trabajadores inmigrantes.

Desde 2003, no ha habido una visible actividad nacional a nombre de IWFR o sus patrocinadores. Pero ha habido muchas batallas locales alrededor del tema, como la de denunciar los intentos de quitar la licencia de conducción a los inmigrantes sin número de identificación social. Desde entonces, diversos sindicatos, incluidos los que pertenecen al grupo Cambiar para Triunfar (CtW), y no sólo esos, se han ocupado de organizar a los nuevos trabajadores inmigrantes. Ellos también han usado los Tribunales para asegurar millones de pagos atrasados y salarios mínimos a conserjes estafados por contratistas en supermercados y otras cadenas minoristas, y para detener la práctica de cerrarles las tiendas durante la noche[24].

Aunque esas pequeñas batallas son importantes, los grandes sindicatos tienen aún que movilizar a sus miembros en los campos de batalla, especialmente en acciones en los centros de trabajo. Y aún permanecen en desacuerdo en cuestiones claves que

23. David Bacon, "Unions at War", *San Francisco Bay Guardian*, 10-16 de agosto de 2005.
24. Andrew Pollack, "Immigrant Workers and the Split in the AFL-CIO", *Labor Standard*, http://www.laborstandard.org/AFLCIO/aflcio_split_and_immigrants.htm.

afectan a los trabajadores inmigrantes. Por ejemplo, AFL-CIO se ha manifestado justamente contra el programa para el trabajador temporal. Según David Bacon,

> para Linda Chávez-Thompson, vicepresidenta ejecutiva de AFL-CIO, el programa para el trabajador extranjero es parecido a las viejas restricciones racistas. "No hay absolutamente ninguna buena razón", dice ella, "para que un inmigrante que llegue a este país preparado para trabajar, pague impuestos, y sea relegado por nuestras leyes a un estatus oprimido y de segunda categoría"[25].

Por otro lado, la coalición Cambiar para Vencer, que incluye a sindicatos con alta densidad de trabajadores inmigrantes, ha salido en apoyo de un nuevo programa para el trabajador temporal[26]. El Sindicato Internacional de Empleados de los Servicios, uno de los miembros de la coalición, se ha concentrado en la organización de los trabajadores inmigrantes, apoyando el programa, sobre la base de que es la única opción aceptable y de que pueden lograrse "compromisos realistas".

A pesar de esas contradicciones, los inmigrantes continúan luchando por sus derechos en sus centros de trabajo, llenando las filas de los movimientos sindicales a pesar de su declive general. Según un estudio del Instituto de Políticas Migratorias, el 11% de los 17,7 millones de trabajadores extranjeros de Estados Unidos, está representado por sindicatos, a pesar de la dificultades asociadas con la ciudadanía. Reflejando el cambio de actitud en los sindicatos y entre los trabajadores mismos, el número de inmigrantes de los sindicatos creció un 23% entre 1996 y el 2003[27].

25. David Bacon, "Equality, or Not", *Truthout*, 3 de marzo de 2006, http://www.truthout.org/docs_2006/030306S.shtml.
26. "Statement of Change to Win Chair Anna Burger on the Immigration Reform Bill Approved by the Senate Judiciary Committee", nota de prensa del Change to Win Web site, 29 de marzo de 2006, http://www.changetowin.org/pdf/BurgerIrnrnigo32906.pdf.
27. "Immigrant Union Members: Numbers and Trends", Fact Sheet #7, Migration Policy Institute, mayo de 2004, http://www.migrationpolicy.org/pubsl7_ImmigrantUnion_Membership.pdf.

El Sindicato Industrial de Empleados del Servicio (SEIU), con miembros en las industrias de los servicios y de la salud, así como en el sector público, se ha convertido en el sindicato obrero mayor, y de más rápido crecimiento, de Estados Unidos, con una afiliación de 1,8 millones de personas. Los trabajadores inmigrantes constituyen dos tercios de ese número[28]. Esto refleja la voluntad de lucha de muchos trabajadores indocumentados, aun cuando los sindicatos se han quedado rezagados. También refleja el reconocimiento por parte de muchos trabajadores inmigrantes de que el sindicato es la única forma de avanzar. Según un informe de la Federación Norteamericana de Maestros,

> en 2005, según el BLS (Buró de Estadísticas Laborales), los trabajadores pertenecientes a sindicatos tienen un ingreso semanal medio de 801 dólares, comparado con los 622 que ingresan los trabajadores no sindicalizados, un 29% de diferencia. Un informe publicado por el Centro para el Progreso Americano muestra que la ventaja del sindicato es aún mayor para los trabajadores hispanos. El salario medio semanal para los hispanos que pertenecen a sindicatos es de 679 contra 428 dólares para los no sindicalizados, un 59% de ventaja. Las mujeres mexico-norteamericanas integradas en sindicatos ganan 70% más que las no sindicalizadas[29].

Según Kate Bronfenbrenner, de Cornell University, "los actuales inmigrantes en general son más receptivos a los sindicatos que los nativos norteamericanos, particularmente aquellos que han tenido experiencias sindicales en sus países de origen" (descartando los países donde los sindicatos son controlados por gobiernos represivos)[30]. Esta receptividad es notable, dado que

---

28. Peter Costantini, "A New Internationalism Rising", IPS News Service, 9 de enero de 2006.

29. "As Income Inequality Grows, Union Advantage Increases", American Federation of Teachers Web site.

30. Peter Costantini, "A New Internationalism Rising", Inter- Press News Service, 9 de enero de 2006.

esos mismos trabajadores enfrentan la represión en Estados Unidos cuando intentan organizarse. En más de la mitad de las campañas organizativas que involucran a trabajadores indocumentados, observa Bronfenbrenner, los patrones usan la amenaza de deportación para derrotarlas[31]. Según Lance Compa, un antiguo funcionario del Secretariado Laboral de NAFTA,

> dos cosas son ciertas. Una, muchos inmigrantes no se organizan por temor a la deportación, retardándose así este proceso en muchos centros de trabajo y comunidades, y la segunda, muchos inmigrantes son los más activos y feroces organizadores, llevando los nuevos sindicatos a muchos centros de trabajo y comunidades[32].

En las últimas décadas, los trabajadores inmigrantes han sido claves para la formación de sindicatos y huelgas en las industrias de los servicios a lo largo de todo el país, y a pesar del despiadado clima en el que viven y trabajan, continuarán siendo imprescindibles para el futuro del movimiento laboral. Como resumía un trabajador indocumentado: "La economía de este país no sería la misma sin nosotros... Es tiempo de que se nos escuche"[33].

---

31. Ibíd.
32. Ibíd.
33. Eduardo Stanley, "Where Are the Immigrants in the Immigration Debate?".

Capítulo 32

Un nuevo movimiento por los derechos civiles

Los retos que enfrentan los trabajadores inmigrantes son los mismos retos que enfrenta la clase trabajadora en general. El neoliberalismo, la guerra contra los sindicatos, la creciente militarización de las fronteras y la intensificación del racismo mediante propuestas restrictivas y punitivas, han servido para debilitar la capacidad de unión de todos los trabajadores.

Los trabajadores inmigrantes han jugado un rol clave en el progreso del movimiento laboral durante la historia, desde la batalla por la jornada laboral de ocho horas hasta la lucha por el sindicalismo industrial dentro de CIO y la organización de Trabajadores Agrarios Unidos. En la época moderna, continúan luchando. Durante la década de 1990, llevaron a cabo huelgas en la construcción, los hoteles y la industria de la salud. Los conserjes llevaron a cabo una de las mayores huelgas a nivel nacional en la pasada década. En este momento en que los baluartes laborales tradicionales están en retirada —como los trabajadores de las compañías aéreas y de automóviles— son los trabajadores menos remunerados y vilipendiados los que mantienen vivo al movimiento laboral.

A pesar de las victorias obtenidas por los trabajadores inmigrantes, los capitalistas una vez más se han impuesto a sus rivales. La "guerra contra el terrorismo" y el proyecto bipartito de expandir el poder corporativo estadounidense por todo el mundo, se usan para frenar el movimiento obrero. Y las nuevas propuestas legislativas intensificarán el estado de sitio en que viven los inmigrantes. Los actuales debates sobre la inmigración

—estrechamente confinados a las juntas corporativas y los salones del Congreso— excluyen intencionalmente la opción de la amnistía para los trabajadores indocumentados.

La última amnistía otorgada a los inmigrantes indocumentados ocurrió en 1986, bajo la ley de Control y Reforma Inmigratoria (IRCA). Esta ley facilitó la legalización y la obtención de la ciudadanía a casi 2,8 millones de trabajadores inmigrantes, y fue el producto de una lucha en un conjunto de frentes. El primero fue dentro del movimiento obrero, donde Trabajadores Agrarios Unidos animó a otros sindicatos a la lucha contra el Programa Bracero, obteniendo con el tiempo el fin del programa para el trabajador temporal en la agricultura.

Por otro lado, agrupaciones como el Sindicato Internacional de Trabajadores de Prendas de Vestir para Damas (ILGWU, que se unió con otro sindicato de confecciones textiles para formar UNITE en 1995) había comenzado a organizar a los trabajadores indocumentados a principio de los años 80, ayudando a cambiar la opinión dentro del movimiento a favor de la organización de este grupo de trabajadores. La demanda de amnistía para los indocumentados se presentó con toda lógica en ILGWU y otros, ya que las ofensivas de las autoridades de inmigración en los centros de trabajo eran tremendamente efectivas en la eliminación de los que simpatizaban con los sindicatos. Sin embargo, en ese momento, AFL-CIO apoyó las restricciones a la inmigración, de modo que hubo un límite en cuanto a la presión que esos sindicatos pudieron ejercer para favorecer la amnistía.

En el segundo, las organizaciones por la justicia social, los latinos y las iglesias jugaron un rol significativo a principios de la década de los 80. Crearon, por ejemplo, un "movimiento de refugio" nacional, que dio albergue a los refugiados indocumentados de Centroamérica durante las guerras que allí se sucedieron. Esto facilitó el surgimiento de una red de derechos humanos en la frontera que ayudaba a los emigrantes que la cruzaban. Otras muchas organizaciones conformaron una estructura

Un nuevo movimiento por los derechos civiles

nacional por los derechos civiles. Como lo explicaba el veterano activista por los derechos de los inmigrantes Bert Corona,

> Ayudamos a crear una coalición... incluyendo a grupos como el Sindicato Americano por las Libertades Civiles, varios grupos de asistencia social, el Gremio Nacional de Abogados, la Asociación Americana de Abogados Inmigrantes, la Junta Católica Estadounidense, la Coalición Nacional para Leyes Inmigratorias Justas, el Concejo Nacional de Iglesias y la Junta Nacional de Obispos Católicos... así como MAPA, LULAC y el Consejo Nacional de la Raza[1].

La alianza se enfrentó a una coalición conformada por demócratas y republicanos, grandes empresas y una variada gama de organizaciones de derecha que buscaban la incriminación de los trabajadores indocumentados y revivir el Programa Bracero.

En 1982, el congresista demócrata Romano Mazzoli se unió al senador republicano Alan Simpson para proponer la Ley Mazzoli-Simpson. Esta ley, que después de varias modificaciones se convirtió en la IRCA, introdujo la amnistía para los trabajadores indocumentados a cambio de la introducción de sanciones contra los empleadores que contrataban a indocumentados, la reintroducción de un programa bracero limitado en la agricultura y la intensificación de la militarización en la frontera[2].

Dado que el movimiento laboral y muchas organizaciones de latinos liberales aceptaron la premisa de la derecha de "proteger las fronteras" y "controlar la inmigración", el compromiso preparó el escenario para futuras medidas duras con los que cruzaban la frontera. Esto cambió el enfoque sobre el control de la frontera y preparó la escena para la Operación Guardabarreras de Clinton. Pero la limitada amnistía también preparó el escenario para nuevas ofensivas que permitieron la creación de sin-

---

[1]. García, *Memories of Chicano History*, p. 316.
[2]. Para una completa discusión de IRCA, ver David Reirners, *Still the Golden Door*, capítulo 7.

dicatos como SEIU, UNITE-HERE y otros. Aunque muchos sindicatos se habían puesto a la defensiva durante el reinado de Ronald Reagan en la década de 1980, las ofensivas sindicales protagonizadas por trabajadores inmigrantes revelaron el enorme deseo de continuar la lucha. Esto, con el tiempo, llevó a AFL-CIO a apoyar estas ofensivas de los inmigrantes, incluso a los indocumentados, y produjo una creciente demanda entre los mismos trabajadores por un nuevo programa de amnistía.

Esta demanda, vigente hoy en las calles, es la que está haciendo temblar a las corporaciones norteamericanas. Pero esta vez, el nuevo movimiento debe rechazar cualquier compromiso de legitimar la incriminación de los indocumentados o de militarizar la frontera. Y debe rechazar la lógica del reforzamiento en la frontera. La frontera sólo sirve para dividir al pueblo y acentuar el poder del capital sobre los trabajadores.

La amnistía —en forma de legalización inmediata y verdadero camino hacia la ciudadanía de la fuerza de trabajo indocumentada— representa una amenaza para el capital, dado que propulsa la formación de sindicatos y el uso de su fuerza colectiva sin temor a represalias. También permite que estos trabajadores alcancen el mismo estatus que el resto de la clase trabajadora, eliminando el aislamiento histórico que han sufrido los trabajadores indocumentados. Es importante tener en cuenta que el capitalismo necesita las fronteras, pero los trabajadores no. Las fronteras están diseñadas para incriminar a la inmigración, no para detenerla. El abrir las fronteras para los trabajadores no sólo hace imposible la incriminación de estos, sino que también termina con las muertes que allí se producen en las peligrosas operaciones de contrabando y con la separación de las familias, todo esto para que las corporaciones obtengan mayores ganancias. También permitiría la igualdad laboral y la participación democrática, que conllevaría al mejoramiento de los salarios y de las condiciones de trabajo para todos los trabajadores.

La lucha por la unidad de los trabajadores también suscita la cuestión de la solidaridad internacional y la necesidad de la unión más allá de las fronteras. En un momento en que los trabajadores están siendo oprimidos globalmente, la solidaridad y la unidad son necesarias para el progreso de la clase trabajadora en su conjunto. Dado que las corporaciones tienen un alcance global, los trabajadores deben comenzar también a obviar las fronteras. La solidaridad más allá de las fronteras, la oposición al neoliberalismo y finalmente la desmilitarización y desmantelamiento de las fronteras son aspectos que están íntimamente relacionados con la lucha por la democracia y los derechos humanos.

En abril de 2001, la lucha a nivel continental contra el Área de Libre Comercio de las Américas (FTAA) reunió a trabajadores y activistas por la justicia global en las fronteras con México y con Canadá. En San Diego y Tijuana, 25.000 activistas se manifestaron por los derechos de los trabajadores, los inmigrantes y los indígenas, así como por la protección del medio ambiente, posicionándose a ambos lados de la pared fronteriza. Esas protestas fueron el primer paso en la internacionalización de la lucha contra la globalización corporativa y las paredes que dividen a los trabajadores.

Las luchas obreras en ambos lados de la frontera, contra las corporaciones multinacionales establecidas en ambos países, ha permitido la creación de redes obreras de apoyo como la Coalición por la Justicia en las Maquiladoras y la Red de Apoyo a los Obreros de las Maquiladoras en San Diego y Tijuana. También se han desarrollado alianzas entre sindicatos, como Trabajadores Eléctricos Unidos (UE) en Estados Unidos y el Frente de Trabajadores Auténticos (FAT) en México. Estos ejemplos forman parte del creciente movimiento que se está forjando contra la militarización en la frontera y por la igualdad y los plenos derechos de todos los trabajadores en el continente americano.

La lucha contra el neoliberalismo y la militarización de la frontera revelan los retos que se nos avecinan. Se requerirá de la lucha de masas dentro de Estados Unidos para impulsar la causa de los obreros y derrocar las históricas divisiones raciales y nacionales que influyen en la vida diaria de los trabajadores. Al igual que el último movimiento por los derechos civiles, este movimiento tendrá que ir a las bases.

La lucha está creciendo. Pero es más significativo aún que la clase trabajadora inmigrante haya entrado en el escenario histórico. En marzo de 2006, un nuevo movimiento por los derechos civiles inundó las calles de las ciudades de todo el país. Después de una protesta de veinte mil activistas pro-inmigrantes que convergieron en Washington el 7 de marzo de 2006, le siguió una ola de protestas que impactó a toda la nación. Tres días después, cerca de trescientos mil trabajadores inmigrantes y activistas poblaron las calles de Chicago, declarando "estamos aquí y no nos iremos". Los trabajadores salían a las calles en manadas, en lo que parecía ser una huelga espontánea. Como expresó un activista, "No ha ocurrido una marcha como ésta en la historia de Illinois desde que, en 1886, cerca de 80.000 inmigrantes marcharon por State Street demandando la jornada laboral de 8 horas"[3].

Las protestas de Chicago fueron seguidas por otro mar de protestas y marchas, en las que los inmigrantes tomaron las calles de al menos cincuenta ciudades. 150.000 marcharon en Denver, 50.000 en Phoenix y 30.000 en Milwaukee. Esta ola culminó con una protesta masiva de un millón de personas en Los Ángeles, el 25 de marzo de 2006. La expresión masiva de poder, solidaridad y confianza de los trabajadores para desterrar al movimiento anti-inmigrantes resonó durante todo el día. Las protestas, organizadas contra la notoria Ley Sensenbrenner, constituyeron un nuevo movimiento por los derechos civiles. En pocas semanas, el movimiento partió de una posición defensiva que comenzaba a impulsar sus propias demandas hasta llegar a poner a la ofensiva a la clase trabajadora.

También demostró la profunda comprensión entre los trabajadores inmigrantes sobre su experiencia como trabajadores

---

3. Lee Sustar, "We're Here and We're Not Leaving!", *Socialist Worker,* 17 de marzo de 2006.

Un nuevo movimiento por los derechos civiles

internacionales. Como explicaba el participante Plinio Castro, "el tesoro de Centroamérica fue robado por los norteamericanos. Por eso somos pobres y por eso hay desempleo, pobreza y hambre". Otra manifestante, María Sánchez, resumía el ánimo que imperaba: "Con toda esta gente, podemos demandar la legalización y la amnistía"[4].

En los siguientes días, el sentimiento se extendió entre los estudiantes de todo el país. Casi 50.000 estudiantes de secundaria salieron de sus clases, organizaron marchas, tomaron las calles e incluso bloquearon las autopistas. En una repetición del movimiento de estudiantes chicanos, las huelgas demostraron un despertar masivo en la clase trabajadora, el florecimiento de una nueva era en la historia norteamericana. Como lo manifestó la líder estudiantil Noelia Ramos Lozano comentando sobre las huelgas estudiantiles,

> Los estudiantes están hartos. Es como en los 60, cuando hubo una explosión por parte de los estudiantes queriendo participar en los movimientos. Muchos de los que participan en las huelgas no tienen derecho a voto y así ocurre para millones de jóvenes indocumentados. Por eso las huelgas fueron tan poderosas: demostraron que nuestro poder está en la multitud y en las decisiones que tomamos, y que los estudiantes tienen un rol que cumplir en este nuevo movimiento por los derechos civiles[5].

El 1 de mayo, las protestas de marzo y abril quedaron eclipsadas cuando cerca de 3 millones de personas se lanzaron a la huelga, salieron de las escuelas, boicotearon y marcharon en cientos de ciudades de todo el país. Esta participación masiva de inmigrantes se realizó a pesar de los esfuerzos realizados por organizaciones liberales y líderes sindicales para restringir los paros y boicots laborales. La aplastante demanda del día fue por

---

4. Ty Coronado et ál., "We Want to Be Equal", *Socialist Worker*, 31 de marzo de 2006.
5. Entrevista personal realizada en San Diego, 20 de mayo de 2006.

la igualdad plena, la amnistía y la no incriminación de los indocumentados. Un incontenible deseo de apoyar y fortalecer el movimiento caracterizó a la protesta. El poder de los trabajadores se reflejó nacionalmente al quedar, en muchos lugares del país, los barrios con sus postigos cerrados y las fábricas paradas.

Este poder debe ser dirigido hacia la lucha por un mundo fundamentalmente diferente. Las fronteras militarizadas, los salarios de miseria, el desempleo y la incriminación de los obreros cuyo único crimen es escapar de la demoledora pobreza que padecen, sólo pueden ser vencidos si el capitalismo es derrocado. El socialismo es la única solución para poner fin a la tiranía de los que están arriba, los que siempre han buscado enfrentar a los trabajadores entre ellos mismos a causa de la nacionalidad. Por ello, los socialistas tienen una larga y digna historia de lucha contra las restricciones inmigratorias y contra el racismo. Como dijo Kato Tokojiro en 1907, un socialista japonés, en una conferencia sobre inmigración:

> Los japoneses están bajo la bota del capitalismo al igual que otros pueblos. Es sólo la necesidad espantosa lo que les hace abandonar su tierra para ganarse el sustento en un país extranjero. Es deber de los socialistas dar la bienvenida a esos pobres hermanos, defenderlos y junto a ellos combatir al capitalismo. Los fundadores del socialismo, principalmente Karl Marx, no desarrollaron su labor por un país en particular sino por toda la humanidad. El internacionalismo está grabado en su estandarte[6].

En el mismo debate, el Dr. Julios Hammer del Partido Laboral Socialista de EE.UU. argumentaba: "No hay términos medios en esta cuestión sobre la inmigración y la emigración. O usted apoya las restricciones a la inmigración, o las combate enérgicamente. Las restricciones legales a la inmigración deben ser

---

6. Citado en *Lenin's Struggle for A Revolutionary International: Documents: 1907-1916*. (Nueva York: Monad, 1984), p. 19.

rechazadas... Debemos crear una gran nación con los explotados"7.

En la lucha por un mundo sin fronteras, donde la libertad, la democracia y la igualdad para todos los trabajadores triunfen sobre las prerrogativas de las corporaciones y los super-ricos, hay aún mucho camino por recorrer. Ya sea la educación bilingüe, el derecho a las licencias de conducción o por mejores salarios y condiciones de trabajo en las maquiladoras, todos estos aspectos están ligados a una misma causa de mejorar la vida de todos los trabajadores.

En el movimiento por los derechos civiles, todos tienen un rol que cumplir. Significa luchar por los derechos de los inmigrantes y por el socialismo en cada centro de trabajo, escuela y comunidad. La lucha sólo culminará cuando podamos construir un mundo diferente y sin fronteras, que ponga los intereses del ser humano por encima de las corporaciones. En el camino, debemos rechazar el lenguaje, la legitimidad y las limitaciones del concepto de "ilegalidad" y destruir las fronteras entre nosotros. *¡Nadie es ilegal!*

7. Citado en *Ibíd.*, pp. 19-20.